O REINO

GILBERTO NASCIMENTO

# O reino
## A história de Edir Macedo e uma radiografia da Igreja Universal

Copyright © 2019 by Gilberto Nascimento

*Grafia atualizada segundo o Acordo Ortográfico da Língua Portuguesa de 1990, que entrou em vigor no Brasil em 2009.*

*Capa*
Alceu Chiesorin Nunes

*Preparação*
Maria Emília Bender

*Checagem*
Érico Melo

*Revisão*
Angela das Neves
Jane Pessoa

Dados Internacionais de Catalogação na Publicação (CIP)
(Câmara Brasileira do Livro, SP, Brasil)

Nascimento, Gilberto
 O reino : a história de Edir Macedo e uma radiografia da Igreja Universal / Gilberto Nascimento — 1ª ed. — São Paulo : Companhia das Letras, 2019.

 Bibliografia
 ISBN 978-85-359-3298-0

 1. Bezerra, Edir Macedo, 1945- (Bispo Evangélico) 2. Bispos – Brasil – Biografia 3. Igreja Universal do Reino de Deus – História I. Título.

19-30905                                         CDD-280.4092

Índice para catálogo sistemático:
1. Bispos : Igreja Evangélica : Biografia         280.4092

Maria Alice Ferreira – Bibliotecária – CRB-8/7964

[2019]
Todos os direitos desta edição reservados à
EDITORA SCHWARCZ S.A.
Rua Bandeira Paulista, 702, cj. 32
04532-002 — São Paulo — SP
Telefone: (11) 3707-3500
www.companhiadasletras.com.br
www.blogdacompanhia.com.br
facebook.com/companhiadasletras
instagram.com/companhiadasletras
twitter.com/cialetras

*À minha companheira, à minha mãe, aos meus filhos e irmãos*

# Sumário

*Prólogo*: O sócio de Deus ............................................................. 9

1. Rio das Flores: A cidade esquecida ........................................ 21
2. O despertar da fé ..................................................................... 29
3. A ascensão ................................................................................ 45
4. A TV que caiu do céu .............................................................. 66
5. A dívida e o susto ..................................................................... 82
6. O calvário do bispo .................................................................. 97
7. Macedo vai às compras ........................................................... 111
8. O mártir .................................................................................... 121
9. O contraponto .......................................................................... 132
10. Bispo enfrenta Deus ............................................................... 140
11. A caça ao tesouro ................................................................... 164
12. Nas teias da Justiça ................................................................ 174
13. Sombras e mistério ................................................................ 195
14. O império da fé ...................................................................... 215
15. Uma obra para ficar .............................................................. 238

16. O império universal ............................................................. 249
17. O poder da fé ...................................................................... 276

*Agradecimentos* ........................................................................ 311
*Notas* ........................................................................................ 313
*Referências bibliográficas* ........................................................ 369
*Créditos das imagens* ............................................................... 379

# Prólogo
# O sócio de Deus

Início dos anos 1990. O bispo Edir Macedo e o pastor Ronaldo Didini ocupavam salas contíguas no prédio da TV Record, na avenida Miruna, próximo ao aeroporto de Congonhas, em São Paulo. A Igreja Universal do Reino de Deus comprara a emissora havia pouco mais de um ano. O líder da igreja, recém-chegado dos Estados Unidos, passava a dar expediente na empresa das dez da manhã às sete da noite.

Certo dia, ao sair de sua sala, Didini escutou um barulho estranho. Procurou Macedo, não o encontrou. Então ouviu um gemido vindo do banheiro. "Abri a porta e o bispo estava ajoelhado com a cara no chão, orando e chorando. Ele levantou o rosto e olhou para mim. Fechei a porta e saí. Depois ele me chamou, parecia ter chorado muito. Disse que naquela hora estava falando com Deus." E Macedo contou ao pastor que clamara: "Senhor, eu não sou nada. Sou pior que um verme. Não sei mais o que fazer. Ajude-me. Estou desesperado. Só o Senhor pode resolver". Então desabafou para Didini: "É humanamente impossível pagar a Record. São problemas de todos os lados. O que vamos fazer? Não sei como resolver".[1]

Havia várias parcelas a serem saldadas, e a emissora — tecnologicamente obsoleta e precisando de investimentos — acumulava uma dívida astronômica. O poderoso bispo vivia um momento de fragilidade. Ao se prostrar e se humilhar, disse que pretendia demonstrar a Deus a insignificância da criatura diante do criador. Em outros momentos, em cultos e em programas de rádio, Macedo definiu-se como "o estrume do cavalo do bandido", "um monte de nada, como ser humano".[2] Mas era mestre em virar o jogo: numa postagem em seu blog, anos depois, deu a receita para transformar fraqueza em força. Citando a Bíblia, disse que o poder "se aperfeiçoa na fraqueza", como pregava o apóstolo Paulo.[3]

O jovem de família católica do município fluminense de Rio das Flores, ex-escriturário da Loteria do Estado do Rio de Janeiro, a Loterj, começou sua igreja em uma funerária e hoje comanda um império religioso, empresarial e midiático. Edir Macedo é um dos raros homens no mundo — e o único no Brasil — a ter sob os seus domínios uma igreja, uma rede de TV, um partido político e um banco.[4] Os mecanismos que impulsionaram o crescimento vertiginoso de sua organização foram questionados por adversários e pela Justiça. O bispo se considera perseguido, como Jesus: declara ser vítima de ataques e armações da mídia — liderada pela TV Globo — e da Igreja católica. Contudo, soube fazer da perseguição uma aliada e expandiu a denominação por mais de uma centena de países: "Eu agradeço aos meus adversários, aqueles que me odeiam, aqueles que querem o meu mal. Porque, quanto mais me perseguem, mais eu cresço".[5]

Certa vez, o bispo disse que ter encontrado Deus foi muito melhor do que fazer sexo. "Foi um prazer tão grande que é até indescritível. Muito mais gostoso do que o gozo de um homem com uma mulher."[6] Ele crê no que prega: pelo menos é o que afiança o delegado Darci Sassi, que, em 1992, o manteve sob seus cuidados durante onze dias numa cela do distrito policial de Vila Leopoldina, em São Paulo — o religioso fora acusado de estelionato, charlatanismo e curandeirismo.

Nos anos 1990, opositores evangélicos viam em Macedo um homem disposto a tudo, determinado a morrer pelo que crê, e dotado de um sentimento messiânico.[7] Sua atuação à frente da Universal fazia dele menos um pastor, o que cuida de suas ovelhas cotidianamente, e muito mais um evangelista — aquele que "abre caminhos".[8] O bispo defendia a ideia de que seus seguidores, ao ajudarem a igreja a divulgar a mensagem de Jesus Cristo, firmavam um compromisso com o Criador e adquiriam automaticamente o direito de se sentir como "sócios de Deus".[9] Em um de seus livros, detalhou: "As bases de nossa sociedade com Deus são as seguintes: o que nos pertence (nossa vida, nossa força, nosso dinheiro) passa a pertencer a Deus; e o que é d'Ele (as bênçãos, a paz, a felicidade, a alegria e tudo de bom) passa a nos pertencer, ou seja, passamos a ser participantes de tudo o que é de Deus".[10]

Macedo buscava sacramentar essa "sociedade" no dia a dia, inclusive junto aos familiares. Incentivava-os a se desapegar de seus bens e a entregá-los a Jesus. Amarílio Macedo, seu tio, contou uma história exemplar. Ao morrer, a avó materna deixou como herança o sítio onde a família foi criada, no vilarejo do Abarracamento, em Rio das Flores. O terreno foi dividido em lotes, que foram distribuídos entre todos os filhos. Com o tempo, um deles, Ivanir, irmão de Amarílio, foi adquirindo ou negociando cada lote com os demais. Acabou ficando com toda a área. No início dos anos 2000, Ivanir contraiu um agressivo câncer de intestino. Ao saber da doença, Edir propôs um negócio: prometeu que o tio seria curado se doasse o sítio à Universal, naquele momento uma das principais denominações neopentecostais do país. O doente ouviu a proposta e ficou de pensar. Não pensou rápido o bastante: morreu antes de dar uma resposta ao sobrinho.[11]

Para Macedo, quando o fiel faz sua doação ou paga o dízimo, Deus contrai uma obrigação com ele e repreende "os espíritos devoradores que desgraçam a vida do ser humano nas doenças, acidentes, vícios, degradação social e em todos os setores da atividade humana que fazem sofrer".[12] Ao dar provas de sua fidelidade a Deus, o fiel pode exigir uma contrapartida divina e expressar o desejo de prosperidade não como quem pede ou suplica, mas como quem reivindica um direito.[13]

Líder carismático, Macedo alimenta o culto à sua personalidade. Amado e odiado, conquista admiradores e rivais com a mesma facilidade. Ambicioso, para alcançar o que deseja é capaz de atropelar quem estiver pela frente.[14] Criou a máxima "para Jesus, até gol de mão vale", segundo o pastor dissidente Carlos Magno de Miranda, o primeiro a fazer denúncias públicas contra ele, em 1990.[15]

Seu perfil é de empreendedor, não de gestor. Não está à frente da administração rotineira dos negócios ou da igreja, mas acima, acompanhando e fiscalizando. E sobretudo exalando autoridade. Delega poderes e confia a condução de tarefas a assessores,[16] tanto que se um subordinado o procura pedindo orientação, pode ouvir uma reprimenda: se um bispo ou pastor ocupa determinado cargo, ele explica, é para tomar conta da instituição, trazendo soluções e não problemas. "De problemas, eu tô cheio. Então não liga para perguntar nada, você resolve", dizia aos subalternos.[17]

Macedo dá chances a quem vem de baixo e quer crescer. O ex-pastor da Universal Ronaldo Didini afirma ser grato pela ajuda recebida, diz ter aprendido muito com ele. "Foi muito parceiro, durante muito tempo. Me apoiou e segurou minhas broncas na igreja", disse o pastor, a quem o bispo, em momentos de lazer e descontração, chamava de "malandro", tratamento que não raro reservava a seu círculo mais íntimo.[18]

Se ajuda quem deseja subir, Macedo pode ser implacável com figuras que ameacem seu brilho. São imediatamente catapultadas. Vão para o "exílio", ou uma espécie de "geladeira eclesiástica", como definiu o cientista de religião Leonildo Silveira Campos.[19] O bispo costuma dizer que, ao dar a corda para a pessoa, "ela vai usar para se salvar ou se enforcar".[20] Não perdoa quem ousa traí-lo ou desobedecê-lo, ou quem abandona no meio do caminho a missão de "salvar almas".[21]

O lado autoritário parece penetrar também na esfera privada. Embora sempre ao lado da esposa, Ester, a quem muito elogia — "A gente depende muito um do outro. [...] Sem ela eu viro um legume",[22] confessou —, e mesmo com a relativa liberalidade nos costumes em sua igreja, mantém uma postura patriarcal. A mulher diz ser submissa a ele. Na visão do bispo, o homem deve mandar em casa e a mulher precisa ser boa mãe e dona de casa, além de falar pouco e ser discreta no vestir.[23] No templo, exerce um completo domínio da plateia. Como comunicador, chegou a ser comparado a animadores de auditório, ao estilo de Silvio Santos. "Eu não tenho o sorriso dele, eu não tenho a gargalhada dele, eu não tenho o jeito dele, não. Ele é um excelente comunicador, e eu tenho a minha fé", rebateu.[24] No púlpito, é uma pessoa dócil e tranquila; fora dele, se exaspera, fica nervoso, e tenso quando contrariado.[25]

O poderoso conglomerado Universal, com suas rádios, TVs e empresas de ramos diversos, foi erguido, apesar do grande poder delegado em atividades rotineiras, sob o estilo autocrático de Macedo. Suas ordens e orientações, transmitidas de qualquer parte do mundo, a qualquer momento, são imediatamente cumpridas, sem qualquer contestação.[26] O bispo adota um pensamento cartesiano, binário: busca sempre o sim ou não.[27] Maquiavélico, também alimenta intriga entre os subordinados.

A rotina de Macedo começa às oito horas da manhã, já pendurado ao telefone cuspindo ordens. Quando busca resolver um problema, tudo tem de ser decidido na hora, diz a mulher. Não se constrange em acordar bispos, pastores ou assessores às quatro da madrugada para tirar uma dúvida ou cobrar o resultado de alguma tarefa.[28] Seu poder imperial, sua obstinação e a fixação por grandes conquistas garantiram o crescimento de seu reino na terra.

A estrutura da Universal é montada em torno do bispo. Funciona como uma pirâmide, de cujo topo Macedo exerce o poder supremo e se impõe como figura mística, o grande e único líder. A centralização da autoridade exige súditos obedientes e leais, e foi assim que o bispo manteve a unidade da instituição, facilitou a rapidez das decisões e a expansão de seu projeto.[29] "Eu não fundei igreja. Eu fundei uma escola, eu fundei uma universidade que ensina a vida. Que ensina os caminhos da salvação, os caminhos da eternidade."[30]

Se, como diz Didini, a estrutura centralizadora da Universal foi copiada da Igreja católica, ela conseguiu ir além de Roma no âmbito da outorga de poderes à figura máxima: seu líder tem poderes maiores que o papa. Os bispos da Universal podem brigar entre si, mas a instituição não quebra, com Macedo no manejo das rédeas, incontestê. Embora os católicos tenham como figura máxima o sumo pontífice, há grande fragmentação entre eles, a começar pelas diversas ordens religiosas.[31] Macedo já atribuiu a diáspora de fiéis da Igreja católica ao fato de o catolicismo possuir "um braço esquerdo e um direito", referindo-se às suas correntes políticas: "Jesus disse: nenhuma casa dividida poderá permanecer".[32]

No início dos anos 1990, o bispo causava polêmica ao defender que o dinheiro não é vil, ao contrário, deve ser usado a serviço de Deus, constituindo um "veículo de felicidade".[33] Seria elemento precípuo da vida espiritual, a ser sacrificado para a aquisição de bênçãos. Segundo ele, o dinheiro possibilita atingir determinado ponto na escala de poder, o qual só pode ser superado por meio da política. Quando dinheiro e política se cruzam, atinge-se um patamar superior na estrutura de poder.[34]

Elegendo representantes para o Legislativo e o Executivo, a igreja obteria maior participação e mobilização dos fiéis, acarretando um crescimento da denominação, com a aquisição de mais veículos de comunicação. Encontros de bispos e pastores enfatizavam o caminho a ser trilhado. Macedo ressaltava que quanto mais emissoras de rádio e TV a igreja tivesse, mais ela seria respeitada.[35]

A despeito de seu apreço por ser visto como um homem poderoso, contestava críticas e comentários sobre seu suposto interesse no dinheiro. Se tivesse, em vez de pastor teria sido político, "com bom salário e mordomias".[36]

Para os fiéis, o sucesso e a riqueza de Edir Macedo, sua vida de luxo e fartura, nunca foram problema: o bispo é um "escolhido", um eleito, alguém que priva da intimidade com Deus.[37] A maioria de seus seguidores se identifica com ele — eles o veem como um homem simples, que veio de baixo, passou por privações e venceu. Agora, humilde e despretensiosamente, prega o Evangelho. Tem, pois, direito à glória e à felicidade.

Ao comprar sua TV, em 1989, o bispo iniciou uma guerra com empresários da área de comunicação. Lamentou ter sido alvo de muitos ataques — incomodava "o diabo e seus parceiros", dizia. "Nós tínhamos [a] Rede Globo como informação única neste país. Com o evento [advento] da Record, nós tivemos, então, a chance de deixar o povo brasileiro ciente do outro lado dos fatos. A Record veio para assumir o 'nada a perder', ou tudo ou nada, o é ou não é. Ou Deus é conosco ou não é", provocou.[38] Reconhecia que sua igreja, ao crescer, ganhara um "telhado de vidro", porém ressaltava que os inimigos também tinham seus pontos vulneráveis e, por isso, não poderiam apedrejá-lo.

Com a conquista de bancadas próprias — ampliadas a partir dos anos 1990 —, temas de interesse da Universal passavam a ser debatidos e defendidos no Legislativo. O bispo se fortalecia politicamente para se contrapor a seus adversários. Em 2005, a Universal montou seu próprio partido, o PRB. Já no ano seguinte, a legenda garantiria novamente a presença do vice-presidente da República, José Alencar, na chapa do petista Luiz Inácio Lula da Silva. Alencar era católico e frequentador de missas dominicais,[39] mas participava de reuniões de oração com o bispo e então senador Marcelo Crivella, eleito com o apoio da Universal. Dez anos depois, Crivella, sobrinho de Macedo, se tornaria prefeito do Rio de Janeiro. Nas eleições de 2018, o PRB — agora Republicanos — continuou avançando: elegeu um vice-governador, Carlos Brandão, no Maranhão; um senador, Mecias de Jesus, em Roraima; trinta deputados federais e 42 estaduais espalhados pelo Brasil.[40]

Desde a primeira eleição direta para a Presidência da República, em 1989, Edir Macedo e sua igreja vêm se alinhando aos ocupantes do Palácio do Planalto. O bispo sempre esteve ao lado do poder, fosse com governos de centro, de esquerda ou de direita. Nos estados e prefeituras, sua igreja em geral repete o mesmo procedimento: apoia os governantes de plantão, salvo raras exceções. A partir do final dos anos 1980, a Universal começou a execrar o PT e a esquerda, comparando Lula a "satanás", mas depois não titubeou em ficar ao lado dele e de Dilma Rousseff ao longo dos catorze anos de gestão dos dois presidentes petistas. Em 2012, Marcelo Crivella foi nomeado ministro da Pesca, no governo Dilma. Com o impeachment da petista, em 2016, o PRB ingressou no governo do ex-vice Michel Temer e ganhou o Ministério da Indústria e Comércio.

O ativismo de líderes conservadores evangélicos na última década reacendeu o antigo discurso de que a tradicional família brasileira estava ameaçada pelo "comunismo" e pelo "socialismo". Nas eleições de 2018, as redes sociais divulgaram amplamente que a esquerda, representada pelo PT, iria perseguir os cristãos, inflar as teses e ações do movimento LGBT e distribuir um "kit gay" nas escolas para incentivar as crianças a mudar de orientação sexual. Os pais, impedidos de educar os filhos, assistiriam indefesos à destruição das famílias brasileiras. Esse discurso, turbinado por notícias falsas em grupos do WhatsApp, fortaleceu essa tese — aterrorizante, desnecessário dizer, para grupos religiosos, sobretudo os evangélicos.[41]

Lula, o candidato do PT e principal nome da esquerda, até então favorito nas pesquisas, foi preso em abril e ficou fora do páreo. Como se sabe, substituiu-o o professor de ciências sociais da USP e ex-prefeito de São Paulo Fernando Haddad. A partir desse momento, o capitão da reserva Jair Bolsonaro, candidato do PSL à Presidência, começou a ganhar espaço entre os evangélicos, erguendo bandeiras em defesa dos valores da família e combatendo o casamento gay e aquilo que chama de "ideologia de gênero". Bolsonaro e Haddad garantiram vaga no segundo turno. Às vésperas da votação final, em outubro, uma pesquisa do Datafolha indicava 70% dos votos válidos dos evangélicos para Bolsonaro e 30% para Haddad.

Identificada com o ideário liberal na economia e hostil a propostas da esquerda sobre questões morais — embora bem mais aberta em relação a esses temas do que outros segmentos do pentecostalismo —, a Universal abraçou tardiamente a candidatura do capitão. Pragmático, no início da campanha Edir Macedo havia decidido apoiar o ex-governador de São Paulo Geraldo Alckmin, um aliado no PSDB e em cujo governo a igreja mantinha cargos. O bispo apostara na polarização entre petistas, à esquerda, e os tucanos, ao centro, imaginando a repetição do cenário político predominante no país nas últimas duas décadas. Nos templos, pastores, fiéis e obreiros admitiam, reservadamente, que o candidato da igreja era Alckmin, mas preferiam Bolsonaro. A nove dias do primeiro turno, Macedo percebeu para onde sopravam os ventos e abandonou o barco do aliado tucano.[42] Assumiu a preferência de seus fiéis e não hesitou em dar seu apoio a Bolsonaro. O candidato do PSL venceu com 11 milhões de votos de vantagem, grande parte vinda dos evangélicos.[43]

A igreja nunca havia comemorado a vitória de um candidato tão identificado com sua linha de atuação e seus valores. Se embarcara no navio tucano, fora por pragmatismo político. De qualquer forma, se a Universal sempre esteve ao lado do poder, dessa vez sentiu-se em casa. De mera apoiadora, atualmente percebe-se parte integrante do poder político instituído no Brasil. Para deleite de bispos e pastores evangélicos, nunca antes na história deste país — repetindo o célebre bordão de Lula — houve presidente da República tão genuinamente simpatizante com as causas religiosas conservadoras. "É a primeira vez [...] que a gente tem um candidato de direita de verdade, 'pró-família', 'pró-Deus', 'pró-valores', pelos nossos 'princípios' e 'favorável' à igreja de Jesus", disse o apóstolo Rinaldo Luiz de Seixas, o Rina, ex-surfista, líder e fundador da Igreja Bola de Neve.[44]

Edir Macedo, já na campanha, abriu as portas da Record para Bolsonaro. E não fechou mais. Se, por um lado, a ajuda da emissora e da bancada do PRB/Universal na Câmara dos Deputados é fundamental para o governo, por outro, o canal de Macedo espera uma redistribuição nas verbas de publicidade, e a Universal, o afrouxamento de regras fiscais. Embora as igrejas já sejam isentas de impostos, os líderes religiosos reivindicam uma flexibilização nas regras tributárias para, por exemplo, permitir remessas e recebimentos de valores para e do exterior.[45] O bispo vem demonstrando entusiasmo com o novo presidente. No dia 21 de maio de 2019, em um culto no Rio de Janeiro, orou pelo êxito de sua gestão. "Quando se levanta um político querendo ajudar, os bandidos, ladrões, safados e salafrários se unem para derrubá-lo", defendeu. "Mas o Senhor conhece aqueles que são justos, que querem ajudar o seu povo. Então, te peço, meu Pai, por esta nação: nós elegemos Bolsonaro, então seja justo com ele", clamou. Por fim, Macedo pediu a Deus para "remover" aqueles "que querem impedi-lo de fazer um excelente governo".[46] O bispo não explicou como seria essa "remoção".

Macedo e Bolsonaro querem estar agora cada vez mais perto um do outro. Até há pouco, não se conheciam pessoalmente. O bispo havia dado apenas um telefonema ao então candidato a presidente, pouco antes das eleições.[47] No dia 1º de setembro de 2019, o líder da Universal recebeu Bolsonaro no Templo de

Salomão, a sua megaigreja, diante de 10 mil pessoas. Ajoelhado no púlpito e de costas para os fiéis, o presidente foi ungido pelo bispo. No Antigo Testamento, a unção se dava com o óleo de azeite derramado sobre a cabeça de alguém escolhido para uma missão — um rei ou profeta. Com as duas mãos sobre a cabeça de Bolsonaro, Macedo pediu que Deus lhe dê "sabedoria, inteligência e coragem". Orou pelo aliado político e discursou: "a mídia toda é contra ele [...] porque nós vivenciamos o inferno da mídia, [da] imprensa marrom". O dono da Record, porém, fez uma ressalva: "Eu estou aqui", lembrou, mandando o seu recado. Com um jargão utilizado pelos neopentecostais para simbolizar conquistas, garantiu que Bolsonaro "vai arrebentar".[48]

Naquela semana, o presidente completava oito meses de governo e sua gestão dava sinais de desgaste. Uma pesquisa do Datafolha mostrava um aumento de 33% para 38% em seus índices de reprovação. Uma das soluções encontradas para conter essa queda era estreitar ainda mais as relações com os líderes evangélicos, como Macedo.[49] Nas comemorações do Dia da Independência, em 7 de setembro, o bispo apareceu ao lado de Bolsonaro no palanque, no desfile na Esplanada dos Ministérios, em Brasília. Para agradecer aos afagos de Macedo e de líderes de outras denominações, Bolsonaro avisou que, em 2020, o Supremo Tribunal Federal (STF) terá um ministro, a ser nomeado por ele, "terrivelmente evangélico".[50] O presidente também colocou à disposição a estrutura jurídica do Executivo para a bancada evangélica no Congresso elaborar propostas ao país por meio de decretos presidenciais. Os parlamentares evangélicos "têm ideias maravilhosas" e elas podem ser materializadas via decreto, afirmou Bolsonaro.[51] Edir Macedo, incensado pelo neoamigo, personifica esse poder evangélico ascendente.

\* \* \*

A Igreja Universal é uma instituição fechada mas não intransponível. Fala para seus seguidores, por meio de seus veículos: site e blogs oficiais, a TV, emissoras de rádio do grupo e o portal R7, além dos livros do bispo e de outros líderes. Quando julga haver interesse, posiciona-se para toda a sociedade. Divulga ações sociais que melhoram sua imagem, caso consiga espaço na mídia não pertencente ao grupo. Sua relação com a imprensa se presta mais a emitir comunicados para contestar informações que vêm à luz do que para responder aos jornalistas.

São raríssimas as entrevistas de Edir Macedo — quando deseja, ele manda recados e orientações diretamente aos fiéis, por meio dos órgãos de comunicação do grupo. O que ocorre nos bastidores, porém, vaza por fiéis e colaboradores.

Seu trato com a imprensa é conturbado desde a compra da TV Record. Em 1990, outro fato tornaria essa convivência mais turbulenta: na cobertura de um culto gigantesco no estádio do Maracanã, jornais e TVs mostraram obreiros carregando sacos supostamente com dinheiro arrecadado de fiéis.[52] A tal "guerra santa" na mídia começou aí.

Mesmo em meio a esse clima, consegui, em dezembro de 1994, entrar em templos da Universal e mostrar, em reportagem para a revista *IstoÉ*, o funcionamento da instituição no dia a dia. Como uma multinacional da fé, naquele momento a igreja se instalava em 32 países. Pude acompanhar cultos e atividades como a entrega de alimentos a moradores de rua, em madrugadas frias no centro de São Paulo.[53] Se na época era incomum a autorização para coberturas jornalísticas semelhantes, hoje ela não existe.

Exatamente um ano depois, tive acesso a um vídeo bombástico no qual o bispo Edir Macedo contava dólares no chão de uma igreja em Nova York. Em outra cena, ensinava a pastores técnicas para arrecadar mais dinheiro nos templos. A reportagem foi publicada na *IstoÉ* e, em seguida, as imagens foram exibidas na TV Globo. A repercussão foi imensa.[54] O Brasil discutiu a volúpia arrecadadora do bispo ao longo de semanas. Antes, ao narrar o polêmico episódio do chute na imagem de Nossa Senhora Aparecida pelo então bispo da Universal Sérgio Von Helde, em 12 de outubro de 1995, eu já havia divulgado que um ex-integrante da Universal, o pastor Carlos Magno de Miranda, fizera graves denúncias contra a igreja — inclusive sobre um suposto envolvimento com um traficante colombiano —, mas, convocado para dar explicações à Polícia Federal, Magno desaparecera.[55] Dois meses depois, localizado na região metropolitana do Recife, ele alegou ter recebido ameaças e disse ter sido orientado por seu advogado para não falar à PF, mas apenas à Justiça.[56] Em seguida me mostrou o vídeo.

Ao abordar o tema na imprensa, mantive contato com ex-integrantes da igreja e ex-funcionários do grupo, detentores de importantes informações sobre os métodos de atuação da Universal. A partir daí surgiram denúncias de supostas operações financeiras irregulares detectadas pela Receita Federal envolvendo empresas, bispos e pastores da igreja, além de envio de dinheiro para empresas em paraísos fiscais.[57]

Nos anos 1980, quando iniciava na profissão, trabalhei no jornal *O São Paulo*, órgão oficial da Arquidiocese de São Paulo, e na revista *Tempo e Presença*, fundada por líderes protestantes.[58] Assim, acompanhei a trajetória e o crescimento vertiginoso da Igreja Universal nas últimas décadas. A instituição tornou-se uma potência, com mais de 10 mil templos espalhados pelo Brasil e no exterior, segundo seus números.[59] Conta com 1,8 milhão de seguidores oficialmente[60] — ou 9 milhões, autoatribuídos em sua própria contabilidade.

A história de Macedo e da igreja, com suas peculiaridades — a polêmica provocada pelo ímpeto na cobrança do dízimo, as acusações de estelionato e curandeirismo, os conflitos com as religiões afro-brasileiras —, a força e pujança da instituição, que conseguiu se estabelecer em mais de cem países, merecem uma análise atenta. A Universal não é a maior igreja evangélica do Brasil — está atrás da Assembleia de Deus, da Batista e da Congregação Cristã no Brasil,[61] denominações bem mais antigas. Mas é o grupo neopentecostal de maior expressão no país.

Para detalhar a história do bispo e da igreja, setenta pessoas foram entrevistadas ao longo de quatro anos de trabalho. Foram ouvidos ex-bispos, ex-pastores, ex-funcionários de empresas ligadas ao grupo, empresários, representantes do Ministério Público, estudiosos de religião e profissionais de comunicação. Vários pediram anonimato. Quem continua na ativa não fala, o que evidentemente dificultou a apuração.

A história é contada com base em documentos e processos disponíveis no Judiciário; em denúncias do Ministério Público; relatos de pessoas que viveram dentro da instituição e ao lado de Edir Macedo; pesquisas e livros acadêmicos; reportagens do próprio autor em revistas e jornais, além de trabalhos de dezenas de colegas jornalistas, veiculados desde o final dos anos 1980. A intenção desta obra é revelar o que pensa e propõe a Igreja Universal do Reino de Deus, mostrar como a instituição cresceu e se tornou tão poderosa, por que seu discurso atrai milhares de fiéis, e também registrar a influência, o poder e o futuro de seu líder máximo, o bispo Edir Macedo. A intenção é transmitir algum conhecimento sobre a atuação desse ousado agrupamento religioso de que tanto se fala mas do qual pouco se conhece verdadeiramente, e que em seus 42 anos de existência incomodou e avançou sobre redutos da Igreja católica e também sobre espaços antes ocupados por tradicionais denominações evangélicas. Tudo graças à força da fé e ao dízimo de seus fiéis.[62]

# 1. Rio das Flores: A cidade esquecida

Os moradores mais velhos de Rio das Flores se lembram ainda hoje da chuva que tingiu de branco os telhados das casas. Naquela tarde de domingo, 18 de fevereiro de 1945, um ruído brusco e repentino tirou da letargia os pouco mais de 2 mil habitantes da pequena cidade do Vale do Café fluminense.[1] Até aquele momento, sons semelhantes só dos trovões que estremeciam as serras e morros do Abarracamento e Taboas, vilarejos situados entre os dois extremos da localidade.

A Segunda Guerra Mundial chegava a seu ápice na Europa, e os mais de 25 mil homens enviados pela Força Expedicionária Brasileira mexiam com o imaginário dos brasileiros.[2] No Carnaval daquele ano, festejado na semana anterior, a marchinha "Haja Carnaval ou não", na voz de Francisco Alves, falava em deixar os "ares tristonhos" para buscar distração, cantar e dançar.[3] Não seria descabido supor que os rio-florenses associassem a um bombardeio o estrondo que assustou a comunidade.

Localizada ao lado da pequena estação ferroviária da cidade, num prédio histórico construído em 1883, a Cooperativa Agrícola de Rio das Flores recebia a produção de leite de toda a região. Com a decadência do café, o leite, ao lado da carne e da cana-de-açúcar, se tornara um dos principais ativos econômicos da cidade. O produto era levado à cooperativa e seguia de trem para Juiz de

Fora ou o Rio de Janeiro. Antes da viagem, o leite era fervido em uma grande caldeira. E foi ela que foi pelos ares naquela tarde morna, nunca se soube por quê. O impacto da explosão foi tão grande que a caldeira rasgou o teto e caiu próxima à linha do trem, no centro do vilarejo. Resultante da combustão, uma chuva branca se espalhou pela área ao redor. O barulho e a confusão precipitaram o nascimento daquele que no futuro se tornaria o mais ilustre dos residentes do vilarejo: Edir Macedo.

Por pouco o bebê Edir não teve o mesmo destino de outras 26 gestações das 33 que teve dona Geninha. Nascida e criada no vilarejo do Abarracamento,[4] ao longo da vida Eugênia Macedo Bezerra sofreu dezesseis abortos espontâneos e ainda perdeu mais dez filhos prematuramente. Sete sobreviveram: Eris, Elcy, Eraldo, Edir, Celso, Edna e Magdalena. A família não tinha acesso a equipamentos de saúde, assim como a população de Rio das Flores — no ano em que Edir Macedo nasceu, não havia posto de saúde no vilarejo; o mais próximo estava na vizinha Valença, maior cidade da região. Uma das razões da sobrevivência do bebê foram as habilidades obstetrícias da avó materna, Clementina Iório da Silva Macedo, parteira famosa no Vale, ela também campeã de fertilidade: deu à luz 28 filhos, dezessete homens e onze mulheres.[5] O marido, Eugênio Jacinto de Macedo, ainda tinha três filhos de outros relacionamentos.[6]

Já aos dois anos o pequeno Edir assombrava a família. A irmã mais velha estremecia ao ver o irmão brincar com uma figura imaginária, supostamente uma menina. O garotinho falava, ria e se divertia — entretinha-se com um anjo, supunham os familiares. Anos depois Eris mudaria de opinião: o demônio é que estaria ao lado dele.[7] Outro episódio que a apavorou foi quando, sozinha com o bebê, ela viu uma serpente cobra-cipó se esgueirando entre as cobertas do berço. Familiares e vizinhos acorreram com foices e enxadas e mataram o réptil.

Edir era um garoto tímido, brincava pouco.[8] Uma característica fazia dele alvo de chacota das outras crianças. Didi, como era chamado, nascera com uma atrofia nos dedos: indicadores finos como lápis e polegares anormalmente maiores,[9] com mobilidade reduzida. Herança da avó paterna, que tinha três dedos em cada mão.

Hoje o primo Moacyr Marins Macedo faz troça do defeito de nascença do parente mais famoso: "Aquele dedo fino é bom para contar dinheiro".[10] Dono de uma loja de construção em Rio das Flores, Moacyr é filho de Irani Macedo, irmão de dona Geninha. Anos depois o próprio Edir Macedo admitiu que a má--formação dificultou sua interação com os outros meninos. Atividades triviais como empinar pipas e soltar balões eram um tormento. "Às vezes, me sentia um estorvo", disse ao relembrar a infância.[11] "As minhas mãos são defeituosas. Aliás, o corpo todo é defeituoso. Eu fui mal fabricado, mas não foi por causa de Deus. Sofri internamente por conta da rejeição na escola. A gente sempre fica inferior aos perfeitos fisicamente. [...] Eu era uma pessoa carente, uma pessoa complexada", desabafou numa entrevista para a televisão.[12]

Sua dor é apresentada no começo de *Nada a perder*, cinebiografia da vida do bispo lançada em 2018. Estamos em 1953 e o garoto, então com oito anos, vê outros moleques jogando bola ao lado da ferrovia que cortava Rio das Flores (uma licença poética, pois a família Macedo não morava mais na cidade naquele ano). A bola corre para perto dele, que pede para jogar. Os garotos, entre perversos e travessos, impõem uma condição: "Você até pode jogar com a gente se subir naquela árvore". Sentindo-se desafiado, e disposto a provar que deficiência alguma seria capaz de detê-lo, Didi parte como um touro enfurecido, ao som do coro dos meninos que gritam "Dedinho, Dedinho", e inicia uma escalada rumo a seu Everest particular. Veio o inevitável, o menino despencou. Em casa, ao contar à mãe o ocorrido, o pequeno Edir, pela primeira de muitas vezes, questiona os desígnios divinos. "Por que Deus me fez desse jeito?". Dona Geninha olha para o filho e o tranquiliza com uma frase que, ao menos na ficção, parecia traçar um futuro épico para ele. "Você vai fazer coisas muito maiores que subir em árvores. Vai subir montanhas", vaticinou.

O frágil Edir vivia cercado de cuidados, em especial da irmã Elcy.[13] Os Macedo eram bastante conhecidos, graças sobretudo à avó parteira. Nem rica nem poderosa, a família materna tinha raízes na região;[14] já o pai era um forasteiro. O alagoano Henrique Francisco Bezerra trocara a pobreza de Penedo, cidade às margens do rio São Francisco, na fronteira de Sergipe e Alagoas, pelo sonho de uma vida melhor no Rio de Janeiro. À época, a então capital do país era um destino quase óbvio de quem fugia da seca e da miséria em busca de trabalho, abundante embora mal pago.

Aos 32 anos, depois de rápida passagem pelo Rio, Bezerra chegou a Rio das Flores para trabalhar numa fazenda.[15] Logo se apaixonaria por Eugênia, com metade de sua idade.[16] O pai dela, Eugênio Jacinto de Macedo, não aprovou o namoro, a diferença de idade lhe parecia um tanto acentuada. Com o tempo cedeu e o casamento acabou acontecendo.[17] O casal então se mudou da fazenda para a cidade — pouco antes do nascimento de Edir —,[18] e Henrique passou a cuidar da área comercial da Cooperativa Agropecuária. Foram morar numa casa pequena e apertada, ao lado do trabalho dele. Austero e metódico, Bezerra tinha afinidade com os números, ainda que pouca escolaridade.[19] Foi atraído a Rio das Flores por uma proposta de trabalho de um membro da família de Carlos Lacerda, futuro governador da Guanabara, principal adversário do presidente Getúlio Vargas (no mandato de 1951-4) e, mais tarde, um dos articuladores do golpe de 1964. Antes mesmo da ascensão de Lacerda, a família já exercia grande influência na República, sobretudo no Vale do Café fluminense. O pai, Maurício, fora deputado federal e prefeito de Vassouras, cidade histórica a 46 quilômetros de Rio das Flores. Antes, o avô paterno de Carlos, Sebastião Lacerda, havia sido deputado federal, ministro da Indústria, Viação e Obras Públicas do governo Prudente de Morais e ministro do Supremo Tribunal Federal (a partir de 1912).[20]

A família de Carlos Lacerda era proprietária de áreas rurais na região, entre as quais a Forquilha, em Rio das Flores, onde Henrique Bezerra iria trabalhar. Comandada por Silvina Gonçalves de Lacerda, filha do ministro do STF, e seu marido, Júlio dos Santos Paiva, a fazenda, concedida através do sistema de sesmarias, surgiu em 1805, tendo sido um símbolo da prosperidade da cultura do café na região na época do Império. A família manteve a propriedade do início do século XIX até os anos 1940.[21]

Mais tarde, os Lacerda venderam a fazenda Forquilha para um empresário de origem italiana, Vicente Meggiolaro, de quem Bezerra se tornaria muito próximo. Meggiolaro passaria a ser central na história da família Macedo Bezerra, sobretudo nos primeiros vinte anos de vida de Edir Macedo. Muito rico, ele acumulara posses depois de ter trabalhado como administrador de bens de uma viúva no Rio de Janeiro.[22] Também ligado à política, fora secretário de finanças da Ação Integralista Brasileira, movimento de ultradireita de inspiração fascista.

Meggiolaro levou o pai de Edir para trabalhar na Cooperativa Agrícola de Rio das Flores, da qual foi presidente. Era também dono do imóvel onde Bezerra montou um armazém de secos e molhados, no centro da cidade, depois do acidente que destruiu a sede da cooperativa e precipitou o nascimento de seu quarto filho. Os fregueses compravam a mercadoria e o comerciante anotava num caderninho, prática muito comum à época. Levavam o produto na hora e pagavam depois, em geral no final do mês. Só que quando os preços da lavoura e do leite baixavam, a maioria da clientela acabava aplicando calote no comerciante. Sem capital para acertar as contas com os fornecedores, Bezerra faliu. Meggiolaro o convidou para trabalhar novamente na Forquilha — seu conhecimento contábil seria útil para acertar as contas da propriedade, que não exibia a mesma exuberância da época áurea do café. Além de salário, Bezerra pôde economizar dinheiro com moradia, já que toda a família se mudou para uma casa dentro da propriedade.

Edir viveria ali até os seis anos. Imensa, a fazenda era rodeada de montanhas, morros e rios. As brincadeiras selaram a proximidade entre ele e o caçula dos meninos, o extrovertido Celso.[23] Outro que sempre estava por perto era o primo Moacyr, o futuro comerciante de Rio das Flores — o trio jogava bola, se atirava de barrancos e pulava riachos, para aflição de dona Geninha.[24]

Logo cedo Edir desenvolveu uma característica peculiar, observada pelo tio Amarílio Macedo, irmão de dona Geninha, conhecido como Missô (corruptela de meu senhor): "Sempre que ia comer alguma coisa, se escondia. Não gostava de dividir nada com ninguém. Era muito desconfiado. E esperto também",[25] disse, lúcido aos 94 anos. O sobrinho, acostumado a observar a lida do pai no armazém, tinha com o dinheiro a mesma relação que tinha com a comida. Tirava escondido do bolso, para ninguém ver, pequenas quantias que ganhava dos familiares.

Outra marca da infância influenciaria a personalidade de Edir: o comportamento do pai. Henrique Bezerra era um sertanejo bruto, rude e violento.[26] Submetia os filhos a ditados e castigava quem errava.[27] Eris, a irmã mais velha, levou palmadas ainda no colo. "Ela apanhou aos seis meses de idade. O Henrique era mau mesmo. Os filhos entravam no porrete", contou Amarílio. O sogro, Eugênio, contrariado com o tratamento dispensado aos netos, afastou-se do genro. Geninha bem que tentava interceder a favor das crianças, mas temia ser vítima da agressividade do companheiro.[28] Os filhos, porém, não herdaram o comportamento irascível do pai.[29] "Papai era alagoano. Era um homem de guerra. Ele nasceu na guerra, viveu na guerra e morreu na guerra. Então, ele passou isso para a gente. Nós herdamos aquela cultura dura que o papai vivenciou na sua vida", justificou Edir Macedo. A atitude do pai parece ter moldado sua visão de mundo: "Ou você mata, ou você morre. Não tem violino".[30]

Era da mãe que os filhos recebiam carinho. Para dona Geninha, eles não tinham defeitos: "Os dos outros, se não tiverem, eu ponho", dizia.[31] Não tendo acabado o quarto ano do ensino primário, o que hoje seria o quarto do fundamental, ela cuidava das crianças e ajudava no orçamento doméstico preparando salgados que os meninos vendiam na cidade. Apesar da rispidez de Bezerra e das dificuldades de sobrevivência, Macedo se orgulha de ter recebido o melhor que os pais puderam dar. "Nunca passamos necessidade, mas nós tivemos que trabalhar e lutar desde pequenos."[32]

Henrique e Geninha eram católicos. Ele chegou a participar da maçonaria,[33] irmandade de grande influência no Brasil desde o fim do século XVIII. O casal era visto com frequência em missas, batizados e festas da igreja, sempre com os filhos a tiracolo. Como a esmagadora maioria das cidades brasileiras na metade do século passado, Rio das Flores batizava seus rebentos no catolicismo. Em sua igreja matriz, de Santa Teresa D'Ávila, um dos brasileiros mais famosos do mundo recebeu o sacramento. Com três anos e oito meses de vida, Alberto Santos Dumont foi batizado ali, no dia 20 de fevereiro de 1877. Seus pais viviam numa fazenda de café às margens do rio Paraíba do Sul, a cerca de doze quilômetros do vilarejo.[34]

O batismo de Santos Dumont é motivo de orgulho dos conterrâneos até hoje. Quem chega ao município pela rodovia RJ-145 se depara logo na entrada com uma placa: "RIO DAS FLORES. CIDADE ONDE FOI BATIZADO SANTOS DUMONT". O criador do *14-Bis* é também homenageado com duas estátuas no centro da cidade.

No ano do batismo do inventor, a totalidade dos moradores da velha vila de Santa Tereza — nome pelo qual se conhecia Rio das Flores até 1943 — era de católicos praticantes. Segundo o IBGE, no ano do nascimento de Edir Macedo, 94% da população brasileira (cerca de 45 milhões de pessoas) se declarava católica. Na época, o órgão não compilava dados específicos sobre religião por estados e municípios.[35]

Da carola e provinciana cidadezinha onde viveu até os seis anos, Macedo diz conservar o jeito interiorano: tem o hábito de tirar um cochilo depois do almoço, seu prato preferido é arroz com feijão, couve, carne-seca e angu.[36]

A família saiu de lá no início da década de 1950, rumo a Petrópolis.[37] O pai iria trabalhar em outras propriedades de Vicente Meggiolaro, cuidar de loteamentos na cidade. A estada foi curta, durou o tempo da instalação do projeto e a venda das unidades. Foi a primeira de muitas escalas. A família ainda passaria por outra fazenda de Meggiolaro, no município de Simão Pereira, na fronteira de Minas Gerais e Rio de Janeiro, próxima a Rio das Flores, até se fixar no Rio de Janeiro.

Edir tinha onze anos quando o pai montou um armazém em São Cristóvão, na região central do Rio. A família morava nos fundos, todos ajudavam. Após concluir o curso primário, o pequeno Didi abandonou temporariamente a escola para trabalhar ao lado do pai. No ano seguinte, conseguiu retomar os estudos, mas continuou batendo ponto no armazém, o que o obrigava a acordar bem mais cedo do que de costume.

Didi e Celso também saíam pelo bairro vendendo pastéis e bolinhos de bacalhau feitos por dona Geninha,[38] e ainda encontravam tempo para brincar na rua. Foi nessa época que, ao lado de amigos, roubaram picolés de uma sorveteria. O pai soube e os obrigou a pagar o que deviam e pedir desculpas ao proprietário.[39] "Só não apanhei porque eu tinha muito medo dele e ele sabia disso. Fiquei apavorado, acho que ele ficou com pena de [me] bater", relembrou Macedo.[40]

Em outros momentos, não era o medo do garoto que evitava a fúria paterna, mas o providencial auxílio do irmão imediatamente mais novo, que assumia sozinho a culpa pelas travessuras. Acostumado com as broncas e sovas, Celso poupava o franzino Edir. Certa vez chegaram a ser levados a uma delegacia, eles dois e outros amigos, por bagunça dentro do bonde no trajeto entre os bairros de Usina e Engenho Novo. Tocaram a campainha diversas vezes, o que irritou o motorneiro. O episódio causou alvoroço na vizinhança.[41]

Edir concluiu o antigo ginásio aos dezesseis anos. O armazém já estava fechado, o pai agora trabalhava em Benfica como gerente da unidade de uma cooperativa de leite da região metropolitana do Rio.[42]

Torcedor do Botafogo, o jovem jogava bola com Celso, ouvia música na vitrola com a mãe e dançava com a irmã Elcy. Era fã de bolero, então em voga na virada dos anos 1950 e 1960, no fim da chamada Era do Rádio.[43] E foi a paixão pelo bolero que o aproximou da boemia da Zona Norte carioca — perdeu a virgindade com uma prostituta do Mangue, área que concentrava bordéis desde meados do século XIX.[44]

Para garantir o futuro dos filhos, dona Geninha foi em busca de emprego para Edir e Celso. Em 1963, recorreu a um antigo conhecido da família, o então governador da Guanabara Carlos Lacerda. Acompanhada dos dois filhos adolescentes, dona Geninha deu plantão na porta do palácio do governo. Ao passar com o carro oficial, Lacerda os viu e mandou o motorista parar. Ela pediu ajuda e o governador atendeu: arrumou para Celso um emprego no Departamento de Trânsito do Rio, e para Edir, na Loteria Estadual (Loterj).[45] Lacerda era padrinho de casamento de uma irmã de Edir, Eris.[46]

Edir era um rapaz metódico. Os irmãos o viam como um sujeito extremamente meticuloso, a ponto de jogar uma bolinha de papel debaixo da cama para conferir se a empregada a varreria no dia seguinte.[47] Àquela altura eles já podiam se dar a certos luxos, como ter alguém auxiliando dona Geninha nos trabalhos de casa. Com o emprego fixo de Bezerra e dos filhos, e a família um pouco menor, pois Eris havia se casado, o padrão de vida dos Macedo Bezerra subiu.[48]

Segundo ele mesmo admite, quando jovem Edir tinha um "gênio ruim", não conseguia perdoar aqueles que o haviam prejudicado, ou melhor, que ele julgava que o haviam prejudicado. Certa vez chegou a ficar dois anos sem falar com Eris. Tempos depois ele nem lembrava a razão desse afastamento.[49] Mas se era para fazer amizades, ele conseguia domar seu temperamento irritadiço e também procurava se integrar ao estilo dos colegas. O dinheiro contado e a rigidez do pai eram empecilhos — os meninos não podiam ter cabelo comprido ou usar calça boca de sino, então na última moda. Edir costumava passar o fim de semana na casa de Eris, na Gávea, na Zona Sul, cujas praias e cinemas começou a frequentar. Lá conheceu Talita, moradora da praça Santos Dumont, em frente ao Jockey Club. Os encontros eram no banco da praça.[50]

Embora não tivesse pinta de galã, Edir tinha sucesso com as mulheres. Superada a timidez da infância, tornou-se um namorador inveterado. Revelou ter mantido relacionamentos apimentados. "Nunca bebi, nunca fumei. Mas com mulher é diferente. Não dá para resistir", admitiu.[51]

O namoro durou dois anos. Talita decidiu romper — queria "aproveitar os prazeres do mundo, ser livre para curtir seus sonhos", segundo Macedo, que pediu a Deus para que a jovem voltasse, em vão. A decepção amorosa o abalou.[52] Decidiu buscar o consolo na fé.

## 2. O despertar da fé

Um programa radiofônico fomentou o interesse de Edir pelo credo evangélico. Foi Elcy quem lhe falou do pastor canadense Robert McAlister,[1] cuja *Voz da Nova Vida* ia ao ar toda manhã, de segunda a sábado, pela antiga Rádio Copacabana. Era 1963 e a família morava em São Cristóvão. Diagnosticada com um quadro de bronquite asmática, Elcy sofria com crises respiratórias constantes. Orou com o pastor pelo rádio e sentiu-se curada. McAlister convocava os ouvintes para seus cultos na Igreja de Nova Vida e ela passou a frequentá-los. Mais tarde, se tornaria obreira, auxiliar de pastor.[2] Aos dezoito anos, o irmão seguiu seus passos e se tornou fiel da igreja.[3]

McAlister começara a vida de missionário no início dos anos 1950, como pregador independente no movimento Cruzada de Nova Vida. Passou pelas Filipinas, Taiwan, França e Estados Unidos. Em 1955, fundou em Hong Kong os dois primeiros templos da Igreja de Nova Vida, existentes até hoje mas sem vínculos com a brasileira. Naquele mesmo ano, visitou o Brasil pela primeira vez, em lua de mel. Três anos depois, participaria de uma campanha de evangelização no ginásio do Maracanãzinho, no Rio.

Ao lado de pastores norte-americanos, McAlister integrou a Cruzada Nacional de Evangelização no Brasil. Os eventos do grupo, realizados em tendas de lona, exaltavam a cura divina. Em 1959, ele disse ter ouvido um chamado de

Deus para permanecer no país.[4] Logo passou a comandar seu programa na Rádio Copacabana, transferido para a Mayrink Veiga, em 1964. Daí nasceu a Igreja de Nova Vida no Brasil.

O pastor não falava português. Estudou o idioma durante três meses, oito horas por dia. Seus programas — um entre os muitos que as igrejas evangélicas levavam ao ar —,[5] com quinze minutos diários, eram gravados na casa dele, num estúdio improvisado. As mensagens eram redigidas e depois lidas — inclusive as orações. Inicialmente realizados em praças públicas, os cultos se mudaram para uma sala na sede da Associação Brasileira de Imprensa (ABI), no centro do Rio. Foi lá que Edir viu o canadense pela primeira vez. Somente em 1965 o pastor montaria um templo próprio, em Bonsucesso, na Zona Norte.[6]

Ao se converter à Nova Vida, Edir — a exemplo de muitos de seus atuais seguidores — dizia estar no "fundo do poço".[7] Em parte por causa do término do namoro, ainda sentia certo complexo de inferioridade, via-se fadado ao fracasso em tudo o que viesse a fazer.[8] Comum entre recém-convertidos que explicam onde estavam até encontrar Deus, "no fundo do poço" é uma imagem à qual recorrem habitualmente ex-drogados, ex-alcoólatras ou pessoas atoladas em dívidas que viram evangélicas[9] e abandonam antigos comportamentos. Mas a conversão demorou a mudar para valer os hábitos do rapaz, que levava uma vida normal. Ia a bailes, tinha namoradas[10] e colegas na Loterj dispostos a aproveitar o início daqueles efervescentes anos 1960 no Rio de Janeiro.

Em meio a esse clima inquieto e turbulento, Edir sentia-se deprimido e angustiado.[11] Para superar seus conflitos, procurou ajuda junto à Igreja católica. Numa Sexta-Feira Santa, foi até a paróquia de São Januário e Santo Agostinho, em São Cristóvão, perto do estádio do Vasco da Gama.[12] "Só encontrei um Cristo morto", lamentou. Aquilo não lhe bastava.[13] O Cristo morto lhe despertava compaixão, ele não poderia ajudá-lo, concluiu. Tentou o espiritismo e frequentou o centro Santo Antônio de Pádua, também em São Cristóvão. Consultava-se com um cirurgião espiritual chamado Santos Neto, que teria eliminado algumas verrugas de seu corpo. Elas voltaram maiores e mais numerosas, disse Macedo.[14] "As ideias que aí encontrei também não se coadunavam com as minhas", alegou.[15] Nos anos seguintes, a religião espírita e sobretudo as de matriz afro-brasileira estariam na mira do futuro bispo.

Diferentemente das opções religiosas oferecidas, a Igreja de Nova Vida empolgou o rapaz. "As pessoas cantavam e, de repente, desceu uma coisa sobre nossa cabeça, nosso corpo, como se estivéssemos sendo jogados debaixo de um chuveiro. Foi algo ao mesmo tempo físico e espiritual, abstrato e concreto", declarou. "Pude me ver como realmente era, e eu me via como se estivesse descendo ao inferno. Caí em prantos. Então a mesma presença me apontou Jesus."[16]

O atormentado Edir via uma luz, tanto na vida religiosa como na profissional. Sua familiaridade com a matemática, intensificada com a lida no armazém, lhe abriria portas para desatar seus nós. Primeiro lhe possibilitou uma renda complementar, pois ele passou a dar aulas particulares, ainda durante o colegial (hoje ensino médio).

A matemática também favoreceu o encontro com Ester, fiel da Igreja de Nova Vida,[17] no outono de 1971.[18] Parentes da jovem, cientes do talento de Edir com os números, lhe pediram para ajudar a moça, que prestaria um concurso público para o Banco do Estado da Guanabara (antecessor do Banerj — Banco do Estado do Rio de Janeiro).[19] As aulas não chegaram a acontecer, mas o namoro logo começou.

O avô de Ester era pastor da Assembleia de Deus, uma das primeiras e mais tradicionais igrejas pentecostais do país, fundada em 1910. Os pentecostais, classificação surgida no início do século XX na qual se inclui a Igreja de Nova Vida, acreditam nas manifestações sobrenaturais do Espírito Santo, como recebimento de dons da cura, milagre e glossolalia (a aptidão para falar línguas estranhas).[20] O comerciante Bernardino Rangel Pires, pai de Ester, dono de um posto de gasolina, de lojas de roupas e de material de construção, havia abandonado a Assembleia de Deus porque seus filhos adolescentes a consideravam excessivamente conservadora nos costumes. Os garotos reclamavam por não poder usar cabelo comprido ou ir ao cinema, as meninas se queixavam da proibição de pintar as unhas e cortar o cabelo.[21] E assim Ester seguia os passos de McAlister desde 1963.

No primeiro dia de namoro, Edir se mostrou um tanto abusado. Sem cerimônia, já foi pondo as mãos nos ombros da jovem — que estranhou, mas acabou gostando da determinação do pretendente. Já foi dizendo que casaria com ela, o que de fato ocorreu oito meses depois.[22] A cerimônia, simples, aconteceu no dia 18 de dezembro de 1971, na sede da Igreja de Nova Vida, em Bonsucesso.

O casal passou por maus bocados. O salário de Edir não chegava ao fim do mês, mesmo com as horas extras. Além do trabalho na Loterj, ele passou a fazer um bico como pesquisador do IBGE, o que lhe permitiu comprar seu primeiro aparelho de TV.[23] Viveram oito meses num apartamento no Catumbi, no centro — propriedade de Vicente Meggiolaro, cuja providencial presença mais uma vez intercedia na vida de Edir.

Sempre atenta, dona Geninha havia se mexido a fim de ajudar o filho. Solicitou ao antigo patrão do marido o aluguel daquele apartamento, pois assim a transação poderia dispensar um fiador.[24] O imóvel ficava próximo ao trabalho de Edir, embora distante da Universidade Federal Fluminense, UFF, em cujo vestibular de matemática ele havia passado.[25] Edir também havia se matriculado em outro curso de nível superior, de estatística, na Escola Nacional de Ciências Estatísticas, ENCE. Não concluiu nenhum. Na UFF, acabou jubilado seis anos depois.[26]

A despeito da boa vontade do amigo Meggiolaro, o imóvel no Catumbi, o mais em conta que o fazendeiro possuía, apresentava muitas inconveniências. Certa manhã de sábado, o encanamento da varanda estourou, causando uma inundação que provocou uma praga de baratas. Naquele dia, Ester descobriu um segredo do marido: ele sentia uma repulsa pânica pelo inseto.

Macedo continuava com sua obsessão por limpeza, irritava-se até quando encontrava fios de cabelo na escova da mulher. E repetia o teste da bolinha de papel atrás da porta para conferir se no dia seguinte sua mulher a teria retirado.[27]

A aversão às baratas e o risco de alagamento obrigaram o casal a se mudar para a casa dos pais de Ester — no Jardim América, região da Leopoldina —, onde ficaram por três meses e meio. Edir era obrigado a acordar muito cedo, levava no mínimo uma hora de ônibus até o trabalho, no centro.[28] O casal decidiu alugar um apartamento, dessa vez no Grajaú. Com o dinheiro economizado no período em que se hospedaram na casa dos sogros, ele deu entrada num Fusca zero, cujas prestações seriam pagas com atraso.

Em fevereiro de 1973, Ester descobria a primeira gravidez; Cristiane nasceria em outubro.[29] Em meio às dificuldades da labuta, Edir continuava a frequentar os cultos da Nova Vida — ficou doze anos na igreja de McAlister. Lá, participou pela primeira vez de uma escola dominical de estudos bíblicos e de movimentos de jovens. Com outros colegas, pregava nas noites de sábado em praças da Zona Sul.[30]

Desse grupo também faziam parte o então diácono Roberto Augusto Lopes, os irmãos Samuel e Fidélis Coutinho, além de Romildo Ribeiro Soares, o R. R., futuro missionário da Igreja Internacional da Graça de Deus e cunhado de Edir Macedo, pois viria a se casar com sua irmã Magdalena. Nascido em Muniz Freire, cidade de 19 mil habitantes[31] na região do Caparaó, no interior do Espírito Santo, R. R. Soares — dois anos mais novo do que o cunhado — vivia no Rio desde 1964. Era muito amigo de Edir, que incentivou o casamento com Magdalena.[32]

O canadense McAlister era adepto de um pentecostalismo de classe média, "elitista" aos olhos de Edir,[33] que gostaria de torná-lo mais popular.[34] Para ele, as estratégias de pregação de McAlister eram pouco efetivas, considerava sua igreja fria, sem garra, sem vontade de crescer, "quase uma Igreja católica".[35] Ao lado dos jovens colegas de grupo, defendia um discurso mais contundente e o combate aos cultos afro-brasileiros. Propunha visitar terreiros de umbanda e de candomblé para tentar a conversão dos frequentadores. Nessa ocasião, McAlister estava em um período sabático de dois anos e meio no exterior e quem estava à frente da Igreja de Nova Vida era o pastor Tito Oscar. O dirigente explicou ao grupo que esse tipo de pregação não se coadunava com estratégia de ação da igreja. Não iria embarcar na proposta, considerava agressiva demais.[36]

Os jovens acabaram por deixar a igreja. Como nenhum deles ocupava cargo importante na hierarquia, a saída deles não chegou a ser vista como uma dissidência. Roberto Lopes era diácono — um grau abaixo do pastor —, e os outros, meros fiéis. Quando anunciaram o desejo de criar um novo movimento religioso, os líderes da Nova Vida chegaram a oferecer auxílio para o êxito na nova "missão".[37] Ao partir, Edir deixou um recado: "Vocês ainda vão ouvir falar de mim".[38]

Um acontecimento capital em sua vida influiu na decisão de deixar a igreja e marcou o início de sua carreira como pregador. No dia 18 de janeiro de 1975,[39] sua segunda filha, Viviane, acabara de nascer com uma má-formação congênita, o lábio leporino, uma fenda no lábio superior entre a boca e o nariz que impede que as duas partes do rosto se unam adequadamente. O problema causa distúrbios respiratórios, de fala e audição, má nutrição, infecções crônicas e alterações na dentição, além de impactos emocionais, de sociabilidade e autoestima.[40] Viviane não conseguia se alimentar. A amamentação era complicada, dada a dificuldade de sucção. Frequentemente ela ficava doente, com resfriados fortes e infecções urinárias. Com nove meses foi submetida à primeira cirurgia.[41] Até a pré-adolescência, foram doze. Nos pós-operatórios, a menina passou a vomitar sangue.[42]

A deficiência da filha fez o pai se lembrar das zombarias dos amigos ao longo de sua infância e adolescência. "O que eu sofri [...], imagina uma menina, uma menina que é muito mais vaidosa, ter uma marca bem na face", comentou. Ester chorou quando viu Viviane, Edir esmurrou a cama. "Agora eu estou sentindo na pele, na carne, estou sentindo nos nervos o que o povo lá fora sente. A dor de ver uma criança, uma filha", disse.[43] Edir passaria a ajudar as pessoas sofridas como ele. Obstinado, partiria em busca de uma prática religiosa mais incisiva e arrebatadora, capaz de expressar a revolta que afirmava sentir naquele momento.[44] Procurou a direção da Nova Vida e desabafou: "Não aceito ficar mais apenas como um espectador, apenas como um assistente".[45]

Ao lado de R. R., Roberto Lopes e os irmãos Coutinho, ele então fundou a Cruzada do Caminho Eterno, um movimento religioso que não chegava a se estruturar como igreja. Antes de iniciarem as novas atividades, Samuel Coutinho e R. R. foram consagrados pastores na Casa da Bênção, liderada pelo missionário Cecílio Carvalho Fernandes.[46] Edir também buscava o mesmo título na nova denominação, mas Fernandes não o considerava preparado para a liderança.[47] A consagração, negada dentro da Nova Vida, seria importante para seus próximos passos. Mas ele teve paciência. Durante dois anos, a Cruzada do Caminho Eterno investiu na evangelização em praças e ruas, e nos cultos em salas de cinemas alugadas.[48] O grupo seguia o exemplo de McAlister. E mesmo sem ter se tornado pastor, Edir continuava atuando como pregador. Um de seus locais preferidos para a catequese era o coreto do Jardim do Méier, na Zona Norte. Com um teclado, um microfone e uma precária caixa de som, orava para plateias minúsculas.[49] E assim foi arregimentando seguidores.

Com o tempo, começaram a surgir problemas entre os líderes da Cruzada. Samuel Coutinho humilhou Edir numa reunião com outros pastores e familiares. Disse que ele não tinha o "chamado" de Deus para fazer a sua obra. Fez chacota. Afirmou que as pregações no Cine Méier só atraíam idosas.[50]

Naquele momento, Coutinho era o presidente do movimento; R. R., o vice-presidente; Edir, o tesoureiro, mas sem poder para controlar os recursos do grupo, atribuição do presidente. Apesar da descrença de Coutinho em seu trabalho, Edir seguiu no movimento como evangelista, auxiliando o cunhado nos cultos.[51] Em meados de 1977, viria a nova cisão: R. R., Macedo e Lopes romperam com os irmãos Coutinho. Edir ainda nem era pastor, mas conseguiu um espaço para inaugurar o primeiro templo: o galpão de uma funerária desativada na antiga avenida Suburbana, no bairro da Abolição, na Zona Norte. Quem achou o local foi um vizinho, Albino Silva, que morava próximo ao salão e que já havia tempo acompanhava, ao lado da mulher, Maria Veronese, as pregações de Edir no bairro.

O templo foi registrado com outro nome, Igreja da Bênção. Edir justificou: receava que uma eventual briga com os Coutinho pudesse colocar em risco o prédio da funerária. Nascia ali a Igreja Universal do Reino de Deus, nome que só assumiria oficialmente três anos depois.[52] Como previsto, Samuel Coutinho tentou tomar o templo para a Cruzada do Caminho Eterno. Foi até a funerária cobrar Edir, mas acabou expulso do local.[53] Na ocasião, R. R., que se tornara o líder da nova igreja, não estava na sede, pois pregava em São Paulo. Edir continuava apenas como tesoureiro, mas procurava se impor. Para alugar o imóvel, era necessário um fiador e ele pediu ajuda à mãe. Dona Geninha ofereceu o único apartamento da família, no bairro de Fátima, no Rio, como garantia. O cunhado não gostou da ideia. Na hora de assinar o contrato, tentou demover dona Geninha, alegando que ela poderia perder a casa. Mas a mãe foi irredutível.[54] O episódio gerou um estremecimento entre os dois, o primeiro de muitos. Havia, ali, uma disputa para a tomada de decisões. Há quem acredite que R. R. não queria ver Edir fortalecido, levando os méritos pela conquista do espaço. Outros entendem que R. R. não queria envolver a sogra no negócio, pois tinha "os pés no chão", ao contrário de Edir, empreendedor e ousado.[55] Edir ainda cobrava de R. R. uma presença mais constante na igreja, pois o cunhado também se dedicava a pregações em outros locais.

O templo começou a funcionar logo, mesmo com as eternas divergências de seus líderes — agora R. R. e Edir. O primeiro culto aconteceu no dia 9 de julho de 1977, uma manhã de sábado calorenta e agitada na avenida Suburbana. Edir vestiu seu melhor terno. Os bancos de madeira comprados em longas prestações foram espalhados pelo salão para receber os fiéis, arrebanhados em ruas e praças vizinhas, com panfletos e convites para a inauguração.[56]

A eleição da diretoria da igreja e a aprovação de seu estatuto ocorreram numa reunião no dia 1º de novembro de 1977. [57]Além de R. R. na presidência e Edir como tesoureiro, a direção era integrada por outros dois fiéis, o vice-presidente Sebastião de Paula e o secretário Carlos de Souza Oliveira. Assinaram a primeira ata outras nove pessoas, entre elas, a mulher de Edir, Ester, e a irmã dele, Magdalena, casada com R. R. Entre os signatários também estavam Albino Silva, Maria Veronese da Silva e a filha do casal, Alba Maria da Costa — responsáveis pelas primeiras grandes doações. O estatuto foi registrado apenas em julho de 1980.[58] Dizia, em seu primeiro artigo, que "um grupo de irmãos, vindos de várias organizações evangélicas, reconhece que foram chamados por Deus, através do Espírito Santo, para continuarem a obra [de evangelização] iniciada por nosso senhor Jesus Cristo, continuada pelos apóstolos primitivos e pelos milhares de santos irmãos". E prosseguia: "Através dos séculos, com suas vidas, testemunharam acerca da verdade, que é Jesus Cristo, a única solução para a humanidade", e assim "resolveram, em comum acordo, fundar uma corporação e denominá-la Igreja Universal do Reino de Deus".

A Igreja Universal do Reino de Deus tinha a única finalidade de "anunciar o evangelho de nosso senhor Jesus Cristo, o que fará usando todos os meios possíveis e em todos os lugares", prometiam os fundadores. A doutrina da igreja é a mesma escrita na Bíblia, esclarecia o documento. A nova denominação aceitava unicamente "os registros da Bíblia Sagrada" e desprezava "quaisquer outros, ainda que pareçam lógicos, certos e inspirados". Quatro pontos "fundamentais" eram destacados: a salvação pessoal pelo sangue de Cristo, o batismo nas águas por imersão e no Espírito Santo, a cura divina e a segunda vinda de Cristo, para presidir o Juízo Final. O mandato do presidente, também "líder espiritual", seria de cinco anos, e a eleição para a direção se realizaria entre os obreiros ministeriais.

No estatuto, os fundadores já adotavam medidas preventivas diante do risco de eventuais divisões. Todos os bens da Universal seriam usados exclusivamente para pregações e todas as movimentações financeiras precisariam ser avalizadas pelo presidente e pelo tesoureiro. Se um dia a igreja fosse desfeita, todos os bens móveis e imóveis não poderiam ser vendidos, mas doados a uma outra igreja evangélica com propósitos semelhantes. Caberia à última diretoria determinar o nome da instituição beneficiada. Todos os templos da igreja eram considerados filiais da sede, sob o comando da direção nacional. As doações de todos os fiéis, em todas as sucursais, pertenceriam à sede nacional, responsável pela gestão dos recursos.

À direção ainda caberia nomear ministros e obreiros, bem como removê-los de qualquer unidade. Responsáveis apenas pela "parte espiritual", os novos integrantes não eram considerados "dirigentes materiais". Não eram, portanto, funcionários da igreja. Inclusive eram obrigados a assinar um termo de reconhecimento dessa situação e orientados a contribuir para a Previdência Social na condição de autônomos. Os fiéis se comprometiam a pagar o dízimo e deveriam se submeter "às autoridades eclesiais da igreja". Podiam participar de todas as reuniões da Universal e tinham direito a um cartão de identificação de membro, com renovação anual.[59]

A igreja de R. R. Soares e Edir Macedo nascia não muito longe do local onde ocorreu a primeira celebração de um culto evangélico em terras brasileiras, em 10 de março de 1557, mais de quatrocentos anos antes. Naquele ano,[60] o mesmo Rio de Janeiro recebia missionários protestantes franceses da Igreja Reformada de Genebra, refugiados na Suíça por causa das guerras de religião que opunham católicos e protestantes (huguenotes).[61] Dois anos antes os franceses haviam ocupado três ilhas da baía de Guanabara ainda não povoadas pelos portugueses e fundaram — onde hoje fica a ilha do Governador — a colônia França Antártica, desmantelada em 1570.

A colônia portuguesa na América do Sul recebeu um segundo afluxo de protestantes com a invasão holandesa (e posterior ocupação) no Nordeste, sobretudo no território dos atuais estados de Pernambuco e Paraíba. Há relatos sobre uma pioneira Igreja Reformada Potiguara, que os índios evangelizados pelos holandeses criaram em Pernambuco, em 1625.[62] Mas a expulsão desses últimos e a fervorosa conversão dos portugueses e espanhóis aos ideais da Reforma católica (ou Contrarreforma) pareceram varrer a Igreja Reformada de terras brasileiras, ao menos por alguns séculos. A primeira igreja evangélica, a Congregacional, surgiria somente em junho de 1855, também no Rio de Janeiro, segundo os registros oficiais.[63]

Quando os primeiros evangélicos chegaram à América portuguesa, fazia quarenta anos que o monge agostiniano Martinho Lutero sacudira a Europa com suas 95 teses com críticas às posturas do catolicismo. Lutero contestava o papa como o único líder cristão no Ocidente,[64] e também o comércio de indulgências, a concessão do perdão. Acabou excomungado por desafiar o poder papal. Seus seguidores passaram a ser chamados de protestantes. Muitos anos depois começaram a ser tratados também como evangélicos, por seguirem o Evangelho.[65]

Se os primeiros protestantes demoraram a entrar na cultura brasileira, os pentecostais — ramificação surgida no início do século xx nos Estados Unidos

— obtiveram inserção e resultados rapidamente. O movimento foi trazido por missionários suecos inflamados pela chama do "reavivamento" — as experiências num velho galpão em Los Angeles com o batismo no Espírito Santo.[66] Essa expressão bíblica, citada no Novo Testamento, representa o "derramamento" do Espírito Santo sobre os cristãos, a bênção cumprida no livro de Atos.[67]

O galpão, localizado na rua Azusa, servia como depósito de material de construção antes de ser alugado para as pregações. Era um reduto de negros, mas não exclusivamente: atraía brancos, hispânicos, asiáticos e europeus. O líder do grupo era William Joseph Seymour, filho de antigos escravos que dizia ter tomado contato com os cultos sob a influência direta do Espírito Santo ao conhecer o pastor metodista Charles Fox Parham. Nascido em Louisiana, Seymour, com pouca instrução formal e cego do olho esquerdo em consequência de uma varíola adquirida na adolescência, chegou a Los Angeles em 1905, a convite da Igreja Batista local. O grupo que o seguia acabou expulso devido a suas práticas litúrgicas pouco ortodoxas e, no ano seguinte, fundou o templo da rua Azusa. Os cultos chegavam a durar o dia inteiro. Homens e mulheres gritavam, dançavam, entravam em transe. Movidos pela curiosidade, pastores influentes iam conhecer o fenômeno e, fisgados, aderiam ao movimento.[68] A experiência de Seymour durou apenas três anos, mas o pentecostalismo se espalhou pelo mundo.

Os evangélicos se dividem entre os chamados protestantes tradicionais ou históricos — que são os seguidores das igrejas derivadas da Reforma, como a luterana, a presbiteriana, a anglicana, a batista e a metodista — e os pentecostais, que acentuam suas pregações e atividades nos dons do Espírito Santo. Evangélico é, pois, o guarda-chuva que abriga denominações de origens diversas. Os pentecostais também se consideram herdeiros da Reforma, mas não se identificam necessariamente como protestantes.[69]

As igrejas pentecostais pioneiras no Brasil são a Assembleia de Deus e a Congregação Cristã no Brasil. O presbiteriano Luigi Francescon foi um dos primeiros a propagar os poderes milagrosos do Espírito Santo entre nós. Italiano radicado nos Estados Unidos, ele trouxe a novidade à América Latina ao fundar, em janeiro de 1910, a primeira igreja pentecostal na Argentina, a Assembleia Cristã. Três meses depois inaugurou as duas primeiras unidades da Congregação Cristã no Brasil, uma no bairro do Brás, em São Paulo, e outra em Santo Antônio da Platina, no interior do Paraná. No início, a congregação atraía sobretudo imigrantes italianos.[70] Era um terreno fértil, a ser explorado por missionários empolgados com a arrebatadora e eletrizante descoberta do movimento pentecostal.

No final de 1910, chegaram ao Brasil os missionários batistas Gunnar Vingren e Daniel Berg, ambos suecos. No ano seguinte, eles fundariam a Assembleia de Deus no Brasil, então chamada Missão de Fé Apostólica. Vingren e Berg, que haviam se conhecido numa conferência em Chicago, contavam ter escolhido o Brasil depois de um chamamento divino.[71] Num templo em South Bend, no estado de Indiana, Vingren ouviu de um irmão da igreja uma profecia sobre a missão evangelizadora que lhe seria atribuída num país longínquo e desconhecido. Ao visitá-lo, Berg disse ter recebido o mesmo desígnio, por inspiração do Espírito Santo.[72] O anúncio divino era pródigo em detalhes: os missionários deveriam embarcar em Nova York no dia 5 de novembro de 1910, no navio *Clement*, rumo a Belém do Pará, no norte do Brasil, lugar de que nunca tinham ouvido falar. Passados catorze dias, Vingren, um loiro alto de 31 anos, olhos azuis e bigodes pontudos, e Berg, quase cinco anos mais jovem, cabelos e bigodes escuros, desembarcavam no cais da capital paraense sem conhecer uma palavra em português e com um total de noventa dólares nos bolsos.[73] Ninguém os esperava. Encontraram um colega sueco, o pastor batista Erik Nilsson, que os acomodou no porão de sua igreja. Acabaram expulsos por iniciarem fiéis batistas nas práticas do pentecostalismo. Já tendo conquistado seguidores, criaram a Missão de Fé Apostólica.

O movimento pentecostal viveu três fases distintas no Brasil. Ou ondas, como apontou o sociólogo Paul Freston, inglês naturalizado brasileiro.[74] A primeira foi marcada pelo surgimento da Congregação Cristã, de Francescon, e da Assembleia de Deus, de Vingren e Berg. Combatidas por católicos e protestantes tradicionais, as duas denominações, representantes do chamado pentecostalismo clássico,[75] no início atraíam sobretudo pessoas pobres e de pouca escolaridade.

Na segunda onda, entre os anos 1950 e 1960, o movimento começou a se fragmentar, com o aparecimento de um pentecostalismo com maior ênfase na cura divina, no rádio como propagador das mensagens e nas pregações em cinemas, teatros, ginásios de esporte e estádios de futebol. As denominações mais marcantes desse período são a Igreja do Evangelho Quadrangular, da canadense Aimée Semple McPherson; O Brasil para Cristo, criada por Manuel de Melo, e a Deus é Amor, fundada por Davi Miranda.[76] Melo e Miranda foram os primeiros a promover suas imagens pessoais.

Na terceira onda, no final dos anos 1970, emergem os neopentecostais, uma subcorrente influenciada por pregadores norte-americanos. O movimento se serve dos meios de comunicação de massa para a evangelização, sobretudo dos setores menos favorecidos da população, e prega a cura divina, o exorcismo e a prosperidade financeira.[77] No Brasil, essa corrente é representada pela Universal do Reino de Deus; pela Igreja Internacional da Graça de Deus, de R. R. Soares; pela Renascer em Cristo, do missionário Estevam Hernandes; e pela Sara Nossa Terra, do bispo e ex-deputado Robson Rodovalho. Os neopentecostais são menos conservadores quanto a roupas e cortes de cabelo e aos costumes em geral.

Robert McAlister, convertido ao neopentecostalismo ainda na América do Norte,[78] foi um dos precursores dessa tendência no Brasil. Tanto os representantes dos movimentos de cura divina como os neopentecostais receberam a influência de pregadores norte-americanos que usavam veículos de comunicação em massa, como Oral Roberts, pioneiro do uso do rádio em 1947; Pat Robertson, fundador da rede de televisão cristã Christian Broadcasting Network (CBN); e outros televangelistas como Jim Bakker e Jimmy Swaggart.[79]

No Brasil, grupos neopentecostais como a Universal marcaram sua atuação nos primeiros anos de atividade pela forte rejeição ao ecumenismo e pelo combate aos cultos afro. Várias igrejas desse segmento seguem a teologia da prosperidade. Segundo essa doutrina, discursos positivos e doações a Deus aumentam a riqueza material. Ela reforça a importância do sucesso na saúde, nas finanças e no amor.[80] Propõe que o crente seja próspero, saudável e feliz. Assegura que a melhoria das condições materiais virá por meio da fé, da oração, de rituais de libertação e do pagamento de dízimos e ofertas.[81] O verdadeiro cristão não pode ser um sujeito pobre, infeliz e sofredor, pois Jesus veio à terra não para fazê-lo sofrer, mas para enriquecê-lo, trazendo prosperidade e abundância.[82] E uma estratégia para a pessoa conseguir o sucesso é a doação: se doar tudo o que puder, será recompensada, receberá em dobro. A crença básica é a de que quanto mais generoso e desprendido for o fiel, maior será a reciprocidade divina.[83]

Edir Macedo rebate as críticas de seus detratores por pregar a teologia da prosperidade. Para ele, só os estúpidos pensariam em uma teologia da miséria.

"Eu pergunto [...]: você gosta de miséria? Você queria viver na miséria? [...] Você teria prazer em ver o seu filho com fome, sendo você uma pessoa de posses? Essa é a pergunta que faço aos pais. Como cremos num Deus tão grande, [...] vamos admitir que haja um consenso, uma combinação dessa grandeza, dessa magnitude com a miséria", questiona Macedo. "A teologia da miséria é a teologia do diabo. A teologia da prosperidade é teologia de Deus", define.[84]

Os adeptos da teologia da prosperidade consideram o americano Kenneth Hagin, pastor batista a partir de 1934, o pai desse movimento. Nascido no Texas, de família pobre, abandonado pelo pai, Hagin sofria de problemas cardíacos. Afirmava ter sido curado por Deus e pregava que a fé garantia saúde e prosperidade a seus seguidores. Inspirava-se no metodista William Kenyon,[85] ele também americano, que desenvolveu suas ideias a partir da "confissão positiva". A pessoa manifesta o seu desejo e ele se concretizará, bastando aguardar o cumprimento. É uma concepção semelhante à autoajuda laica.[86]

Aos poucos as práticas dos neopentecostais influenciados pela teologia da prosperidade foram assimiladas e incorporadas por grupos pentecostais tradicionais, como a Assembleia de Deus, e até por protestantes históricos, como presbiterianos e batistas. Algumas dessas igrejas assumiram o estilo neopentecostal de uma forma mais incisiva que seus precursores. Ao mesmo tempo, muitos neopentecostais deixaram de lado marcas características como a glossolalia e o exorcismo. As denominações se misturaram, possibilitando um reagrupamento do pentecostalismo. Ao se referirem às igrejas evangélicas da terceira onda, estudiosos abandonaram o termo neopentecostal, passando a adotar pós-pentecostalismo ou pós-protestantismo.[87]

O avanço dos pentecostais — e neopentecostais — provocou uma mudança expressiva no campo religioso no Brasil nas últimas seis décadas, que acarretou um rápido declínio do catolicismo. É verdade que o país ainda tem o maior número de católicos do mundo, mas a Igreja de Roma perde força. Em 1970, a hegemonia católica era absoluta: 91,8% da população, contra 5,2% de evangélicos. No último Censo do IBGE, em 2010, o quadro se alterou significativamente: os evangélicos passaram a representar 22,2% da população, e os católicos caíram para 64,6%.[88] Até 2040, a expectativa é de que os evangélicos assumam a dianteira,[89] num cenário em que os pentecostais sobressaem. Atualmente somam 25,3 milhões de fiéis (60% dos evangélicos), em contraposição aos 7,6 milhões de protestantes tradicionais.[90]

As maiores denominações evangélicas são a Assembleia de Deus (12,3 milhões); a Igreja Batista (3,7 milhões) e a Congregação Cristã no Brasil (2,2 milhões). A Universal (1,87 milhão), a maior entre as que surgiram na terceira onda, vem na sequência, praticamente empatada com a Evangelho Quadrangular (1,8 milhão). Se não detém a supremacia, é a igreja mais ruidosa e controversa.

A atuação dos neopentecostais provoca, num primeiro momento, choques com católicos, espíritas, adeptos de religiões afro-brasileiras, protestantes históricos e até mesmo pentecostais de linhas mais tradicionais. Além da maior liberalidade no campo moral, outra diferença apresentada era a linguagem simples e direta nas pregações, de fácil assimilação. Se o cidadão sofre, Jesus pode abençoá-lo e curá-lo. É só ir à igreja, enfatizavam as novas lideranças do pentecostalismo.

A Universal encontrou imensas dificuldades em se estabelecer. Os primeiros cultos reuniam pouquíssimos seguidores no templo da Abolição. "Do altar, eu avistava nove, dez fiéis", disse Macedo. Pregações na hora do almoço chegaram a ser realizadas para apenas quatro abnegados. Ainda assim, ele dizia acreditar que sua obra iria longe.[91] A igreja procurava oferecer um novo leque de opções aos fiéis. À época, eram ainda comuns visitas dos pastores às casas dos fiéis, para ungir as moradias e curar doenças. O então líder da igreja, R. R., e seu escudeiro Edir, que fazia as vezes de motorista, seguiam juntos num velho fusca vermelho.[92]

Passados sete meses da fundação da Universal, em 18 de fevereiro de 1978, dia em que completava 33 anos, Edir Macedo era enfim consagrado pastor pelas mãos de R. R. Soares, que declarou que o fazia em consideração à dona Geninha, pois não botava fé nos dotes pastorais do tesoureiro. "Ele não sabe fazer o movimento", sentenciou, recorrendo a um jargão utilizado à época no meio evangélico para dizer que Edir não faria a igreja crescer.[93]

Henrique Bezerra não gostou de ver o novo pastor se apresentar com o sobrenome Macedo, o da mãe, rejeitando o do pai. Bezerra fazia campanha para que ele não se tornasse pregador em tempo integral — o filho seguia no emprego na Loterj —, receando que não conseguisse sustentar a família.[94] Se Macedo achava ruim que R. R. fizesse pregações em outros estados e se ausentasse da igreja, o cunhado também se queixava da dedicação não exclusiva do outro.

A resistência de Macedo em deixar o emprego se apoiava em razões sólidas: na condição de pastor em tempo integral ele não teria um salário fixo, passaria a viver de acordo com o que a igreja arrecadava. Como o templo da Abolição ainda atraía poucos fiéis, os recursos seriam minguados caramínguás. Mas ele acabou cedendo e optou por um afastamento não remunerado para se dedicar à carreira religiosa.[95] O cunhado lhe garantia o suficiente para se manter, e seu irmão Celso, que já havia deixado o Departamento de Trânsito do Rio e se tornara comissário de bordo de uma das principais companhias aéreas do Brasil, também colaborava, inclusive com comida.

Macedo se virava com alguns bicos, como vender para hotéis e restaurantes do Rio cogumelos plantados no interior de São Paulo. Era um projeto com o cunhado Múcio Crivella, casado com sua irmã Eris, e o sobrinho Marcelo, filho do casal. O trio enviava os pedidos a São Paulo e depois retirava a mercadoria no aeroporto para distribuir aos clientes. O negócio não vingou porque Múcio emprestava o carro mas nem chegava a ver a cor do dinheiro. Ia tudo para o filho e o cunhado.[96]

A situação começaria a melhorar nos meses seguintes. A dedicação e o envolvimento dos primeiros fiéis seriam fundamentais para o avanço da igreja. O casal Albino Silva e Maria Veronese passava as madrugadas preparando cola de farinha com água para fixar cartazes da igreja nos postes do bairro.[97] Wilson Marinho, obreiro de primeira hora, trabalhava na construção e reforma de edifícios a serem transformados em novos templos.[98] O primeiro empreendimento da Universal — dos muitos que viriam em seguida — surgiria ali no templo da antiga avenida Suburbana: uma cantina, logo na entrada do prédio, do lado esquerdo. Para administrá-la, Macedo lembrou do cunhado Múcio Crivella, já aposentado, que o ajudara em outras ocasiões.[99] O negócio prosperou, impulsionado pelos fiéis que enfim chegavam.

Os tempos de vacas magras logo ficaram para trás. Em abril de 1978, nove meses depois da inauguração do primeiro templo, a Universal conseguiria quinze minutos diários na programação da Rádio Metropolitana do Rio de Janeiro. Macedo, segundo homem na hierarquia e encarregado das finanças, contava mais uma vez com a ajuda do casal Albino Silva e Maria Veronese. Ao ser curada de uma labirintite, Maria vendeu um terreno recebido em herança e doou à igreja 9 mil cruzeiros, o equivalente a 2 mil dólares atuais, à época valiosos e suficientes para a compra do horário na emissora. O valor do aluguel mensal do prédio da antiga funerária era coincidentemente o mesmo: a igreja dobrava sua despesa mensal, mas já fixava sua presença na mídia.[100]

A propaganda religiosa no rádio impulsionaria a rápida expansão no número de fiéis. No ar e ao vivo, os rituais de cura impressionavam. O templo da Abolição começava a ficar conhecido como "a igreja dos milagres". A família Macedo passou a morar num pequeno apartamento ao lado para que o patriarca devotasse mais tempo à instituição.[101] Ainda em 1978, na Quinta da Boa Vista, em São Cristóvão, a Universal recrutaria sua primeira grande audiência. Depois reuniria 7 mil pessoas no ginásio do Olaria Atlético Clube, pequeno e antigo time de futebol da Zona Norte. Também faria no mesmo período sua incursão pioneira num estádio — foi em Moça Bonita, campo do Bangu Atlético Clube e um dos palcos mais tradicionais do futebol carioca, com capacidade para 9 mil pessoas.[102] Esses números eram ainda bastante modestos em relação ao que viria nos anos seguintes.

# 3. A ascensão

A Universal crescia e Macedo vivia para a pregação, raramente se ausentava do templo. Certo dia, voltava de Petrópolis para a sede da igreja quando sofreu um acidente. Estava indo gravar um programa no rádio e o carro em que viajava — um Alfa Romeo recém-comprado — capotou várias vezes, pois o motorista não estava acostumado com as marchas. Macedo quebrou um braço e teve luxação no outro, além de ferimentos no corpo. Mas não tirou licença e continuou pregando, mesmo enfaixado.[1]

Num domingo à tarde, quando ainda se recuperava do acidente, soube que Ester, ao chegar em casa, fora vítima de um sequestro-relâmpago. Assim que saiu do carro, os ladrões a arrastaram para dentro dele; foi libertada pouco depois, sem ferimentos. Temendo a violência, Macedo passou a andar com um revólver calibre 38 que escondia no púlpito enquanto pregava. Abandonou-o tempos depois, pois imaginara ouvir uma voz que colocava em dúvida sua fé na "proteção divina".[2]

No início, ele chamava a atenção por usar cabelo comprido — chegou a ser rotulado de "pastor bossa-nova".[3] Carismático e excelente comunicador, usava em suas pregações termos pouco comuns entre seus pares, como dizer que a vida de alguém "está um cocô". Expressões desse naipe atraíam mais o ouvinte, ele avaliava. E orientava colegas a empregar a mesma técnica.[4] Seu discurso ganhava em espontaneidade, abdicava dos floreios.[5] O impacto de suas palavras se beneficiava das modulações da fala e da gesticulação. No culto, sua voz pode ser mais grave ou aguda, a depender do momento. Ele grita e sussurra num mesmo discurso, às vezes contrai o corpo e depois anda de um lado para outro no palco.[6]

Macedo e seu então superior, R. R., sempre tiveram como meta ocupar espaços em veículos de comunicação de massa. Fã do pregador neopentecostal norte-americano Thomas Lee Osborn e de outros televangelistas famosos, o cunhado sonhava com um programa de televisão.

Desde a fundação do templo da avenida Suburbana, Macedo dizia aos fiéis, entre eles Albino, o doador-mor da igreja, que um dia teria sua própria rádio e TV e "um grupo de comunicação forte". Albino não acreditava, e ria.[7] Macedo ressaltava a importância dos meios de comunicação "para atingir o Brasil e o mundo" e ampliar a pregação do Evangelho.[8] Essa era a receita para difundir a fé, ganhar as almas e fazer a igreja crescer. Se Jesus estivesse vivo, professaria o evangelho pelo rádio e pela televisão, não precisaria peregrinar de cidade em cidade no deserto. Sua voz chegaria às outras localidades. Carecia usar a fé com inteligência para engrossar o rebanho divino. "Quando tivermos nossos meios de comunicação, vamos ser respeitados", ele assegurava.[9] Batendo na mesa, prometia espalhar a Universal ao redor do mundo.

Se tinha o mesmo fascínio do cunhado pela TV, eles divergiam quanto ao entusiasmo pela igreja eletrônica, nos moldes americanos. O pastor Macedo, como passou a ser conhecido, entendia que a pregação à distância afastava os fiéis do templo; contestava as experiências de televangelistas como Rex Humbard, Billy Graham e Jimmy Swaggart, em grande evidência no Brasil nos anos 1980. "O pastor fica no vídeo e as pessoas o assistem em casa, distraindo-se com a campainha da porta que toca ou com o gato que mia", explicaria depois. "Na minha igreja, preferimos o contato direto com o povo."[10] Estudiosos apontam um uso inadequado do termo igreja eletrônica, tal qual a difundida por Rex Humbard, Swaggart e Billy Graham, pois nela não haveria a presença de "igreja", e sim de líderes religiosos.[11]

No programa na Rádio Metropolitana, Macedo ganhou luz própria. Ao conseguir recursos para pagar o espaço na emissora, ele ganhou mais destaque que o cunhado. Daí partiu para uma pregação contundente e categórica. "[Ele] achava que a evangelização tinha de ser feita de maneira agressiva. Eu sou uma pessoa mais branda", justificaria mais tarde R. R. Soares.[12] Como estratégia, naquele momento Macedo escolheu o adversário a ser batido: o demônio. A Universal explicitava a aversão a espíritos e divindades, identificava criaturas malignas nas entidades das religiões afro-brasileiras.[13] E as desafiava. Macedo, então, teve um estalo: popularizar a estratégia de combate ao demônio nos meios de comunicação.[14]

Além de doar dinheiro para custear o programa na rádio, Maria Veronese acertou os detalhes diretamente com o dono da emissora. Aquele valor só pagava quinze minutos diários, ao final da noite, depois do horário de uma líder espiritual do candomblé, a mãe de santo Ivete Brum. Maria duvidou que Macedo fosse aprovar a proposta, mas ele não só concordou como comemorou: seria uma "chance de ouro" para ouvintes ainda não crentes da fé nos espíritos tomarem conhecimento da existência da igreja dele e R. R.[15] Procurou tirar proveito da situação. Em seu programa, que estreou em abril de 1978, ele começou a comparar o poder de Jesus Cristo à força de orixás, pretos velhos, caboclos e guias. Depois passou a simular um embate entre os dois lados, que terminava com uma vitória acachapante de Jesus. Ao final, Macedo expulsava o Exu da pessoa dominada.[16]

Macedo provocava a apresentadora que o antecedia. Tratava Guará, o caboclo da ialorixá, por "caboclo guaraná" ou "Coca-Cola",[17] causando polêmica e ganhando audiência. Atraía seguidores desconfiados ou descrentes da mãe de santo. Não demorou e o programa ganhou mais 45 minutos na Metropolitana, no período da manhã.[18]

Nos primeiros anos da Igreja Universal, ainda era comum nos subúrbios do Rio de Janeiro se deparar com despachos em encruzilhadas. Os praticantes de cultos afro em geral ofereciam farofa, galinha e cachaça envoltos num pano vermelho e preto que simbolizava Exu e a pombajira. Era normal as pessoas pedirem licença ao espírito, ao passarem por perto do "trabalho".[19]

"A mãe de santo diz que o preto velho resolve seu problema? Você crê em orixá, em caboclo, em guias? Venha aqui na minha igreja. Você vai ver esses orixás dizendo que são fracos, que não resolvem nada. Vai ver o preto velho de joelho, batendo cabeça e dizendo que Jesus Cristo é o Senhor", desafiava Macedo. "Bate a cabeça três vezes no chão. Diz que quem manda aqui é Jesus", ordenava, repetidas vezes, até Exu sair do corpo da pessoa possuída pelo espírito.[20]

A curiosidade pelo espetáculo de dominação dos maus espíritos atraía mais gente. O embate com os representantes das religiões afro-brasileiras repercutia, ajudava o crescimento da igreja. A performance nos templos condizia com a pregação de Macedo no ar. Os cultos e o espiritismo eram rebaixados, espezinhados. Nos templos, havia um clima de êxtase coletivo.[21] "Eu fiquei abismado ao entrar no templo pela primeira vez e ver as pessoas possuídas batendo a cabeça no chão e o Exu se ajoelhando diante do pastor", contou o tenente reformado do Exército Ronaldo Didini, pastor da Universal a partir de 1986.

O ritual de exorcismo exigia um preparo. O pastor precisava passar por um período de oração e jejum para afastar o demônio e outros espíritos malignos da vítima. No ritual, o fiel ajoelhava-se à frente do líder religioso. O público participava com cânticos, gestos e gritos como "queima, Jesus, queima, Jesus". Pastor e fiéis batiam o pé no chão para comprovar que o diabo estava sendo pisoteado. "Sai, sai, sai, em nome de Jesus", gritavam todos.

Passado pouco mais de um ano de sua fundação e seis meses da estreia no rádio, a Universal alugou um horário na extinta TV Tupi[22] para apresentar *O Despertar da Fé*, de trinta minutos diários. O programa estreou em novembro de 1978. Com espaço no rádio e na TV, Macedo e R. R. repetiam à risca o roteiro traçado por McAlister, que já em 1965[23] tinha seu espaço na TV Tupi.

Encarregado da pregação, R. R. comandava *O Despertar da Fé*. Macedo tinha um quadro de entrevistas de quinze minutos, o "Painel da verdade", inspirado em programas evangélicos americanos. Os fiéis davam depoimentos,[24] aos quais se seguia uma prece dirigida aos trabalhadores e a pessoas com algum tipo de sofrimento. A atuação de Macedo fazia sucesso. A TV Tupi tinha grande inserção no interior de São Paulo, reduto majoritariamente católico onde a Universal tentava entrar depois de se estabelecer no Rio, Minas Gerais e Bahia. O êxito de Macedo nos programas de rádio e TV gerou um clima de rivalidade entre os cunhados.[25]

O acesso à TV garantiu maior visibilidade à igreja, granjeando mais fiéis aos cultos.[26] Como tesoureiro, Macedo estimara a grandeza do investimento e decidira arriscar. A televisão, afinal, havia se popularizado no país na década de 1970, milhões de brasileiros passavam a ter aparelhos de TV em suas casas.[27] Combalida, a Tupi vivia um período de turbulência motivado por uma crise financeira grave, mas ainda contava com uma rede considerável. Emissoras do grupo como as TVs Itacolomi, Alterosa e Uberaba, de Minas Gerais, e Itapoan, na Bahia, facilitavam o crescimento da Universal nesses estados.[28]

Graças à exposição, no ano seguinte a sede da igreja seria transferida para um prédio maior, na mesma avenida Suburbana. Dois outros templos eram inaugurados em São Paulo, no Ipiranga e em Santo Amaro. Outros dois no Grajaú e Padre Miguel, no Rio; dois em Nova Iguaçu e São João de Meriti, na Baixada Fluminense; e outros dois em Franca (SP) e Juiz de Fora (MG).[29] O também fundador da Universal Roberto Augusto Lopes fora enviado a São Paulo com a missão de organizar a igreja no estado. Inaugurou o templo do parque Dom Pedro II, no centro da capital — área de um dos maiores terminais de ônibus da cidade —, que se tornou a sede da igreja. Mais tarde, a sede foi transferida para o bairro da Luz e depois para o Brás, onde ocupou o antigo cinema Roxy, na avenida Celso Garcia.[30]

O programa *O Despertar da Fé* era gravado na sede da Tupi, no prédio onde havia funcionado o Cassino da Urca, no Rio. Foi lá, durante uma gravação, que R. R. se deu conta de que a parceria com o cunhado estava com os dias contados. Voltando de uma viagem aos Estados Unidos — fora sondar a possibilidade de implantação da igreja por lá —, ele zarpou do aeroporto direto para o estúdio na Urca. Naquela época, a Universal tinha apenas quinze pastores. Ao chegar, R. R. viu alguns deles cochichando e estranhou. Logo em seguida, Macedo o chamou para uma conversa. Primeiro, disse que os pastores o sentiam muito ausente e pediam "definições" sobre o futuro da igreja.[31] Depois, reclamou por R. R. convocar religiosos de outras denominações para pregar na Universal. Esses pastores seriam "cheios de vícios". E mais: achava péssimo que o cunhado se recusasse a pregar quando o templo não estava lotado, pois assim "se afastava do povo". Enfim, propôs uma reavaliação dos postos de comando.[32]

Marcaram uma reunião para o dia do casamento do pastor Paulo Roberto Guimarães, 7 de junho de 1980. Após a celebração, a cargo de Macedo, os pastores decidiriam quem seria o líder da igreja. O placar abençoou Macedo: doze a três. O noivo, que até aquele momento era muito próximo de R. R., virou a casaca e votou contra o amigo. O missionário deixou a igreja. Na partilha, ficou com os direitos autorais da obra do pregador Thomas Lee Osborn, naquele momento pertencentes à Universal. E decidiu montar uma igreja própria, a Internacional da Graça de Deus.[33]

Com o cunhado fora de cena, Edir Macedo começou a lapidar a igreja a sua imagem e semelhança. Imprimiu suas digitais nos programas de rádio e TV, impôs sua visão aos destinos da instituição, ainda que não reinasse sozinho, uma vez que ainda dividia o comando com Roberto Lopes, o ex-diácono da Nova Vida. Seu primeiro ato após a saída de R. R. foi criar um posto que o distinguisse dos demais pastores. Um mês depois, numa cerimônia ministrada por Lopes, foi nomeado bispo. Ex-jogador de futebol com passagens pelo Bangu e Canto do Rio, de Niterói (RJ), Lopes também viraria bispo.[34] Eram os primeiros e por um bom tempo únicos na igreja a ostentar o cobiçado título.

Naquele mesmo ano, a TV Tupi iria à falência. O programa migrou para a TV Bandeirantes. Macedo continuava afastado da Loterj, sem receber os vencimentos; só se desligaria definitivamente no ano seguinte.[35] Sua meta, dali em diante, era a expansão da igreja, com a inauguração de novos templos em outros estados. Os programas no rádio e na TV impulsionavam a busca pela cura, o exorcismo e a prosperidade. (Em abril de 1983, a Universal já tinha 27 programas de rádio no ar.) Outra conquista era comemorada: no mesmo ano, *O Despertar da Fé*, na Bandeirantes, passava a ser exibido em rede nacional, atingindo bem mais telespectadores.

O rebanho não parava de engordar. Para garantir a fidelização dos novos adeptos, a igreja precisava de espaços para acolhê-los. A solução foi alugar cinemas em áreas centrais das grandes cidades, locais que podiam acomodar até mil pessoas, já dispondo de poltronas e alvará de funcionamento. Com a disseminação dos shopping centers e do videocassete, as salas começavam a esvaziar.

Várias delas foram alugadas para pregações nos horários ociosos. À noite, chegaram a ser celebrados cultos em cinemas que à tarde exibiam filmes eróticos,[36] como o famoso Cine Alaska, em Copacabana. Muitos maridos, porém, proibiam que suas mulheres orassem em locais que no período vespertino exibiam sessões de filmes com cenas de sexo.[37] Vários desses estabelecimentos foram comprados pela igreja e convertidos em templos. Em julho de 1980, a Universal tinha 21 templos em cinco estados; sete anos depois saltou para 356, em dezoito estados. Seus cultos ainda ocorriam em 27 cinemas alugados em pontos estratégicos no país.[38]

Macedo montara uma rede capaz de dar atendimento a seus fiéis dezesseis horas por dia. Pregações contínuas e pastores de prontidão ofereciam soluções aos problemas do dia a dia. Às sextas-feiras ocorria a vigília de 24 horas. Com sua teologia de resultados, que dá aos adeptos exatamente o que eles querem ouvir, a Universal centrava suas mensagens nos poderes milagrosos do Espírito Santo. Prometia, a curto prazo, o que a Igreja católica só poderia proporcionar na posteridade. Tudo isso com assistência personalizada, numa espécie de pronto atendimento espiritual gerido por pastores e obreiros. Enquanto o cidadão de classe média recorria ao psicanalista, o fiel sofrido e desemparado batia à porta da Universal em busca de apoio e conforto e era acolhido pelo "pronto-socorro das almas".[39]

O sucesso da pregação de Macedo era sedimentado pelos mais pobres e marginalizados.[40] No Rio de Janeiro, em 1994, 63% desses fiéis ganhavam menos de dois salários mínimos;[41] 50% tinham menos de quatro anos de escolaridade e 85% só haviam concluído o antigo ginásio, na época oitavo ano do ensino fundamental. Para essa população, a Universal ocupava o lugar do lazer e da diversão, do esporte ou do acesso às atividades artísticas e culturais. Na igreja, passam o tempo e se afastam de seus problemas.[42]

A igreja apresentava aos fiéis um discurso que explicaria as causas de suas doenças, da pobreza e da miséria, e ao mesmo tempo os encorajava a uma tomada de posição, uma reação frente às agruras. Ela aumentava a autoestima, prometia cura, saúde, felicidade, libertação e prosperidade. Bastava expulsar o responsável, o único culpado por todos os males: o tinhoso. E, evidentemente, contribuir com a obra de Deus. Uma das estratégias para cativar um neófito era a exibição contínua e repetitiva na TV de depoimentos de fiéis cooptados, testemunhas do sucesso da fórmula.[43] No rádio, a igreja anunciava a "terapia espiritual", mas para recebê-la era preciso ir a um templo. A permanência de seguidores recentes era incentivada por uma "corrente" de oração, em geral de sete semanas.[44]

Macedo também se revelava um exímio empreendedor.[45] Em 1984, deu os primeiros passos para a construção de seu império midiático ao comprar a Rádio Copacabana, do Rio de Janeiro. Vendeu uma casa da família em Petrópolis (RJ) para obter os recursos necessários. Continuava, no entanto, negociando espaços em outras emissoras. Nos grandes centros, a Universal manteve programas em rádios como a Capital e São Paulo, na capital paulista; e a Ipanema e FM 105, no Rio.

O alcance da pregação radiofônica mapeava a inauguração de novas sedes. Em geral, a partir da mobilização feita por pastores num programa de rádio, montava-se um núcleo, num clube, por exemplo, e os fiéis eram convocados para um grupo de oração. Quando se atingia um número de pessoas razoável, alugava-se um imóvel para inaugurar um novo templo. O dinheiro arrecadado nesses espaços ajudava a financiar mais horários para difundir a mensagem religiosa em rádios.

Para atender os fiéis que acorriam aos magotes, Macedo decidiu oferecer formação teológica aos pastores. Em 1984, criou a Faculdade Teológica Universal do Reino de Deus (Faturd), no Rio de Janeiro, uma instituição que o MEC não reconheceu como escola de ensino superior.[46] Fornecia cursos básicos e de bacharelado de teologia, com duração de três e quatro anos, respectivamente. O bispo nomeou Roberto Lopes como reitor. Mas o responsável pela montagem e organização da faculdade foi o pastor oriundo da Igreja Metodista José Cabral de Vasconcelos, o J. Cabral, o teólogo da Universal, doutor em ciências da educação e o primeiro ghost-writer de Macedo.

Mas logo o bispo voltou atrás. Sete meses depois da inauguração e após Cabral ter se empenhado em motivar os futuros pastores a estudar disciplinas como hebraico, grego, interpretação da Bíblia e arte da pregação, Macedo foi à escola e disse ter refletido e chegado à conclusão de que mantê-la seria perda de tempo. Dedicando-se aos estudos, os trezentos alunos matriculados "perderiam o fervor" e se afastariam das necessidades imediatas dos fiéis. E ainda concluiu, não desprovido de lógica: a reflexão e os debates em torno de temas como literatura e crítica bíblica poderiam se voltar contra a própria igreja. "Vamos ficar mantendo por uns dois ou três anos um monte de vagabundo que podia estar trabalhando. Quer saber de uma coisa? O seminário está acabado. Pode fechar as portas e dispensar os alunos. Quem quiser aprender a ser pastor vai aprender com o pastor do seu templo. E vai aprender igual", disse a Cabral.

O teólogo lhe disse não ter cara para enfrentar os alunos e transmitir a notícia. "Você não tem coragem de falar isso? Eu mesmo vou lá e falo", apressou-se o bispo.[47] E assim fez. A Universal optou pela tradição leiga que predomina no pentecostalismo e deixou de exigir de seus pastores a formação em seminários ou faculdades de teologia.[48] Mais tarde, Macedo explicou ao ex-reitor que à igreja interessava "pastor com boa conversa, que saiba argumentar, convencer as pessoas, comandar uma boa sessão de milagres e exorcismo e fazer a coleta". Estudar grego, hebraico ou outras matérias como teologia sistemática "é tudo besteira, não leva a nada".[49]

Embora cite em seu currículo cursos no Seminário Evangélico Unido, no Rio, e na Faculdade de Educação Teológica de São Paulo — além de um mestrado na Espanha —, Macedo, no livro *A libertação da teologia*, considerou "fúteis" todas as formas e ramos da teologia. "Não passam de emaranhados de ideias que nada dizem ao inculto; confundem os simples e iludem os sábios. Nada acrescentam à fé; nada fazem pelo homem senão talvez aumentar sua capacidade de discutir e discordar", avalia. Na obra, critica também o cristianismo que caracteriza a maioria das igrejas por apresentar "muita teoria e pouca prática; muita teologia, pouco poder; muitos argumentos, pouca manifestação; muitas palavras, pouca fé".[50]

Os futuros pastores passaram a adotar textos produzidos por J. Cabral, posteriormente transformados em livros, com autoria atribuída ao bispo. Funcionavam como uma cartilha. Cabral, teórico e estudioso do assunto, passara a exercer o cargo de superintendente-geral de publicações da Universal. Escrevia os textos, Macedo lia, fazia pequenas modificações, aprovava e liberava. E assinava.[51] A partir da década de 1980, o bispo lançou os livros *O despertar da fé*, *Orixás, caboclos e guias: Deuses ou demônios?* — a obra mais polêmica, que gerou atritos com líderes espíritas e de cultos afro —, *O poder sobrenatural da fé*, *Vida com abundância* e *A libertação da teologia*.[52]

De acordo com a orientação de Macedo, os novos religiosos passaram a ser treinados em seus locais de trabalho e em cursos rápidos. Para substituir a faculdade, a igreja criou o Instituto Bíblico Universal do Reino de Deus (Iburd), com cursos de seis meses e sem presença obrigatória, com orientações básicas e de fácil assimilação. A prioridade era a prática no trabalho pastoral.[53] Durante dois ou três anos, os futuros pastores acompanham os cultos para adquirir experiência, fazem uma espécie de estágio. Em geral vão para áreas carentes. Segundo a igreja, os seminaristas são selecionados entre os obreiros, passam por demoradas avaliações de pastores e bispos e também participam de um curso noturno após o trabalho. Quando as atividades do Iburd foram iniciadas, esposas, namoradas e noivas também eram convidadas a frequentar o curso.[54] Anos depois J. Cabral, o mentor da natimorta faculdade, se desentendeu com bispos da Universal e voltou para a Igreja Metodista.[55]

Grande parte dos pastores da Universal eram jovens — entre dezoito e 25 anos —, de origem humilde e com pouco estudo. A situação deles não era tão distante da realidade de vida da maioria dos seguidores, com baixa escolaridade e poucas posses, sobretudo os cooptados nos primeiros anos de atuação da igreja. Havia, no entanto, as exceções. Os novos pastores abdicavam do estudo e de seus trabalhos anteriores. Ao se dedicarem à igreja, não tinham mais tempo para qualquer outra atividade. Trabalhavam sem folga nem feriado, dormiam pouco. Os solteiros se afastavam da família.[56] Os casados sem filhos — e os prestes a se casar — eram incentivados a fazer vasectomia para focar exclusivamente na igreja.[57]

A jornada de trabalho era longa. Os pastores participavam de até cinco cultos diários, além de outras atividades como reuniões e sessões de aconselhamento espiritual. Os salários de bispos e pastores variavam de acordo com suas funções ou seu posto, o tamanho do templo sob seus cuidados (ou os serviços que este oferece), o número de frequentadores, a condição socioeconômica da localidade e, o mais importante, o valor arrecadado com os dízimos e ofertas. Entre as décadas de 1980 e 1990, 99% dos pastores ganhavam entre dois e quatro salários mínimos. Pastores com postos de liderança nos estados chegavam a receber entre doze e quinze salários mínimos.[58] Em igrejas de bairros centrais de São Paulo, o salário girava, em valores atuais, em torno de 5 mil reais. A igreja ainda garantia moradia, alimentação, carro e gasolina.[59]

Os pastores costumavam receber a remuneração mensal em dinheiro vivo. Em alguns casos, segundo ex-integrantes, havia uma participação na arrecadação do templo de até 10%. Esse "estímulo" gerou um clima de competição. Os pastores passaram a disputar os templos com coletas mais fartas. Para se apoderar do posto cobiçado, copiavam ideias de colegas e espionavam uns aos outros para dedurar eventuais deslizes. Não havia um trabalho de apoio aos pastores: os superiores não conversavam com suas equipes, não perguntavam como estava a vida, não pareciam se interessar em conhecer melhor os comandados que lidavam com os problemas de pessoas desesperadas em busca de auxílio e consolo.[60]

Sem formação específica, os pastores que mais se destacavam, segundo ex-integrantes, eram aqueles com duas qualidades essenciais para o trabalho na Universal: capacidade de canalizar ofertas expressivas e talento para entreter a congregação e mantê-la em correntes de oração. Em qualquer lugar, o culto funcionava da mesma maneira. O pastor quase sempre gritava e exigia participação da plateia, e o culto culminava na sessão de exorcismo.[61]

A igreja se tornava central na vida dos fiéis. Promovia encontros para aproximar as pessoas, ajudava solteiros a encontrar potenciais namoradas nos "encontros sentimentais", mais tarde conhecidos como "terapia do amor". Muitos pastores e futuros bispos conheceram suas mulheres nesses eventos.[62]

A proximidade com seguidores de outras crenças era desestimulada. No livro *Nos passos de Jesus*,[63] Macedo sugeria que os fiéis mantivessem amizade apenas com quem professasse a mesma fé, evitando "a todo o custo" conversas, discussões ou contatos que pudessem "colocar a sua salvação em jogo".

A mensagem do bispo ecoava. E ele ambicionava difundi-la além das fronteiras do país. Em 1986, tomaria uma decisão ousada e arriscada: decidiu fixar residência nos Estados Unidos e passou a alternar períodos no Brasil e em outros países onde investiria na implantação da Universal. Sua intenção era criar um núcleo de evangelismo mundial e formar missionários entre os fiéis estrangeiros para atuar em seus países de origem. O plano não vingou. Na maioria dos países onde a igreja se instalou, os brasileiros continuaram no comando.[64]

Os Estados Unidos foram um teste para a Universal e seu dirigente. A família Macedo penou com a mudança. Além de se afastar de parentes e amigos e da vida confortável e estável no Rio de Janeiro, ninguém na família falava inglês. Em Nova York, o bispo foi recebido pelo pastor americano Forrest Higginbotham, da pequena Church of Christ do East Side, e pela mulher dele, Mary Ann, que tampouco falavam português. O pastor cedeu o espaço de sua pequena denominação, Church of Christ (Igreja de Cristo), na região do East Side, em Manhattan, para que Macedo pudesse pregar. Num primeiro momento, o bispo contou com a ajuda de um tradutor. Depois se serviu do portunhol. E iniciou um curso intensivo de inglês, treinando conversação na igreja. Reclamava que os americanos não faziam o menor esforço para entendê-lo. Ao pedir uma informação na rua, só conseguia compreender a primeira frase.[65]

Forrest e Macedo haviam se conhecido em um jantar num restaurante no World Trade Center, o das célebres Torres Gêmeas. Forrest atuou como facilitador do brasileiro diante das autoridades americanas. Depois veio ao Brasil conhecer a Universal e, entusiasmado com os cultos, disse desejar "aprender" com o colega brasileiro. Foi então que pôs sua igreja à disposição de Macedo.[66]

Um ano depois de sua chegada, o bispo começou a apresentar um programa na TV a cabo em seu inglês macarrônico,[67] sem despertar interesse nos anglo-americanos. Ele chegou a oferecer almoço grátis — preparado por Ester — após os encontros dominicais. Quinze pessoas apareceram no primeiro culto com almoço, a maioria de olho no repasto.[68]

A Universal mudou seu público-alvo e o programa começou a ser apresentado em espanhol — na verdade portunhol, que se tornaria a língua oficial daquelas pregações. E Macedo foi arregimentando fiéis na maior metrópole americana.[69] Em seu primeiro templo, o número de frequentadores saltou de trinta para cem. Ainda em 1986, abriria dois outros espaços, no Brooklyn e na vizinha Nova Jersey; depois viriam as igrejas do Bronx e Newark.[70]

O idioma não foi a única barreira que Macedo precisou contornar para se estabelecer entre o público norte-americano. Pouco depois de sua chegada, uma sucessão de escândalos envolveu alguns dos mais conhecidos líderes pentecostais dos Estados Unidos, ligados à teologia da prosperidade.[71] Em março de 1987, o televangelista Jimmy Swaggart acusou o colega Jim Bakker de manter relações extraconjugais com uma secretária, com prostitutas e com homossexuais, e clamou por sua renúncia do comando da emissora de TV Praise The Lord, fundada por Bakker em 1974.[72] Na época, os principais programas da emissora, como o apresentado pelo fundador e Tammy Faye, sua mulher, chegavam a alcançar 13 milhões de telespectadores. O casal era sócio de um parque temático cristão, o Heritage USA, e tinha negócios avaliados em 125 milhões de dólares. Dois anos depois, Bakker seria condenado por fraudes contra fiéis.[73]

No ano seguinte seria a vez de Swaggart ser acusado de manter encontros sexuais com prostitutas. O autor da denúncia era um ex-pastor de sua igreja, expulso da organização por comportamento sexual inadequado. Para provar, o acusador divulgara uma foto do televangelista saindo do motel com uma prostituta. Swaggart admitiu o encontro, disse ter agido por "influência do demônio", pediu perdão em seu programa televisivo e renunciou ao ministério. Swaggart também acusara Jerry Falwell, outro pregador de destaque e ativista do conservadorismo cristão, de ter desviado dinheiro de uma campanha contra a fome.

Pré-candidato à Presidência da República naquele ano, o televangelista e dono de uma rede de TV evangélica Pat Robertson também teve seu comportamento posto na berlinda. Ativista contrário aos direitos das mulheres e da comunidade LGBT, ferrenhamente contrário ao sexo antes do casamento, descobriu-se que seu primeiro filho havia sido gerado quando ele ainda era solteiro.[74] Anos depois, seria acusado de usar uma campanha humanitária como pretexto para transportar equipamentos para suas minas de diamantes na África, obtidas graças a um acordo com o então ditador da Libéria, Charles Taylor.[75]

Os escândalos que vieram à tona não só frearam o crescimento da igreja em Nova York como ocasionaram a debandada de muitos fiéis. O primeiro templo voltou a reunir menos de vinte almas.[76] Mais tarde, a Universal cresceria novamente ao dedicar sua atenção aos latinos de Miami, na Flórida, aos brasileiros de Newark, em Nova Jersey, e à colônia portuguesa de New Bedford, em Massachusetts.[77] Em sua primeira temporada, Macedo permaneceu nos Estados Unidos até 1990.[78]

Aliada à expansão internacional, a política entrava na mira de Edir Macedo. A multiplicação dos templos e de programas de rádio lhe parecia um caminho eficaz para fortalecer seu poderio, e ele apostou no lançamento de candidatos ligados à igreja que poderiam influenciar no processo legislativo. A Universal não seria a primeira igreja evangélica a incursionar na seara política. O pastor metodista Guaraci Silveira, de São Paulo, fora eleito para a Constituinte de 1946; no ano seguinte, outros dois evangélicos, o batista Luís Alexandre de Oliveira e o presbiteriano Antônio Teixeira Gueiros se elegeriam para as assembleias estaduais do Mato Grosso e do Pará, respectivamente. Os pentecostais só se aventurariam a trilhar o mesmo caminho na metade dos anos 1960, com a eleição em São Paulo dos pastores Levy Tavares e Geraldino dos Santos, ambos da Igreja O Brasil para Cristo, a deputado federal e estadual, respectivamente.

A forte e crescente presença política se consolidaria na Assembleia Nacional Constituinte instalada em 1987, com a eleição de 32 parlamentares evangélicos, dezoito deles pentecostais.[79] Apreensiva com o boato de que a Igreja católica tentaria fazer do catolicismo a religião única e oficial no país, a Assembleia de Deus — que até então via a política como uma "coisa do diabo" — se mobilizou e lançou candidatos em todo o Brasil. Acabou elegendo catorze parlamentares; a Igreja Evangelho do Quadrangular, mais dois.[80] O bispo Roberto Lopes se elegeu para a Constituinte, pelo PTB do Rio de Janeiro, com 54 mil votos.[81] Na mesma eleição, Eraldo Macedo Bezerra, irmão de Edir, conquistou o primeiro dos seus quatro mandatos como deputado estadual, no Rio.[82]

Se não foi a pioneira da entrada dos evangélicos na política nem teria influência na Constituinte, a partir daí a Universal assumiria com afinco a participação no Legislativo. Macedo avaliou a investida como mais uma estratégia de alicerçar o crescimento de seu rebanho. Em conversas informais com colaboradores próximos, o bispo costumava ressaltar a importância e o valor na sociedade de quem tem dinheiro e poder político, o que, em si, não era nenhuma novidade. Mas queria deixar claro para seus liderados que não bastava apenas a instituição conseguir recursos. "Fama de rico e valente não se desmente", ele dizia, e estimava que o dinheiro poderia impulsionar a pessoa no ranking da sociedade, mas só até determinado degrau.[83] O mesmo ocorre com o poder político. Mas a dobradinha dinheiro e poder político é imbatível: juntos possibilitam o alcance de outro patamar. Sustentava que a atuação política motivaria a participação dos fiéis, aumentaria a capacidade de mobilização da igreja e, consequentemente, a arrecadação.[84]

Apesar do sucesso na eleição, Lopes, o último fundador da Universal ainda ao lado de Macedo, iniciaria seu distanciamento da igreja. No ano em que tomou posse como deputado federal, retornou para a Igreja de Nova Vida. Tempos depois disse que divergia de Macedo por ele ter decidido seguir por uma linha empresarial e mercantilista. "Do que ele era, quando a igreja começou, não sobrou nada", atacou.[85] Com a saída de Lopes, Macedo, que já era o todo-poderoso, assumiria em definitivo o comando na Universal. Daí por diante reinaria sozinho. Lopes completou o mandato até 1991, quando então se afastou da política.[86]

Nos anos seguintes, além de escolher a dedo quem defenderia os interesses da igreja, Macedo passaria a incluir na lista de candidatos ao Legislativo nomes com cargo de destaque na Universal, pessoas que de algum modo poderiam peitá-lo. A manobra do bispo consistia em alijar eventuais rivais, fritando-os com o canto de sereia do poder político, com uma candidatura ungida pelo apoio da igreja. Distante do dia a dia e envolvido com questões políticas em plenários, o sujeito perderia o vínculo com os fiéis. No caso de Lopes a estratégia funcionou: ele entrou para a política e saiu da denominação. Muitos não só deixaram de exercer influência no grupo religioso como viram suas carreiras políticas desabarem, sem apoio em eleições subsequentes.[87]

No ano seguinte à decisão de investir na política, Macedo intensificou seu bombardeio às religiões e cultos afro com o livro *Orixás, caboclos e guias: Deuses ou demônios?*, que teve mais de 3 milhões de exemplares vendidos. A obra buscava denunciar "as manobras satânicas através do kardecismo, da umbanda, do candomblé e outras seitas similares" e mostrar "as verdadeiras intenções dos demônios que se fazem passar por orixás, exus e erês". Apontando "todos os truques e enganos usados pelo diabo e seus anjos para iludir a humanidade", ele pretendia esclarecer o leitor "acerca da origem das doenças, desavenças, vícios e de todos os males que assolam o ser humano". E prevenia: "Creio que os demônios farão tudo para que este livro não seja lido até o fim, nem divulgado; para que suas verdades não sejam acreditadas".

A fim de valorizar a vitória sobre as forças maléficas, nos cultos Macedo inflava a legião de espíritos mefistofélicos, dizendo que milhões de brasileiros estariam envolvidos com macumba e espiritismo. No livro, indicava números estratosféricos e equivocados em relação aos dados do IBGE, concluindo que 40 milhões de espíritas brasileiros — um terço da população, à época — viviam enganados, sob o jugo do diabo. Era uma fantasia. No início da década de 1980, a umbanda e o candomblé, juntos, somavam cerca de 700 mil seguidores. Representavam 0,6% da população brasileira. O espiritismo reunia 1,5 milhão, 1,3%.[88] No Censo de 2010, os adeptos da umbanda e do candomblé totalizaram 588 mil, representando apenas 0,3% dos brasileiros. Portanto, houve um acentuado declínio dos cultos afro no país, em comparação com outras religiões.[89] Apenas o espiritismo, de fato, cresceu: em 2010, seus seguidores saltaram para 3,5 milhões — 2% da população. De qualquer forma, os números apresentados por Macedo, em obra publicada mais de vinte anos antes do último Censo, eram exorbitantes. E outros pastores pentecostais, de denominações diversas, os compartilhavam. O demo também era associado às crenças católicas, embora a cautela fosse maior em relação à Igreja de Roma.[90]

A polêmica gerada pelo livro foi parar na Justiça. Adeptos de religiões afro-brasileiras questionaram o teor da publicação. Uma ação civil pública foi movida na Bahia. Os procuradores Sidney Madruga e Cláudio Gusmão consideraram a obra "degradante, injuriosa, preconceituosa e discriminatória" em relação às religiões afro — candomblé, umbanda e quimbanda. Em novembro de 2005, sua venda foi suspensa. A juíza Nair Cristina de Castro, da 4ª Vara da Justiça Federal da Bahia, determinou a medida, após definir a publicação como "abusiva e atentatória ao direito fundamental, não apenas dos adeptos das religiões originárias da África", mas da sociedade, "que tem direito à convivência harmônica e fraterna, a despeito de toda a sua diversidade (de cores, raças, etnias e credos)".[91] Um ano depois, o Tribunal Regional Federal da 1ª Região liberou o livro por entender que a proibição contrariava o princípio da liberdade de expressão garantido pela Constituição.[92] A ira santa materializada nos ataques e hostilidades a espíritas e seguidores da umbanda e candomblé gerou outros processos. Macedo foi processado pelo Conselho Nacional Deliberativo da

Umbanda e dos Cultos Afro-Brasileiros por calúnia, difamação, vilipêndio e instigação ao crime. Teve de prestar depoimentos à Justiça em 1989 e em 1992.

Ao mesmo tempo que combatia os cultos afro-brasileiros, a Universal absorvia parte dos elementos dessas religiões, como as sessões de descarrego, um ritual para afastar o demônio e outros espíritos malignos.[93] Na busca pela "libertação do demônio", os pastores recorriam a práticas dos ritos afro, como o banho de sal grosso e arruda, a rosa ungida, a espada-de-são-jorge e "correntes dos sete nós". Para essas sessões, os pastores abandonavam o paletó e a gravata e vestiam roupa branca (camisa, calça e tênis), como pais de santo. Em muitos rituais, ex-pais e mães de santos convertidos permaneciam diante de uma mesa branca, com toalha da mesma cor, vestindo roupas semelhantes às utilizadas em cultos de umbanda, manobra para chamar adeptos das religiões afro e então facilitar a migração das almas. Na prática a Universal se valia do sincretismo e do hibridismo cultural, embora os contestasse da boca para fora. Como observou o estudioso Leonildo Silveira Campos, ela acabou se revelando uma espécie capaz de fagocitar elementos de outras religiões.

As "reuniões de libertação", toda sexta-feira, costumavam atribuir à macumba e aos orixás a responsabilidade por todas as mazelas do planeta. Se, por um lado, reforçavam preconceitos e estereótipos e incentivavam ataques e depredações a templos afro-brasileiros,[94] por outro serviam a uma segunda estratégia de expansão da Universal: apresentar-se como uma solução para problemas práticos e não apenas de conforto espiritual.[95] O slogan "pare de sofrer", o primeiro utilizado pela igreja, passa a ser praticamente um mantra, repetido à exaustão.

A propaganda era voltada em especial a católicos, protestantes, kardecistas ou umbandistas que não estavam umbilicalmente ligados a suas religiões de origem. Propostas do tipo "sua vida vai mudar" também visavam fiéis que, transitando entre vários grupos religiosos, sentiam-se frustrados com os resultados.[96]

A Universal atribuía aos maus espíritos comportamentos morais que considerava reprováveis — vícios em álcool e drogas, por exemplo —, deficiências, doenças e problemas econômicos. Se nos anos 1980 setores da Igreja católica, notadamente os chamados "progressistas", denunciavam as dificuldades sociais e buscavam soluções coletivas para a situação caótica vivida no país, a Universal e outros neopentecostais atribuíam as provações a um agente externo, um encosto. Propunham uma solução individual, que poderia ocorrer independentemente do mundo circunstante. Um atrativo que, ainda que em menor grau, seduzia alguns setores da classe média. Palavras como caridade, solidariedade e cooperação não faziam parte do discurso.[97]

O Brasil vivia um momento de grande efervescência política naquele período. Iniciada com o movimento pela anistia aos perseguidos pela ditadura, obtida em 1979, a mobilização popular pela redemocratização do país teve um novo ápice com a campanha das Diretas Já, em 1984.[98] A igreja de Macedo não manifestou simpatia por essas ações políticas, mas se beneficiou da volta das grandes concentrações populares.

Durante os anos 1970, as manifestações de rua, inclusive as religiosas, eram vistas com temor pelo regime militar.[99] Mas um grande ato católico marcou 1980: a visita do papa João Paulo II, em junho. Era a primeira vez que um pontífice vinha ao país. Em doze dias, o papa percorreu treze cidades e milhões de fiéis acompanharam seus 51 pronunciamentos.[100] No ano seguinte, a Universal fazia seu primeiro grande evento no ginásio do Maracanãzinho, atraindo milhares de fiéis. Os atos religiosos em ginásios e estádios, inclusive de líderes pentecostais, já ocorriam antes do período de exceção. Em 1958, o pastor Manuel de Melo, da O Brasil para Cristo, conseguiu lotar o estádio do Pacaembu, na região central de São Paulo, para uma "tarde da bênção".[101] Ao longo da década de 1980, a igreja de Macedo faria outros cultos em estádios, sempre com grande presença de público.

Com a promessa do reino dos céus aqui na terra, a Universal cresceu nos anos 1980, surpreendendo a Igreja católica, os grupos evangélicos tradicionais e a imprensa. De repente, lotava templos e estádios. Graças ao forte apelo emotivo de seus programas no rádio e na TV e ao oferecimento de "soluções" rápidas aos problemas cotidianos de seus fiéis, como o afastamento de demônios e outros males. A ascensão foi rápida. Macedo se dava ao luxo de investir no crescimento no exterior, enquanto pastores bem treinados, com um discurso direto e de fácil assimilação, faziam a igreja avançar principalmente junto às camadas mais pobres da população nos grandes centros urbanos.

O evento com maior repercussão e estardalhaço aconteceu no estádio do Maracanã, em 13 de abril de 1990. Os jornais publicaram uma foto em que diversos obreiros apareciam no gramado carregando sacos, supostamente cheios de dinheiro arrecadado junto a fiéis.[102] Ainda que a igreja tenha alegado que eram papéis com pedidos de oração, a imagem era forte e serviria de munição para os críticos. A "Sexta-feira da cura e da libertação", como foi chamado o ato, reuniu 160 mil pessoas. Em meio à aglomeração, uma mulher de 65 anos teve um enfarte fulminante e chegou morta ao posto médico do estádio. Mais de setenta pessoas passaram mal.

O público parecia em transe diante da atuação de Macedo. O bispo orientava as pessoas com doenças, como insônia, problemas de vista, dor de cabeça, paralisia, câncer e aids, a levantar a mão para o alto, a fim de serem curadas. Batendo o pé direito com força sobre o palco, pedia que "toda força maligna, todos os espíritos enganosos que atuam sobre o marido, sobre a mulher, sobre as crianças que acordam assustadas, sobre o câncer, sobre a aids" saíssem imediatamente do corpo dos fiéis. Nas arquibancadas, em coro, os seguidores gritavam: "Sai!, sai!, sai!". Em seguida, ele recomendava aos considerados curados que entregassem aos obreiros óculos, muletas, aparelhos de surdez e outros equipamentos semelhantes. Um adepto da igreja, Raimundo Carvalho, apresentado como médico, subiu ao palco e disse ter sido curado de um câncer. "Agora, não tenho mais câncer. Jesus me curou. Tenho certeza", comemorava.[103]

Dois anos depois, a Universal dava novas demonstrações de seu poder de mobilização. Reuniu, num único dia, 170 mil fiéis em outro ato no Maracanã, pela manhã, e 120 mil no estádio do Morumbi, na capital paulista, à tarde. Ambos com a presença de Edir Macedo. Outras 70 mil pessoas lotaram o estádio da Fonte Nova, em Salvador.[104] No Maracanã, um repórter fotográfico denunciou ter sido ameaçado por um segurança armado com revólver quando tentava registrar a saída de carros com sacos supostamente cheios de dinheiro.[105] Os grandes atos públicos aumentavam as doações. Faixas e camisetas também eram vendidas nos encontros. Os recursos obtidos serviam para abrir mais templos e alugar horários em emissoras de rádio.

Nos anos de expansão da Universal, no início da década de 1980, a situação econômica do país obrigava as pessoas a buscar algum tipo de resposta à crise, a fim de garantir a sobrevivência. Mesmo com o aumento das desigualdades sociais, o chamado milagre econômico, entre 1967 a 1973 — no período da ditadura —, havia criado um clima de otimismo, com taxas de crescimento econômico jamais vistas.[106] Com a crise do petróleo e suas consequências, o Brasil e a América Latina entraram, nos anos 1980, em um processo de desaceleração econômica. A alta da inflação, a queda do nível de emprego e do poder de compra dos salários foram marcos de uma época conhecida como a "década perdida".[107]

A economia ia muito mal. Quanto mais os indicadores pioravam, mais a população recorria à ajuda divina. Nas grandes e médias cidades, a Universal se deparava com uma classe média baixa às voltas com desemprego e subemprego. Milhares de brasileiros iam em busca da cura, do exorcismo e da prosperidade, fosse nos templos da Universal, fosse em outras igrejas neopentecostais.[108]

Os fiéis em dificuldades dobravam suas doações na expectativa de superar os problemas. Em suas pregações, Macedo destacava que a fé não era o bastante para que os pedidos fossem atendidos: os fiéis deveriam comprovar que se sacrificavam para tanto. A demonstração mais clara dessa disposição seria a oferta nos cultos. Para obter bens materiais, os seguidores deveriam demonstrar sua capacidade de renúncia e privação. "É necessário dar o que não se pode dar. O dinheiro que se guarda na poupança para um sonho futuro, esse dinheiro é que tem importância, porque o que é dado por não fazer falta não tem valor para o fiel e muito menos para Deus", dizia o bispo.[109]

O processo de convencimento passava por diferentes etapas. Nos cultos, os pedidos de ofertas seguiam uma estratégia: primeiro um valor inatingível, com um objetivo claro, como a construção ou reforma de um templo. Aí o valor ia baixando até chegar a um montante acessível aos presentes. Diante da impossibilidade de atender ao pedido inicial, o fiel se sentia mais disposto a elevar o valor de sua oferta.

Com frequência os fiéis se viam diante do desafio de pegar todo o dinheiro do bolso ou da carteira, separar um tanto para a condução e ofertar o restante. Num templo no bairro de Santa Cecília, região central de São Paulo, o pastor disse durante o culto que a oferta era espontânea, mas ressaltou que tudo que fosse doado seria multiplicado. E contou que um fiel havia dado tudo o que tinha e pediu a Deus uma casa com piscina e dois carros. Qual não foi sua surpresa quando, duas semanas depois, ele recebeu a visita de uma tia italiana, até então desconhecida, que viera ao Brasil só para atender a seu pedido.[110]

Em alguns templos da Universal, era comum as pessoas receberem, em troca de cédulas de dinheiro verdadeiras, "xerox abençoadas" de notas para serem guardadas na carteira a fim de propiciar a "multiplicação das riquezas".[111] A igreja também passou a criar campanhas com fins específicos para animar os fiéis a aumentar as doações. Entre muitas, uma das primeiras e mais marcantes foi a do "Livro de Ouro", para financiar a construção do primeiro grande templo, com área de 2560 metros quadrados e capacidade para 1,9 mil pessoas, na

Abolição, berço da igreja. Todos os doadores tiveram seu nome registrado no livro dourado, que foi enterrado no local da construção. Outras campanhas semelhantes vieram na sequência, como a Fogueira Santa — as pessoas fazem os seus pedidos num papel, que depois é queimado e as cinzas são levadas para Israel, segundo a igreja. Na igreja do Recreio, no Rio, um pastor chegou a deitar no chão de cimento e disse que não se levantaria enquanto não aparecesse uma doação equivalente a 10 mil reais para a obra de Deus. Deu certo.[112]

A Bahia, em 1988, era o segundo estado com a maior arrecadação na Universal — perdia apenas para o Rio de Janeiro —, e por isso ocupava uma posição estratégica no organograma da instituição. Na época, a igreja enfrentava uma série de crises ali, com a saída de pastores e até com um suposto envolvimento de religiosos com drogas, segundo um ex-integrante da igreja, Mário Justino. O então pastor Carlos Rodrigues foi indicado para comandar a intervenção no estado. Macedo confiava muito nele por conhecê-lo desde os tempos de jovem obreiro na Igreja de Nova Vida e na então Casa da Bênção.[113] Rodrigues impôs metas de arrecadação para os pastores, disse Justino, então na função. Quem não cumprisse perderia tudo o que havia conquistado. Muitos voltariam a trabalhar como pedreiros, garis e padeiros. Naquele momento, a Universal buscava recursos para saldar dívidas com a compra de uma emissora, a Rádio Bahia, além de outros imóveis adquiridos país afora. Pastores considerados improdutivos acabaram demitidos,[114] e os que se destacaram foram recompensados.

Os métodos de arrecadação, vistos com naturalidade pelos fiéis, atiçavam os críticos. Os pedidos de doação da Universal eram mais persuasivos e eficazes do que os das demais igrejas evangélicas. Os seguidores de Macedo contribuíam muito mais, garantia uma pesquisa do Instituto de Estudos da Religião (Iser):[115] 27% deles fizeram doações acima do valor do dízimo, contra apenas 14% dos integrantes da Assembleia de Deus. Entre os evangélicos cuja renda não ultrapassava dois salários mínimos, os da Universal também eram os que mais doavam quantias superiores ao dízimo.

Em seu livro *Vida com abundância*, Macedo usou várias frases para estimular os fiéis a abrir a carteira: "O dízimo tem tanta importância, que foi ordenado muito antes dos Dez Mandamentos da Lei de Deus, e se era importante antes da Lei e foi também durante a Lei, por que não o seria também depois?"; "Não perca a oportunidade de ser sócio de Deus"; "Dar o dízimo é candidatar-se a receber bênçãos sem medida"; e "Coloque-se à Sua disposição com tudo o que você tem e comece a participar de tudo o que Deus tem também". Ele empregava igualmente o conceito da confissão positiva, da teologia da prosperidade.

A oferta é um dever bíblico, enfatizava Macedo. "O dízimo é espontâneo. Contribui com ele quem quer. Eu apenas lembro as pessoas que se trata de um preceito da Bíblia. Mas a decisão de pagar ou não [...] compete a cada um." O livro sagrado autorizava, estava nas descrições do profeta Malaquias e no Evangelho de Lucas. "Em toda a Bíblia, da primeira à última página, encontra-se a palavra oferta, direta ou indiretamente. À medida que as pessoas dão, recebem também, porque isso está escrito ali. A oferta dimensiona o coração das pessoas."[116]

É um mandamento de Jesus, "uma questão de honra a Deus", acrescentava. "Se isso é contra a lei, então é melhor pegar a Bíblia e jogar fora", argumentava. Para o bispo, "se você não paga o dízimo a Deus, você paga ao diabo".[117] O dinheiro apareceria na Bíblia como uma ferramenta, com a mesma função que o serrote tem para o carpinteiro ou a enxada para o lavrador.

"Sem o dinheiro, é impossível viver. O próprio Jesus tinha o seu tesoureiro, Judas Iscariotes. Achar que o dinheiro é um mal não faz sentido. Ele pode ajudar as pessoas. Eu, por exemplo, uso o dinheiro para o bem, coloco-o a serviço de Deus", garantia.[118] Macedo discordava da visão de que Jesus era pobre. "Esse é um tremendo engano. Jesus nunca foi pobre." Na visão do bispo, o fato de Jesus ter se considerado "o senhor dos senhores", o "rei dos reis", era sinal de sua riqueza, a menos que tivesse sido destronado.[119] Há controvérsias, porém, sobre essa interpretação. Para o teólogo Manoel José Godoy,[120] as frases foram tiradas do contexto. Jesus Cristo é chamado de rei em referências bíblicas, explica o religioso, mas a afirmação precisa ser confrontada com outro texto em que Cristo afirma: "O meu reino não é deste mundo: se o meu reino fosse deste mundo, pelejariam os meus servos, para que eu não fosse entregue aos judeus".[121] Godoy ainda lembra que no livro 2 de Coríntios, o apóstolo Paulo diz que "já sabeis a graça de nosso senhor Jesus Cristo que, sendo rico, por amor de vós se fez pobre, para que pela sua pobreza enriquecêsseis".[122]

Sem sentir culpa por amealhar recursos, Macedo passou a investir na estruturação profissional de sua igreja. Continuou a levar adiante sua política expansionista com a busca por mais templos ao redor do mundo e eficientes veículos de comunicação.

# 4. A tv que caiu do céu

Aos 45 anos, o servidor público paulista Osvaldo Sanches arriscou um lance de sorte.[1] No início de 1988 decidiu procurar um líder evangélico para oferecer um negócio: a compra de uma tv. Funcionário da Secretaria de Agricultura do Estado de São Paulo, não tinha nada a ver com evangélicos. Nem com televisão. Sua expertise nesse campo se limitava a ligar e desligar o aparelho em casa.

Mas Sanches sabia que naquele momento as igrejas evangélicas investiam em meios de comunicação para difundir suas mensagens. A primeira denominação que lhe veio à cabeça foi a Universal do Reino de Deus, que tinha um templo na rua das Palmeiras, em Santa Cecília, bairro em que o servidor morava. A Universal, com um programa na tv Bandeirantes, era uma emergente e promissora ramificação pentecostal que começava a causar barulho.

A emissora a ser negociada era a tv Corcovado, do Rio de Janeiro. Pertencia oficialmente a Guilherme Stoliar, vice-presidente do sbt e sobrinho do empresário e animador Silvio Santos. Sanches não possuía procuração para vendê-la, tampouco apresentava as credenciais exigidas para concretizar negócio de tal vulto. Dizia ter conversado casualmente com uma corretora, a quem conhecia apenas por "dona Nice", que sugerira a ele sondar possíveis interessados em comprar a emissora do Rio. Sanches encontrara dona Nice pela primeira vez, segundo o seu relato, na Galeria Metrópole, na praça Dom José Gaspar, no centro paulistano, onde um grupo de corretores costumava se reunir para trocar impressões sobre possíveis negócios. Vislumbrou aí uma oportunidade. Se conseguisse levar adiante aquela transação, quem sabe, poderia embolsar uma bolada.

Suas chances eram bem reduzidas, mas ele foi adiante. Descobriu o endereço da sede nacional da igreja, no Brás. Foi lá com a cara e a coragem, sem nenhuma recomendação. Nem sabia com quem falar. Mas tinha um trunfo: um estreito e proveitoso relacionamento com antigos caciques da política no estado, do qual se gabava. Havia trabalhado na Casa Civil nas gestões Paulo Maluf[2] e José Maria Marin, então integrantes da antiga Arena. Deixara o cargo no início de 1983, após a eleição do oposicionista Franco Montoro, do PMDB — a primeira eleição pelo voto direto depois do golpe de 1964.

No Palácio dos Bandeirantes, Sanches atendia e registrava diariamente pedidos de eleitores e correligionários de seus padrinhos políticos, aos quais facilitava o acesso aos líderes comunitários de bairros da periferia. Anos antes tinha sido secretário da União Federativa das Sociedades Amigos da Região de Pirituba-Perus, na Zona Oeste paulistana. Era esse seu cacife.

Apesar da agenda recheada de contatos, ele não tinha nenhum conhecido com trânsito na Universal. Sem apresentação, não conseguiu ser recebido por ninguém na sede no Brás. Insistente, foi ao templo de Santa Cecília. Um fiel lhe sugeriu conversar com o pastor Ronaldo Didini, naquele momento ausente. Recém-indicado para responder pelo templo, Didini, trinta anos, já se destacava entre os colegas. Ambicioso, carismático, falante, costumava atrair os holofotes para si. Ingressara na Universal havia três anos.

Num final de tarde de verão, Sanches voltou ao templo e aguardou o final do culto. Aproximou-se de Didini, se apresentou e disparou à queima-roupa:

"O senhor não estaria interessado em comprar uma TV?", perguntou.

"A igreja sonha atualmente com uma rádio em São Paulo", respondeu o pastor, lacônico.

A abordagem inusitada e um tanto intempestiva do estranho não foi motivo para Didini descartar a proposta, que era útil e interessante para a igreja.[3] Se o sujeito tinha ou não influência e prestígio para levar adiante a oferta, isso não o preocupou. Como não usufruía de poderes para tomar decisões sobre assunto desse porte, falou com seu líder em São Paulo, o pastor Paulo Roberto

Guimarães, atualmente bispo responsável pela Igreja Universal no México e na Espanha. "Vê lá que televisão é essa", recomendou-lhe Guimarães.[4] Na época morando nos Estados Unidos, Macedo foi consultado.

Mas o negócio não evoluiu. A resposta da cúpula foi a mesma que ouvira do pastor Didini: naquele momento, a prioridade era uma rádio. E em São Paulo. A Universal contabilizava apenas 47 templos no estado. Crescia no Rio de Janeiro, mas empacava em solo paulista, cujo interior era predominantemente católico e mais conservador. Uma rádio com grande penetração ajudaria a reverter o quadro. A proposta, entretanto, reavivava o desejo de Edir Macedo de ter uma TV própria. A ideia passou a ser debatida internamente. Macedo avaliou, contudo, que, caso fosse adquirir uma TV, o ideal seria uma emissora cabeça de rede, não uma regional.[5]

Enquanto a igreja analisava os prós e os contras, Sanches continuava por perto. Começou a frequentar os cultos e ficou amigo de Didini, com quem conversava muito. Tornou-se um quebrador de galhos na Universal, ajudando no que podia. A parceria era boa para os dois lados. Aproximar-se do rebanho da igreja era interessante para alguém que operava nos meios políticos, como Sanches. E vice-versa.

O funcionário público caiu de fato nas graças dos pastores quando intermediou os trâmites para conseguir que o estádio do Pacaembu alojasse a primeira grande concentração da Universal em São Paulo, em dezembro de 1988. Por meio do secretário de Coordenação Governamental da prefeitura, Dorival de Abreu, ele obteve uma reunião com o então prefeito, Jânio Quadros, para reivindicar o espaço. Foi acompanhado do pastor Didini ao encontro com o chefe do Executivo municipal.

Jânio ofereceu o ginásio de esportes do complexo esportivo. "Se quiser, eu autorizo já", afirmou. O pastor argumentou que só o público dominical da sede da igreja já lotaria o local. O prefeito insistiu. "O estádio é muito grande, o povo vai ficar disperso." Mas acabou concordando e atendeu ao pedido. "Até eu fiquei surpreso naquele dia com o potencial da igreja. O estádio lotou. Foi uma prova de força extraordinária", lembrou Sanches.[6]

Entre outras ações em favor da Universal, Sanches socorreu o irmão do bispo, Celso Macedo, então diretor da Rádio Copacabana, num pequeno imbróglio: a liberação de uma válvula de transmissor que a emissora importara e que fora retida na alfândega do Rio de Janeiro. Um assessor do ex-ministro da

Fazenda Delfim Netto, naquele momento deputado constituinte por São Paulo, foi contatado e o problema se resolveu num estalar de dedos. "Eram somente questões burocráticas", disse Sanches.[7] O funcionário público virou candidato a vereador na capital paulistana na eleição de 1988, com o apoio da Universal. "Resolvi problemas de natureza administrativa que a igreja tinha e caí nas graças da direção. E eles entenderam que eu poderia ser um bom vereador para a cidade e para a instituição Igreja Universal."[8] Sanches elegeu-se com 12 538 votos — o quinto mais votado entre os oito da bancada de sua legenda, o PDS, liderado pelo então candidato a prefeito Paulo Maluf, que acabou derrotado. Houve uma remodelação na política municipal naquele ano. Pela primeira vez, uma mulher, e nordestina, a assistente social e deputada estadual Luiza Erundina, então do PT, vencia o pleito na capital paulista.

Em meio à reviravolta política que representou a vitória petista em São Paulo, Macedo estruturava o braço político de sua igreja. Dois anos antes já havia entronizado seu irmão Eraldo como deputado no Rio, e o bispo Roberto Lopes para a Constituinte. Nas eleições de 1988, intensificaria a estratégia de indicar representantes da Universal para o Legislativo em todo o país. Celso Macedo, seu outro irmão, seria eleito vereador no Rio. Osvaldo Sanches, vitorioso em São Paulo, era um dos nomes que cresciam em meio à busca por poder político.

Sanches ganhou o mandato sem, no entanto, ter viabilizado o negócio que o aproximara da igreja: a aquisição de uma rede de TV. Seu insight acabaria se materializando por outro personagem impensável, o empresário maranhense de origem libanesa Alberto Felipe Haddad, o Bebetto, a quem conhecera durante a campanha para a Câmara Municipal de São Paulo, e a quem ventilara o negócio da televisão. Com senso de oportunidade aguçado, Bebetto teria doado milhares de santinhos e oferecido ao candidato dois carros para que ele rodasse a cidade à caça de votos. Por trás da generosidade havia um projeto claro: ganhar a gratidão de Edir Macedo e da Universal e, assim, levar adiante suas próprias aspirações políticas.

Bebetto entrara na órbita da igreja antes de conhecer Sanches, graças a um encontro casual numa viagem ao exterior. Em meados de 1988, numa quinta-feira à noite, o empresário embarcou num avião da Varig rumo aos Estados Unidos. Sentou-se ao lado de um cidadão cordial, bom de papo. Uma figura cativante. Das triviais considerações sobre o clima, a conversa migrou rapidamente para algo mais complexo: religião. Não por acaso. Seu interlocutor revelou, modesto, ser integrante de uma igreja pentecostal. Bebetto mal tinha ideia do significado dessa palavra. Pacientemente, o passageiro deu uma aula sobre o assunto. O bate-papo se estendeu. Depois de algum tempo, o empresário descobriu, surpreso, que conversava com o bispo Edir Macedo.

O encontro fortuito resultaria no início de uma amizade improvável. Aproximaria um líder evangélico de um fabricante de cachaça. Bebetto entregou seu cartão de visitas e falou de seus negócios: a destilaria, uma distribuidora e refinaria de álcool, uma indústria de balas. Na chegada a Nova York, combinaram um café para a manhã seguinte. Marcaram no hotel Hilton, na Quinta Avenida, onde Bebetto estava hospedado. Pareciam dois velhos amigos, logo emendaram um almoço. Macedo convidou o empresário para jantar em sua casa, num condomínio em Nova Jersey, numa área de grande concentração de brasileiros. O bispo se encantou com Bebetto e lhe falou de seu desejo de ter uma rádio em São Paulo. E sugeriu a ele uma aproximação com a cúpula da igreja no estado.

Quando voltou de Nova York, o empresário seguiu à risca o sugerido. Marcou um encontro no hotel Hilton — este na avenida Ipiranga, no centro da capital paulista — com o amigo e então assessor da prefeitura paulistana Eufrázio Meira, e ficou sabendo do apoio da Universal à campanha a vereador de Sanches. Depois de conhecer o candidato, rapidamente se integrou ao projeto. Além de fornecer ajuda material, deu pitacos em decisões sobre busca de votos, alianças, estratégias. Por intermédio de Sanches chegou ao pastor Paulo Roberto Guimarães e daí conheceu outros dirigentes, ampliando seu círculo de relações na igreja.

Bebetto impressionou os bispos e pastores da Universal. Sua fala eloquente e o trânsito nos meios políticos e empresariais passavam credibilidade. Bem relacionado, abria portas. Agradou a cúpula e aos poucos foi ampliando sua influência. Enquanto atuava na campanha, Bebetto pensava num jeito de conseguir uma rádio para o bispo. No início de 1989, procurou um conhecido, o empresário de comunicação João Jorge Saad,[9] do grupo Bandeirantes, e perguntou se ele venderia uma de suas emissoras. Não revelou o nome do comprador. Saad ofereceu a Rádio São Paulo, mas com uma condição: sem o terreno da torre de transmissão, localizada em Parelheiros, extremo sul de São Paulo. O que aparentemente naquele momento seria um problema, mais tarde se revelaria um ponto positivo: as torres instaladas em áreas mais centrais — como a da

TV Record na avenida Paulista, que seria incorporada depois pela igreja — obtinham melhores resultados. O preço estipulado por Saad para sua rádio foi de 10 milhões de dólares.

Bebetto perguntou a Saad se a rádio valeria mesmo tudo aquilo e se ele não iria passar vergonha ao levar essa proposta ao interessado. O patriarca da família que comanda o grupo Bandeirantes foi firme. Disse que não venderia por menos de 10 milhões. Bebetto, então, ligou para Macedo e informou o valor. O bispo deu o aval: se o pagamento fosse parcelado, podia fechar o negócio.

Exímio negociador, Bebetto despistou. Contou outra história e continuou negociando: disse ter falado com seu amigo, mas ele achou caro. Garantia ter passado vergonha. Daí, Saad baixou o valor para 7,5 milhões de dólares. Sem consultar Macedo, Bebetto pechinchou novamente. Disse que o comprador ainda considerava o valor alto. Conseguiu nova redução: 6,75 milhões de dólares. Negócio fechado. Foi então que o nome de Edir Macedo veio à baila. "Eu já imaginava ser ele", respondeu o fundador da Rede Bandeirantes. Bebetto afirma não ter recebido um centavo pela triangulação. Garantiu não ter pedido nada, nem Macedo teria lhe oferecido alguma coisa.

Mas seu papel de intermediador não parou aí. Em São Paulo, na cúpula da igreja, a aquisição de uma TV voltava à pauta. Bebetto, sem muita cerimônia em atropelar o amigo Sanches, farejou a oportunidade de retomar a negociação com a TV Corcovado de onde ela havia parado. Conhecia o publicitário Álvaro Almeida, um dos sócios da Rádio Musical FM e da L&C Publicidade, empresa que desde a década de 1970 cuidava da programação da Rádio América de São Paulo, ligada à Igreja católica. Era bem possível que Almeida conhecesse os donos da TV Corcovado e pudesse lhe abrir algumas portas.

Como profissional do mercado publicitário, atuante na área de rádio e TV, Almeida tinha de fato contato e boas relações com Guilherme Stoliar, proprietário nominal da Corcovado. E se prontificou a procurá-lo para lhe transmitir a mensagem de Bebetto. Surpreendentemente, Stoliar disse não ter mais interesse em vender a emissora. O negócio da vez era a TV Record. Embora 50% das ações da emissora paulista estivessem em nome de Stoliar, o verdadeiro dono era Silvio Santos, o tio famoso — os outros 50% eram da família Machado de Carvalho. Era uma proposta muito mais atraente, Bebetto cresceu o olho.

À beira da insolvência, a Record fora fundada pelo empresário Paulo Machado de Carvalho em 27 de setembro de 1953, quando a TV ainda estava em fase de implantação no Brasil. Dirigente de futebol — ficou conhecido como O Marechal da Vitória por ter sido o chefe da delegação brasileira em duas Copas do Mundo — e dono de emissoras de rádio, em 1951 Machado de Carvalho ganhara do governo Getúlio Vargas a concessão para abrir dois canais de televisão junto com o cunhado João Batista do Amaral, o Pipa. A TV Tupi, do empresário e mecenas Assis Chateaubriand, havia saído na frente, em 1950, abrindo os caminhos.[10]

A Record teve uma trajetória agitada. Nos anos 1960, a sua fase áurea, organizou os grandes festivais de música popular brasileira, com forte componente político e tom de contestação, revelando alguns dos maiores nomes da MPB, como Chico Buarque, Caetano Veloso, Gilberto Gil, Os Mutantes e Geraldo Vandré, entre outros.

O período de bonança foi abalado por um grande incêndio no prédio da avenida Miruna, em julho de 1966. Câmeras, monitores, geradores e trezentos rolos de tapes foram destruídos. Desapareceram gravações com grandes nomes da MPB e astros internacionais, além de históricas partidas de futebol.[11] Em 1969, dois novos incêndios deixaram a emissora em situação de penúria: um, em 28 de março; outro, em 13 de julho. Era o início da derrocada. Com a ação da censura do regime militar, viria o declínio dos festivais.[12] A Record também começava a perder seus grandes talentos para as concorrentes, sobretudo a TV Globo.

Os tempos áureos pareciam cada vez mais distantes. Em contrapartida, a emissora do Jardim Botânico, no Rio de Janeiro, crescia e ocupava o vácuo deixado pela então líder de audiência. Após o empresário Roberto Marinho obter a concessão de sua TV, em 1962, a Globo firmara acordo com o grupo de mídia norte-americano Time-Life, que lhe deu condições de comprar novos equipamentos e seguir em busca da modernização. A expansão regional era viabilizada graças à transferência de capital e tecnologia dos parceiros americanos.[13]

A situação financeira na Record se agravava. No final de 1971, o sócio Pipa Amaral resolveu vender os 50% de suas ações.[14] Vendeu-as ao Grupo Gerdau, da área de siderurgia no Rio Grande do Sul. A aliança, porém, não vingou: durou apenas seis meses. Entrava em cena, então, o executivo Dermeval Gonçalves,[15] um ex-fiscal de rendas do Ministério da Fazenda que abandonara o cargo em 1971 para trabalhar no grupo Silvio Santos, tornando-se o homem de confiança do apresentador nos negócios relacionados à TV. Figura afável, tinha o hábito de enviar recados e mensagens aos amigos e colegas de trabalho por meio de bilhetinhos e cartões.[16] Ao saber do desejo dos Gerdau de se afastar da sociedade, Dermeval consultou o apresentador. Foi orientado a comprar as ações em nome do grupo ss.

Mas havia um problema: Silvio Santos, naquele momento, mantinha um contrato de exclusividade com a TV Globo para apresentar seu programa. Não podia ter um canal. Dermeval procurou um amigo, o fazendeiro Joaquim Cintra Gordinho — com quem trabalhara dezenove anos na Companhia Brasil Rural —, vice-presidente da empresa pertencente à sua família. Milionário, vivia entre San Clemente, na Califórnia, e Amparo, no interior paulista, onde mantinha negócios. Fã de Silvio Santos, o fazendeiro topou ser o testa de ferro e a operação foi levada a cabo: escamoteadamente, o apresentador virou proprietário de ações da Record. Leal, Gordinho manteve o segredo enquanto foi necessário.[17]

Em 1975, ignorando que Silvio Santos já era seu sócio de fato, Paulo Machado de Carvalho Filho, o Paulinho, sucessor do fundador da Record, procurou o apresentador para propor uma parceria a fim de superar problemas com dívidas da Record. Discutiu-se a possibilidade de uma sociedade na qual os Machado de Carvalho, Silvio Santos e os Gerdau (representados por Gordinho) teriam um terço das ações cada um. Ou seja, Santos seria o sócio majoritário, ficando com dois terços.[18] Foi então que os Machado de Carvalho souberam que Gordinho era apenas o dono nominal. A família se considerou vítima de um golpe, o negócio não evoluiu. O quadro societário da empresa seguiu dividido, meio a meio, entre a família e Gordinho-Silvio Santos.[19] Coincidentemente, era o momento que Silvio Santos ganhava do governo a concessão de sua própria emissora, a TVS.

A trama tortuosa não se encerrou aí. O animador tinha outro trunfo. Quando Paulo de Carvalho Filho o procurou pedindo ajuda para saldar suas dívidas, Silvio Santos lhe fez um empréstimo de 1,5 milhão de cruzeiros — em torno de 800 mil dólares, em valores atualizados. Como garantia, Carvalho Filho assinou, além de uma promissória, um compromisso de compra e venda, no qual passava 10% das ações ao apresentador caso a dívida não fosse paga. A promissória seria renovada todo mês. Silvio Santos deixou o tempo passar. Depois, interessado em assumir a Record, começou a reivindicar o direito estipulado em contrato. Com os 50% em nome de Gordinho e mais os 10%, o apresentador garantiria o comando da Record.[20]

Santos encaminhou a documentação ao antigo Dentel (Departamento

Nacional de Telecomunicações) informando a aquisição de 10% das novas ações e os 50% que já possuía em nome de Gordinho. Em junho de 1976,[21] a bomba explodiu. O Ministério das Comunicações, por meio do *Diário Oficial da União*, oficializava: Silvio Santos era o sócio majoritário da TV Record. Paulo Machado de Carvalho decidiu interpelá-lo judicialmente na 15ª Vara Cível da Justiça de São Paulo.[22]

A pendenga foi parar em Brasília. Paulo Machado de Carvalho e o filho Paulinho foram até lá pedir ao então ministro das Comunicações, Euclides Quandt de Oliveira, a revogação da medida. O ministro apaziguou os ânimos. Propôs um acordo para solucionar o conflito: 50% para Silvio Santos e 50% para os fundadores da emissora. E sugeriu o nome do almirante Adalberto de Barros Nunes para atuar como mediador entre as partes. Após intensas negociações, no dia 18 de novembro foi assinado um acordo de gestão conjunta.

A paz voltou à emissora, a relação entre as partes melhorou. Os papéis foram redefinidos na divisão societária: os Machado de Carvalho comandariam a programação e a área técnica, enquanto Silvio Santos gerenciaria os departamentos administrativo e comercial. O apresentador passou a dar mais atenção à TVS, embrião do futuro Sistema Brasileiro de Televisão (SBT).

A situação de penúria, entretanto, se mantinha. A Record precisava investir em novos equipamentos e obter recursos para melhorar a qualidade da programação. Nos anos 1980, a TV por assinatura começava a chegar ao Brasil.[23] A atualização tecnológica se impunha, quem não se modernizava estava fadado a desaparecer. Os norte-americanos recorriam à transmissão via cabo como forma de solucionar os problemas com a recepção de sinais em grandes capitais.[24]

A expansão da rede de afiliadas era premente. Os donos de concessões de TVs nos estados buscavam se vincular à TV Globo, uma rede com mais estrutura, recursos e audiência. A Record e outras emissoras menores só tinham chances de ampliar sua rede por meio da aquisição de TVs regionais, receita que viria a ser adotada mais tarde.

Embora combalida, a Record despertava o interesse de grandes grupos de comunicação, como o Jornal do Brasil, a Editora Abril e a mexicana Televisa. E ainda era cobiçada por políticos e empresários, como o ex-governador de São Paulo Orestes Quércia;[25] o advogado Edevaldo Alves da Silva, ex-proprietário da FMU (Faculdades Metropolitanas Unidas); o dono de produtora Pedro Siaretta. Nenhuma das ofertas foi adiante.

Em novembro de 1989, pouco antes do primeiro turno da eleição direta para presidente depois do golpe — marcada por uma acirrada disputa entre Fernando Collor de Mello (PRN) e Luiz Inácio Lula da Silva (PT), os dois candidatos que despontavam com mais chances —, o empresário Bebetto Haddad recebeu um telefonema do publicitário Álvaro Almeida. Após o contato com Guilherme Stoliar, Almeida trazia uma proposta formal para a venda da Record: 55 milhões de dólares, à vista. Bebetto, conhecedor das dificuldades financeiras da emissora, considerou o valor "um absurdo". Pediu uma redução. O bispo Macedo, antes de saber o preço, já alertara: só poderia pagar em várias parcelas.

O apresentador Silvio Santos morava na rua Leiria, no Ibirapuera. Sua casa, na época, estava passando por uma reforma e, por isso, ele se instalara provisoriamente no Morumbi. No dia 8 de novembro, uma quarta-feira, Bebetto e Almeida foram até lá para conversar. Chegaram às duas da tarde e foram recebidos pelo anfitrião.

"Muito prazer, sou o Silvio Santos. Minha TV custa 55 milhões de dólares, à vista. Se tiverem condição e interesse de comprar, vamos conversar. Se não tiverem interesse nem condição, não quero que percam tempo e eu também", disparou o "homem sorriso", indo direto ao ponto.

"Mas eu vou comprar a TV", garantiu Bebetto.

O executivo Dermeval Gonçalves, que Santos pusera na administração da Record, se dizia cansado de atender interessados na compra — eles sondavam, faziam mil perguntas e sumiam. Cismado, Dermeval desconfiava de Bebetto, um fabricante de cachaça que não tinha cara de alguém com 55 milhões de dólares para levar a TV.[26] O empresário insistia ter condições de bancar a transação. Até aquele momento, o nome do verdadeiro comprador era mantido em sigilo, Bebetto dizia representar um grupo de empresários.

Santos os convidou a entrar. Na sala, estavam Dermeval, Guilherme Stoliar, que respondia juridicamente pela emissora, Luiz Sandoval, presidente do grupo Silvio Santos, e os irmãos Machado de Carvalho — Paulo de Carvalho Filho, o Paulinho; Antonio Augusto Amaral de Carvalho, o Tuta, e Erasmo Carvalho. Começou uma longa negociação. Bebetto pechinchava, argumentava que a emissora, à beira da falência, não valia nem 40 milhões de dólares. A conversa se encerrou às dez da noite. O valor acordado foi de 45 milhões de dólares, no câmbio oficial — 35 milhões pela TV e Rádio Record de São Paulo;

5 milhões pela Record Franca; e 5 milhões pela Record de Rio Preto. Do total, 2,1 milhões se referiam à comissão do empresário Álvaro Almeida e seus sócios, Luiz Casali e Carlos Alberto Colesanti, pela intermediação.[27] Bebetto mais uma vez dizia estar agindo desinteressadamente.

No encontro no Morumbi foi efetuado o pagamento inicial de 5,7 milhões de dólares, por meio de três cheques do Banco Bamerindus, agência de Jandira, em nome de Alberto Haddad e de sua mulher, Flávia de Azambuja Haddad. Foram descontados, alternadamente, a cada três dias. O restante seria dividido em 32 vezes. A segunda parcela ficou programada para o dia 23 de novembro. Até o final do mês, foram pagos 15 milhões de dólares — 33% do total —, conforme o previsto.[28]

Após o acerto na reunião em sua casa, Silvio Santos chamou Bebetto para uma conversa a dois, na calçada da rua. "Me diga quem é seu sócio", disse o apresentador, e Bebetto finalmente revelou o segredo. A exemplo do colega da área de TV João Saad, Santos disse já imaginar que o comprador fosse Edir Macedo. Naquele momento, chegava ao Morumbi o pastor Odenir Laprovita Vieira, pessoa de confiança do bispo.

Comerciante e dono de imóveis, Laprovita, natural de Paty do Alferes, no interior fluminense, cabelos brancos, alto e forte, era presidente de honra da igreja desde 1986 e responsável por seu controle financeiro em todo o Brasil. Um dos primeiros frequentadores do templo da Universal no bairro da Abolição, era especialista em finanças: recebia as doações recolhidas, pagava as despesas e aplicava os recursos. Detalhista, exigia eficiência e rigor na prestação de contas.

As negociações para a compra da TV tinham sido conduzidas e praticamente concluídas por Bebetto, Laprovita apenas seria o encarregado, e só fora até lá para assinar a documentação. Orientado por Macedo, ele chegou ostentando um maço de cigarro no bolso do paletó, na tentativa de esconder que a TV Record passaria às mãos de uma igreja evangélica.[29] Como não era conhecido fora da Universal, o pastor desempenhava o papel do suposto empresário investidor, o novo e misterioso dono da Record, desconhecendo que Santos já estava a par da verdade.

Macedo explicara a Laprovita que uma equipe de advogados já havia analisado e aprovado o negócio, bastava ratificar a documentação. Meses depois, um novo contrato seria feito e a emissora passaria oficialmente das mãos de Laprovita para as de Edir Macedo.

Acertados os detalhes, Silvio Santos propôs uma reunião com os advogados no dia seguinte para formalizar o contrato. E se espantou ao ver Bebetto insistindo para que o texto fosse concluído ainda no final da noite. Como estava em sua casa, decidiu ir dormir. Na sala ficaram Bebetto, Sandoval, Stoliar, Dermeval, Paulinho Machado de Carvalho e seu irmão Tuta Carvalho. O grupo concluiu a redação do contrato às sete horas da manhã. Chamado, Santos retornou à reunião. Laprovita assinou o papel e a Record, finalmente, mudaria de comando, passando ao controle da Universal.

Exaustos, todos foram para casa dormir, menos Bebetto Haddad. O empresário saiu de lá e foi direto até a avenida Paulista; comeu um beirute na lanchonete Frevinho, na rua Augusta. Às onze horas estava em frente ao prédio da Record na avenida Miruna, ao lado de Laprovita Vieira e do bispo Paulo Roberto Guimarães. No saguão, um grupo de pastores retirou uma imagem de Nossa Senhora Aparecida que o fundador da Record, Paulo Machado de Carvalho, havia posto. Com idade avançada, o patrono da emissora morreu, três anos depois, sem saber da negociação. "Meu pai não queria vender a Record. Eu também não queria. Ele morreu sem saber que estávamos vendendo ao bispo. Se souber, é capaz de se revirar no caixão", contou Paulo Machado de Carvalho Filho.[30]

Nos relatos oficiais, a Universal sempre apontou "seu Vieira", como Laprovita era conhecido, como o responsável pela compra, a fim de que não constasse da história oficial que alguém de fora da igreja tivesse assumido papel tão vultoso. Em sua biografia, Macedo atribuiu a Bebetto um "papel insignificante na evolução do negócio". Contudo, Bebetto "foi o grande avalista: ofereceu as garantias e deu o cheque para a entrada no nome da empresa dele", atesta Ronaldo Didini.[31]

Na versão de Bebetto, Laprovita não só não ajudou, como na verdade teria até atrapalhado. Durante as negociações, o empresário chegou a comemorar o fato de ter conseguido de Silvio Santos e dos Machado de Carvalho um prazo mais flexível para saldar o total da dívida: 38 vezes. "Vamos pagar isso facilmente, bem rapidinho", disse Laprovita ao ser informado dos detalhes da transação, na sala da casa do animador. Santos ouviu seu comentário e na mesma hora recuou. Não aceitou mais o pagamento em 38 parcelas. Houve nova negociação e, ao final, fechou-se um acordo: 32 mensalidades.

Laprovita, de qualquer forma, ficou orgulhoso pela missão que lhe fora delegada. Seu prestígio na igreja aumentou: passou a ser diretor-executivo da Record e em 1990 foi eleito deputado federal pelo Rio de Janeiro. Seus dois filhos também fizeram carreira na Universal. O mais novo, Odenir, virou pastor, mas morreu jovem. O outro, Marcus Vinicius Vieira, tornou-se bispo, vice-presidente executivo da Record e, depois, o primeiro CEO da Record.[32] "Quando o bispo me pediu, ao telefone, para ir a São Paulo e comprar a Record, eu me espantei. E disse: 'Deixe eu bater na orelha aqui para ver se estou escutando direito.'"[33] O pastor lembrou ter embarcado num avião Electra, no Rio, rumo a São Paulo, apreensivo. "Comprar uma TV era uma coisa gigantesca. Uma ousadia muito grande."

Após a compra da Record, Macedo e Bebetto ficaram cada vez mais próximos. O empresário ajudou o bispo em algumas transações imobiliárias. Fez a intermediação na compra de dois apartamentos de alto padrão na Zona Sul de São Paulo: um na Chácara Flora e outro no Residencial Chácara Santa Helena, no Alto da Boa Vista, onde Macedo passou a morar em 1990. Os dois imóveis eram avaliados entre 1 milhão e 1,5 milhão de dólares.[34] O bispo ainda se interessou por uma casa pertencente ao ex-governador José Maria Marin, onde líderes da igreja chegaram a morar. Mas o negócio não foi consumado. Bebetto também participaria da compra da TV Goyá, de Goiás, em 1992.

O empresário levou um ano para receber os 5,7 milhões de dólares que deu, do próprio bolso, como sinal pela compra da Record. A Universal o reembolsou em várias parcelas. Pelo surpreendente desprendimento, o amigo abnegado recebeu uma recompensa: na eleição de 1990, candidatou-se a deputado federal com o apoio da Igreja Universal pelo PRN do recém-eleito presidente Fernando Collor. Ao indicá-lo, Macedo também atendia a um apelo de João Santana, secretário da Administração Federal e depois ministro da Infraestrutura do governo Collor.

Entre outros préstimos, Bebetto foi o responsável por apresentar o ex-governador de Alagoas Fernando Collor a Edir Macedo durante a campanha presidencial, um ano antes. Bebetto, que não era amigo de Collor nem próximo de seu estafe, passou a seguir o candidato. Informado sobre seu roteiro de viagens pelo país, ia recepcioná-lo em aeroportos para lhe manifestar apoio. Depois de vê-lo seguidas vezes, em cidades diversas, Collor parou para conversar. O entusiasmado apoiador chegou a ganhar uma carona no jatinho da campanha.[35] Fã do candidato e então responsável pela Igreja Universal no Nordeste, o pastor Carlos Magno de Miranda já havia defendido o apoio ao alagoano, tido então como algo "novo" na política. Havia tentado aproximar Collor e Macedo, sem êxito. Bebetto conseguiu.

Pouco antes da eleição, o empresário marcou um encontro entre Macedo e o candidato no Hotel Caesar Park, em Ipanema. O bispo Honorilton Gonçalves acompanhou a conversa. Collor estava hospedado no 17º andar do hotel; foi no quarto de Bebetto, no 14º, que ocorreu a reunião. Collor e Macedo se viam pela primeira vez.

No início da campanha, o candidato estava longe de ser um dos favoritos. Era um outsider. O líder nas pesquisas, em março de 1989, era Leonel Brizola. O ex-governador do Rio de Janeiro e do Rio Grande do Sul tinha 19% das intenções de voto, segundo o Ibope. Com a pecha de radical por sua dura oposição ao golpe de 1964 e posições fortemente nacionalistas e estatizantes, naquele momento o candidato pelo PDT assumia um discurso de conciliação nacional para tentar abrandar os ânimos de setores militares e empresariais. Admitia até se encontrar com seu então maior inimigo político, o presidente das Organizações Globo, Roberto Marinho, para minimizar a pesada rejeição que sofria.[36]

Mas Collor começava a crescer. O candidato do nanico PRN havia conseguido consolidar a imagem do intrépido e audacioso "caçador de marajás", arquitetada com sucesso por seus marqueteiros. O *Jornal Nacional*, da TV Globo, passara a mostrar, meses antes, as ações do implacável e justiceiro governador de Alagoas, que supostamente acabara com os salários exorbitantes e outras regalias de uma casta privilegiada do funcionalismo público em seu estado.[37] Filho do ex-senador da República Arnon Afonso de Farias Melo e neto de um antigo ministro de Estado, Lindolfo Collor, o candidato "collorido" vinha de uma família de políticos mas se vendia como algo novo, diferente.

Depois da exibição do primeiro programa de rádio e televisão do PRN, em março, Collor registrou um crescimento expressivo nas pesquisas e um mês depois já liderava a disputa, ameaçando a candidatura Brizola. A eleição, ao final, acabou polarizada entre Collor e um outro nome à esquerda, o presidente nacional do PT, Luiz Inácio Lula da Silva. A TV Record, já sob a influência de Edir Macedo, teve problemas com a Justiça Eleitoral, às vésperas do confronto nas urnas entre os dois candidatos. Um programa especial do apresentador Ferreira Neto, com a presença de Collor, no final de noite, virou um palanque para o candidato do PRN. E gerou protesto de militantes do PT. Foi dito no ar que o petista pretendia desapropriar imóveis da classe média, encampar empresas e confiscar a poupança dos aposentados. Partidários de Lula foram à porta da Record protestar. Para escapar dos manifestantes, depois da entrevista Collor deixou a emissora num Diplomata preto pertencente ao empresário Bebetto Haddad.

Collor, enfim, venceu a primeira eleição direta para presidente da República após o fim do regime militar, superando Lula e outros nomes fortes da política como Ulysses Guimarães, Mário Covas e Leonel Brizola. Assim, em 15 de março de 1990, o jovem herdeiro da oligarquia política do Nordeste assumia a Presidência do Brasil. Um de seus primeiros atos, por ironia, foi o confisco da poupança dos brasileiros — medida que antes conjecturava seria tomada por Lula. Ao declarar o apoio a Collor na campanha, Macedo fez um pedido: queria orar em sua posse, no Palácio do Planalto. Collor prometeu atendê-lo, mas recuou. Não quis causar constrangimentos e criar atrito com a cúpula da Igreja católica.

A Universal, contudo, não poderia sonhar com algo melhor do que a decretação do Plano Collor, logo no início do governo. A medida gerou uma mudança brusca na economia, com a desvalorização da moeda brasileira frente ao dólar. A dívida da TV Record, considerada impagável pelo próprio Macedo, foi suavizada.

O aliado Bebetto Haddad também teria influência no novo governo. Eleito deputado federal em 1990, com 39 mil votos, aproximou-se do seleto grupo de políticos próximos de Collor, entre eles o ex-tesoureiro de campanha Paulo César Farias, o PC, e os então deputados Renan Calheiros e Cleto Falcão. Bebetto se tornara uma peça importante no xadrez político de Macedo. Na Universal, entretanto, era visto com ressalvas. Não era da igreja e sua relação com o bispo gerava ciúme. A lua de mel entre o empresário e o grupo religioso não duraria muito. Bispos cobravam dele uma atuação mais efetiva na Câmara dos Deputados em prol dos interesses da igreja e uma defesa pública de Macedo, alvo de ataques constantes na mídia.

Alguns desses líderes achavam que Bebetto se envolvia em questões internas da igreja que não lhe diziam respeito. Reprovavam sua atitude de não se curvar às ordens de Macedo e não o tratar de forma subserviente, como os demais bispos e pastores, para os quais o líder era um ente superior, um ser divino, acima do entendimento humano.

Bebetto, ao contrário, arrastava Macedo para a vida profana. "Vamos conhecer uma figura importante", dizia com frequência, levando-o a jantares e recepções. A dupla se encontrou com políticos, empresários e personalidades em restaurantes elegantes e sofisticados, às vezes com vinhos importados sobre a mesa, um ambiente frívolo, boêmio. Tudo isso incomodava a igreja, os bispos se preocupavam com a possibilidade de Macedo ser fotografado com bebida alcoólica.[38] E assim o próprio bispo passou a se constranger.

Bebetto acabou batendo de frente com os então pastores Carlos Magno de Miranda e Honorilton Gonçalves. Líder da igreja em São Paulo na época da compra da Record, Magno criticou a participação do empresário nas negociações, além de contestar o apoio da igreja à candidatura dele. Chegou a dizer a Macedo: "Ou ele ou eu". Magno deixaria a Universal logo em seguida. Em 1992, quando o empresário buscou novamente o apoio da igreja para a reeleição, Honorilton Gonçalves foi incisivo: pediu que Macedo negasse. "Se fizer isso, haverá divisão na igreja", previu.[39]

Macedo, enfim, cortou relações com Bebetto. Na avaliação do empresário, essa atitude foi uma represália à decisão de seu primo, o advogado Jorge Haddad, de recorrer à Justiça para cobrar honorários por uma assessoria jurídica — oferecida na compra da Record, quando ajudou na análise de documentos e contratos. Bebetto Haddad alegou não ter qualquer participação na decisão do primo de brigar judicialmente; mais uma vez, porém, recebeu críticas de bispos e pastores. Outro advogado, Ailton Trevisan, superintendente e vice-presidente da TV Record entre março e agosto de 1990, também foi à Justiça exigir honorários de Macedo.[40]

Bebetto foi útil a Macedo na era Collor. Com a derrocada do governo, perdeu cacife e prestígio. Um ano depois de Fernando Collor ter chegado ao poder, já se avolumavam as denúncias de corrupção em sua gestão. O pivô de escândalos era seu tesoureiro de campanha, Paulo César Farias. As denúncias levadas a uma CPI no Congresso Nacional culminaram no impeachment do presidente. O deputado Bebetto Haddad concluiu seu mandato já afastado de Macedo. Sem o apoio da Universal, em 1994 disputou a reeleição pelo PP (Partido Progressista) e perdeu. Depois, ingressou no PMDB. Mais tarde assumiria a presidência do diretório peemedebista na capital paulista e o cargo de secretário municipal de Esportes, Lazer e Recreação de São Paulo, na gestão do prefeito Gilberto Kassab.[41] E então desapareceu do noticiário político.

# 5. A dívida e o susto

Se, por um lado, a emergente Igreja Universal emitia sinais de poder com a compra da TV Record, por outro se via em apuros para saldar a dívida contraída com a aquisição. O sonho de conseguir a TV própria se transformara num transtorno.

As primeiras parcelas da compra, em novembro de 1989, num total de 15 milhões de dólares, foram saldadas.[1] Havia sido acertado mais um pagamento de 5 milhões em dezembro e outra parcela em janeiro. Macedo, no entanto, não conseguiu os recursos no final do ano. Em reunião no escritório do grupo Silvio Santos na rua Jaceguai, região central de São Paulo, os empresários Bebetto Haddad e Álvaro Almeida, e o advogado Jorge Haddad, primo de Bebetto, que ajudava na intermediação do negócio, conseguiram adiar em um mês o pagamento.[2]

No dia 5 de janeiro, mais uma vez o pagamento deixou de ser feito. Os cofres da Universal tinham secado.[3] Nos templos redobraram-se os pedidos por contribuição. O bispo criara a campanha "Sacrifício de Isaque"[4] — tal como, na Bíblia, Deus pedira a Abraão que imolasse o próprio filho, Macedo clamava por um gesto de altruísmo e desprendimento dos fiéis para ajudar a igreja a saldar a dívida.[5] A fim de dar exemplo, ele mesmo chegou a andar num velho Fusca, anos 1970, tomado de empréstimo de um obreiro da igreja do Brás que prestava serviços como motorista para ele e a família.[6]

Bispos e pastores entregaram seus carros, tiveram os salários reduzidos. Muitos repassaram seus vencimentos na íntegra. Fiéis e obreiros doaram joias, geladeiras, aparelhos de TV, fogão e até imóveis. Seguidores mais fervorosos se desfizeram de tudo o que tinham em casa e passaram a dormir em colchonetes.[7]

Jesus justificava todo e qualquer sacrifício. As ofertas eram pedidas para comprar a primeira televisão evangélica no país 24 horas por dia — ideia que ficaria só na promessa. Campeão de vendas de discos de música gospel, o pastor e cantor Renato Suhett — que depois se tornaria bispo responsável pela igreja no Brasil —, doou seu Monza zero quilômetro e mais 18 milhões de cruzados novos, uma fortuna na época (o equivalente a 3,1 milhões de dólares), referentes aos direitos autorais de 3 milhões de discos. O carro havia sido um presente de Macedo.

No momento de pagar a parcela prevista em janeiro, a Universal alegou não concordar com um item do contrato sobre cogestão. De acordo com a cláusula, os ex-proprietários da emissora seguiriam na administração ao lado dos novos donos até a quitação da dívida.[8] Em virtude do atraso, Silvio Santos e os Machado de Carvalho pediram uma fiança bancária. Os bancos, contudo, não costumam dar garantias de crédito, ainda mais tão gordas, a igrejas.[9] Embora a emissora estivesse em nome de pessoas físicas, a proprietária, de fato, seria, acreditava-se, a Igreja Universal.

O contrato previa a possibilidade de cancelamento do negócio em caso de não cumprimento das etapas, com total perda do valor pago. As partes voltaram a negociar. As reuniões eram tensas e não avançavam. Em novo encontro no escritório da rua Jaceguai, Silvio Santos ficou irritado, ameaçou desfazer a transação. Chamou a uma sala seus executivos Luiz Sandoval e Dermeval Gonçalves e os informou de que cancelaria a venda, determinando que encaminhassem a promissória a protesto. Para não perder os 15 milhões de dólares[10] já pagos, a Universal recorreu à Justiça. O pagamento pendente, a ser liquidado em janeiro, foi feito em juízo, na 11ª Vara Cível de São Paulo. Longas e intermináveis reuniões se estenderam por cerca de noventa dias.

Dermeval tentou convencer Santos a não recuar, argumentou que se a emissora fosse devolvida ela não se manteria em pé nem por um ano. Com a provável falência, os bens do grupo SS poderiam ser bloqueados.[11] Além de tudo, o animador precisava de liquidez para impulsionar outros negócios.

Como os fiéis já tinham dado o que podiam e não podiam e a providência divina não havia mandando nenhum sinal benfazejo, Macedo recorreu a um aliado terreno peso pesado: o neoamigo Fernando Collor de Mello, a quem apoiara na campanha presidencial. O deputado Cleto Falcão, então um dos principais líderes do PRN, ajudou a intermediar o contato. Eleito e ainda sem tomar posse, Collor recebeu na Casa da Dinda o bispo e seu séquito de líderes da igreja e advogados. Macedo falou da necessidade da carta de fiança bancária e das dificuldades impostas por Silvio Santos para que a transação se mantivesse. Passava das dez da noite. A futura primeira-dama Rosane Collor conversava na sala com a atriz Claudia Raia quando o marido lhe pediu para chamar determinada pessoa. Apareceu um sujeito gordo, careca e de bigode, calçando sandália. Nenhum dos convidados o conhecia. O presidente então ordenou:[12]

"Quero que você resolva esse problema do dinheiro."

"A essa hora, chefe?"

O imbróglio foi solucionado no dia seguinte pelo tesoureiro de campanha de Collor.[13] Com alguns telefonemas, Paulo César Farias, o PC, conseguiu a fiança.

Não bastassem as ações de seu tesoureiro, Collor intercedeu diretamente. Ligou para Silvio Santos: "Silvio, quem está comprando a TV sou eu. É para mim que o Macedo está comprando", disse. "Presidente, por que o senhor não avisou antes?"[14]

Dali em diante as negociações foram reabertas. Não era verdade que Macedo comprara a emissora para Collor, mas havia a intenção de firmarem uma parceria. Se antes da intervenção presidencial Silvio Santos agia como negociador duro, na sequência o clima mudou. Um acordo foi firmado no dia 23 de março de 1990.

Surgiria um novo problema no horizonte do apresentador: com a implantação do Plano Collor, uma semana antes, a moeda mudou. Cruzados novos viraram cruzeiros e as novas medidas econômicas acarretaram uma desvalorização acentuada do dólar diante do cruzeiro, de modo que Macedo foi beneficiado. Com o confisco da poupança e dos investimentos, ocorreu uma retirada brusca de moeda nacional no mercado corrente. Os 45 milhões de dólares pela compra da Record também haviam sido calculados pelo câmbio oficial. E era instituído o dólar comercial, em substituição ao dólar oficial. Todos os contratos dolarizados teriam de adotar o novo câmbio como padrão. Uma medida provisória do já presidente Fernando Collor ainda autorizava a conversão para cruzeiros de depósitos judiciais. Embora os termos do acerto já tivessem sido assinados, Silvio Santos voltou atrás e telefonou para um dos advogados dos compradores informando que não honraria o combinado.

"Os vendedores, tomando conhecimento desses fatos, então praticamente estavam se arrependendo de prosseguir com a negociação", admitiu Macedo, mais tarde, ao explicar as dificuldades para o acordo.[15] Afinal, o plano drástico e radical do governo, que deixara milhões de brasileiros perplexos com o confisco das cadernetas de poupança, era uma dádiva para Macedo, pois acarretaria uma inesperada e bem-vinda redução no valor das parcelas da compra. Foram necessárias novas negociações. Finalmente, no dia 28 de março as partes decidiram rescindir o contrato anterior e firmar um outro, dessa vez com Edir Macedo oficialmente como comprador, substituindo o pastor Laprovita Vieira.[16] O bispo passava a assumir também o passivo do grupo Record — cerca de 12 milhões de dólares, deduzidos do valor total da transação. As parcelas seriam pagas na sequência, em intervalos. Depois do novo acordo, a igreja conseguiu quitar as parcelas.[17]

Silvio Santos e os Machado de Carvalho deixavam a administração da empresa. Dois representantes dos vendedores, Erasmo Alfredo Amaral de Carvalho Filho e José Luiz Antiório, ficaram por um período como diretores-estatutários, numa função decorativa — apenas assinavam cheques. Era preciso manter as aparências diante da Secretaria Nacional de Comunicações, pois o órgão ainda deveria autorizar a transferência das ações.

Uma cena pitoresca em meio às negociações entrou para o folclore. Edir Macedo teria ido a uma reunião com Silvio Santos e os Machado de Carvalho para renegociar a dívida disfarçado e usando um boné, e não foi reconhecido. O bispo citou o episódio em sua biografia,[18] Paulinho Machado de Carvalho também o narrou em uma entrevista.[19] Mas o empresário Bebetto Haddad e o pastor Didini garantem ser invencionice. Macedo teria acompanhado a maior parte das negociações de Nova York. A história seria mero molho acrescentado à trama.

Já no comando da Record, no dia a dia à frente dos problemas, o bispo e seus pastores demonstravam apreensão. Passavam noites e mais noites no departamento de contabilidade, analisando contas, duplicatas e documentos, esticando-se como podiam nas madrugadas. Marcelo Crivella, o sobrinho de Macedo que se tornara pastor e cantor de música gospel — e aparecia oficialmente como dono da TV Record de Franca, no interior de São Paulo —,[20] chegou a dormir debruçado sobre as montanhas de papéis que se avolumavam sobre as mesas.

Edir Macedo chegava cedo e examinava os movimentos financeiros.[21] Credores não paravam de bater à porta, vindos de todos os cantos. Gavetas e armários guardavam incontáveis notas fiscais e promissórias. O pessoal da igreja nem sabia do que se tratava, recorriam ao superintendente Dermeval Gonçalves para tentar entender.[22]

As descobertas chocavam. Encontraram-se cheques liberados para pagamento, datados de meses antes. Quando chegavam no topo da fila dos pagamentos, alguém os inseria no fim novamente. Credores só conseguiam receber suas pendências caso aceitassem as condições impostas pelos novos proprietários. A emissora tinha mais de quinhentos protestos,[23] a gestão virara um caos. Macedo encomendou uma auditoria interna. Havia pedido a seus subordinados que evitassem atritos com Silvio Santos e a família Machado de Carvalho nos primeiros meses de gestão conjunta.

O bispo se assustava ao se deparar com problemas que não imaginara: um gigantesco passivo (impostos, fornecedores e processos trabalhistas), programação irrelevante, equipamentos precários e obsoletos, e um departamento comercial fragilizado, quase inoperante. Para ficar ruim seria preciso melhorar muito. Havia um rombo nas finanças: além dos 45 milhões de dólares a serem pagos pela emissora, outros 250 milhões de dólares deveriam ser alocados para sanear as dívidas e modernizar a Record.[24]

Macedo chegou à conclusão de que na verdade havia comprado somente o título Record e a permissão para operar a TV. O restante parecia valer muito pouco — ou quase nada. Confidenciava a auxiliares próximos ter assumido a emissora sem informações reais sobre sua saúde financeira e a colossal necessidade de investimentos. "Ninguém em sã consciência compraria uma empresa como essa. Ninguém faria isso. Eu comprei sem ver", desabafou em conversa com Didini.[25]

Uma força-tarefa foi montada às pressas para salvar a saúde financeira da Record. Macedo arregimentou dois de seus principais auxiliares para compor a linha de frente: os pastores Laprovita Vieira e Paulo De Velasco, este um ex-executivo de multinacional e radialista dos tempos da TV Tupi.[26] A legião da fé era composta ainda pelo superintendente Dermeval Gonçalves (remanescente da gestão anterior) e os diretores executivos Maria Almeida Gontijo e Honorilton Gonçalves. Advogada, Maria Gontijo cuidava da parte jurídica; Honorilton Gonçalves, então pastor, era uma espécie de fiscal geral, monitorava tudo. Viria a ser nomeado bispo logo depois; mais tarde se transformaria no todo-poderoso vice-presidente da empresa.

Laprovita e De Velasco se afastaram da gestão da emissora para disputar as eleições de 1990. O primeiro conseguiu um mandato na Câmara dos Deputados, pelo Rio, e o segundo uma vaga na Assembleia Legislativa de São Paulo. Foi aí que Macedo recrutou Ronaldo Didini. Após a passagem pelo templo de Santa Cecília, ele fora enviado a Goiás para organizar a igreja na região Centro-Oeste. Ao retornar à capital paulista, no final de 1990, tornou-se um dos principais colaboradores do bispo. "Eu era o braço direito e o esquerdo do Macedo. Fui para a Record para ser o faz-tudo dele",[27] recorda-se, orgulhoso.

Daí em diante, a bordo de um Santana prata zero quilômetro — um carro de luxo da Volkswagem nos anos 1990 —, todos os dias, às sete da manhã, Didini chegava ao apartamento de Macedo na Chácara Flora. Depois de caminhar cerca de uma hora pelo bairro, voltavam para as respectivas casas e duas horas depois o pastor pegava Macedo e iam para o trabalho. Almoçavam juntos em restaurantes nas proximidades da Record, às vezes pediam alguma coisa na lanchonete da emissora. O dono, Zé Português, preparava pão com filé-mignon, batata frita e salada de alface, tomate e palmito. Levava à sala da diretoria e a secretária Mariléa punha a mesa. À noite Didini acompanhava Macedo na volta para casa. Uma vez por semana iam a um culto, à noite.

No início, até os bispos e pastores faziam piadas com a sofrível programação da Record. A emissora exibia no horário nobre *Os Três Patetas*, uma antiga série em preto e branco de comédia pastelão norte-americana. Desenhos e filmes de bangue-bangue ou kung fu eram reprisados seguidamente. Nos longas-metragens, o telespectador sabia de antemão para qual lado mocinhos ou bandidos iriam cair.

Técnicos reclamavam que o sistema obsoleto de videotape engolia fitas com gravações. "É um milagre que a Record consiga ir ao ar com oito câmeras velhas", constatava Dante Matiussi, o diretor de operações.[28] Funcionários traziam equipamentos emprestados ou alugados de produtoras de amigos para conseguir trabalhar. Sem uma programação competitiva, o departamento comercial da emissora não vendia anúncios. "O formato da Record é anacrônico.

Precisamos provocar uma revolução aqui dentro para reconquistar o telespectador", sentenciava Matiussi.[29]

Na primeira etapa de gestão tripartite — Igreja Universal, família Machado de Carvalho e Silvio Santos —, Macedo foi a figura com menor participação na operação geral da emissora. Perdidos naquele mundo desconhecido e inóspito, ainda que fascinante, bispos e pastores não conseguiam ter o controle da situação.

Ao organizar sua equipe, o bispo precisava de alguém de confiança que soubesse gerir o negócio. Dermeval Gonçalves, o ex-auxiliar de Silvio Santos, era visto com simpatia por Macedo e se tornou um dos pilares da transição nos primeiros três meses. O bispo não lhe poupava elogios. Ficara grato por ele ter confiado em seu projeto de construir uma TV comercial de qualidade, em busca de audiência e com cobertura em todo o território nacional. "Temos de aproveitar esse velhinho. Ele conhece muito. Sabe toda a memória da Record. Precisamos segurá-lo aqui", enfatizava.[30]

Valorizado e prestigiado, Dermeval foi conversar com o antigo patrão. Procurou-o na sede de seu grupo, na rua Jaceguai, e foi direto: ficaria na Record, não voltaria a trabalhar com ele. Silvio Santos não gostou e tentou dissuadi-lo, dizendo que a Record se transformaria numa igreja eletrônica, que nada do que Macedo profetizava se transformaria em realidade.[31] Não adiantou. Ao optar por uma TV comercial e não por uma programação evangélica 24 horas por dia, Macedo apresentou uma explicação não muito convincente de que decidira mostrar o que considerava "incompatível [com a] nossa fé" — como cenas de violência, nudez e homossexualismo em novelas e shows —, para, em seguida, "mostrar um outro caminho".[32]

Dermeval, como diretor superintendente de afiliadas na nova gestão, assumiria a missão de criar uma rede. A Record se resumia à sede de São Paulo e às retransmissoras de Franca e São José do Rio Preto. Para se tornar uma TV moderna, a expansão era uma prioridade. Com a intenção de criar uma rede com cinquenta ou sessenta emissoras espalhadas pelo país, era preciso reforçar a equipe. Em janeiro de 1991, entraria o produtor de TV e cineasta Guga de Oliveira, irmão de José Bonifácio de Oliveira Sobrinho, o Boni, chefão da Rede Globo e tido como um dos responsáveis pelo padrão de qualidade da emissora carioca. Guga de Oliveira assumiria a superintendência de produção e programação, cargo equivalente ao de diretor-geral. Dizia que a Record era um cometa perdido, que não sobreviveria sozinha: precisava de outras emissoras para lhe dar suporte. "Ela tinha uma coirmã, a TV Rio, que poderia até ter saído na frente da Globo. Mas isso não ocorreu por causa de questões familiares que sempre atrapalharam os negócios", avaliava.[33]

Os novos donos da Record temiam o furto de equipamentos. Honorilton Gonçalves havia recebido orientações para cuidar do patrimônio e garantir o repasse de todo o acervo, intacto, à igreja. Tentativas de desvios foram flagradas. Macedo, desconfiado, chamou Didini e o orientou a "ocupar" o prédio da emissora. Pastores selecionaram obreiros e fiéis com bom porte físico e, se possível, experiência em área de segurança.

Assim a Record montou sua fidelíssima tropa de choque. Os soldados da fé receberam um rápido treinamento na sede no Brás. Às seis horas de uma manhã calma e tranquila, quatro vans lotadas pararam, de surpresa, em frente ao edifício da avenida Miruna. Os 24 primeiros integrantes do exército particular desceram rapidamente e tomaram conta da área. Usavam camisa azul-clara, calça azul-marinho, quepe, gravata e sapato pretos — uniforme adotado dali em diante. Funcionários antigos foram afastados, um a um.[34] A prática de recrutar na igreja profissionais das áreas de serviço e manutenção do grupo Universal persiste até hoje.

O exército de Macedo foi acionado em outro momento para expulsar inquilinos indesejáveis. A Universal comprara a TV e a Rádio Record AM, mas não a FM. A equipe da rádio — adquirida pelo grupo de comunicação do então ex-governador paulista Orestes Quércia — continuava no prédio. Didini foi se queixar ao bispo. "Estamos com um problema. A rádio não pode ficar aqui. Mas a equipe não sai. Como não fiz parte do negócio, queria autorização para retirar o pessoal", pediu. O bispo lhe deu carta branca. Didini chamou seu batalhão, entrou na sala, tirou o sinal do ar e jogou os equipamentos na rua. "Eles tiveram de procurar outro lugar. Não teve argumento."[35]

A convivência entre os novos gestores e parte dos funcionários também não era amistosa. A primeira conversa de Macedo com a equipe do jornalismo foi difícil, os profissionais não viam com bons olhos o patrão recém-chegado. "Enquanto eu falava, dois ou três jornalistas me encaravam fumando, com os pés sobre as cadeiras, soltando fumaça para o alto. Um tom claro de desprezo. Eu me fiz de desentendido, fingi que não vi", contou Macedo.[36] O jornalista Marco Antonio Rocha, então comentarista de economia da TV Record, confirmou o clima de beligerância naquele momento. "Eu saí logo depois da emissora, pois já havia tomado essa decisão. Sou católico, mas não trabalharia na emissora nem de um bispo da Igreja católica, muito menos para o de uma igreja da qual nunca havia ouvido falar", justificou. Anos depois, Rocha admitiu ter se equivocado sobre o futuro da Record. Ele e a quase totalidade dos colegas compartilhavam a impressão de Silvio Santos de que a Record seria transformada numa igreja eletrônica. "O Macedo disse que ia investir na emissora, ia fazer e acontecer. De fato, ele cumpriu a palavra. O jornalismo da Record é bom", atestou.[37]

Nos primeiros meses, líderes da Universal se incomodavam com os charutos que o diretor de jornalismo, Dante Matiussi, fumava na redação.[38] Ainda não era proibido fumar em recintos fechados, mas a prática destoava do conservadorismo evangélico. Os religiosos se chocavam com a rotina de jornalistas e "gente de tv". E reclamavam: queriam impor o uso de gravata e cabelo curto. No ano seguinte, Guga de Oliveira também causaria aborrecimentos por chegar ao trabalho às onze horas. Saía para almoçar às duas da tarde e voltava bem depois, apresentando notas fiscais de bebida alcoólica. Aproveitava o período para reuniões com sua equipe, justificava, era muito melhor e mais produtivo se reunir num restaurante do que numa sala fechada. Guga de Oliveira, um ex-superintendente de produção e programação da antiga tv Tupi, com mais de quarenta anos de experiência em tv, não via por que reclamar do cumprimento de horários. Lembrava que os responsáveis pelo jornalismo deixavam a redação quase sempre tarde da noite, depois do último telejornal. Pela manhã não havia o que fazer, uma vez que os programas eram gravados. Mas havia outro motivo de controvérsia: em sua sala, Oliveira oferecia uísque aos convidados.[39]

Diretores e chefes de departamento contam muitas vezes terem recebido o salário em espécie. Dinheiro do dízimo. Certa vez Oliveira pediu um vale e recebeu uma mala cheia de notas de um cruzeiro. Não podia falar pelos outros funcionários, mas seu salário, contou, vinha sempre em papel-moeda.[40] Um diretor comercial, Celso de Castro, que ele tirara da Globo, foi demitido alguns meses depois de sua contratação. Macedo não gostava de vê-lo sentado em sua sala, achava que ele deveria sair às ruas atrás de anunciantes. Quem tinha de fazer isso eram os contatos publicitários, explicavam.[41]

Fiéis da igreja passaram a ocupar áreas estratégicas da Record: a administração, a engenharia e os departamentos comercial e jurídico. A maior parte não era do ramo, não tinha conhecimento técnico. E desconfiava dos profissionais contratados. Macedo sugeria prudência. Dizia não confiar "um milímetro" nos executivos e profissionais de comunicação de fora da igreja, mas por não conhecer nada de televisão, nem ele nem seu pessoal, convinha aprender e depois fazer as coisas da maneira que julgassem melhor.[42]

Era preciso aturar aqueles sujeitos estranhos, praticamente marcianos. As mudanças, inevitáveis, ocorreram aos poucos. Ao assumir o cargo de diretor executivo na Record, Ronaldo Didini levou seu primo Rubem Didini para cuidar das finanças. Luiz Okamoto, então diretor da Rádio Riviera, de Goiânia — comprada pouco antes pela Universal —, tornou-se o responsável pela área comercial. Os novos auxiliares foram orientados a fazer um raio X nos dois setores e apresentar um plano estratégico.

A Record também ampliava seu alcance. Ao integrar seu sinal ao satélite da Embratel, em novembro de 1990, passou a atingir todo o Brasil. Sua programação alcançava pontos distantes por meio de antenas parabólicas. Com a aquisição de emissoras próprias, afiliadas e retransmissoras, enfim a Record constituía sua rede.

Aos poucos, a emissora ganhava as feições dos novos proprietários. Com a mudança de rumos, surgiam algumas polêmicas — e de cunho religioso. O cunhado R. R., que rompera com Macedo e se tornara um desafeto, mantinha na Record, havia alguns anos, o programa *Igreja da Graça em Seu Lar*, entre seis e sete horas da manhã. Macedo decidiu tirá-lo do ar. Ester argumentou que o cunhado queria continuar na emissora, em vão. R. R. saiu em março de 1990.[43]

Sobrou também para o padre Godinho, comentarista do tradicional telejornal *Record em Notícias*. O religioso tinha cadeira cativa no programa da hora do almoço apresentado pelo jornalista Hélio Ansaldo.[44] Ex-deputado federal cassado em 1969 pelo AI-5, Antônio de Oliveira Godinho[45] passou pela UDN, PDC, PRT e PTB, e conviveu com políticos como Jânio Quadros e Carlos Lacerda. Era voz influente do catolicismo conservador no telejornal apelidado de "Jornal da Tosse", por reunir profissionais de comunicação veteraníssimos. O apelido surgira dentro da própria Record, após provocação do apresentador Ferreira Neto[46] numa rusga com o colega Hélio Ansaldo. Alguns participantes de fato tossiam em meio aos acalorados debates, sempre em defesa de teses conservadoras. Tossir no telejornal não tinha problema. Dar palanque e audiência a um sacerdote católico, aí já era demais. "Por que deixá-lo aí se somos os donos?", questionou Macedo.[47] Godinho caiu. Ansaldo discordou de ingerências na pauta e também deixou o telejornal.[48] Foi substituído por Murilo Antunes Alves.[49]

Ironizado por concorrentes, o "Jornal da Tosse" servia como palanque político. Ansaldo se elegeu deputado estadual; Murilo Alves, vereador. Outros como João Mellão Neto e Arnaldo Faria de Sá conquistaram mandatos para a Câmara dos Deputados. José Serra, vitorioso em sucessivas eleições para o governo de São Paulo, a prefeitura paulistana e o Senado, também se beneficiou da visibilidade nas rodas de debate.

O programa estava no ar desde 1973. A nova gestão da Record herdara a equipe de debatedores, alinhada à linha política adotada pela família Machado de Carvalho. A Universal interveio. Introduziu pastores nos debates, entre eles Ronaldo Didini e Paulo De Velasco. Desagradou os antigos astros do noticioso. Didini disse a Macedo que, à exceção do deputado Arnaldo Faria de Sá, ninguém ali ajudava a igreja. E a despeito de descartar o padre Godinho, o *Record em Notícias* daria espaço tempos depois a um pensador católico conservador, o professor da Escola Superior de Guerra Jorge Boaventura.[50] Seu nome fora sugerido a Edir Macedo pelo general do Exército Pedro Luís de Araújo Braga, então comandante militar do Sudeste.[51] O "Jornal da Tosse" continuou no ar por mais alguns anos, mas foi perdendo seu DNA.[52]

O debate sobre a linha do noticiário delinearia os rumos do jornalismo da emissora. A Record não seria uma igreja eletrônica, não serviria apenas à Universal. Guga de Oliveira os convenceu a apostar em novos nomes. E levou para a emissora Luís Fernando Mercadante,[53] ex-editor-chefe da TV Globo em São Paulo e profissional com longa trajetória na televisão e no jornalismo impresso. O jornalista Lucas Mendes foi designado para o escritório de Nova York; o crítico Rubens Ewald Filho[54] tornou-se o consultor de filmes; o diretor e produtor José Amâncio, responsável pelos musicais. Os três também vinham da Globo.[55] Amâncio era o diretor do *Som Brasil*, programa da TV carioca comandado por Rolando Boldrin; Mendes era correspondente da Globo em Nova York desde 1975; Rubens Ewald Filho, roteirista e crítico de cinema, que ganhou fama na mesma emissora como o comentarista da cerimônia do Oscar e se tornou consultor de filmes exibidos na Record.[56]

"A questão está nas mãos dos senhores. Não entendo de programação", admitia Macedo em reunião com Oliveira e Dermeval. O irmão de Boni desembarcou na emissora com um pacote de ideias ousadas. Para alavancar a audiência, propôs uma programação diversificada, com filmes, jornalismo, esportes e atrações para os públicos feminino e infantil. As manhãs, por exemplo, seriam dedicadas às mulheres. Mas as propostas exigiam investimentos e recursos. Muitas não saíram do papel.

Guga de Oliveira ficou apenas um ano na Record. Foi substituído por Eduardo Lafon,[57] o encarregado da programação que os bispos consideravam mais maleável. Quando via Macedo chateado e preocupado, ele se aproximava, sempre solícito e prestimoso. Se não resolvia o problema, pelo menos não trazia outros.[58]

Uma das apostas de Lafon foi muito comemorada: a contratação de Ana Maria Braga, apresentadora com trajetória de sucesso nas últimas décadas. Braga começou ainda na antiga Tupi; na Record, em 1992, passou a comandar os programas *Note e Anote* e *Ana Maria Braga*. Havia um lobby na emissora para lançar um programa de artes com a artesã de joias Damaris Claro, fiel da igreja, no lugar de Ana Maria. A proposta tinha o apoio de Renato Suhett, nomeado bispo e então responsável pela Universal no Brasil. Naquele momento havia uma preocupação de fortalecer todas as pessoas que ajudavam a igreja.

A artesã era querida da cúpula. Ela ajudava a igreja com ideias sobre o reaproveitamento de objetos doados por fiéis. Apesar de suas preciosas relações, ela não conseguiu ofuscar Ana Maria Braga. A apresentadora conquistara a audiência na Record. Com o sucesso, migrou para a TV Globo. Em 1999, passaria a estrelar as manhãs da emissora carioca com o programa *Mais Você*.

Guga de Oliveira costumava contar um episódio daqueles tempos envolvendo o colega Luís Fernando Mercadante, que um dia passou mal durante o expediente. Portador de transtorno bipolar, Mercadante teve um distúrbio e entrou na sala do bispo de terno e meias, sem sapatos. Tentava falar e não conseguia. Membros da igreja resolveram "tirar o satanás" do corpo do jornalista. Mais tarde, ele foi levado para um templo em Santo Amaro para contar sua história e passar por uma exorcização.

A reorganização da emissora não era a única preocupação da Universal. O bombardeio na mídia contra a igreja fora intensificado após Macedo adquirir a Record. A cúpula se via em dificuldades nos campos jurídico e legal. Evangélico não acredita em anjo da guarda, mas naquele momento o bispo encontrava um em seu caminho: o empresário João Jorge Saad, fundador do grupo Bandeirantes. Embora concorrente, Saad — ou "seu João", como era conhecido — resolveu ajudar o colega, neófito no ramo. Os dois haviam se conhecido durante as negociações para a compra da Rádio São Paulo. Conversaram rapidamente, algumas vezes, durante essas tratativas.

O dono da Band notou que as emissoras do grupo Record iam mal das pernas. No mercado, dizia-se que a empresa naufragaria em razão de problemas de gestão. Saad garantia não ter qualquer interesse na ajuda ao colega. No meio televisivo, no entanto, há quem garanta que, com a aproximação, Band e Record se fortaleceriam e fariam frente à supremacia da Globo. A melhor maneira de combater um inimigo poderoso nem sempre é se unindo a ele. Pode ser com um terceiro adversário, criando-se assim uma outra força poderosa, como dizia Guga de Oliveira.

Saad chamou à sua sala o então vice-presidente da Rede Bandeirantes, José Roberto Maluf, advogado com vasto conhecimento sobre a legislação na área de comunicação. Ex-sócio da Rádio São Paulo, Maluf havia cuidado do contrato de venda da emissora ao bispo. O dono da Band quis ouvir suas impressões sobre o futuro da Record. A gestão se desenvolvia de forma amadora e o bispo podia perder tudo, avaliou o executivo. Era 1991, e já se falava, nos bastidores, na possibilidade de Macedo vir a ser preso por causa das denúncias de estelionato, charlatanismo e curandeirismo. Saad pediu para Maluf conversar pessoalmente com o bispo e alertá-lo sobre essa eventualidade, e ligou para o líder da Universal. Macedo estava nos Estados Unidos. Saad, no contato, disse temer a repetição do problema ocorrido com a TV Excelsior.

A antiga Excelsior, sob o comando do empresário Mário Wallace Simonsen, teve a concessão cassada em 1970. Neto de ingleses, o poderoso e influente empresário Simonsen havia se aproximado de João Goulart, o presidente deposto no golpe de 1964. Pagou caro por essa relação. Principalmente por abrir espaços em sua emissora a opositores da ditadura. O governo militar aniquilou os negócios do grupo Simonsen. Seu conglomerado reunia trinta empresas, entre elas a respeitada Panair do Brasil — cujas linhas aéreas foram confiscadas e entregues à Varig — e as exportadoras de café Comal e Wasin, também proibidas de atuar.[59]

Macedo pediu uma sugestão para escapar dessa ameaça. Saad o aconselhou a seguir as orientações de seu vice-presidente, José Roberto Maluf. O bispo o mandou embarcar a Nova York imediatamente. Maluf reuniu-se com Macedo no escritório do bispo no edifício Rockefeller Center, na Quinta Avenida, em Manhattan.

Desconfiado, o bispo quis saber do interesse da Band naquela ajuda. O advogado repetiu o discurso de Saad: como Macedo comprara uma rádio do grupo Bandeirantes, "seu João" apenas queria ajudá-lo a não perder as emissoras e a fazer a transferência das empresas de forma correta. O bispo insistiu, perguntou quanto lhe custaria o serviço. A Band já havia recebido tudo o que lhe era devido, respondeu o executivo. Na conversa, Maluf reafirmou seus temores. Como se falava do risco de prisão de Macedo devido a seus processos na Justiça, o executivo sugeriu contratar uma equipe de advogados criminalistas — o bispo não vinha sendo defendido de forma adequada na esfera criminal. Chegou a elaborar uma lista de nomes, entre os quais constavam figurões como José Carlos Dias e Márcio Thomaz Bastos, dois futuros ministros da Justiça — o primeiro ocupou a pasta no governo Fernando Henrique (1999-2000) e o segundo, no governo Lula (2003-7). Macedo descartou-os. Somente em 1992 contrataria Thomaz Bastos.

Acostumado a esmiuçar contratos envolvendo empresas de comunicação, Maluf também sugeriu alterações no pedido de transferência da Rádio São Paulo — ainda não concluído naquele momento —, e a contratação de especialistas em direito administrativo para acompanhar o processo envolvendo a TV Record. No caso da rádio, deu orientações sobre a documentação para evitar problemas futuros.

Alianças políticas também eram necessárias. Além do pacto com Fernando Collor de Mello, Macedo selou acordo com o governador paulista Orestes Quércia para apoiar, nas eleições de 1990, o candidato ao governo Luiz Antônio Fleury Filho (PMDB), um ex-promotor que havia sido secretário de Segurança Pública. Essa adesão era estratégica: a Record tinha uma dívida com o Banco do Estado de São Paulo (Banespa) — à época, um banco público —, referente a um empréstimo de 2,5 milhões de dólares.

Calim Eid,[60] ex-secretário e braço direito do ex-governador Paulo Maluf, candidato que estava à frente nas pesquisas, havia sondado Macedo, prometendo ajudar a Record com publicidade. Segundo Ronaldo Didini, às vésperas da eleição, no entanto, Quércia entrou em cena. Pediu apoio a Fleury e prometeu resolver o caso do Banespa. O bispo consentiu na troca de favores. Maluf perdeu a eleição e a partir daquele momento declarou inimizade a Macedo. A dívida da emissora não foi extinta, mas significativamente minorada.[61] A imprensa denunciou o acordo: o Banespa aceitara da Record 1,1 milhão de dólares pela dívida de 2,5 milhões. Três anos depois, ocorreu a intervenção do Banco Central no Banespa, mas esse episódio não foi esclarecido.[62]

Em troca, na reta final da campanha a Record deu uma mãozinha para Fleury. Na última hora desistiu de integrar um pool de emissoras para a transmissão do único debate no segundo turno entre os candidatos a governador Fleury e Maluf (PDS), no dia 18 de novembro. Com leve vantagem nas pesquisas, Maluf tendia a se sair melhor no confronto direto com Fleury, até então considerado um político inexperiente.[63] O pupilo de Quércia venceu.

A aliança consolidada entre Macedo e Quércia já havia sido ensaiada no início de 1990, mas não fora bem-sucedida. A tentativa ocorreu quando Silvio Santos ameaçava desfazer a venda da Record, por conta no atraso no pagamento das parcelas. Com sonhos de chegar à Presidência da República, o governador queria uma TV para fortalecer suas pretensões políticas. Quércia ofereceu 30 milhões de dólares por 51% da emissora. O bispo não aceitou. Uma eventual parceria e a chegada de recursos seriam bem-vindas, mas não passava pela cabeça de Macedo perder o controle de sua TV. Segundo relato de Carlos Magno, o bispo fez uma contraproposta: 20 milhões de dólares por uma aliança temporária, de dois anos. Quércia teria o comando do jornalismo do canal. O negócio não evoluiu. Macedo, enfim, levou sua TV. Porém, para ser o dono de fato precisava da renovação da concessão, o que dependia do governo federal.

No final de 1991, a emissora foi totalmente paga.[64] A dívida foi liquidada com uma última promissória de 2 milhões de dólares. "O Macedo mandou me chamar. Entrei na sala e ele, com os pés sobre a mesa, falou: 'Ó, está aqui! O último cheque de pagamento da Record. Graças a Deus. Conseguimos. Nossos problemas acabaram", relembra Didini.[65] Ele não partilhou com o então chefe o momento de entusiasmo e euforia. Ao contrário, fez um alerta: os problemas começariam ali, pois adversários e concorrentes passariam a questionar a origem do dinheiro e a aquisição de bens e propriedades pela igreja.

# 6. O calvário do bispo

Edir Macedo não imaginava que uma despretensiosa denúncia anônima sobre exploração de fiéis em um templo na região da antiga Boca do Lixo, no centro de São Paulo, poderia lhe causar tantas dores de cabeça. Os policiais do 3º Distrito, nos Campos Elíseos, registraram uma reclamação contra a igreja em meados de 1989: os pastores estariam se valendo de artifícios para aumentar as doações. Segundo a acusação, os religiosos desligavam o ar-condicionado do ambiente — apertado e abafado —, e os fiéis passavam mal. E então eram induzidos a dar contribuições para que se sentissem melhor. Deus, afinal, só ajudaria aqueles que doassem.[1]

Os policiais também ouviram relatos de "curas milagrosas" e de entrega de dinheiro e bens pessoais em troca de "água sagrada", que na verdade não passaria de óleo de soja.[2] Uma mulher reclamava de ter perdido o marido depois de "se deixar levar pelas promessas da igreja". Os policiais do distrito enviaram um relatório com as apurações preliminares para a Delegacia Especializada em Crimes contra a Fé Pública de São Paulo. O delegado titular, Darci Sassi, decidiu abrir um inquérito. A igreja já vinha sendo acusada, no Rio de Janeiro, por supostas práticas de charlatanismo e curandeirismo.[3]

No final de 1989, após a compra da TV Record, a Universal passava a atrair muito mais a atenção da mídia — e também das autoridades. A expansão vertiginosa despertara a curiosidade sobre suas atividades, seus procedimentos. Os passos do bispo Edir Macedo começavam a ser vigiados.

Não demorou para a denominação ganhar as manchetes de jornais e revistas. No dia 24 de novembro, três pastores eram detidos na sede, no Brás, acusados de curandeirismo. A Polícia Civil apreendeu quatro cálices de óleo utilizados pelos religiosos e cópias xerocadas de notas de cinquenta e cem cruzados. Um investigador se passou por um doente que necessitava ser ungido com o óleo milagroso e assim colheu as informações para embasar a acusação de charlatanismo e estelionato. O pastor Carlos Rodrigues, pelo telefone, entrou no ar ao vivo, na Rádio São Paulo — pertencente à igreja —, denunciando que pastores eram presos e algemados e convocando os fiéis a se dirigirem ao templo. Disse ainda que os policiais eram "agentes do demônio", ameaçou agredi-los e acabou autuado por desacato à autoridade, incitação ao crime e provocação de tumulto. Na delegacia, o pastor Paulo Renato de Abreu argumentou que o óleo sagrado era importado de Jerusalém e as notas distribuídas tinham o objetivo de dar sorte aos fiéis.[4]

A denúncia sobre a suposta comercialização do óleo fora feita à Secretaria de Segurança Pública de São Paulo pelo então deputado estadual Afanásio Jazadji. Dias antes, o mesmo parlamentar enviara ao então presidente José Sarney e ao Ministério das Comunicações uma solicitação para que a concessão da TV Record à igreja não fosse homologada. Após a ação da polícia no Brás, naquela noite os pastores fizeram uma oração em rede nacional, nos meios de comunicação da Universal, para "afastar os demônios", representados pela polícia e pelo parlamentar paulista.[5]

Em setembro de 1990, depois de analisar depoimentos de dezenas de testemunhas, o promotor de Justiça Antonio Carlos Fernandes pediu ao titular da Delegacia de Crimes contra a Fé Pública para ouvir Edir Macedo. Tentativas de encontrar o líder da Universal já vinham sendo realizadas, em vão. Procedeu-se a uma verdadeira caçada para descobrir seu paradeiro e lhe entregar a intimação.[6] Macedo foi procurado por mais de um mês nos templos da Universal e na sede da TV Record.[7] A polícia alertava que, caso não fosse localizado, ele seria enquadrado criminalmente, de forma indireta.

A queixa contra os pastores no 3º DP fora tratada inicialmente como "exploração de credulidade pública". Os dois inquéritos iniciados nos Campos Elíseos e no Brás foram remetidos ao Ministério Público de São Paulo e geraram duas denúncias criminais: uma por estelionato, charlatanismo e curandeirismo, outra por vilipêndio a culto religioso e incitação ao crime. Os fiéis Amailde Santos Maranhão, Aparecido Monte, Francisca Pinto Pereira e José Carlos dos Santos disseram ao MP terem sido obrigados a doar dinheiro e objetos pessoais à igreja. Segundo outra seguidora, Antônia Cepellos, os religiosos diziam que o demônio queria impedir as pessoas de fazerem doações. E ameaçavam: quem escondesse dinheiro na bolsa iria sofrer um "castigo de Deus" ao sair da igreja.[8] As duas denúncias, encaminhadas pelos promotores Gabriel Inellas e José Eduardo Casarini, foram aceitas mais tarde pela Justiça.

Os fatos reportados no templo na Boca do Lixo paulistana, no Brás e também no Rio de Janeiro não eram isolados e acabaram por desencadear uma avalanche de críticas e denúncias que ganhariam impulso, ainda em outubro de 1990, após declarações polêmicas de um dissidente, o pastor Carlos Magno de Miranda — ex-responsável pela Universal em São Paulo e no Ceará. Magno, até então homem de confiança de Macedo, começara a frequentar o templo do bairro da Abolição desde os primórdios da igreja. Pernambucano radicado na capital fluminense, havia trabalhado na Nuclebrás, estatal vinculada à Comissão Nacional de Energia Nuclear. Tornou-se pastor em 1983.

O pastor foi afastado da Universal sob a alegação de ter cometido irregularidades financeiras e gastos excessivos com viagens e com uma fracassada campanha a deputado federal, em 1990, pelo Ceará. Rompido com o bispo, passou a revelar detalhes sobre os negócios do antigo líder. Contou que Macedo já tinha acumulado um patrimônio de 200 milhões de dólares, incluindo, além da Record, catorze emissoras de rádio, uma construtora — a Unitec — e vários apartamentos de luxo.[9]

Ainda em 1990, o advogado Ailton Trevisan, que atuara no processo de compra da TV Record, movera três ações judiciais contra Macedo para cobrar honorários de 4,5 milhões de dólares. Foi daí, de seu processo na Justiça, que originou-se um inquérito, aberto pela Polícia Federal, para investigar a origem do dinheiro utilizado na compra da emissora. Ao recorrer à Justiça para cobrar os valores que considerava justo pelo seu trabalho, o advogado revelou detalhes, até então desconhecidos, das negociações.[10]

Na mira da PF, do Ministério Público Federal e de promotores do Rio e São Paulo, a Universal era dissecada e virada ao avesso pela imprensa. Não à toa. Edir Macedo amealhara poder financeiro e político rapidamente graças a um discurso religioso baseado na realização pessoal e terrena dos fiéis, muito diferente daquele dos grupos tradicionais. Com uma igreja e uma rede de TV nas mãos, e deputados eleitos para defender os interesses de sua instituição no Congresso, o bispo começava a incomodar. E colecionava inimigos nos meios religiosos, na política e na mídia. "O trabalho do bispo Macedo vinha arregimentando milhares de pessoas. Alguém, então, se levantou e disse: tem que tomar cuidado com esse camarada", avaliou o ex-deputado Laprovita Vieira.[11]

O bispo atribuía sua imagem negativa, consolidada nesses primeiros anos de atuação da Igreja Universal, às reportagens divulgadas pela imprensa, sobretudo pela TV Globo.[12] Em sua avaliação, também fariam parte de um suposto complô a Igreja católica — a instituição arquirrival que queria conter o avanço dos evangélicos — e outros veículos com eventual interesse na aquisição da Record, entre eles o *Jornal do Brasil*, *O Estado de S. Paulo* e a Editora Abril. Todos fariam pressões para o governo barrar a concessão de sua TV. A decisão sobre a outorga ainda seria tomada nos meses seguintes, a depender de uma análise técnica e também política.

Diante da enxurrada de acusações que viria a seguir, a Universal se antecipava e tentava tirar proveito dos reveses, colocando-se na condição de vítima. "A Igreja Universal é como omelete, quanto mais você bate, mais ela cresce", repetia sempre Macedo a seus pastores mais próximos.[13] Seu discurso persecutório vinha sendo azeitado havia tempos. Em março de 1985, o então jornal da igreja, *O Despertar da Fé*, já falava de perseguições. Em dezembro do ano anterior, um templo da Universal no município de Feira de Santana, na Bahia, fora fechado durante uma semana por decisão da Justiça após acusações de práticas de estelionato, charlatanismo, curandeirismo, extorsão e exploração de credulidade pública.[14]

No dia 20 de novembro de 1990, uma terça-feira, Macedo finalmente se apresentava para prestar esclarecimentos à Delegacia de Crimes contra a Fé Pública, em São Paulo, acompanhado de dois advogados. O bispo alegou ter feito várias viagens naquele ano, alternando períodos no Brasil e no exterior, daí a dificuldade em encontrá-lo.[15] Na delegacia, sentou-se num sofá preto, à direita do delegado Darci Sassi — um policial de meia-idade, magro, cabelos grisalhos e sobrancelhas grossas. "Sou simplesmente um dos muitos religiosos que pertencem à igreja", afirmou, durante o interrogatório de 25 minutos, a portas fechadas. Negou a obrigatoriedade de seus fiéis doarem dinheiro e objetos pessoais. "Desconheço que aqueles que vão à igreja em sua fé [...] estejam obrigados a qualquer remuneração ou pagamento, pois todas e quaisquer colaborações ofertadas pelos fiéis são puramente espontâneas", disse. Atribuiu as curas milagrosas a Deus.[16] A partir de então, idas à polícia e à Justiça para dar explicações seriam rotineiras.

Em sua primeira investida contra Macedo, um mês antes, o dissidente Carlos Magno guardara munição. Mostrou algumas cartas, mas escondeu seu trunfo. Cinco meses depois, faria uma denúncia grave e espetaculosa: a Universal estaria envolvida com o narcotráfico. A acusação nunca chegou a ser comprovada. Magno fez as denúncias, recuou — respondeu a um procedimento instaurado por falso testemunho — e depois voltou a fazer as acusações novamente. Segundo ele, um ex-traficante colombiano, recém-convertido à igreja, oferecera um empréstimo de 1 milhão de dólares para ajudar na compra da TV Record. O dinheiro, porém, precisaria ser recolhido em Bogotá. Quatro pastores teriam sido designados para a missão: o próprio Magno, e mais Honorilton Gonçalves, Ricardo Cis e Randal Brito. A igreja, conforme Magno, fretou um jato da Líder Táxi Aéreo no dia 12 de dezembro de 1989 para levar o grupo até lá. O voo saiu do Galeão, no Rio, e os quatro pastores, acompanhados de suas mulheres, disseram ao piloto que fariam uma viagem missionária. Ficaram dois dias em Bogotá.[17] A decisão de recolher o dinheiro na Colômbia teria sido tomada após uma reunião na sede do grupo Silvio Santos, na qual líderes da Universal comunicaram aos antigos donos da Record que não conseguiriam pagar uma parcela da dívida, de 5 milhões de reais, vencida no dia 5 de dezembro. Magno disse ter ouvido de Edir Macedo, naquele momento, uma surpreendente justificativa para a superação dos problemas financeiros: "Para Jesus, até gol de mão vale".[18]

Segundo o relato de Magno, no hotel Hilton de Bogotá, o grupo foi orientado a aguardar um contato. No dia seguinte à chegada, um mensageiro teria aparecido para entregar uma pasta com 450 mil dólares. Os quatro casais deixariam a Colômbia na madrugada. Magno afirmou ter sido o único a se recusar a transportar o dinheiro no corpo. As mulheres — inclusive a sua, Sandreli Miranda — teriam acomodado os dólares na calcinha. Os homens, no paletó, sapato e meias.[19] O avião pousou no Rio, no aeroporto Santos Dumont. O restante do dinheiro, conforme a versão do religioso, seria recolhido pelo pastor Ricardo Cis, numa segunda viagem a Bogotá, em voo comercial, um mês depois.

A entrega do dinheiro e o envolvimento de representantes do narcotráfico na operação não foram comprovados. Mas as investigações mostraram que os quatro casais, de fato, foram à Colômbia nos dias citados. O Sistema de Controle do Espaço Aéreo Brasileiro registrou, em 12 de dezembro, segundo a reportagem do antigo *Jornal da Tarde*, a saída do grupo do aeroporto do Galeão a Bogotá, no Learjet modelo 35A, prefixo PT-LGS, da empresa Líder, com capacidade para oito passageiros.[20] O hotel Hilton da Carrera 7, na capital colombiana, também atestou a hospedagem dos oito brasileiros naquele período. Foram confirmados tanto o retorno do grupo ao Rio, no dia 14, com uma escala em Manaus, como a viagem do pastor Ricardo Cis a Buenos Aires, no dia 3 de janeiro de 1990, num voo da antiga Varig. Da Argentina, Cis teria seguido para Bogotá.[21]

Magno não parou aí. Desfiou um rosário de denúncias. Disse que a Universal havia trazido caixas de equipamentos eletrônicos do exterior, sem nota fiscal, para as rádios Copacabana e Ipanema. E teria enviado aos Estados Unidos dólares e barras de ouro doados por fiéis, acusou.[22] A Universal também teria criado um ranking de faturamento de igrejas, com pagamento de comissão em dólares aos pastores que arrecadassem mais. Na época, o templo da avenida Celso Garcia, no bairro do Brás, em São Paulo, arrecadava 1,35 milhão de dólares por mês.[23]

Entre os bens de Macedo — além da Record, das emissoras de rádio, da construtora e dos apartamentos já citados —, Magno acrescentou uma fábrica de móveis, uma gráfica, uma gravadora e uma corretora.[24] As rádios estavam em nome de pastores ou parentes do bispo. Macedo manteria em seu poder contratos em branco para transferir as cotas para o seu nome ou para outras pessoas, quando julgasse conveniente.

As denúncias do pastor foram investigadas no inquérito aberto para apurar a compra da emissora. Um mês depois, em depoimento na sede da Superintendência Regional da Polícia Federal em Recife, Magno confirmaria suas declarações à imprensa, mas recuaria nas afirmações sobre o envolvimento da igreja com o narcotráfico.[25] Convocado para uma acareação com Edir Macedo na PF em São Paulo, no dia 8 de novembro de 1991, o pastor sumiu de circulação. O bispo se apresentou à sede da PF e afirmou que Magno o havia procurado, pedira desculpas e encerrara o caso.

Ao investigar as razões do desaparecimento de Magno, policiais comprovaram que aquele dia ele viera a São Paulo e se hospedara num hotel em Santo Amaro, com as despesas pagas pela TV Record. Do hotel ele seguiu para a casa do pastor Paulo De Velasco, na mesma região, onde se reuniu com Macedo e mais quatro pastores, Honorilton Gonçalves, Carlos Rodrigues, Sérgio Von Helde e Ronaldo Didini, além do anfitrião. "Aconteceram fatos ali que me obrigaram a não prestar depoimento em juízo", justificou Magno, conciso, sem revelar o teor da conversa. Negou ter feito um acordo com a igreja e justificou que não fora prestar depoimento porque a Polícia Federal não lhe havia oferecido a proteção e garantia de vida que solicitara.[26] O recuo do pastor deu origem a um procedimento para investigar o crime de falso testemunho na 8ª Vara Criminal Federal de São Paulo. O pedido para a apuração foi remetido, na sequência, para a Justiça Federal de Pernambuco.[27]

Anos depois do recuo, contraditoriamente, Magno insistiria nas mesmas denúncias sobre o dinheiro trazido da Colômbia.[28] Suas acusações seriam endossadas por outro dissidente, o advogado Grigore Avram Valeriu, ex-diretor do departamento jurídico da Universal. Valeriu advogara a favor de Ricardo Cis, um dos pastores da comitiva que viajou a Bogotá. O próprio advogado entrara com ação na Justiça para reaver bens que havia doado à igreja — entre eles, seis apartamentos, três lojas, um carro e 70 mil ações da empreiteira Mendes Júnior.[29]

As acusações de Carlos Magno reforçaram as suspeitas das autoridades sobre os negócios de Macedo. Mas suas evasivas a respeito da história da Colômbia emperraram as investigações. O processo sobre a origem do dinheiro da Record também se arrastaria por 24 anos, sem ser concluído.[30]

Quanto ao suposto ex-traficante colombiano, permanece o mistério. Além de Magno, outros ex-integrantes da igreja admitiram tê-lo conhecido. Magno disse tê-lo encontrado num templo da Universal em Botafogo, no Rio de Janeiro. Segundo o pastor, ele fugiu para o Brasil depois de matar um coronel em seu país.[31] O ex-traficante era identificado por alguns colegas da igreja como Antonio. Outros o conheciam por Carlos ou Rafael. Contam que, arrependido do passado criminoso, ele se converteu e casou com uma obreira da Universal, com quem teve um filho. Em São Paulo, teria obtido nova documentação com o auxílio de advogados. Segundo vários relatos, mudou de identidade e virou pastor, mas ninguém sabe que fim levou. A última informação é que teria se isolado numa pequena cidade no interior do México.

Ao depor sobre o caso da Colômbia na Polícia Federal, em São Paulo, Macedo negou as denúncias de Magno e acusou o ex-auxiliar de extorsão: o pastor teria pedido dinheiro para não atacar a Universal. "As denúncias formuladas [...] são todas infundadas, sem qualquer cunho verdadeiro, não passando de uma revolta de uma pessoa que, usando o artifício da extorsão e, vendo seu objetivo frustrado, passou a assacar verdadeiras injúrias e difamações", contra-atacou. "[Ele] queria desligar-se da igreja, mas, para tanto, exigia-lhe a entrega de 2 milhões de dólares [...] pois, só assim, deixaria a igreja sem arrumar problemas, dessa forma sob ameaça. [...] Não [havia] a possibilidade de pagar-lhe a quantia exigida, assim como qualquer outra quantia que porventura viesse a exigir",[32] afirmou o bispo. O nome de Magno, à época, aparecia em documentos como sócio da Rádio Uirapuru, de Fortaleza, pertencente à igreja. Segundo Macedo, ele teria dito que só entregaria sua parte na emissora se recebesse o valor justo por ela. Para assinar a alteração contratual, levou 50 mil dólares, garantiu Macedo.[33]

À frente da Universal em Fortaleza, no início de suas atividades como pastor, Carlos Magno havia conquistado a admiração de Macedo. Era tido como um valente defensor da igreja. Seu estilo virulento e enérgico agradava o bispo. Magno foi acusado de agredir fiéis e, inclusive, um cinegrafista da TV Jangadeiro, de Fortaleza.[34] A emissora foi fundada por Tasso Jereissati, à época governador do Ceará. Magno teve atritos com o influente político tucano e este episódio também pesou na decisão de Macedo de afastá-lo da igreja. Durante o período em que dirigiu a Universal no estado, entre 1987 e 1990, ele foi indiciado em cinco inquéritos policiais. Quatro acabaram arquivados por falta de provas. Em um deles, foi condenado por calúnia e difamação. Ao lado de dois obreiros, chegou a ser apontado como responsável pela morte de Cecília Oliveira de Sousa, fiel da igreja, que morreu após ser induzida a participar de "correntes de cura" e abandonar a medicação para diabetes e hipertensão arterial.[35]

No controle de suas finanças, a Universal sempre teve um caixa único, centralizado em São Paulo. Magno queria ficar com a arrecadação dos estados do Nordeste e enviar para a sede apenas um percentual, proposta que Macedo não aceitou. As divergências entre o bispo e o pastor se agravariam a partir daí. Magno disse ter tentado uma saída sem traumas, mas mudou de plano depois da decisão de Macedo de enviar a Fortaleza uma comitiva — integrada pelos pastores Honorilton Gonçalves, Marcelo Crivella, Ronaldo Didini, Carlos Rodrigues e Sérgio Von Helde — para cuidar dos detalhes de seu afastamento. O grupo impediu Magno de entrar nos templos e na Rádio Uirapuru.[36]

As conversas para acertar sua saída foram tensas. Segundo ex-colegas, Magno fez várias exigências e em uma das reuniões entrou acompanhado de dois seguranças armados. Didini, ali presente, considerando o gesto uma tentativa de intimidação, lembrou de sua condição de militar reformado e os desafiou: "Duvido que alguém aqui tenha coragem de matar um oficial do Exército brasileiro". Um outro auxiliar de Magno retirou os seguranças da sala e controlou a situação.

As reuniões prosseguiram. Em certo momento, Magno convidou Didini e Rodrigues para um almoço. Os dois entraram no carro de Magno, que orientou o motorista a ir a uma praia afastada do centro, numa área isolada e cheia de dunas. "Eu temi pelo pior. Já estava com a mão na trava da porta, pronto para pular do carro", revelou Didini. No cenário improvável, selaram um acordo: durante um mês, Magno ficaria com as ofertas arrecadadas na igreja em Fortaleza.[37] Com os recursos obtidos, o pastor fundou em Recife, ainda em 1990, sua própria denominação, a Igreja do Espírito Santo de Deus.

Quando Magno decidiu partir para o ataque contra a Universal, Macedo ficou desolado. Ao ver a primeira de uma série de entrevistas do ex-aliado ao *Jornal da Tarde*, de São Paulo, em abril de 1991, o então pastor Renato Suhett saiu às pressas do Rio, rumo a São Paulo, para acompanhar o imbróglio ao lado de Macedo, em seu apartamento no bairro da Chácara Flora. Em ascensão na Universal, Suhett se tornaria o responsável pela igreja no estado de São Paulo e, depois, no Brasil. A caminho, no avião, fez até uma música em homenagem ao bispo. "Quem vê o homem de Deus/ Falar das coisas do amor/ Não pode imaginar/ As lutas que ele enfrentou// Enquanto ele vai falando/ Das coisas que o Pai lhe falou/ Faz calar no próprio peito/ As dores que já passou", dizia a letra da canção "Homem de Deus", gravada pelo próprio Edir Macedo. Para Suhett e outros auxiliares, o bispo passara a ser vítima de chantagens de ex-aliados.[38]

Os seguidores de Macedo reclamavam dos ataques na imprensa. A cobertura na mídia, de fato, nem sempre era equilibrada. O *Fantástico* de 5 de maio de 1991 fez uma reportagem sobre a Renovação Carismática Católica, o ramo pentecostal do catolicismo. Tal como os neopentecostais evangélicos, os carismáticos também falam em línguas estranhas, repetem rituais de curas milagrosas e de exorcismo e expulsam demônios do corpo de fiéis, embora identificando-os de outro modo, como, por exemplo, "encardidos".[39] No programa, a Globo entrevistou apenas pessoas de classe média e não mostrou nenhum ritual de cura. Em um documentário da emissora sobre a Universal, exibido antes, os milagres e curas eram contestados por médicos e outros especialistas, o que não ocorreu no caso dos católicos, observou o sociólogo Paul Freston, estudioso do pentecostalismo na América Latina.

Naquele momento, a Globo criticava a igreja detentora da emissora concorrente e abria espaço para os carismáticos. Os rituais da Universal seriam exemplos de curandeirismo e charlatanismo, enquanto os da Renovação Carismática se configurariam num "novo modo de viver o catolicismo".[40] Já atuantes nos Estados Unidos havia três décadas e em crescimento no Brasil nos anos 1990,[41] os carismáticos competiam internamente com a teologia da libertação, uma corrente progressista identificada com posições políticas à esquerda, à época muito influente na América Latina. A Renovação Carismática ganhava espaço, impulsionada pelo apoio do Vaticano e de grupos católicos conservadores da Europa e dos Estados Unidos. Seu fortalecimento ajudava tanto a conter o crescimento dos evangélicos como o avanço da teologia da libertação. E a linha editorial dos veículos da Globo era afinada com as posições da Santa Sé e do então cardeal arcebispo do Rio de Janeiro, o conservador d. Eugênio Sales,[42] próximo de Roberto Marinho.[43]

Além das reportagens críticas e dos inquéritos e processos na Justiça, Macedo e a Universal também sofriam pressões políticas. Seus comandados avaliavam que o objetivo de tudo isso era tirar a TV Record do controle do bispo, que naquele momento brigava para conseguir a transferência da concessão para seu nome. O pedido de renovação da outorga estava na mesa do então presidente Fernando Collor. Venceria em outubro de 1992.

A Record era cobiçada. Numa manhã do final de agosto de 1991, o bispo recebeu em sua sala, no prédio da avenida Miruna, o ex-deputado do PRN José Carlos Martinez,[44] dono de empresas de comunicação no Paraná e ex-candidato a governador no estado. Martinez lhe propôs uma sociedade com seu grupo, a CNT (Central Nacional de Televisão), representado pelas TVs Paraná, de Curitiba; Tropical, de Londrina; e Corcovado, do Rio, recém-adquirida do grupo Silvio Santos.

Por trás da sugestão estaria o presidente, pelo menos era o que se dizia nos bastidores do Congresso, em Brasília. Collor sonhava montar sua própria rede de TV em associação com o paranaense, um dos arrecadadores de sua campanha à Presidência, plano afinal não consumado.[45] Martinez apostava nas dificuldades encontradas por Macedo para conseguir a concessão da Record. Além dos inquéritos para investigar a emissora, havia uma ação administrativa, contra o bispo, do Ministério da Infraestrutura,[46] ao qual a Secretaria Nacional de Comunicações estava ligada. Nesse cenário, o deputado surgia como o salvador da pátria, a solução dos problemas de Macedo.

Martinez sugeria que o bispo ficasse com 80% das ações do novo grupo; a ele caberiam 20%. Aparentemente, era um bom negócio. Com uma eventual parceria, um novo conglomerado seria constituído e a razão social da Record seria alterada — a renovação da concessão seria depois analisada pelo Ministério das Comunicações e pelo Congresso Nacional. Martinez estava convencido de que seu nome seria aprovado e o de Macedo, rejeitado. O empresário paranaense se tornaria oficialmente o novo dono da Record, única emissora que proporcionaria a Collor a rede de televisão almejada para alimentar seu projeto de poder.

No entanto, parlamentares ligados à igreja haviam alertado Macedo de que se tratava de um plano para abocanhar sua emissora. Antes de Martinez entrar em sua sala, Macedo alertou o pastor Didini. "O ex-deputado vem aqui para falar de uma sociedade. Não poderei dizer não, pois em política não se faz isso. Mas, no meio da conversa, você entra e diz que eu não posso aceitar essa proposta de jeito nenhum", orientou.

Ao chegar, Martinez foi direto: "O governo não vai assinar a concessão da Record. Mas podemos nos juntar. Posso lhe ajudar. Poderemos resolver os problemas da TV em conjunto. Tenho força política. E você entra com tudo lá no Paraná".

Sem deixar Macedo responder, o pastor interveio e seguiu à risca o script: "Não, bispo, o senhor não pode fazer isso. A televisão não é sua. É da igreja, representada pelo senhor. Não podemos aceitar isso. Me desculpe, mas não vamos aceitar. Não dá".

"Não, vamos discutir, vamos conversar", encenou Macedo. Didini repetiu o discurso ensaiado. Martinez não entendeu nada. Nervoso, saiu da sala contrariado, mas educadamente não disse nada.[47]

Edir Macedo conta essa mesma história, mas de forma diferente. Em sua versão,[48] Didini é substituído pelo então pastor Honorilton Gonçalves, dirigente da Record. E o próprio bispo teria dito não a Martinez. Os papéis foram invertidos. Na história oficial de Macedo, os futuros dissidentes de sua igreja acabaram excluídos ou tiveram a participação minimizada em episódios importantes.

Martinez e Collor teriam se aproveitado do momento de incerteza vivido por Macedo para assediá-lo. Afinal, se o bispo realmente tivesse problemas com a Justiça e não conseguisse cumprir as formalidades legais, a Record seria repassada a alguém do grupo político do presidente. Inicialmente, era clara a intenção de Collor de não renovar a concessão e criar a rede que o ajudaria a se manter no poder, disse o executivo da Record Dermeval Gonçalves.[49] Só o fato de Macedo responder a inquérito para apurar irregularidades na compra de sua TV já dificultaria a transferência da concessão, anunciava o então secretário das Comunicações do Ministério da Infraestrutura, Joel Marciano Rauber.[50] Caso o projeto de união das empresas fosse levado adiante, seriam agrupadas à Record as emissoras da família Collor, em Alagoas, e as de Martinez, no Paraná. As Organizações Arnon de Mello mantinham o jornal e a TV Gazeta de Alagoas (afiliada à Rede Globo), além de emissoras de rádio. As Organizações Martinez controlavam vários veículos no Paraná, além da Corcovado, no Rio — a mesma que Macedo tentara comprar antes —, e haviam acabado de firmar uma aliança com a TV Gazeta de São Paulo, cujos programas passara a transmitir no horário nobre.

Na polícia e no Ministério Público, os inquéritos abertos eram prorrogados seguidamente. As viagens de Macedo ao exterior eram vistas como desculpas para não prestar esclarecimentos. No dia 9 de outubro de 1991, não tendo comparecido a um desses depoimentos na PF, em São Paulo, pela primeira vez o bispo teve decretada sua prisão, a pedido do Ministério Público Federal e da PF.[51] A determinação partiu do juiz João Carlos da Rocha Mattos, então da 4ª Vara da Justiça Federal, que anos depois estaria na mira da Operação Anaconda — um esquema de venda de sentenças judiciais — e acabaria preso.

A prisão de Macedo era decretada às vésperas do dia de Nossa Senhora Aparecida, a padroeira do Brasil. Naquele 12 de outubro, o papa João Paulo II chegaria ao país, em Natal, no Rio Grande do Norte. Horas antes do desembarque, haveria uma concentração da Universal no Maracanã. A igreja negava querer confrontar os católicos.

Com o risco de ser preso, Macedo não podia comparecer ao evento. Dirigentes da Universal, no entanto, defendiam sua presença, como um desafio às autoridades. Caso a polícia o prendesse e o algemasse na frente de 120 mil fiéis — o público estimado —, haveria comoção. O bispo se transformaria num mártir.[52]

Macedo, recém-chegado dos Estados Unidos, para onde viajara em abril, até foi ao estádio. Disfarçado, se escondeu entre a multidão de fiéis brandindo faixas e bandeiras em louvor a Jesus. Subiu para a arquibancada, deixando o comando do culto nas mãos de Honorilton Gonçalves. Ao final do encontro, seguiu para a casa de uma irmã. Viajou a São Paulo três dias depois, de madrugada, agachado no banco de trás para não ser visto.[53]

Macedo surpreendeu funcionários da Polícia Federal ao chegar à antiga sede do órgão na rua Antônio de Godói, no centro, às 7h30 da manhã, antes de iniciar o expediente. "Doutor, seu paciente está aqui", informou um dos agentes de plantão, por telefone, ao delegado da PF Antonio Decaro Júnior, ainda em sua casa.[54]

A PF tentava ouvir Macedo havia quatro meses, sem sucesso. Seu depoimento, no entanto, só começaria duas horas depois. O bispo alegava ter sido mal orientado por advogados. Dizia nem saber da convocação, a despeito de ela ter sido publicada nos jornais. Depois de dez horas de interrogatório, o juiz suspendeu o mandado de prisão. Ao deixar a PF, entre gritos e protestos, acompanhado de seguranças e assediado por jornalistas, o bispo, nervoso, tropeçou em sacos de lixo antes de entrar num Monza.[55] No dia 22 de outubro, ele ainda prestaria esclarecimentos em Brasília, na Comissão Parlamentar de Inquérito (CPI) aberta para investigar o tráfico de drogas no país. Autor do requerimento de convocação, o então deputado Carlos Lupi (PDT-RJ) defendia uma acareação entre Macedo e Carlos Magno, seu acusador. Seu pedido foi aprovado, mas a confrontação nunca ocorreu. Um acordo parlamentar evitou questionamentos mais embaraçosos. Diante dos deputados, o líder da Universal disse ser perseguido e caluniado, e negou ter enviado integrantes da igreja para buscar dinheiro na Colômbia.[56]

Macedo virava um símbolo do charlatanismo, os principais veículos da imprensa o viam como um embusteiro e punham as ações da igreja sob suspeita. A Universal era tratada pejorativamente como seita. Nos veículos impressos, o título de bispo vinha sempre entre aspas. "Desafio a quem quer que seja para provar que sou um curandeiro ou charlatão. A boca fala o que quer. O papel aceita o que nele se imprime. Até hoje, nem a polícia nem a Justiça conseguiram provar nada contra mim. Simplesmente porque sou um homem limpo, fiel à palavra de Deus. A fé é que cura as pessoas", defendeu-se Macedo, em uma entrevista à revista *Veja*.[57]

Para enfrentar a onda negativa, ele precisava reorganizar a igreja. Ainda em 1991, decidiu nomear vários bispos para auxiliá-lo e alojá-los em postos estratégicos no Brasil e no exterior, em áreas onde a igreja se instalara e começava a crescer. Renato Suhett tornou-se o bispo responsável pelo Brasil; Carlos Rodrigues foi designado para a coordenação política da igreja; Honorilton Gonçalves foi para a Record; na sequência, para a África do Sul.[58] Renato Maduro foi enviado a Boston, Sérgio Von Helde a Los Angeles; Marcus Vinicius Vieira foi cuidar da Argentina, e Paulo Roberto Guimarães, de Portugal. Macedo avançava em novos territórios. Em Portugal, por exemplo, um ano depois da chegada de Guimarães, a igreja começou um programa de trinta minutos na SIC, uma das TVs de maior audiência no país: era a primeira vez que uma igreja ocupava espaço em uma TV aberta em solo português. E um exemplo de ousadia: a SIC mantinha acordo comercial com a Rede Globo. O programa durou um ano, mas garantiu um salto no crescimento da Universal. Os cultos lotavam, em alguns templos os fiéis ocupavam a calçada. A igreja passou a investir na compra de cinemas e teatros para transformá-los em templos.[59] As pressões e ameaças de prisão no Brasil não inibiam o projeto de expansão do bispo.

# 7. Macedo vai às compras

Edir Macedo não recuava, mesmo sob bombardeios. Sua próxima meta era transformar a Record numa expressiva rede nacional, e para tanto ele saiu atrás de emissoras de TV do Rio de Janeiro, Minas Gerais e Goiás. Seus colaboradores de confiança, como Laprovita Vieira, conduziam as negociações; quando necessário, Macedo intervinha. Serviços como a segurança de religiosos e executivos, bem como a entrega e o transporte de valores, ficavam a cargo de um outro grupo organizado para essa finalidade.

Professor de caratê numa academia na Zona Sul de São Paulo, Antônio Canova integrava esse segundo grupo. Loiro, malhado, 31 anos, cem quilos e 1,86 metro, era fã de Arnold Schwarzenegger. Formado em economia na Universidade Mackenzie, adotara o esporte como meio de sobrevivência. No início de 1992, um amigo e aluno da academia, o executivo Ricardo Arruda, o convidou para trabalhar na área administrativa da Universal. Arruda era o administrador da Uni-Factoring, instituição financeira ligada ao grupo Universal, conhecida após as revelações do ex-pastor Carlos Magno.

Canova foi parar na gerência da New Tour, agência de turismo com sede no bairro de Perdizes, adquirida pela igreja em janeiro daquele ano.[1] A empresa, logo transferida para a avenida Paulista, organizava as excursões mensais de bispos, pastores e fiéis ao Muro das Lamentações, em Israel, onde os seguidores acreditam manter uma conexão direta com Deus.² Canova passou a ser convocado para empreitadas importantes de outras companhias do grupo. Devido a seu físico avantajado, se transformou numa espécie de "segurança" de luxo de religiosos e executivos. Integrantes da cúpula da Universal solicitavam sua companhia ao seguir para qualquer missão sigilosa. Canova escoltava, por exemplo, o deputado Laprovita Vieira em frequentes viagens de São Paulo ao Rio e em périplos por cidades do interior fluminense. "Não sei o que ele fazia, nem aonde ia, mas andávamos muito. Ele me chamava e eu embarcava para o Rio. Saíamos em longas viagens, sempre de carro", contou o professor de caratê.³

No dia 28 de fevereiro de 1992, ele foi requisitado para sua tarefa mais difícil: transportar 1,5 milhão de dólares, em espécie, de São Paulo para o Rio. O dinheiro era parte do pagamento da compra da TV Rio[4] e seria entregue ao empresário Múcio Ataíde,[5] sócio na emissora ao lado do pastor Nilson Fanini,[6] líder da Primeira Igreja Batista de Niterói e presidente da Aliança Batista Mundial.[7]

Planejada em detalhes, a operação começou por volta de duas da tarde. Canova seguiu para o prédio da Record, na avenida Miruna, para buscar o então pastor Ronaldo Didini e seu primo Rubem Didini, à época diretor financeiro da TV Record. Os três rumaram para o aeroporto de Congonhas, ao lado, num Honda Accord, pertencente à igreja. O dinheiro — 15 mil notas de cem dólares — foi acomodado em duas bolsas de um metro por quarenta centímetros de altura, do tipo saco de viagem militar, iguais às utilizadas por soldados do Exército americano.[8]

No hangar da TAM, o grupo ainda teve tempo para um bate-papo rápido com o ex-governador Paulo Maluf, então em campanha para a prefeitura de São Paulo. O embarque do trio, num avião fretado da TAM, foi tranquilo.[9] Não havia detector de metais para voos fretados naquela época. O passageiro seguia direto para o hangar, sem revista. Passava-se com a bolsa tranquilamente. No Rio, um grupo da Universal já os aguardava no aeroporto. A comitiva, protegida por seguranças, dirigiu-se a um escritório de Ataíde, na esquina das ruas do Carmo e Assembleia, no centro, onde o empresário os esperava. Numa antessala, estava o deputado Laprovita Vieira. Ali, contou Canova, o dinheiro foi entregue a um advogado da TV Rio, que o depositou sobre uma mesa e passou a contá-lo.[10] Múcio Ataíde aceitou 1,5 milhão de dólares sem reclamar, e o negócio foi fechado. Deram início a uma reunião para acertos burocráticos que só terminou na manhã seguinte. Presentes à reunião, além de Laprovita, a executiva Alba Maria da Costa, da área financeira da Universal; a advogada Maria Almeida, diretora executiva da TV Record; e seguidores da igreja, entre eles o comerciante José Antônio Alves Xavier, o Toninho, dono de uma revendedora de automóveis. Os fiéis assinariam a documentação como compradores oficiais da emissora, seriam os "laranjas" na negociação. Xavier, o revendedor de carros, relatou mais tarde ter visto um movimento de malas de dinheiro e seguranças com "armamento de grosso calibre".[11]

Segundo ex-integrantes da Universal, era comum, no início dos anos 1990, religiosos viajarem de São Paulo ao Rio para recolher o dinheiro ofertado nos cultos. Pastores e funcionários seguiam para a capital fluminense de avião e retornavam de carro, cheio de malas. Viajavam sempre à noite. Na década seguinte, um avião da igreja passaria a recolher, uma vez por semana, o montante doado em capitais como Brasília, Rio, Belo Horizonte e Goiânia. O Rio era o estado campeão em arrecadação. A igreja cresceu depois em Minas Gerais e na Bahia e, por último, em São Paulo, para onde foi transferida sua sede nacional. Um forte investimento no interior impulsou esse crescimento.

Somente 10% do dinheiro arrecadado nos templos era depositado em contas bancárias, segundo Waldir Abrão, ex-diretor da Universal e ex-vereador carioca, em depoimento registrado em cartório, em novembro de 2009.[12] Parte desse valor, conforme relatos, passou a seguir para a capital paulista, onde a contabilidade da igreja foi centralizada. Outro tanto era trocado por dólares em uma casa de câmbio no centro do Rio.[13]

Nos primeiros anos da igreja, ainda nos anos 1980, Macedo teria armazenado grandes quantias em um dos quartos de sua casa, em Petrópolis.[14] O bispo seguia para a região serrana às sextas-feiras e voltava nas manhãs de segunda. "Nos finais de semana, o dinheiro era entregue a doleiros que [o] remetiam para o exterior em operações conhecidas como remessa a cabo", denunciou Abrão, seguidor de Macedo desde os tempos da Igreja da Bênção.[15]

Temendo uma operação policial, o bispo se mudou para a Barra da Tijuca, e teria passado a guardar o dinheiro em sua residência. "Na casa da Barra, o movimento de dinheiro aumentou muito porque as arrecadações da IURD cresciam a cada dia", revelou Abrão. Anos mais tarde, com a construção da Catedral da Fé na avenida Suburbana, no Rio, a tesouraria ganharia um compartimento secreto para guardar doações "disponíveis para necessidades", em espécie.[16]

Ex-bispos e pastores contam que moeda estrangeira era guardada, pois reduziria custos, sobretudo na compra de emissoras de rádio e TV, por não enfrentar o mesmo risco da desvalorização. Ao anunciar o pagamento em dólares, o valor caía. Quem tinha poder de barganha levava a melhor.

Nas negociações para a compra de emissoras, os empresários sempre pediam parte do dinheiro em espécie, contou Ronaldo Didini. Bastava saber que o comprador era Edir Macedo para exigirem o pagamento "por fora". Seria o caso de Múcio Ataíde. Segundo Didini, Macedo se revoltava, e criticava a "podridão do sistema no país". Mas sempre aceitava o jogo, alegando ser o único jeito de impulsionar o crescimento de sua igreja. "Era uma cultura. Não existiam os controles como existem hoje", avaliou o antigo aliado. Macedo, no seu entender, pagava um alto preço por ser quem é: em qualquer transação, o preço dobrava, os compradores o chantageavam. "Nunca antes neste país houve homem tão chantageado", disse Ronaldo Didini.[17] O pastor conta que costumava ouvir do bispo um dito popular: "Ronaldo, o único que andou na linha, o trem matou".[18]

Na compra da TV Sociedade, de Minas Gerais, as negociações, conduzidas por Laprovita Vieira, tinham emperrado. O dono da emissora, o ex-governador de Minas Gerais Newton Cardoso, pedia um valor muito acima do que o deputado se mostrava disposto a pagar. Impaciente, Macedo pegou o avião, viajou a Belo Horizonte e fechou o negócio, aceitando o preço exigido.

Em 1990, antes de sair à cata de novas emissoras de TV, Macedo começou a montar uma estrutura para administrar o dinheiro da instituição e gerar recursos para novos investimentos. Laprovita Vieira comandava a equipe, auxiliado pelo executivo Ricardo Arruda, vindo do Banco Rural. A Universal deveria funcionar como uma empresa lucrativa, no entender do bispo. Foram criadas a LM Consultoria Empresarial, para administrar a Record; duas gráficas e dois jornais, *Folha Universal* e *Hoje em Dia*; as empresas Unimetro Empreendimentos e Cremo Empreendimentos. No ano seguinte, entrou em operação o Banco de Crédito Metropolitano. Esse conglomerado financeiro ajudava a alicerçar as operações comerciais da organização.[19]

Na mesma época, numa reunião da cúpula que se estendeu madrugada adentro, a igreja decidiu abrir duas empresas offshores: a Invest-holding, registrada nas Ilhas Cayman, em 24 de setembro de 1991; e a Cableinvest, instalada na ilha de Jersey, no Canal da Mancha, paraíso fiscal britânico como as

Cayman, em 7 de agosto de 1992.[20] As duas offshores receberiam parte do dinheiro da igreja remetido para o exterior. Os recursos voltariam em forma de empréstimos para empresas do grupo, bispos, pastores, obreiros e fiéis. As pessoas físicas beneficiadas se tornariam os compradores oficiais de emissoras de rádio e TV — os laranjas. Assim, foram adquiridas a TV Rio, do Rio de Janeiro, e a TV Goyá, de Goiás. Na emissora goiana, Waldir Abrão apareceu como um dos sócios.

A Investholding e a Cableinvest ajudaram a alavancar as empresas do conglomerado. O dinheiro, recolhido em espécie, era entregue a doleiros que abriam contas no exterior em nome de pessoas indicadas por Macedo ou outros líderes da igreja.[21] Os recursos voltavam legalmente, por meio das empresas em paraísos fiscais, como empréstimos aos laranjas, visando também investimentos, pagamentos, manutenção e compra de equipamentos.[22] No intrincado esquema arquitetado pela Universal, as offshores, segundo documentos da Junta Comercial de São Paulo, eram acionistas de outras empresas ligadas à igreja, como a Cremo, Unimetro e Credinvest.[23]

O "laranjal" cultivado pela igreja veio a público após as revelações do comerciante José Antônio Alves Xavier, um dos compradores da TV Rio. Pacato cidadão de Irajá, subúrbio carioca, Xavier estudou até o terceiro ano do ensino fundamental. Vivia num pequeno apartamento comprado por meio de um financiamento do antigo Sistema Financeiro de Habitação (SFH). Era dono de uma modesta loja de carros usados em Vicente de Carvalho, bairro vizinho.[24]

Em 1977, aos 32 anos, Xavier passou a seguir Macedo quando ele iniciava suas pregações no templo da Abolição. Dois anos depois se tornaria obreiro, indicado pelo então pastor Renato Suhett. Em 1984, precisou abdicar da função por causa do trabalho, mas nunca deixou de participar dos cultos. Era conhecido por suas doações generosas.

Xavier, a exemplo de outros fiéis com problemas conjugais, dívidas ou envolvimento com drogas e alcoolismo, buscava um futuro melhor e uma forma de superar duras marcas do passado. Anos antes tivera problemas com a Justiça, tendo sido condenado pelo 3º Tribunal do Júri do Rio por tentar matar a tiros, em março de 1971, seu concunhado Manoel Ribeiro. Não chegou a ser preso e a pena foi extinta, conforme processo arquivado na Vara de Execuções Penais.[25]

Os velhos amigos do bairro ficaram surpresos ao saber que, em fevereiro de 1992, Xavier passou a ser um dos donos da emissora carioca de sucesso, que teve em seus quadros o apresentador Chacrinha e comediantes como Chico Anysio e Dercy Gonçalves.[26] O revendedor de carros não tinha estofo, preparo e muito menos condição financeira para possuir uma emissora de televisão. Essa súbita ascensão social em tão pouco tempo era inexplicável.

A repentina transformação na vida de Xavier começou numa manhã de verão, no início de 1992, após um telefonema do deputado Laprovita Vieira chamando-o para uma conversa na Rádio Copacabana.[27] Contou que ele fora um dos "eleitos" pelo bispo Macedo para emprestar seu nome para a compra da TV Rio. Laprovita explicou a proposta detalhadamente: a igreja adquiriria a emissora, mas não podia fechar o negócio em nome dos bispos devido a problemas recentes ocorridos com a Record em São Paulo. Xavier poderia ficar tranquilo, uma equipe de economistas e advogados teria sido contratada na capital paulista para conduzir a transação. Não haveria riscos, transtornos nem contratempos.

Ressabiado, o comerciante pediu um tempo para pensar. Dois dias depois, ele atendeu uma ligação do próprio Edir Macedo. Sedutor e persuasivo, o bispo reiterava o pedido, conferindo à missão uma aura sagrada. Explicou calmamente que a escolha para tão nobre incumbência seria "um chamado de Deus para [a] continuação da obra evangélica". E o confortou: podia confiar plenamente na igreja. Ainda assim, o obediente fiel, um tanto receoso, queria mais um prazo para refletir e ponderar.[28]

Mas a fé e a crença nas palavras do bispo acabaram vencendo. Xavier decidiu aceitar o "chamado". Três semanas depois, ele se encontraria com Laprovita na Rádio Copacabana. Fez questão de lembrar ao deputado que não tinha dinheiro para comprar uma emissora de televisão e ouviu a mesma ladainha: que não se preocupasse etc. E o deputado o convocou para uma reunião no escritório de Múcio Ataíde. Às cinco da tarde do dia combinado, ele se viu numa sala com outros cinco fiéis, mais os dirigentes da igreja e da TV. Saiu somente na manhã seguinte. Nesse período, assinou dezenas de documentos, sem imaginar as consequências nem se dar conta do que fazia, afirmou seu advogado, Marcelo Travassos.[29]

O comerciante nunca recebeu um centavo da igreja como dividendo pelas cotas, garantiu seu defensor. Um mês depois da compra, Xavier compareceu a uma agência do Banco Holandês Unido, na rua da Quitanda, no centro do Rio, para retirar um cheque administrativo em seu nome e endossá-lo. Os outros laranjas fizeram o mesmo. E depois seguiram para o escritório de Ataíde. Laprovita entregou os cheques ao empresário. O ritual seria repetido mensalmente, até a quitação da dívida.[30]

Com o saldo bancário quase sempre no vermelho, Xavier surpreendentemente foi beneficiado, da noite para o dia, com dois vultosos empréstimos das duas offshores ligadas à igreja. Caíram em sua conta, magicamente, e ainda que por pouco tempo, 800 mil dólares da Investholding Ltd, e 950 mil dólares da Cableinvest Ltd. Em 1993, vieram novos aportes, no mesmo valor. No total, 3,5 milhões de dólares. Com o dinheiro comprou um sexto da TV Rio,[31] sem precisar oferecer qualquer garantia.

Passava, assim, a integrar o seleto clube de empresários de comunicação do país, uma espécie de Silvio Santos ou Roberto Marinho do subúrbio. Façanha compartilhada com outros cinco frequentadores dos cultos da Igreja Universal: o advogado Claudemir Mendonça de Andrade, o militar reformado Márcio de Lima Araújo, a economista Alba Maria Silva da Costa, o dentista João Monteiro de Castro dos Santos e o farmacêutico José Fernando Passos Costa. João Castro era um velho conhecido de Xavier dos cultos na Abolição. Os outros ele ficou conhecendo no dia do fechamento do negócio da TV, no escritório de Múcio Ataíde.

Os fiéis arregimentados eram todos cidadãos, se muito, de classe média. Os seis laranjas assinaram documentos comprovando o recebimento de 75 empréstimos da Investholding e da Cableinvest, no total de 20 milhões de dólares, divididos em quinze parcelas, o valor pago oficialmente pela TV Rio.

Mesmo sem embolsar um tostão — afinal, seu nome fora apenas usado para viabilizar as operações —, Xavier mudou de status. Não ficou rico, mas passou a viver melhor e a gozar de prestígio na igreja. E a partir daí trilhou o caminho destinado à maioria dos novos-ricos de subúrbio. Adquiriu um apartamento na Barra da Tijuca, no condomínio Sunset, localizado na rua Jornalista Henrique Cordeiro. Montou uma loja de automóveis, a Toni's Barra Veículos, no térreo de um templo da Universal, na avenida das Américas, a mais movimentada da Barra.[32] Saíam de cena os Chevettes, Unos, Gols e Monzas para dar lugar a luxuosos modelos de marcas importadas.

O único benefício direto que o bispo lhe deu com a cessão de seu nome para a compra da TV Rio foi a prioridade para a locação do ponto comercial.

Xavier passou a ter a oportunidade de fechar bons negócios, mudando de patamar e ascendendo socialmente.

As oportunidades batiam à sua porta. Quando Xavier começou a vender carros importados, a Universal se tornou uma de suas principais clientes. E ele sabia como retribuir os afagos. Cedia automóveis para bispos, pastores e convidados vindos do interior, de outros estados ou de fora do país para cultos e encontros religiosos. Também emprestou a Macedo um Volkswagen Santana, verde pantanal, ano 1991.[33]

A bonança estava com os dias contados. Tempos bicudos vieram quando o Ministério Público e a Receita Federal começaram a questionar a negociação da emissora. A partir de indícios de crime de sonegação fiscal, a Polícia Federal abriu inquérito para apurar a origem dos recursos utilizados na compra da Record em São Paulo e no Rio, e a acusação de remessas ilegais ao exterior passou a ser investigada. Mais tarde, a Receita iniciou uma devassa nas empresas ligadas à Universal. Os sigilos fiscal e bancário dos seis laranjas foram quebrados por determinação do Ministério Público Federal e Xavier depôs no inquérito na Polícia Federal, enviado depois ao Supremo Tribunal Federal.

O comerciante acabou indiciado pela PF por lavagem de dinheiro e sonegação fiscal. Respondeu a uma ação de execução fiscal da Receita, que lhe cobrava uma dívida de 2,7 milhões de reais do imposto de renda. Xavier ainda enfrentaria outros problemas. Foi vítima de uma tentativa de sequestro na Linha Vermelha, na Zona Norte. Assediado pela imprensa, passou a dormir fora de casa. Na mira da polícia e da Receita Federal, decidiu fechar a loja.[34] Os outros cinco laranjas também tiveram de explicar à Justiça como conseguiram os empréstimos para a compra da TV.[35]

Quando os problemas começaram, Xavier procurou o bispo Paulo Roberto Gomes, na Abolição, em busca de apoio. O religioso tentou acalmá-lo, disse que não ia dar em nada. Aflito, o comerciante pediu para retirar seu nome da documentação que atestava ser ele um dos donos da emissora. O bispo alegou que nada podia fazer, pois a questão já estava sendo analisada na Justiça.[36]

Mais tarde, as ações da emissora em nome de Xavier foram repassadas ao já bispo Carlos Rodrigues, da Universal. Como a igreja possuía procurações assinadas em branco, essas transferências eram facilitadas. Os processos na Justiça prosseguiam. Oito anos depois de emprestar seu nome, Xavier resolveu mover uma ação de responsabilização civil contra a Universal, reivindicando uma indenização. O bispo Rodrigues contestava as alegações de que o fiel fora iludido. "É infantilidade dele falar uma coisa dessas. Ele está querendo ganhar dinheiro em cima da igreja", acusou. A Justiça Estadual do Rio negou o pedido de Xavier e o processo foi encerrado em 2009.

A quebra dos sigilos fiscal e bancário de todos os envolvidos na compra da TV Rio comprovou que eles possuíam bens modestos antes da aquisição da emissora.[37] A fiel Alba Maria da Costa tinha rendimentos anuais equivalentes a 2,6 mil dólares (valor calculado em dólar, dada a inflação quando da aquisição da emissora). E era dona apenas de uma linha telefônica — até a privatização das teles, realizada em 1998 pelo governo FHC, o telefone era considerado um bem de valor.

O advogado Claudemir Andrade possuía uma casa em Santa Rosa, Niterói, e 50% de um imóvel no loteamento Santa Clara, no município de São Pedro da Aldeia, na Região dos Lagos do Rio de Janeiro. Seus rendimentos não ultrapassavam 15 mil dólares anuais. José Fernando Costa era dono de uma velha perua Ford Belina ano 1981 e de uma casa em Araruama, também na Região dos Lagos. Sua renda era de 5,4 mil dólares ao ano.[38]

Coronel aviador da reserva da Aeronáutica, em 1994 Márcio de Lima Araújo se apresentava como um homem pobre quando se elegeu deputado estadual em São Paulo, pelo então PPR. Em sua declaração de bens constava um Ford Escort ano 1985, no valor de 4,1 mil reais. Recebia mil reais por mês como pastor da Universal e uma aposentadoria da Aeronáutica de 3 mil reais.[39] A relação de bens de João Monteiro de Castro não foi divulgada.

A maior parte dos laranjas cresceu na estrutura da Universal e passou a ocupar posição de destaque na hierarquia da instituição. Ninguém em São Paulo conhecia o coronel Araújo, por exemplo — pernambucano de Recife radicado no Rio —, e ele virou deputado da noite para o dia. Graças aos votos da igreja, foi eleito praticamente sem mostrar a cara aos eleitores. Em sua primeira eleição, obteve expressivos 43 mil votos, número difícil de ser alcançado até por políticos experientes. No ano seguinte, teve uma meteórica passagem como secretário municipal de Esportes de São Paulo, no governo de Paulo Maluf. Ao disputar o segundo mandato, pelo PFL, em 1998, quase dobrou a votação: 74 mil. Em 2002, não concorreu à reeleição.

A economista Alba Maria da Costa tornou-se uma das principais gestoras do grupo Universal e pessoa de extrema confiança de Edir Macedo. Seu pai,

Albino Silva, era velho conhecido de Macedo, aquele que descobriu um galpão para o primeiro templo e, junto com a mulher Maria Veronese, foi um seguidor entusiasta e participativo. Logo no início, no templo da Abolição, era o responsável pelas finanças e contabilidade. Mais tarde, a economista Alba passaria a ser diretora da TV Record e do Banco de Crédito Metropolitano, além de procuradora no Brasil da Investholding e da Cableinvest. O farmacêutico José Fernando Passos Costa chegou a ocupar o cargo de diretor de Assuntos Corporativos da TV Record, em São Paulo, além de assessorar o deputado Laprovita.

Claudemir Andrade, um advogado alto e de cabelos brancos, extrovertido e bom de conversa, passou a integrar a equipe jurídica da Universal, atuando em ações na área cível. Elegeu-se vereador pelo PSDB, em Petrópolis. Abandonou depois a Universal, migrando para a concorrente Internacional da Graça de Deus, do cunhado de Macedo, R. R. Soares. O dentista João Monteiro de Castro também ascendeu na igreja. Ex-obreiro, era mais um dos fiéis de primeira hora do templo da Abolição. Foi eleito vereador no Rio, em 2000, e depois deixou a Universal.

O que pareceu uma grande oportunidade para os fiéis que serviram de laranja transformou-se numa imensa dor de cabeça para a Universal. Os seis seguidores tiveram de explicar à Justiça a origem dos recursos utilizados na compra da TV Rio. E, enquanto se consolidava o esquema de remessa de dinheiro ao exterior via offshores, Edir Macedo se via às voltas com o cerco da polícia paulista, com o prosseguimento do inquérito para apurar as denúncias de estelionato, charlatanismo e curandeirismo.

# 8. O mártir

Um escândalo político abalou o Brasil na manhã de domingo, 24 de maio de 1992. A revista *Veja* trazia uma entrevista devastadora do empresário Pedro Collor[1] com acusações graves contra seu irmão, o então presidente Fernando Collor de Mello. Impetuoso e obstinado, o empresário decidira escancarar ao país segredos de Paulo César Farias, amigo do presidente e ex-tesoureiro de sua campanha. PC tornara-se testa de ferro do presidente em esquemas de chantagens, extorsões e tráfico de influência. Foi o início de um processo que culminou no impeachment de Collor.

Enquanto as atenções da mídia e da quase totalidade dos brasileiros se voltavam para Brasília, um grupo de doze policiais civis, entre delegados e investigadores, estava de prontidão, desde cedo, na rua Promotor Gabriel Netuzzi Perez, em Santo Amaro. Os policiais cercavam um templo da Igreja Universal do Reino de Deus, à espera da saída de seu líder. Usavam carros com chapas frias para não dar na vista.[2]

No interior do templo, Macedo comandava um culto para uma multidão de 3 mil fiéis. A cerimônia começara por volta das dez horas da manhã. O bispo deixou a igreja às 13h30, com ar de cansaço, depois da longa e extenuante pregação. Os policiais decidiram não abordá-lo ali, para evitar tumulto e comoção.

Com Ester, a filha Viviane e uma amiga da família, Macedo entrou no Santana que lhe havia sido cedido pelo fiel José Antônio Xavier. O carro fez uma conversão à direita e ganhou velocidade na rua São Benedito, próxima da igreja. Duzentos metros à frente, os policiais, com metralhadoras, revólveres e escopetas, o interceptaram. Ester ficou apavorada, temendo um sequestro.

O chefe da operação, delegado Marco Antonio Ribeiro de Campos, da Divisão de Capturas do Departamento Estadual de Investigações Criminais (Deic), se identificou: "Tenho um mandado de prisão contra o senhor. Vai ter de nos acompanhar". Viviane, então com dezessete anos, saltou do carro e gritou, desesperada: "Meu pai! Meu pai! Pelo amor de Deus, levaram meu pai!".[3] O deputado federal Laprovita Vieira, dirigente da igreja que seguia em outro veículo, também desceu rapidamente e mostrou a carteira de parlamentar.[4] Tentou intervir e foi afastado pelos agentes. Reclamou de ter sido empurrado, esbravejou, mas não conseguiu impedir a prisão. Ester, desnorteada, ligou para o bispo Honorilton Gonçalves e pediu ajuda.

Levado para o camburão, Macedo sentou no banco de trás, entre dois investigadores. O delegado tentou ser gentil: "Está sentindo frio?", perguntou. O bispo acenou positivamente e o policial ergueu os vidros do veículo. A tensão aumentava. "Não é só pobre que vai para a cadeia, rico também", tripudiou o delegado. Macedo disse desconhecer os motivos da detenção: "Não sei do que se trata".[5]

Os policiais cumpriam pedido de prisão preventiva decretada pelo juiz Carlos Henrique Abrão, da 21ª Vara Criminal de São Paulo, no inquérito para apurar as acusações de estelionato, charlatanismo e curandeirismo. O juiz havia acatado a denúncia dos promotores de Justiça Gabriel Inellas e José Eduardo Casarini de que fiéis, durante os cultos, recebiam envelopes e a orientação de depositar dinheiro a fim de serem abençoados. Uma frequentadora contou ter sido obrigada a retirar até os brincos da filha pequena e entregá-los ao pastor, enquanto outros relatavam ter ficado sem o dinheiro da condução para voltar para casa.

O juiz considerou "estarrecedoras" as provas e alegações juntadas nos autos e determinou a prisão por entender que o líder da Universal propagava sua doutrina "contando com a colaboração de [...] pessoas incautas e incultas, com o propósito notadamente mercantilista", que se divorciaria do projeto social da igreja.[6] Abrão justificou a detenção preventiva afirmando ser necessário "garantir a ordem pública e a normalidade da instrução criminal" e também "a defesa dos interesses da sociedade". Os defensores do bispo, em contrapartida, julgavam a prisão uma medida "violenta e inconstitucional, sem nenhuma justificativa", sustentando que, mesmo se ele viesse a ser condenado, por ser réu primário e ter bons antecedentes, teria direito a prisão domiciliar.[7]

Macedo foi encaminhado à sede da Divisão de Capturas do Deic, em Santana. Ao chegar, ligou para seu advogado, Campos Machado, deputado e líder do PTB na Assembleia Legislativa paulista, que logo acorreu, acompanhado do vereador e membro da igreja Osvaldo Sanches. Indignado, o defensor enfatizava que a detenção era uma grande injustiça, que as autoridades sabiam onde encontrar o bispo e que, portanto, não havia motivos para prendê-lo. Só poderia ser perseguição política e religiosa, bradava.[8]

Por ser um líder religioso, Macedo teve direito a cela especial, determinado por lei. Dali foi transferido para o 91º DP, na Vila Leopoldina, conhecido como a cadeia do "colarinho-branco". A delegacia abrigava detentos com curso superior, a maioria dos quais acusados de delitos mais leves como estelionato e não pagamento de pensão alimentícia. Entre eles, pessoas detidas em flagrante ou com prisão preventiva decretada, e que portanto ficavam pouco tempo na delegacia e acabavam removidas para outros presídios ou eram postas em liberdade, enquanto seguia o processo. Vinte e quatro presos aguardavam decisão. A recepção a Macedo na cadeia foi tranquila, até mesmo acolhedora. Alertados pelos policiais, os presos prepararam-se para sua chegada. Já tinham visto na TV uma reportagem sobre a prisão.

Na entrada da delegacia, havia o balcão de atendimento e a mesa do plantão policial, com um computador. Ao fundo, um corredor dava acesso a uma galeria com seis celas de paredes brancas — três de cada lado, nem todas ocupadas, cada uma com 25 metros quadrados. Inicialmente instalaram Macedo numa cela individual. Abalado e cabisbaixo, por longo tempo ele permaneceu sentado num pequeno assento de concreto, à esquerda da porta, com as duas mãos à frente dos joelhos.[9]

Ester conseguiu encontrar o marido no DP logo no início da noite. "Ele estava calmo. Chorei muito ao vê-lo", contou.[10] Ronaldo Didini chegou depois. Vinha de Goiânia — onde era o responsável pela igreja — para gravar o programa *25ª Hora*, na TV Record, como fazia todos os domingos. Naquele momento, a atração era comandada, de segunda a sexta, pelo bispo Honorilton Gonçalves e o então pastor Marcelo Crivella. Didini mandou repetir o programa do dia anterior e seguiu para o distrito. Figura já conhecida por suas aparições na televisão, ele foi autorizado a entrar.

Ao vê-lo, Macedo cruzou os braços e desabafou: "Está vendo? Olha aí a que ponto chegamos. É o poder, rapaz. O poder faz isso com a gente. Você vai começar a entender melhor as coisas daqui por diante. Fui preso saindo do culto. Não me deram direito a nada e me trouxeram para cá. O 'seu Vieira' foi falar com o delegado responsável pela prisão, mostrou a carteira e foi empurrado. Este é o país em que a gente vive. Estou muito revoltado. E não se acha ninguém nessa hora para pedir ajuda".[11]

O bispo reclamava dos governantes que o bajulavam e frequentemente lhe pediam apoio e votos. Líderes da igreja tentaram contatar políticos importantes, o então governador Luiz Antônio Fleury Filho e o prefeito paulistano Paulo Maluf, além do ex-governador Orestes Quércia, mas nenhum foi encontrado. Àquela altura, o presidente Collor mal conseguia ajudar a si próprio. "Sumiram todos. Não conseguimos falar com qualquer autoridade. Nenhum governante nos ajudou", ressentia-se Didini.[12]

Mas ao menos dois políticos saíram em defesa de Macedo: o então presidente nacional do PT, Luiz Inácio Lula da Silva, combatido e visto como um demônio pela Universal na eleição de 1989; e o então deputado federal pelo PSDB Aloysio Nunes Ferreira. Ambos, em diferentes espectros políticos, viram a detenção como fruto de perseguição. "Prender sob o argumento de que ele engana as pessoas com sua religião é um absurdo. Os seguidores têm fé naquilo que querem. Se não tomarmos cuidado, daqui a pouco a polícia está na sua casa, prendendo qualquer um, sem nenhum critério",[13] dizia o então dirigente do PT.

À noite conduziram Macedo a uma cela coletiva e ele passou a dividir o espaço com outros seis presos. Recusou o cardápio trivial oferecido na prisão: arroz, feijão, bisteca e polenta. Ali, os presos também podiam fazer sua própria comida. E recebiam alimentos de familiares. Uma vez por semana um deles era autorizado a sair para comprar mantimentos num supermercado Sonda das imediações.[14]

Na hora de dormir, não havia lugar para o recém-chegado. Eram apenas três camas de solteiro. Os outros detentos dormiam no chão. O "chefe da cela" orientou o bispo a estender um colchonete. O xadrez tinha aparelho de TV, videocassete, rádio, ventilador e um fogão. As necessidades eram feitas num banheiro de campanha — o chamado "boi", um buraco no chão — resguardado por uma cortina de plástico branca. Não cheirava mal, havia produtos de limpeza à disposição.[15]

O séquito de Edir Macedo esteve presente no DP nos dias seguintes. Na segunda-feira, mais de cinquenta representantes da igreja lotavam o saguão do primeiro andar, entre eles a esposa, Ester; o irmão, Celso; o sobrinho, Marcelo Crivella; o deputado Laprovita Vieira; e o bispo Honorilton Gonçalves. Laprovita reforçava o discurso de que a prisão era inconstitucional: "Estamos vivendo dias de Nero, só que a arena é outra, os leões são outros". A presença de uma equipe da TV Globo no DP no ato da prisão revoltou ainda mais os integrantes da igreja. Do lado de fora do distrito, fiéis oravam, cantavam, pediam a libertação do bispo. "Todo cristão foi sempre perseguido e Jesus passou por muitos sofrimentos, como o bispo está passando", afirmava a seguidora Eva Maria de Oliveira, à frente da delegacia. "É tudo por causa do crescimento da igreja, da compra da TV Record, que está subindo no Ibope", acusava o pastor João Carmo.[16]

Por coincidência, o titular do 91º DP, Darci Sassi, fora o responsável pelo inquérito aberto na Delegacia de Crimes contra a Fé Pública para apurar as denúncias de estelionato e curandeirismo contra Macedo. Ele se dizia surpreso com o pedido de prisão do bispo — a acusação deveria ser tipificada como exploração de credulidade pública, um delito muito mais leve, e não como estelionato, em sua visão. Ao ver o bispo no DP, perguntou o motivo da detenção. "Ele respondeu que era pelo problema lá de trás. Não acreditei que o inquérito pudesse resultar naquilo. Não o via como uma ameaça à sociedade. De qualquer forma, ele devia estar com uma baita raiva de mim por eu ter prosseguido com a investigação", concluiu o delegado.[17] Depois de iniciar a sindicância, Sassi havia mudado de delegacia e não acompanhou o processo.

As portas de ferro da prisão ficavam abertas dia e noite, circulava-se livremente pelos corredores. Uma porta lateral, à direita, dava acesso a um campo de futebol, ao lado da delegacia, para o lazer diário. Como todos ali estavam em prisão temporária e aguardavam o desfecho de seus casos, ninguém tinha interesse em fugir. Macedo esperava resposta ao habeas corpus impetrado por seus advogados. Um primeiro pedido de liminar, apresentado imediatamente após a detenção, fora negado pelo desembargador Dagoberto Salles Cunha Camargo, então segundo vice-presidente do Tribunal de Justiça de São Paulo. Três dos companheiros de cela do bispo eram advogados — dois acusados por estelionato, o outro por tráfico de drogas.[18] O ambiente era propício ao debate sobre temas jurídicos e soluções para a situação de cada um.

Macedo não era o único famoso na cadeia VIP. Lá também estava o ex-delegado Josecyr Cuoco, citado em listas de torturadores no período do regime militar, nos anos 1970. Cuoco fora chefe da equipe de interrogatório do antigo Departamento Estadual de Ordem Política e Social (Deops), em São Paulo. Quando comandava o Grupo Antissequestro (GAS) da Polícia Civil paulista, em 1987, foi acusado de extorquir 1 milhão de dólares de um fazendeiro e de um advogado no inquérito do sequestro do banqueiro Antônio Beltran Martinez.[19] Naquele ano de 1992, o ex-delegado estava preso por abuso de autoridade, entre outras acusações.

Cuoco, inconformado com a prisão, chorava muito e se sentia confortado ao conversar com o bispo. Elogiava muito Macedo. Dizia que o bispo tinha uma "cabeça boa" e suas afirmações e alertas ao colega de cela "faziam sentido". E ele não estava sozinho. O advogado preso por estelionato não dormia, batia a cabeça na parede, chutava as grades, arrumava confusão com os demais detentos, mas se acalmava com os conselhos do líder da Universal. Ajudando e orando com os colegas, o bispo conseguiu ascendência sobre eles.

Na cadeia, Macedo virou uma estrela. A TV não parava de falar sobre a prisão, os detentos acompanhavam os noticiários. O bispo tentou converter até o delegado, com quem conversava muito. "Ele falava muito da Bíblia, dizia que seríamos todos perseguidos, atirados aos lobos", contou Sassi, hoje aposentado e atuando como advogado em um escritório na cidade de Campinas (SP). Macedo não conseguiu catequizá-lo. "É difícil convencer um delegado. Mas deu para perceber que ele acredita naquilo que prega e sente o que está falando", sentencia o ex-delegado.[20]

Na biografia oficial do bispo, sua prisão adquiriu contornos de sofrimento e aflição. "Foram onze dias de dor, onze dias de tormento, onze dias de desespero. Onze dias de revolta", lamentou Macedo.[21] No entanto, a história não teria sido bem essa. "Se alguém falar que ficou preso lá naquela época e sofreu, não é verdade. Está fora de si. Não era uma prisão terrível, muito ao contrário", garante Sassi. Os presos tinham liberdade, conversavam uns com os outros. Quem quisesse, ficava na cela. Quem não quisesse podia jogar futebol ou fazer qualquer outra atividade no pátio. Só não podia circular na área do plantão e na quadra à noite, nem usar drogas ou fazer sexo nas celas. O ex-delegado informou que todo dia verificava xadrez por xadrez, cama por cama, banheiro por banheiro, para conferir a higiene e a ordem. Era uma cadeia diferente, praticamente um regime de semiliberdade. À noite, os detentos se recolhiam sem necessidade de chamada.

Macedo dormiu ao lado de Ester na cadeia. Uma sala do cartório, no primeiro andar da delegacia, foi preparada para receber o casal já a partir do segundo dia, revelou Didini. Havia uma cama de solteiro na sala, na qual o bispo repousava com a mulher. Didini diz ter ficado ao lado dos dois o tempo todo, só se separando quando eles decidiam se recolher. "Eu colocava um banco na porta e deitava ali mesmo, para ninguém entrar", contou. Só na manhã seguinte, ele entrava novamente na sala. Durante o dia, "despachava" no local. Acompanhava todos os passos de Macedo, até quando ele ia ao banheiro. "Ele dizia: 'Aqui, não, pô!'", relembra Didini. O bispo Carlos Rodrigues, então coordenador político da igreja, brincava: "Nem o Saddam Hussein conseguiu um segurança como esse".[22]

Macedo recebia líderes da igreja e deputados, além de artistas como Gugu Liberato, à época apresentador de TV do SBT, e políticos como o deputado Aloysio Nunes Ferreira. R. R. Soares, acompanhado da mulher, Magdalena, levou sua solidariedade ao cunhado, com quem estava rompido. Até o folclórico Beijoqueiro, o português José Alves de Moura — pseudocelebridade à época, depois de constranger o papa João Paulo II, Frank Sinatra e Roberto Carlos —, apareceu no DP. Não conseguiu beijar o bispo, mas lhe entregou rosas.

A movimentação alterou a rotina no DP, sem causar sustos ou imprevistos. Macedo deixou a sala improvisada apenas quatro ou cinco vezes. No período de sua estadia houve uma inspeção da corregedoria dos presídios, durante a qual ficou atrás das grades. Bem como atrás das grades ele se manteve quando recebeu os jornalistas, dois dias depois da prisão. Foi então que ocorreu a produção da célebre fotografia do bispo solitário na cela, de óculos, sentado e pernas cruzadas, com uma Bíblia nas mãos. A imagem estampada nas manchetes no dia seguinte comoveu os fiéis.

O bispo aparentemente fora surpreendido num momento de meditação, porém a cena seguiu um script. Na porta da delegacia, repórteres insistiam por uma entrevista. Macedo e parte do núcleo duro da igreja ali reunido — sua irmã Edna, Honorilton Gonçalves, Crivella, Didini e Sanches — discutiam a conveniência de atender aos pedidos. Quando, enfim, o bispo concordou em falar aos jornalistas, o então deputado e comentarista da Record Arnaldo Faria de Sá chegou e deu uma opinião providencial: o mais prudente seria receber apenas fotógrafos e cinegrafistas, assim não haveria o risco de Macedo ser "mal compreendido" e ter sua fala editada de modo inconveniente.[23]

O núcleo duro aprovou a ideia. O próximo passo foi avaliar o cenário ideal para as imagens. Crivella, Gonçalves e Edna sugeriam a sala da delegacia. Faria de Sá, mais uma vez, interveio: o bispo não deveria ser fotografado na sala, podia "dar algum rolo", um flagrante do bispo fora do cárcere provocaria reações negativas. Melhor seria se ele descesse e entrasse na cela com uma Bíblia nas mãos, sugeriu. Proposta aprovada. Macedo entrou na cela e puxou um banquinho. Cruzou as pernas, pegou a Bíblia e esperou os fotógrafos. "A foto teve um efeito positivo. Reverteu-se todo o clima criado", orgulha-se ainda hoje o deputado.

Em mensagem dirigida aos fiéis pela TV Record, Macedo, na cadeia, disse que encarava sua prisão como um batismo de fogo. "Me sinto como um apóstolo, porque estou sentindo o que eles sentiram naquela época", declarou. O bispo considerou injusta e desnecessária a espalhafatosa detenção no meio da rua. Disse estar em paz consigo mesmo, mas contrariado pelos males causados aos familiares. Ficou preocupado com as filhas ao verem-no sendo arrancado do carro. Elas não sabiam se o pai estava sendo sequestrado. "A quem eu enganei? A quem eu ultrajei? A quem eu roubei? A quem eu fiz mal? [...] Quem foi prejudicado pelo meu trabalho?", indagava Macedo.[24] "Eu estava dirigindo o carro. Eles pararam, me puxaram pelo paletó, me arrancaram do carro estupidamente. Eu fiquei pasmo, fiquei patético, quase que imobilizado [...] anestesiado naquele momento. Até que eu fui jogado para dentro do camburão. [...] Vieram dois policiais, um de cada lado, à minha esquerda e à direita, e os dois na frente, o motorista e mais um. E eles saíram em disparada", relembrou o bispo, anos depois.[25]

Na passagem pela delegacia da Vila Leopoldina, houve outro episódio marcante: a áspera discussão entre o fundador da Universal e Honorilton Gonçalves. Líderes da Universal temiam que a prisão se estendesse por um longo período. Honorilton avaliava que Macedo radicalizara o discurso contra a Igreja católica, e também arranjara inimigos na política — entre eles o então prefeito Paulo Maluf — ao tomar decisões como o cancelamento do debate na Record na eleição de 1990. "A culpa é sua. A situação chegou a esse ponto [a prisão] por sua única e exclusiva responsabilidade", criticou Honorilton, chegando a botar o dedo na cara de Macedo. Ester interveio: "Pare com isso! Você não vê que ele está fragilizado preso neste lugar?". Didini retirou o colega da sala. Jamais alguém confrontara o líder daquela maneira.[26] "O Honorilton às vezes discordava do Macedo. Mas eram divergências normais, nunca manifestadas daquela maneira", testemunha Didini.[27]

Uma visita do deputado Bebetto Haddad também incomodou Honorilton. Bebetto acenava com uma mobilização de parlamentares da base do então presidente Fernando Collor em favor do líder da Universal. Mas o deputado, segundo dirigentes da igreja, queria em troca um aval à sua reeleição. Honorilton mais uma vez foi duro. "Se o Macedo der apoio a esse homem novamente, a igreja vai se dividir. Vai acontecer uma cisão", ameaçou.[28] Bebetto nega essa conversa com Macedo e a intervenção intempestiva. Mas, coincidentemente, depois do novo incidente, ele nunca mais teve espaço na Universal.

Na contramão da visão pessimista de Honorilton — que vislumbrava um futuro sombrio para a igreja, dadas as brigas políticas e confrontos com os católicos —, Macedo avaliava o momento como uma fase de provação. "Tenho certeza de que isso [a prisão] é para o bem da igreja e da causa que abraçamos", dizia. Para ele, a suposta perseguição traria dividendos para a igreja, com a união e a mobilização dos fiéis.[29]

Macedo saiu uma vez, de camburão, para o Fórum João Mendes, quando foi ouvido pelo juiz Carlos Henrique Abrão. Na sala do interrogatório, teve uma surpresa: havia um padre. "O homem estava lá, de batinazinha preta, sentado, sem falar nada e ouvindo tudo. Não conseguíamos entender aquilo. O que um padre foi fazer ali? Ninguém deu qualquer explicação", lembra Ronaldo Didini. Até hoje a figura misteriosa não foi identificada. O deputado Faria de Sá comentou o fato no programa *Record em Notícias*, atacou duramente o juiz Abrão. O magistrado pediu autorização ao Supremo Tribunal Federal para processá-lo, mas o então ministro Nelson Jobim negou.

Na Justiça paulista, dois pedidos de habeas corpus haviam sido impetrados em favor de Edir Macedo, sem êxito. No dia 1º de junho, por sugestão do vereador Osvaldo Sanches a Universal decidiu contratar o criminalista Márcio Thomaz Bastos.[30] "Só tem uma pessoa que consegue tirar o bispo daqui", profetizou Sanches. Amigo de Luiz Inácio Lula da Silva, Bastos advogava para o PT. E transitava com igual ou maior desenvoltura entre a elite econômica e financeira do país. Em sua longa carreira, defendeu empresários e banqueiros, construtoras poderosas e gigantes multinacionais. Notabilizou-se pela atuação em casos de grande repercussão como os julgamentos do cantor Lindomar Castilho, em 1984 — acusado de matar a mulher Eliane de Grammont —, e dos assassinos do líder ambientalista Chico Mendes, em 1990. Em ambos os casos, como assistente de acusação, colaborou com a condenação dos réus. Mais tarde, assumiria a defesa de figurões em casos de grande repercussão, como o médico Roger Abdelmassih, acusado de estuprar clientes de sua clínica de fertilização, e o empresário Eike Batista, réu em ações por crimes contra o mercado financeiro.

Bastos era chamado de "God" nos meios jurídicos. Convencido do poderio e da influência daquele deus, Macedo despachou Ronaldo Didini para sua cobertura triplex de seiscentos metros quadrados, em Higienópolis. Passava das dez da noite. De pijama, o advogado recebeu o pastor. Para aceitar a causa, fez um pedido insólito: queria uma folha A4, em branco, assinada pelo bispo. Era a única exigência. "Pegue lá a assinatura e traga aqui que eu assumo o caso", orientou. Sem entender bem, na hora, Didini retornou à delegacia e trancou-se com o bispo na sala. "O homem é forte mesmo. Quer uma prova de confiança, lealdade e autonomia", explicou ao bispo. Macedo não pensou, nem piscou. Assinou a folha em branco sem titubear.[31] À época, os honorários do defensor teriam sido o equivalente a 500 mil dólares. Outro conhecido profissional da área jurídica que também participou da defesa, José Roberto Batochio, teria recebido outros 500 mil dólares.

O preço foi alto também para Bastos, criticado por assumir a defesa do bispo. E até mesmo de onde ele menos esperava: de dentro de casa. Ateu, mas coroinha na infância e criado em uma família católica, foi repreendido pela filha única, Marcela, empresária na área de educação. Ela implorou: "Pai, não faça isso". Tranquilo, Bastos devolveu: "E você acha que a Igreja católica fez o que durante todos esses anos?".[32]

Além de buscar reforço de peso no campo jurídico, a Universal mobilizou seus seguidores pela libertação de Macedo. Fiéis abraçaram o 91º DP. Um protesto foi realizado em frente à Assembleia Legislativa de São Paulo, no parque do Ibirapuera; seguidores cercaram o prédio, cantaram e oraram. Pastores de várias denominações encaminharam um manifesto aos deputados, no qual defendiam a liberdade religiosa.

A entrada em cena de Thomaz Bastos, porém, surtiu efeito rapidamente. Bastaram três dias. O criminalista entrou com o terceiro pedido de habeas corpus na Justiça paulista, sob a alegação de que Macedo tinha bons antecedentes, família e residência fixa, daí não existir motivo para detenção. Não haviam sido comprovadas tentativas de obstrução da Justiça. "O constrangimento é ilegal. Não há necessidade da prisão. Em liberdade, vamos ver se houve crime. Estamos diante de um caso em que vão entrar em jogo princípios extremamente importantes, como a intolerância, o preconceito, o conflito entre as religiões, o princípio da liberdade de culto", sustentou.[33] Os juízes da 8ª Câmara do Tribunal de Alçada Criminal decidiram, por unanimidade, libertar o bispo. Bastos e o colega Batochio deixaram o tribunal e foram para a porta da delegacia. Aguardaram a chegada do alvará de soltura e comemoraram ao lado do bispo. Os fiéis, comovidos, cantavam e oravam.

# 9. O contraponto

Após sair da prisão, o objetivo de Edir Macedo era garantir a transferência da concessão da TV Record para o seu nome. A emissora crescia. Já tinha o tripé de uma rede: São Paulo, Rio e Brasília. E incorporou Minas Gerais. Líderes da Universal fizeram, sem sucesso, uma peregrinação por gabinetes de Brasília. Segundo o executivo Dermeval Gonçalves — em relato no livro *O Bispo* —, PC Farias havia pedido 11 milhões de dólares para que o governo oficializasse a mudança.[1]

Em setembro de 1992, já no final de seu governo, Collor assinou a concessão, depois de três anos de tentativas de Macedo. Passados quinze dias, renovou a outorga de quinze anos da emissora. A aprovação dos nomes dos novos proprietários, no entanto, ainda teria de ser ratificada pelo Congresso, como manda a Constituição. Naquele momento, os documentos apresentados preenchiam os requisitos e não havia outra alternativa a não ser a liberação. Nenhum centavo foi dado a PC Farias, assegurou Dermeval Gonçalves.

"Como presidente, me coube assinar o decreto de concessão. O processo obedecia a todas as formalidades exigidas pela legislação em vigor. Fico satisfeito por ter cabido a mim fazer a outorga", declarou Collor. O ex-presidente admitiu ter recebido pressões para emitir um parecer contrário, por envolver um grupo vinculado a uma igreja evangélica. Coisas naturais, inerentes ao cargo, disse. "Mas, em nenhum momento, isso me impediu de fazer o que era justo e correto. Sei que uma decisão como essa agrada a uns e desagrada a outros", explicou.[2] Macedo foi avisado da decisão pelo próprio Collor, num café da manhã na casa do ex-deputado Paulo Octávio, em Brasília.[3]

O ato presidencial, na sequência, foi encaminhado ao Congresso. Com dificuldades para se manter no cargo após as denúncias de esquemas de corrupção e tráfico de influência em seu governo, Collor foi se aconselhar com Macedo — a única solução seria "se humilhar diante de Deus",[4] disse o bispo. Logo depois o presidente era destituído.

Macedo teria de dialogar com o novo governo — o vice Itamar Franco é quem tomaria posse — para conseguir homologar a concessão no Congresso. Enquanto a decisão não vinha, o bispo começou a investir em ações sociais, a fim também de melhorar sua imagem.[5] A instituição já oferecia um programa de alfabetização — parte dos fiéis não conseguia ler a Bíblia — e desenvolvia um trabalho de evangelização dentro dos presídios. Assim como havia em seu programa de rádio, desde os anos 1980, um quadro voltado aos trabalhadores, a igreja passava a produzir um para os presidiários.[6] O dramático e apelativo discurso do infeliz que o diabo arrasta para o fundo do poço vinha a calhar para quem havia cometido um crime e cumpria pena. Décadas depois, a igreja viria a ter um setor específico para os detentos, a Universal nos Presídios, em quase todas as penitenciárias de São Paulo — das quais inclusive saíram muitos pregadores da igreja.[7] E ela ainda conseguiria autorização para abrir templos dentro de prisões em diversos estados.[8]

Ainda em 1992, a Universal assumiu o controle da Sociedade Pestalozzi de São Paulo, entidade filantrópica responsável pelo atendimento de crianças e jovens com deficiência mental. Fundada no início dos anos 1950, a instituição estava ameaçada de fechar as portas em virtude de problemas financeiros. A entidade não integrava a estrutura formal da Universal, mas incorporou membros da igreja em sua diretoria.[9]

A ação mais marcante no campo social foi a Associação Beneficente Cristã (ABC), em 1994. Braço assistencial da igreja, a ABC recolhia alimentos — geralmente doados pelos próprios fiéis — e distribuía em bairros populares, favelas, asilos, orfanatos e hospitais. Voluntários cortavam o cabelo de mendigos e ofereciam sopas e lanches no centro de São Paulo, durante as madrugadas. À frente da associação, o pastor Ronaldo Didini conseguia espaço na mídia para suas atividades. À época um dos comandantes do *25ª Hora*, Didini, convidava personalidades e políticos de diversas tendências para o programa, conversava com jornalistas e dava entrevistas.

O trabalho social era impulsionado pelo boom do terceiro setor — ações de cidadania desenvolvidas por ONGs, fundações e institutos. A ideia de voluntariado, comum em outros países, ganhava terreno no Brasil.[10] A Ação da Cidadania contra a Fome, a Miséria e pela Vida, criada em abril de 1993 pelo sociólogo e ativista dos direitos humanos Herbert de Sousa, o Betinho, era um exemplo da força dessas ações. Comerciais televisivos com celebridades reforçavam a campanha contra a fome, que contava com postos de arrecadação dentro de ONGs e igrejas, notadamente católicas.

Betinho vinha de uma longa trajetória política, iniciada quando estudante, na primeira metade dos anos 1960. Ligado inicialmente a movimentos progressistas da Igreja católica, vivera as experiências da clandestinidade e do exílio ao longo dos anos 1960 e 1970. Voltou ao Brasil depois da anistia política e fundou o Instituto Brasileiro de Análises Sociais e Econômicas (Ibase).[11] Em 1987, se tornou presidente da Associação Brasileira Interdisciplinar de Aids (Abia), fundada por ele e concebida para enfrentar a epidemia de HIV.[12] Betinho e dois irmãos, o cartunista Henfil e o músico Chico Mário, eram hemofílicos e haviam sido infectados em transfusões de sangue.[13] O sociólogo ainda liderou, em 1992, o Movimento pela Ética na Política, que defendeu o impeachment do presidente Collor. Dessa iniciativa surgiu a Ação da Cidadania.

No meio evangélico, destacavam-se as ações da Vinde, Visão Nacional de Evangelização, capitaneada pelo então presbiteriano Caio Fábio, um duro crítico das ações de Macedo. Pastor de prestígio, ele cairia no ostracismo anos depois, ao ser denunciado como o principal intermediador no Caso do Dossiê Cayman, que incriminava políticos do PSDB por meio de documentos falsos. A Vinde mantinha, entre outros programas, a Fábrica de Esperança, voltada a adolescentes na favela de Acari, no Rio. Ao criar a ABC, Macedo procurava concorrer com os projetos de Betinho e de Caio Fábio,[14] que também foi o idealizador, ainda em 1991, da Associação Evangélica Brasileira (AEVB), com o objetivo de articular a atuação dos líderes evangélicos. Macedo, porém, se uniu ao pastor Manoel Ferreira, da Assembleia de Deus, e fundou o Conselho Nacional de Pastores do Brasil, a fim de se contrapor ao concorrente.[15]

A ABC desenvolvia suas próprias campanhas. O Movimento Brasil 2000

— Futuro sem Fome organizava ações para arrecadar alimentos, divulgadas maciçamente pela *Folha Universal*, o semanário da igreja, então com tiragem de 500 mil a 700 mil exemplares. Sob a direção de Didini, a revista *Mão Amiga* foi lançada para reforçar a campanha. Imagens dos eventos eram exibidas também pela Record, em rede nacional, em programas como o *25ª Hora*. A atração chegou a antecipar o horário das 23h30 para 20h30, a fim de alcançar o público do horário nobre, mais variado. As reportagens sempre destacavam pastores e fiéis de camisetas e bonés com o logotipo da ABC ou da Universal, distribuindo cestas básicas. A eventual presença de padres ou integrantes de outras igrejas nos atos era destacada, assim como as entregas a entidades católicas ou espíritas. A mesma prática foi repetida também no exterior, sobretudo na África.[16]

Tradicionalmente, a Universal sempre se aliou aos governantes. Sequiosa de poder, ela é adepta da política de resultados: oferece apoio e espera os dividendos. Assim, a ABC convidava políticos de diversos partidos e tendências para seus atos, e recebia ajuda quando pedia. Na esfera federal, a igreja se aproximou do grupo político do presidente Itamar Franco, que poderia garantir a Macedo a aprovação definitiva da concessão da Record. No novo governo, a igreja contou com um aliado importante na concretização desse objetivo: o general Zenildo Lucena.[17] O pastor Ronaldo Didini tinha convivido com o então coronel Lucena, seu superior, quando cursava a Escola Preparatória de Cadetes do Exército, em Campinas. Já na Universal, em 1986, o pastor levou o bispo para conhecer o general, então à frente da Escola de Comando e Estado-Maior do Exército, no Rio. Macedo chegou a lhe perguntar: "Por que você quer que eu conheça esse general?". Didini ressaltou a importância de cultivar relacionamentos desse calibre. No futuro, ambos poderiam ocupar postos estratégicos.

Dito e feito. Os dois se encontrariam mais adiante. E um ajudaria o outro. Em 1989, logo depois da eleição de Collor, Lucena — já um general de divisão (chamado informalmente de três estrelas), e ciente de que Macedo ajudara a eleger o deputado Bebetto Haddad, ligado a Renan Calheiros e Cleto Falcão, colaboradores do novo presidente — chamou Didini para seu apartamento funcional em Brasília. De maneira informal, e reservadamente, pediu um favor: que Macedo fizesse chegar a Collor uma lista de cinco generais que, em seu entendimento, não deveriam assumir o Ministério do Exército, pois gerariam um foco de insatisfação na cúpula militar. Desses nomes constava o do general Oswaldo Muniz Oliva, ex-comandante da Escola Superior de Guerra[18] e pai do ex-senador do PT Aloizio Mercadante, à época deputado federal por São Paulo e assessor econômico do candidato derrotado à presidência, Luiz Inácio Lula Silva.[19] Defensor do golpe de 1964, o general não comungava as mesmas ideias do filho,[20] que nem usava o sobrenome do pai.

Macedo passou o recado. Coincidência ou não, quando Collor tomou posse, os generais mais antigos foram todos para a reserva, e o presidente empossou Carlos Tinoco Ribeiro Gomes,[21] a partir daí o mais antigo na hierarquia. Tinoco depois puxou Lucena, que se tornaria o ministro do Exército de Itamar. Em 1994, o general retribuiria o favor a Macedo recomendando a Itamar Franco seu empenho em aprovar no Congresso a transferência da TV Record das mãos do apresentador Silvio Santos e da família Machado de Carvalho para as do bispo. Finalmente saía a concessão.

A força política da Universal ainda era incipiente. Dos 22 deputados federais da bancada evangélica, apenas três eram da igreja. Os votos de líderes protestantes históricos e pentecostais tinham sido importantes para Itamar Franco aprovar o Fundo Social de Emergência — a fim de cobrir despesas de saúde e educação, benefícios previdenciários e auxílios assistenciais —, projeto no qual o presidente também se empenhara.[22]

O marketing social da ABC servia de conexão com o braço político da Universal. Cargos regionais da entidade eram entregues a deputados e vereadores ligados à igreja.[23] Nos grandes eventos beneficentes, reforçavam-se os laços com políticos como o governador de São Paulo, Mário Covas, e o do Rio de Janeiro, Marcelo Alencar, ambos do PSDB.[24] Em 1994, Alencar recebeu o apoio da igreja. Já a campanha de Covas tinha certas particularidades no quesito religião. O adversário no segundo turno do tucano, Francisco Rossi, ex-prefeito de Osasco (Grande São Paulo), era evangélico; Covas, católico, mas com familiares próximos ao espiritismo. Oficialmente, a igreja optou pela neutralidade. Não poderia declarar preferência por alguém simpático ao espiritismo, contra um evangélico. Na prática, apoiou o tucano, embora com discrição.[25] Macedo não queria azedar a relação com seus novos aliados do PSDB, de quem começava a se aproximar.

No mesmo ano, para a Presidência da República, a igreja apoiou o ex-ministro da Fazenda do governo Itamar, o tucano Fernando Henrique Cardoso.

Para o Senado por São Paulo, outro membro do PSDB, José Serra, teve a preferência, apesar de certa relutância do então pastor Ronaldo Didini. FHC foi pedir apoio a Serra numa reunião na casa de Didini, da qual participaram os bispos Rodrigues, Honorilton Gonçalves e João Batista Ramos da Silva. Rodrigues, o coordenador político da Universal, disse a FHC que não pediria nada em troca, mas queria que o governo "não atrapalhasse" o crescimento da igreja.[26]

A Universal, de qualquer forma, já retribuía. Passava a atacar duramente o principal adversário dos tucanos na eleição presidencial, novamente o ex-metalúrgico Luiz Inácio Lula da Silva. Críticas ao petista eram disparadas nos veículos de comunicação controlados por Macedo, como a TV Record, a *Folha Universal* e o jornal diário *Hoje em Dia*, vendido na região metropolitana de Belo Horizonte (MG), com uma média de 35 mil exemplares. No começo da campanha, Lula liderava as pesquisas de intenção de votos. Em maio de 1994, alcançava 40%, segundo o Datafolha.[27]

A *Folha Universal* associou o petista à figura de Exu, que no candomblé é uma divindade que faz a ponte entre o divino e o humano; os cristãos, porém, o associaram ao demônio.[28] Didini publicou no jornal um artigo intitulado "Sem ordem e sem progresso, a face oculta do PT". Votar em Lula seria "implantar o medo e sepultar a esperança de uma nação livre e soberana".[29] A capa estampava uma foto de Lula e do então candidato ao governo de São Paulo, José Dirceu, num comício em São Bernardo do Campo, no ABC paulista, ao lado de uma bandeira brasileira sem o dístico "Ordem e Progresso". Em outra edição, Lula aparecia ao lado de uma mãe de santo. Nos programas de TV, Didini desafiava o presidenciável a "tirar a barba e mostrar sua cara para todos verem" e revelar "quem de fato era".[30] A *Folha Universal* chegou a duplicar as edições em que batiam nos petistas.

Edir Macedo enfatizava que a eleição seria decidida entre "os candidatos de Deus e os do diabo". Na disputa de 1989, ele já havia dito que Lula era o candidato do demônio e, caso eleito, perseguiria os evangélicos. O apoio do petista ao bispo, quando estava preso, não o fez mudar de ideia. Integrantes da igreja relacionavam a notória proximidade do PT com os chamados setores progressistas da Igreja católica a teses inverossímeis, como a ameaça de uma volta da Inquisição. "Lula é um instrumento do clero progressista da Igreja católica que, por sua vez, defende o fim da liberdade religiosa e o retorno da Inquisição no país", atacava Didini.[31]

Em julho de 1994, o bispo Sérgio Von Helde, então líder da igreja no Brasil, e mais quatro pastores — Valdemiro Santiago, Alfredo Paulo Filho, João Batista Ramos da Silva e Ronaldo Didini — foram orar pela derrota de Lula no monte Sinai, no Egito, considerado sagrado para as religiões judaico-cristãs. O grupo fez uma visita iniciada às dez da noite, seguindo por um caminho íngreme e irregular. A escalada foi concluída sete horas depois, com direito a pausas para descanso, entremeadas de orações.[32]

A atuação terrena anti-Lula continuava intensa. Propostas da esquerda de descriminalização do aborto e casamento igualitário para homossexuais foram motivos para uma forte campanha contrária. Macedo e a Universal não aceitavam o aborto, embora tempos depois ele se declarasse a favor em casos de gravidez indesejada ou de extrema pobreza, quando a mãe não tem condições de criar o filho.[33] Em razão dos ataques, a campanha do PT entrou com um pedido na Justiça para obter direito de respostas na *Folha Universal* e no programa *25ª Hora*, da Record. Venceu nos dois casos. No jornal, o texto produzido pelo partido — "Ação do PT restaura a verdade" — foi publicado com letra em corpo bem menor do que o padrão adotado pelo veículo. Não ocupou, portanto, todo o espaço que lhe havia sido designado. Ao lado, no espaço em branco, restou um aviso: "ESPAÇO RESERVADO E NÃO APROVEITADO". Na TV, o partido conseguiu um horário determinado pela Justiça para rebater as críticas e também a suspensão da programação da emissora por uma hora.

A eleição, ao final, foi vencida por Fernando Henrique Cardoso no primeiro turno. Graças principalmente ao Plano Real, que conseguira controlar a inflação — antes da medida econômica, ela estava na faixa de 30% ao mês —,[34] e também ao tempo de TV, dobrado em virtude do apoio de alguns dos principais partidos políticos, como PFL e PTB. Passada a eleição, a Universal usufruiu da proximidade com os novos governantes. Em São Paulo, a igreja mantinha boas relações com figuras-chave do PSDB. O pastor Didini, por exemplo, visitava o governador Mário Covas no Palácio dos Bandeirantes, nas manhãs de sábado. E orava com ele. "Eu passava óleo ungido em suas varizes", revelou.[35]

Dessa profícua aproximação surgiria uma parceria na área social. Em conjunto com a Companhia de Entrepostos e Armazéns Gerais de São Paulo (Ceagesp), a Universal começou a oferecer sopa em favelas da Grande São Paulo, diariamente. A Ceagesp recolhia sobras de hortaliças e com elas preparava o alimento; a ABC distribuía em seguida. A iniciativa, incluída no movimento de combate à fome, acabou suspensa em meio a um debate sobre a qualidade do produto ofertado. Uma reportagem da TV Globo mostrou que verduras estragadas do entreposto estariam sendo utilizadas para fazer a "sopa dos pobres". Após a denúncia, a Ceagesp interrompeu o fornecimento das hortaliças. A Universal reagiu e, mais uma vez, acusou a Globo de perseguição — agora, a emissora se voltava também contra "os mais pobres" e carentes. Para a igreja, milhares de pessoas passavam fome por culpa da Globo.[36]

Enquanto desenvolvia as campanhas sociais para melhorar sua imagem, a Universal continuava a disparar torpedos contra seus inimigos preferidos: a Globo, o PT e a Igreja católica. Num evento para arrecadação de alimentos no Vale do Anhangabaú, no centro de São Paulo, em abril de 1995, Edir Macedo, diante de milhares de fiéis, fez um de seus mais contundentes ataques aos católicos. "A Igreja católica é a desgraça do Terceiro Mundo", declarou. Ela seria a responsável pelo aumento da miséria, por rejeitar os contraceptivos e o planejamento familiar. No ato, o bispo reclamou do apoio do governo às campanhas contra a fome desenvolvidas por católicos e contestou os resultados apresentados. "Até agora eu não vi comida, só vejo falarem em dinheiro. A Igreja católica está sugando esse dinheiro", acusou. Ao final, perguntou aos fiéis: "A CNBB fala na TV sobre a campanha da fome, vocês viram alguma coisa deles até agora?". A multidão respondeu: "Não!".[37]

Na mesma época, Betinho, cuja reputação em setores progressistas da sociedade era quase incontestável, era alvo de críticas. Macedo revelou que a Abia, a ONG presidida por ele, recebera 40 mil dólares de bicheiros. Betinho admitiu, alegando que aceitara a oferta porque a entidade estava prestes a sucumbir.[38] O bispo não o poupou e tempos depois prosseguiu com as críticas. O sociólogo, já fragilizado fisicamente, evitou bate-bocas. Macedo jogava pesado. Suas declarações mostravam disposição para novos embates, com ataques que extrapolavam a esfera das religiões afro-brasileiras. O fundador da Universal se colocava como contraponto a lideranças na área social e à instituição religiosa com maior peso e número de seguidores no país: a Igreja católica.

# 10. Bispo enfrenta Deus

Em sua busca incansável por poder político, econômico e religioso, ao rivalizar com a Igreja católica a Universal conseguia se manter no centro das atenções da mídia e dos debates religiosos. Envolvia-se cada vez mais em polêmicas. Era uma luta desigual: de um lado, a poderosa TV Globo e a Igreja católica; do outro, a Universal e a TV Record. Em disputa, fiéis e telespectadores.[1] Macedo conseguia se fixar como contraponto quando, na verdade, a força do catolicismo e da Globo estava a léguas de distância de seu exército. Em 1995, 80% da população brasileira se dizia católica; a Globo faturava 1,05 bilhão de dólares ao ano, a Record, 35 milhões de dólares.[2]

Edir Macedo, no entanto, era o único brasileiro que agigantava e acumulava poder sem ter de se curvar e pedir a bênção do "dono do país, o sr. Roberto Marinho", como alardeava o pastor Didini. Marinho era conhecido na Globo como "Deus". Mas o deus do Jardim Botânico reconhecia, em conversas com amigos, que em dez anos a Record seria a rede com mais munição para ameaçar a hegemonia de sua emissora, bastava observar o crescimento do rebanho do bispo. Afinal, Macedo estava em um negócio de fazer dinheiro "sem vender nenhum produto perecível", ressaltava o presbiteriano Caio Fábio, seu opositor no ramo evangélico.[3]

A Universal, menor mas combativa, tinha motivos para partir para a briga.

Acumulava queixas ao longo dos anos contra toda a imprensa, mas em especial contra a Globo. Reclamava por ser tratada de forma pejorativa, como uma seita e não uma religião. Em julho de 1995, o programa *Fantástico* exibira uma reportagem com denúncias sobre exploração de fiéis. Com uma câmera escondida, um repórter mostrava a coleta de dízimos, os reiterados pedidos de ofertas e as sessões de exorcismo.

Se já havia um catálogo de problemas até ali, a Universal passou a considerar a estreia da minissérie *Decadência* uma declaração de guerra aberta. Na ficção, que a Globo exibiu em doze capítulos, de 5 a 22 de setembro daquele ano, o ator Edson Celulari vivia o papel de Mariel Batista, um pastor inescrupuloso que enriquecia com a boa-fé dos fiéis. As comparações com Edir Macedo eram evidentes. A minissérie, de autoria do dramaturgo Dias Gomes,[4] soou como uma provocação pesada.[5] A reação veio antes mesmo da estreia, baseada somente nas chamadas da emissora. O clima beligerante criado antecipadamente magnificou o acontecimento. A cinco dias do lançamento, convidados do programa *25ª Hora* chamaram José Bonifácio de Oliveira Sobrinho, o Boni, vice-presidente de operações da Rede Globo, de "capeta", e disseram que Roberto Marinho era "o maior corruptor e o maior corrupto que há no Brasil".[6] Ainda antes do primeiro episódio da minissérie, o programa promoveu um debate sobre o livro *Afundação Roberto Marinho*,[7] escrito pelo ex-auditor e ex-funcionário da Globo Roméro da Costa Machado, que continha denúncias contra a emissora. Para engendrar o contra-ataque, Didini passou um fim de semana em Nova York com Macedo.[8]

Se na minissérie o ator Edson Celulari não apresentava qualquer semelhança física com o bispo, outras comparações eram notórias. O pastor Mariel também se tornara proprietário de emissoras de rádio e TV; ficara milionário graças à atuação na igreja; levara sua denominação para o exterior e fora acusado de charlatanismo e curandeirismo. Antes de Macedo, outros líderes pentecostais, como Manuel de Melo, da O Brasil para Cristo, haviam sofrido acusações judiciais. Mas os casos mais recentes e significativos envolviam o bispo da Universal.

Outro dado inquestionável: o autor Dias Gomes pusera na boca do protagonista trechos de uma entrevista que Edir Macedo dera à revista *Veja* cinco anos antes.[9] Catorze frases foram retiradas da reportagem e reapareciam no livro *Decadência*,[10] o romance de Dias Gomes que inspirou a minissérie. Quando o livro saiu, não houve nenhum bafafá. O autor, membro da Academia Brasileira de Letras desde 1991,[11] esteve, no dia 12 de junho do mesmo ano, no centro do *Roda Viva*, o tradicional e famoso programa da TV Cultura de São Paulo. Gomes acabara de lançar seu romance, que descreveu como "uma metáfora" do país naquela última década, a partir da morte do presidente eleito indiretamente Tancredo Neves até o impeachment de Collor — um retrato, por meio do dia a dia de uma família tradicional, da crise econômica, moral e ética, e da perda de valores e de identidade dos brasileiros. Nenhum dos entrevistadores o questionou sobre as semelhanças de Mariel com o bispo. O personagem só despertou interesse quando as primeiras chamadas da série na TV foram ao ar. Três meses antes, o autor anunciara que o romance viraria uma minissérie.[12]

No livro — e depois na TV —, as frases ditas pelo bispo à revista *Veja* se transformaram em respostas a um interrogatório comandado por um delegado de polícia que investiga acusações de curandeirismo, estelionato e charlatanismo. Nessas declarações, Mariel defende a importância do dinheiro para a igreja desde os primórdios do cristianismo. "O próprio Jesus tinha o seu tesoureiro, Judas Iscariotes", frisava o bispo, entre outras afirmações. Mariel não fora inspirado "especificamente" em Edir Macedo, argumentava Dias Gomes. A trama retratava a desagregação da família do advogado Albano Tavares Branco Filho. Filho de um desembargador, Albano vivia no Cosme Velho, tradicional bairro carioca. Pedro Jorge, um de seus filhos, é um lobista que se envolve em escândalos financeiros. Mariel, um ex-menino de rua criado dentro da casa da família, é motorista dos Tavares Branco até ser escorraçado por se envolver com uma das filhas do advogado. A partir daí, Mariel inicia sua escalada para se tornar um líder religioso ambicioso e desonesto.

Crítico de costumes, Dias Gomes, perseguido na ditadura por suas ligações com o Partido Comunista, escrevera peças como *O pagador de promessas*, transformada em filme de sucesso e de prestígio, ganhador da Palma de Ouro do Festival de Cannes, em 1962.[13] Como outros de seus trabalhos, a obra explorava o sincretismo religioso e as diferenças entre o catolicismo oficial e a fé popular. Para construir o personagem Mariel, Dias Gomes garantiu ter pesquisado em várias fontes. A entrevista de Macedo seria apenas uma delas.[14] "Não me consta que o bispo, como meu personagem, tenha sido menino de rua ou tenha tido muitas amantes. Eu me espanto como ele se identificou com o pastor corrupto quando há um pastor bom na história", provocou. Celulari contou ter ido disfarçado a cultos de várias igrejas neopentecostais para assimilar os macetes de uma pregação.[15]

Antes de cada capítulo — exibido pela Globo na antiga faixa da "novela das dez", na verdade 22h30 —,[16] o ator lia uma advertência de que a obra era uma ficção e não tinha a intenção de ofender qualquer religião, tampouco seus representantes.[17] Para os adversários, no entanto, o aviso só reforçava a provocação. A reação de Macedo e seus aliados demonstrava uma disposição de não aceitar, nem mesmo na ficção, um pastor retratado como corrupto. O que mais enfureceu o público evangélico foi a cena em que a amante de Mariel tira o sutiã e o joga, displicentemente, sobre uma Bíblia à beira da cama. "Uma afronta ao símbolo maior da fé cristã", considerou Macedo, para quem "essa emissora de TV não passaria sem uma punição rigorosa" em qualquer outro país.

Executivos laicos da Record, como o diretor de operações e programação Eduardo Lafon, que trabalhara dez anos na Globo, defendiam uma solução diplomática, mas não conseguiam deter a guerra contra a emissora carioca e os católicos. A Record passou a dar espaço em sua programação para inimigos declarados de Roberto Marinho, como o ex-governador carioca Leonel Brizola e outros aliados de seu partido, o PDT. Seus programas jornalísticos arregimentavam uma fila de candidatos para atacar a Globo diante das câmeras.[18] A conexão entre as duas frentes, a Globo e a Igreja católica, era sedimentada pela relação de Roberto Marinho com d. Eugênio Sales, arcebispo do Rio, aliados desde os anos 1970.[19] Os dois tinham afinidades ideológicas — a pauta anticomunista —, foram próximos aos militares durante o período da ditadura e rejeitavam ideias de esquerda representadas dentro da Igreja católica pela teologia da libertação.

No vale-tudo contra os inimigos, a Record exibiu, em duas partes, *Os meninos de São Vicente*, filme canadense de 1992 baseado em fatos reais que mostrava a atuação de padres pedófilos e sádicos num orfanato da província de Newfoundland, na década de 1970. A emissora anunciou uma série com o nome provisório de *Chantagem*, a história de um jornalista medíocre que herda um jornal falido e enriquece com a corrupção ao se aliar aos militares. Clara provocação a Roberto Marinho. Prevista para ir ao ar nos últimos meses de 1995, nem chegou a ser produzida.

Em meio à polêmica sobre a repercussão da caricatura de Macedo na TV, um deputado federal ligado à Universal, Wagner Salustiano (PPB-SP), lançou um desafio à *Folha de S.Paulo*, que não conseguiria sustentar depois. Em resposta a um editorial do jornal que defendia um diálogo entre as religiões e ressaltava o perfil "nada abonador" que a Globo traçara dos evangélicos,[20] o deputado passou a abordar outros temas controversos, ausentes no texto, como os frequentes milagres. E abria as portas da Universal a quem quisesse comprovar a veracidade das curas. O jornal, além de debochar do problema etimológico de tratar milagres como fatos "naturais", aceitou o convite para acompanhar as sessões, com "um repórter, um fotógrafo e um médico". Aguardou a confirmação do dia e horário. Uma semana, duas, um mês, nada. O deputado disse que iria à redação para tratar do encontro, mas não apareceu nem deu justificativas.[21] A igreja o repreendeu internamente e deixou a proposta cair no esquecimento.

Enquanto isso, a Universal mantinha os ataques à Globo. Fazia um discurso de vítima para os convertidos e, simultaneamente, partia para cima dos adversários em sua TV. Nos templos, arregimentava os fiéis por meio da campanha "Semana da Perseguição". Em troca de ofertas, os seguidores ganhavam uma carteirinha com a inscrição "Soldado de Deus", para combater a sombra inimiga e perigosa que estaria se avizinhando.[22]

Finda a minissérie, o próximo alvo era o feriado nacional de 12 de outubro, dedicado a Nossa Senhora Aparecida, padroeira do Brasil. A Universal também mobilizava sua bancada na Câmara para tentar abolir o privilégio dado aos católicos. O deputado federal e pastor Paulo De Velasco (PSD-SP) apresentou um projeto propondo a revogação da lei nº 6802 — promulgada pelo general-presidente João Batista Figueiredo, em 30 de junho de 1980 —, que originou a homenagem à santa.[23] A lei fora assinada no dia do desembarque do papa João Paulo II, em sua primeira visita ao Brasil. De Velasco, homem de confiança de Macedo, julgava o feriado inconstitucional por ferir as liberdades individuais de credo. Seu projeto, apresentado na véspera do 12 de outubro, tramitou na Comissão de Constituição e Justiça da Câmara ao longo de dois anos e acabou rejeitado.

A Globo provocava a Universal com a minissérie, enquanto a Universal continuava a alimentar o clima de beligerância com o catolicismo. Em reunião com um executivo do grupo, Macedo disse que iria "esmagar a Igreja católica".[24] A Universal propagava, entre seus pastores, obreiros e fiéis, que os católicos aceitavam imagens dos orixás, as divindades de cultos afro-brasileiros.[25] Didini conta que o bispo mandara imprimir revistas com a história de um suposto ex-padre jesuíta, o espanhol Alberto Rivera, autor de denúncias contra a Igreja católica. Rivera, morto em 1997, denunciara um plano secreto da hierarquia católica para se infiltrar em instituições evangélicas e destruí-las. Entidades católicas retrucavam: não havia registros de que o tal dissidente fora padre.[26]

Nesse clima aguerrido, o acirramento dos ânimos estava por um fio. Às seis e meia da manhã de 12 de outubro de 1995, uma quinta-feira, o fio se rompeu, abalando o Brasil de maioria católica. À frente da TV, fiéis da Universal, como de costume, logo cedo acompanhavam o programa *O Despertar da Fé*. De terno cinza, camisa branca, gravata vinho e um lustroso sapato preto, o bispo Sérgio Von Helde, ao vivo no estúdio da TV Record, aparece ao lado de uma imagem de Nossa Senhora Aparecida, de gesso, com pouco mais de um metro de altura. Tenente da reserva do Exército, carioca da Pavuna, Von Helde criticava a adoração à santa. Exatamente no dia em homenagem a Aparecida, a padroeira do Brasil.

A intenção do bispo era protestar contra o feriado nacional e mostrar que aquele objeto ali exposto — a imagem — era uma enganação. "Isso aqui não é santo coisa nenhuma, isso aqui não é Deus coisa nenhuma", exclamava, enquanto dava seis ou sete golpes com a mão direita na santa. Depois ele a chutou com o pé direito, com o esquerdo, e de novo com o direito. Onze chutes no total. "Será que Deus, o criador do universo, ele pode ser comparado a um boneco desses tão feio, tão horrível, tão desgraçado?", perguntava.[27] Von Helde então contou que a imagem, comprada num supermercado, custara quinhentos reais — na ocasião, o equivalente a cinco salários mínimos. "E tem gente que compra. Agora, se você quiser uma santa mais barata, você encontra até por cem reais", detalhou. E ironizou: "Vem pra cá, meu santo", "não fique com raiva de mim".[28]

A cena durou um minuto, os protestos se estenderam por semanas. O chute causou indignação, chocou católicos e integrantes de outras denominações. As críticas a símbolos de outras religiões eram uma praxe no discurso da Universal,[29] principalmente nos programas de rádio, inclusive os comandados por Edir Macedo. Mas daquela vez a investida fora captada por uma câmera de televisão, o que fez toda a diferença. As reações foram mais intensas. Von Helde deixou o estúdio às pressas rumo ao aeroporto de Congonhas, pois às dez da manhã tinha um culto em Brasília. Saiu tranquilo, sem imaginar a repercussão e as consequências de seu gesto.

A maior parte dos brasileiros só soube do achincalhe no dia seguinte. Nas primeiras horas daquela manhã, início de feriado prolongado, muita gente dormia ou já estava na estrada. Num primeiro momento, o "chute na santa", como o episódio ficou conhecido, passou despercebido aos plantonistas dos serviços de radioescuta dos grandes jornais e emissoras de rádio e TV, desabituados a acompanhar os programas religiosos matutinos, que em geral não rendem notícia. No dia seguinte, o episódio foi manchete do jornal paulista *Folha da Tarde*, ao lado do relato de uma manifestação de evangélicos contra o feriado católico, na cidade de Aparecida, no Vale do Paraíba, onde fica o Santuário Nacional de Nossa Senhora.[30]

A reprodução das imagens foi exibida no *Jornal Nacional*, da TV Globo. O impacto da reportagem punha lenha na fogueira, semeava um clima de "guerra santa" no país. A questão ocupou as manchetes da mídia impressa e dominou os noticiários e debates no rádio e na TV. No dia seguinte à reportagem do *Jornal Nacional*, o então arcebispo de Aparecida, cardeal d. Aloísio Lorscheider,[31] em sua homilia na missa matinal na basílica, pediu respeito ao símbolo de devoção católica. O arcebispo de São Paulo, cardeal d. Paulo Evaristo Arns,[32] um dos ícones da ala progressista católica, disse que o povo estava revoltado e qualquer resposta dele, naquele momento, aumentaria a indignação e poderia gerar conflitos.[33] A ala conservadora da Igreja católica reagiu de forma mais contundente. O então presidente da Conferência Nacional dos Bispos do Brasil (CNBB), d. Lucas Moreira Neves,[34] conclamou os católicos a não se calarem e disse que a Igreja Universal "nasceu do ódio, da mesquinhez, do despeito e da pequenez".[35] O arcebispo do Rio de Janeiro, d. Eugênio Sales, foi mais longe. Atacou o governo federal, considerando-o culpado por ter permitido a concessão de uma emissora de TV a pessoas que não estariam "preparadas para isso". D. Eugênio foi personagem quase diário dos noticiários, em especial da TV Globo, que dedicava ao tema minutos generosos em seus principais programas e telejornais, reprisando dezenas de vezes a cena do chute.[36]

Dessa vez a magnitude do alvo escolhido pela Universal causara surpresa. O gesto do bispo Von Helde provocou milhões de católicos no país e aglutinou outros grupos religiosos sem qualquer relação com a santa: solidarizaram-se com os católicos líderes judeus, muçulmanos e evangélicos, tanto de igrejas protestantes tradicionais como das neopentecostais. "O que esse bispo fez foge aos princípios religiosos dos que pregam o amor", disse o pastor Mário de Oliveira, da Igreja do Evangelho Quadrangular, à época deputado federal por Minas Gerais. Evangélicos de outras denominações sentiram aumentar a tensão na relação com católicos e passaram a enfatizar suas diferenças em relação à Universal.[37] "Eu considero inaceitável que uma religião queira se promover desrespeitando outra", fazia coro Henry Sobel, então presidente do rabinato da Congregação Israelita Paulista.[38]

A imagem da santa vilipendiada atingia a pátria, era uma ofensa aos símbolos nacionais, já que Nossa Senhora Aparecida ostenta a mais alta patente do Exército brasileiro. Em 1967, durante o regime militar no Brasil, o presidente e marechal Artur da Costa e Silva outorgou à Aparecida o posto honorífico de "generalíssima" do Exército, uma designação utilizada para descrever generais cuja atuação ultrapassou as funções normalmente estabelecidas pelas patentes militares.[39]

Aparecida foi declarada padroeira do Brasil pelo papa Pio XI, em 16 de julho de 1930. Até então, o santo símbolo do Brasil era são Pedro de Alcântara, escolhido pelo imperador d. Pedro I. A alteração foi proposta por 27 bispos brasileiros, reunidos no ano anterior em um Congresso Mariano, em Aparecida. A proclamação oficial ocorreu em 31 de maio de 1931, no Rio de Janeiro, então capital da República, com a presença do presidente Getúlio Vargas.[40]

A santa já fora agredida anteriormente, mas não com tamanho ímpeto. Em 1978, um jovem de dezenove anos invadiu o templo e reduziu a imagem original a 165 fragmentos. A restauração exigiu 33 dias de trabalho de uma especialista e a imagem passou a ficar protegida por um vidro blindado.[41] Antes, em 1963, uma charge de Nossa Senhora com o rosto de Pelé havia causado a fúria de devotos. Milhares de pessoas, a maioria do interior, tentaram empastelar o jornal *Última Hora*, de São Paulo.

O chute de Von Helde gerou outros casos de violência e intolerância, ataques a templos, sobretudo da Universal. Num deles, em Olaria, no Rio, manifestantes quebraram vidraças e jogaram ovos, tomates, paus e pedras. Outros dois foram esvaziados sob ameaças de bomba. No centro de São Paulo, um homem foi preso enquanto, aos berros, chutava uma imagem da santa e chamava todos os padres de homossexuais.[42] A agressão à santa obrigou o governo a se posicionar. O então presidente Fernando Henrique Cardoso (PSDB), por meio de seu porta-voz, disse que qualquer manifestação de intolerância "fere o espírito cristão de convivência".[43] Um inquérito policial foi aberto para apurar o ato de Von Helde, bem como uma sindicância do Ministério das Comunicações contra a TV Record.[44]

O sociólogo Ricardo Mariano lembrou que, em seus cultos, pastores da Universal já haviam quebrado imagens, católicas ou espiritualistas. A novidade foi a exposição em rede nacional.[45] Oito dias antes do chute, o médium Robério de Ogum, ao fazer previsões à revista *IstoÉ*, havia dito que o Brasil viveria "uma pequena guerra santa", um conflito religioso com chances de provocar "pancadaria nas ruas". Outros religiosos de matriz afro-brasileira diziam que os conflitos religiosos já eram uma realidade e temiam algo muito pior. Afinal, como acusava Paulo Roberto Dumas, do Instituto de Pesquisas e Estudos Afro-Brasileiros do Rio, pastores invadiam terreiros para destruir imagens e agredir adeptos dos cultos afro, além de interromper cerimônias em matas e cachoeiras. Cássio Lopes, presidente da Federação da Umbanda e Cultura Afro-Brasileira, reclamava do linguajar que a Universal empregava ao se referir às entidades — os orixás e guias venerados —, retratando-as como se fossem satanás. Temia "uma guerra santa com derramamento de sangue", dizia.[46]

Na Universal, o episódio gerou reações contraditórias: num primeiro momento, o bispo recebeu o apoio de colegas; depois, ameaças de punição, a ele e a quem manifestou solidariedade. Aos 36 anos, Von Helde era um bispo em ascensão na Universal, o segundo na hierarquia no Brasil. Acima dele, naquele momento, somente Edir Macedo. Von Helde deslanchava. Comandava o programa *O Despertar da Fé*, aquele que no início era apresentado pelo próprio Macedo; tinha sido o coordenador da igreja em São Paulo, pouco antes, e um dos principais responsáveis pelo crescimento da instituição no estado.[47] Sucedeu na direção nacional o bispo Suhett, despachado para os Estados Unidos após divergências com Macedo.

Arrojado e voluntarioso, Von Helde era tido como intempestivo. Macedo sabia do risco que corria ao promovê-lo. Num primeiro momento, "o bispo que arrebenta" fez o que se esperava dele: barulho. Como os demais colegas, era virulento ao pregar contra o catolicismo e não se intimidava em promover atos de iconoclastia.[48]

Três dias depois do incidente, em meio à enorme repercussão em todo o país, Ronaldo Didini, porta-voz informal da Universal na TV, saiu em defesa de Von Helde. A igreja iria se manter ao lado dele, embora Didini pessoalmente não aprovasse a atitude, mas a compreendesse. Dizia levar sua solidariedade a um religioso que era massacrado pela mídia e sofria "grandes pressões". Para o pastor, o gesto fora resultado da tensão provocada por milhares de cartas e abaixo-assinados de evangélicos contrários ao feriado nacional de motivação católica. O deputado Salustiano argumentava que o chute serviria para alertar os católicos de que um pedaço de gesso ou de pau não tem poder para curar uma pessoa. E alegava que a Universal, à semelhança da imagem de Nossa Senhora, também fora agredida com cena mostrada na Globo, na série *Decadência*, em que dois atores faziam sexo diante de uma Bíblia aberta.[49]

Como em qualquer estrutura de poder, Von Helde criara inimigos na busca de maior influência e prestígio dentro da Universal. Um de seus adversários era o bispo Carlos Rodrigues, que ambicionava ser o segundo na igreja. Apesar de se dizer contrário à "adoração a imagens", Rodrigues viu na agressão um gesto nocivo à convivência com as outras religiões. Na avaliação inicial de alguns outros integrantes, os chutes não trouxeram benefício algum, mas aumentaram a resistência à denominação. Pior, transferiram aos católicos o papel de vítima, normalmente reivindicado por Macedo ao longo da primeira metade da década. A igreja saiu chamuscada e teriam ruído suas tentativas de parecer mais simpática e confiável por meio de seus trabalhos assistenciais.[50]

Os ventos sopravam para outro lado, mas Von Helde não arredou pé. Chegou a cogitar um pedido de desculpas, mas considerou que o recuo seria visto como "hipocrisia" pelos católicos e "covardia" pelos evangélicos. No culto do domingo seguinte, na sede nacional da igreja, partiu novamente para o ataque. Disse que Jesus havia sido crucificado sem ter cometido nenhum pecado, e que ele era perseguido por ter encostado o pé na santa. "A maior blasfêmia contra Deus é idolatrar um pedaço de pau, um pedaço de gesso", afirmou.[51]

Em reunião do Conselho de Bispos da Universal, a igreja anunciara avaliar uma possível punição a Von Helde. A posição do conselho, porém, não tinha relevância, pois a palavra final era sempre de Macedo. O episódio do Disque Oração era prova disso. Naquela época, a igreja havia lançado um serviço telefônico com mensagens religiosas. Macedo foi morar fora e o bispo Rodrigues mandou paralisar o projeto, alegando que o conselho se reunira e tomara tal decisão. Em conversa com Ricardo Arruda, presidente do Banco de Crédito Metropolitano, Macedo perguntou por que cessara o serviço, que gerava arrecadação. Informado, afirmou: "Pois vai voltar a funcionar. Eu ponho a minha pata de elefante aqui e acabou o conselho. É a minha palavra que vale".[52]

No caso do chute na santa, o conselho tentou chamar para si a decisão. Num primeiro momento, enquanto Didini defendia abertamente o colega Von Helde e o bispo Carlos Rodrigues o criticava, Macedo, que estava em Miami, mantinha um silêncio estratégico. Entre quatro paredes não repreendeu Von Helde ou Didini, não fez nenhuma objeção ao acontecido. No dia seguinte, na noite de sexta-feira, ao ver as imagens no *Jornal Nacional*, ele percebeu a real dimensão do estrago diante da opinião pública. E decidiu se manifestar apenas no domingo à tarde, após uma coletiva convocada por Didini — da qual a TV Globo foi excluída. O pastor insistiu que Von Helde não havia chutado a santa, apenas a tocara; que a imagem era dele, ele a comprara, portanto podia fazer o que bem entendesse com ela. As declarações tiveram grande repercussão. Politicamente, não caíram bem. Didini foi desautorizado a falar em nome da igreja.

Edir Macedo resolveu se posicionar quando sentiu que a situação poderia sair do controle. O bispo entrou no ar na TV Record, ao vivo, às 17h30 do domingo — e em todas as emissoras de rádio da igreja —, e pediu perdão aos católicos. Sua fala interrompeu a transmissão do jogo do Napoli versus Fiorentina, pelo Campeonato Italiano de futebol. A TV exibia apenas uma foto de Macedo enquanto ele falava ao telefone. O bispo condenou veementemente o gesto, considerando-o impensado, insensato e desastroso. "O bispo Von Helde [...] pensou e agiu como um menino, trazendo esse fato novo e inconsequente para todo o povo brasileiro. Não é uma atitude que deva ser aprovada",[53] afirmou. Para tentar reduzir o mal-estar, ele pôs à disposição da Igreja católica dez minutos da programação da Record. O bispo Honorilton Gonçalves levou a proposta a d. Paulo Evaristo Arns, que a rejeitou. Gonçalves chegou a rezar na Cúria, mas não conseguiu demovê-lo: o convite era mera "jogada de marketing" da emissora, considerou o cardeal.[54]

No auge da crise, Macedo optou por não voltar diretamente para o Brasil. Na semana seguinte, embarcou para a Argentina, onde se reuniu com os demais líderes da igreja. O bispo destituiu Von Helde. Didini, por defender o gesto, foi afastado de suas atividades à frente da Associação Beneficente Cristã (ABC) e do programa *25ª Hora*. Os dois religiosos foram encaminhados a um sítio da igreja em Itu, no interior de São Paulo, onde ficaram em retiro, isolados, antes de seguir para a Argentina. Acabaram enviados para missões em outros países, perdendo os postos que ocupavam. Von Helde foi posteriormente despachado para a Califórnia, nos Estados Unidos; Didini foi para o Zimbábue e depois para Portugal.[55]

Anos depois, Macedo voltou a avaliar o incidente como um erro grave, com consideráveis prejuízos para a igreja. Contratos comerciais da TV Record foram cancelados e grandes anunciantes se afastaram; a Universal perdeu fiéis em países católicos, como o México e a Espanha, e atrasou em dez anos seu desenvolvimento, estimou o bispo.[56] Ele chegou a se referir à agressão como "um chute no estômago, para não dizer num lugar mais baixo", e considerou o gesto "a pior coisa que aconteceu dentro do trabalho da igreja".[57]

Mesmo assim, no calor da hora o bispo manteve certa ambivalência em relação ao episódio. Dois meses depois, já minimizava o sucedido — numa entrevista, ecoou Didini ao dizer que a imagem fora comprada e, por isso, Von Helde podia fazer o que quisesse com ela. E ainda afirmou que, caso fosse preso, o bispo viraria um herói nacional. "A igreja está precisando de um herói. As coisas acabariam revertendo a nosso favor." Seria uma coisa boa, como havia sido a sua prisão. "Muitas pessoas que me atacavam passaram a me apoiar, sobretudo as outras igrejas pentecostais."[58]

A despeito de, em público, condenar a agressão, o discurso de Macedo foi outro internamente. Após a entrevista de Didini, o bispo conversou com ele ao telefone: "Ronaldo, não fale mais nada. Fique aí em Itu, com o Sérgio [Von Helde], que estamos resolvendo isto". Ao contrário da mensagem na TV, encerrou a conversa num tom de comemoração, como se levantasse o moral da tropa. "Nós vamos arrebentar. Vamos conquistar este mundo e eu conto contigo", afirmou, animando o pastor.[59] Segundo Didini, Macedo sugeria nesse diálogo uma publicidade positiva, que apenas fugira ao controle devido à proporção que tomara. O episódio teria fortalecido a igreja; afinal, eles haviam conseguido exposição gratuita em todo o mundo. Tanto que, dois meses depois do incidente, Didini já retornava ao comando do programa *25ª Hora*. A igreja, mesmo em meio a uma situação adversa, continuava a crescer.[60]

Em dezembro do ano seguinte, quando muitos imaginavam que Von Helde continuava exilado nos Estados Unidos, ele participava de um culto na sede da Universal, no Brás. Na pregação, reacendeu a polêmica, apontando um culpado para seu gesto destemperado. "Não fui eu. Foi Deus quem fez", clamou. "Eu não sabia o que eu ia fazer. O programa era ao vivo e não temos nada planejado. O Espírito Santo nos dirige. E quem me fez fazer aquilo foi Deus. [...] Ele sabe o que ia ocasionar. Ele sabe o rebuliço que ia causar", disse, antes de repetir seu discurso contra a idolatria e tratar a reação ao chute como uma manifestação do demônio. "O diabo nunca se manifestou como dessa vez, porque a praga que imperava, que matava nosso povo, que levava nosso povo para o inferno, essa praga [a idolatria] foi descoberta", bradava.[61] Deus chutou, e o diabo, personificado pela Rede Globo, divulgou.

Von Helde nunca admitiu em público que algum outro integrante da Universal estivesse envolvido no caso. Didini, porém, diz que numa conversa em sua casa, após a agressão, ele revelou, na presença de outros dois pastores, que Macedo o mandara chutar a imagem. Mais tarde Von Helde recuou e garantiu a Didini nunca ter feito tal comentário. "Não sei se o Von Helde disse isso para me agradar, pois sabia que eu gostava muito do Macedo. Depois, não confirmou mais. Mas falou sim. Tenho boa memória", reafirmou o ex--pastor da IURD.[62]

A influência e o prestígio de Von Helde na igreja estavam inequivocamente em baixa. Por não ter como dissociá-lo do caso do chute, a Universal o isolou. O bispo chutador se sentiu abandonado. Ex-colegas contam que ele chegou a tentar suicídio em 1998, quando vivia em San Francisco, na Califórnia — teria se deitado ao longo do leito dos trilhos de uma ferrovia, de costas. A composição atingiu seu dorso, de raspão; deprimido, ficou um ano internado numa clínica, com as despesas pagas por Macedo. A intenção de Von Helde, segundo ex-colegas, teria sido chamar a atenção da Universal e obter ajuda para manter a mulher e uma filha. Von Helde nega a tentativa de suicídio. Recentemente, quando um amigo lhe perguntou sobre isso, preferiu ficar em silêncio.

A posição dúbia da Universal não se desfez com o passar do tempo. Ainda em 1998, três anos depois do ocorrido, o bispo Marcelo Crivella gravou uma música em defesa de Von Helde. O disco *Como posso me calar?* é uma espécie de desagravo a uma suposta perseguição contra a Universal, e traz a imagem de Macedo preso na capa. "Na minha vida dei um chute na heresia/ Houve tanta gritaria de quem ama a idolatria/ Eu lhe respeito, meu irmão, não quero briga/ Se ela é Deus, ela mesma me castiga", diz a letra. "Aparecida, Guadalupe ou Maria/ Tudo isso é idolatria de quem vive a se enganar/ Mas não se ofenda meu irmão, não me persiga/ Se ela é Deus, ela mesma me castiga".[63]

O polêmico episódio do chute resultou em uma condenação, em 1997, a dois anos e dois meses de prisão, por discriminação e vilipêndio de imagem religiosa. A pena foi proferida pelo juiz Ruy Leme Cavalheiro, da 12ª Vara Criminal de São Paulo. Por ser réu primário, Von Helde recorreu em liberdade. Em 1999, o Tribunal de Justiça de São Paulo, em segunda instância, confirmou a sentença, mas concedeu a suspensão condicional, também por dois anos.[64] Nesse mesmo ano, Von Helde lançou o livro *Um chute na idolatria*,[65] no qual faz críticas à Igreja católica.

Macedo, aparentemente, buscou se distanciar do caso. Em sua biografia, retratou Von Helde como um antigo integrante da Universal, um mero conhecido. Segundo o líder da Universal, o ex-bispo teria pedido para sair da igreja depois de uma punição, em 2006, por ter sido acusado de maltratar outros pastores em Nova York, onde também atuou.[66] Antes de sair definitivamente, ele voltou a trabalhar no Brasil, na formação de novos pastores, período em que teve pouca ou quase nenhuma exposição. Daí, voltou outra vez para o exterior. Von Helde passou pelo México, Colômbia, Porto Rico e Venezuela. Ao retornar definitivamente, em 2014, afirmou que sua saída não tinha nada a ver com o chute.[67] Embora abalado pelo rompimento, disse ter recebido apoio de Macedo. Continuou a atuar como pastor em outra igreja evangélica, a Restauração, em Marília, no interior de São Paulo.[68] E relançou o livro *Um chute na idolatria*.[69]

A grita que a agressão provocou reavivou denúncias de antigos dissidentes. Menos de um ano depois do chute na santa, a Geração Editorial lançava o livro *Nos bastidores do reino: A vida secreta na Igreja Universal do Reino de Deus*, do ex-pastor Mário Justino. Negro, bissexual, casado e pai de dois filhos, Justino — pregador na Bahia, com passagens por Portugal e Estados Unidos — relatava casos de sexo, dinheiro e drogas envolvendo pregadores. Usuário de drogas e HIV positivo, diz ter tido sua primeira relação homossexual com um pastor.

A homossexualidade não é tolerada na igreja. "Nas nossas pregações dizíamos que os gays quebravam o plano divino da procriação, eram falsos ao corpo, sexualmente defeituosos e condenados à morte eterna no lago de fogo e enxofre", afirmava Justino. Mas ele conta que, ao relatar sua relação homossexual ao pastor líder da igreja no estado, o religioso a minimizou, dizendo-lhe para não fazer "uma tempestade num copo d'água": "Ele me perguntou se mais alguém sabia disso. Com a minha resposta negativa, me orientou a esquecer o ocorrido".

Considerado um pastor carismático no início de sua carreira, Justino decidira contar sua saga. Diz que foi expulso da igreja, já em Nova York, após revelar que era HIV positivo e dependente de crack, cocaína e heroína. Virou garoto de programa. Consumia e traficava drogas. Mergulhou no submundo do crime. Passou a viver com bandos de mendigos e desvalidos nas galerias e subterrâneos do metrô nova-iorquino.

Segundo denúncias do autor e do editor, uma operação teria sido montada para impedir que suas revelações viessem a público. O editor Luiz Fernando Emediato afirmou ter sido procurado três dias depois que o livro chegou às livrarias. Um sujeito ofereceu, segundo ele, 1 milhão de dólares para Justino desistir da publicação. Como achava que ia morrer de aids, o autor disse não querer dinheiro. "Eu ficaria desmoralizado se aceitasse um negócio desses", afirmou. A oferta de 1 milhão de dólares foi encaminhada à editora, que em contrapartida recolheria todos os exemplares no mercado e cederia o direito de republicação.

O autor da oferta, Gláucio Schmiegelow, era um executivo do mercado financeiro. "Ele perguntou quanto custaria comprar toda a edição e os direitos do livro. Disse claramente que era para engavetar", contou o dono da Geração Editorial, que também descartou a proposta e denunciou o caso à imprensa.[70] Schmiegelow afirmava representar um outro colega do mercado que queria ajudar a igreja de Edir Macedo retribuindo uma graça alcançada por sua filha. Dizia já ter se reunido com dirigentes da holding LM, da Universal, para discutir o assunto. A diretora da LM, a advogada Maria de Almeida Gontijo, negou participação no negócio. O executivo disse em entrevista não haver nada de irregular em sua proposta, garantia não ter cometido nenhum ato ilegal. Em sua avaliação, caso comprasse os direitos, caberia a ele editar ou não o livro. Mais tarde, Schmiegelow se arrependeu. Disse ter sido contratado com a promessa de receber 50 mil reais, e não levou um centavo. "Eles me deram um calote", indignou-se.[71] A igreja conseguiu uma decisão judicial para impedir a comercialização do livro. A juíza Daise Nogueira Jacot, da 36ª Vara Cível de São Paulo, decidiu pela apreensão até que o mérito da causa fosse julgado. O embargo durou dois anos.[72]

O livro narra a trajetória de Justino desde a entrada na Universal, ainda adolescente. Nascido em São Gonçalo, na região metropolitana do Rio, aos quinze anos ele abandonou os estudos e a família para servir à igreja. Começou como obreiro e um ano depois já atuava como pastor em Recife e Salvador. Passou por São Paulo antes de seguir para Lisboa e, depois, Nova York. O livro traz várias denúncias, entre as quais a falsificação dos produtos comercializados nos cultos. Mercadorias vendidas como lencinhos embebidos em "vinho curativo" eram, na verdade, umedecidos no popular Ki-Suco; a água do rio Jordão era água da pia; o "óleo ungido proveniente de Jerusalém", azeite Galo, acusava o ex-pastor.

Justino conta que a capacidade de arrecadar ofertas era capital para ascender na igreja. Nenhuma passagem da Bíblia era tão exaltada e difundida quanto "Trazei todos os dízimos e ofertas", de Malaquias 3,10. Os pregadores bem-sucedidos, segundo ele, recebiam tratamento diferenciado: porcentagem na coleta, bons salários, carros modernos, roupas de grife, moradias confortáveis. O próprio Justino, considerado bom arrecadador, disse ter recebido 10% das ofertas mensais no bairro da Liberdade, em Salvador. Muito dinheiro para um jovem de dezessete anos.

Nos cultos era comum que os pastores quebrassem imagens de santos católicos e queimassem roupas do candomblé e colares de miçangas levados por ex-seguidores de religiões afro, afirmou. Havia uma guerra declarada à Igreja católica, a maior inimiga, e às religiões de matriz africana, pilares da fé na Bahia. Joias ofertadas seguiam para o Rio de Janeiro, onde eram transformadas em barras de ouro, e pedidos de oração que seriam levados a Israel eram queimados na praia da Boca do Rio, denunciava Justino. Entre os pastores, comentava-se que as peregrinações à Terra Santa não passavam de excursões turísticas ao Oriente Médio. Os líderes da igreja, dizia Justino, se refestelavam em cassinos, noitadas em Tel Aviv e passeios de camelo às pirâmides egípcias.[73]

Em 1992, largado nas ruas de Nova York após a expulsão da igreja, sem qualquer assistência nem passagem para voltar ao Brasil, o ex-pastor alimentava ódio pela Universal e tinha sede de vingança. Chegou a planejar a morte de Edir Macedo, mas faltou coragem quando teve oportunidade de assassiná-lo. Armado com uma pistola automática e um punhal, segundo o seu relato, escondeu-se atrás de latas de lixo nos fundos do templo do Brooklyn. Ao ver o bispo sair do carro com a mulher e o filho adotivo Moysés, ele quase o atacou.[74]

A Universal negou as denúncias do autor. Na versão do bispo Rodrigues, Justino saiu da igreja quando ainda morava na Bahia, pois negligenciava sua família e também os cultos. Em Portugal, teria recebido apoio de antigos colegas, e em Nova York teria tentado ser novamente aceito na igreja, sem sucesso. Rodrigues contestou que religiosos tivessem participação nos resultados financeiros e, tampouco, mantivessem relações homossexuais nos templos. Justino estaria fazendo acusações "tomado pelo ódio"; por ter "uma doença incurável", sem ver "consequência do que fala".[75] Em 1998, os Estados Unidos lhe concederam asilo político. No pedido, o ex-pastor alegou sofrer perseguição da cúpula da igreja.[76] Recuperado, vive em Nova York e trabalha em uma ONG na área social.

Além de Justino, também reaparecia, no final de 1995, outro dissidente que causara barulho anos antes: o pastor Carlos Magno. A Polícia Federal havia anunciado uma investigação contra Edir Macedo por corrupção ativa, pois ele era suspeito de, quatro anos antes, ter comprado o silêncio de Magno, o antigo aliado que havia denunciado o suposto envolvimento da igreja com o tráfico colombiano e o envio de remessas de dinheiro para o exterior.[77]

Este repórter, que em 1995 trabalhava para a revista *IstoÉ*, procurou Magno — então à frente da minúscula Igreja do Espírito Santo de Deus, em Recife — para lhe perguntar por que não fora à sede da Polícia Federal, em São Paulo, a fim de depor no inquérito que apurava suas acusações. Em sua casa, uma pequena chácara no município de Paulista, na região metropolitana de Recife, Magno me mostrou uma série de vídeos.

As cenas haviam sido gravadas em 1990, e as conversas, tornadas públicas, reacenderiam as críticas à igreja em todo o país. Numa delas, o bispo Macedo, com um ar entre satisfeito e debochado, encarando a câmara, aparecia em uma igreja em Nova York contando dólares ao lado de Honorilton Gonçalves. Em outra, num campo de futebol de um hotel em Salvador (BA), ensinava técnicas para conseguir arrancar dinheiro dos fiéis. Dava dicas e repassava estratégias aos subordinados.[78]

A apuração jornalística seguiu adiante. O conteúdo dos vídeos e as novas denúncias de Magno foram detalhados em extensa reportagem de capa da revista *IstoÉ*, intitulada "Edir Macedo ensina: Como arrancar dinheiro em nome de Deus", na edição que chegou às bancas na manhã de 22 de dezembro de 1995, uma sexta-feira, assinada por este autor.

A reportagem ainda estava na fase final de produção quando Magno sugeriu o compartilhamento dos vídeos com a TV Globo. Era evidente que aquele material, se mostrado na TV, causaria um estardalhaço colossal.[79] Ficou acordado, então, que as imagens seriam liberadas à emissora, mas sob o compromisso de que fossem exibidas somente no domingo, no programa *Fantástico*, dois dias depois da publicação na revista. A Globo acabou exibindo as cenas já na noite de sexta-feira, numa longa reportagem de dez minutos. Como a revista semanal ainda não havia chegado à maioria de seus assinantes e apenas começava a ser comercializada, cristalizou-se a impressão de que a Globo havia sido o primeiro meio de comunicação a divulgar as informações. A publicação já estava nas bancas, a informação era pública e as emissoras de rádio de São Paulo debatiam o assunto naquela tarde. Mas o vídeo ainda não tinha sido mostrado.

Quando as imagens foram ao ar, a repercussão foi estrepitosa. Seguiu-se novo alvoroço. A Globo levava a fama, indevida, da autoria e, mais uma vez, era acusada de estar por trás de um complô para atacar o arquirrival Edir Macedo. Mais um prolongado capítulo da guerra Globo versus Record, e Universal versus Igreja católica. Os embates se estenderiam pelas semanas seguintes. Os vídeos eram repetidos inúmeras vezes, em todos os telejornais, tal como ocorrera no episódio do chute na santa.

As imagens comprovavam, ao menos em parte, a sanha arrecadatória do bispo que o pastor Carlos Magno denunciara. Na reunião de confraternização em Salvador, no intervalo do jogo de futebol, Macedo, de camiseta sem manga e calção azul, no centro do campo, explicava o jeito mais fácil e prático de induzir o fiel a dar sua contribuição. Agia como se ministrasse um curso de formação de uma rede de varejo, orientando vendedores a convencer o cliente a abrir um crediário para levar um aparelho de TV ou uma geladeira. Só que, nesse caso, o carnê daria direito à bênção de Deus. E só quem contribuísse seria abençoado. "Você tem que chegar e se impor: 'Ó, pessoal, você vai ajudar agora na obra de Deus. Se você quiser ajudar, amém. Se não quiser, Deus vai ajudar outra pessoa. Amém.' Entendeu como é que é? Se quiser, vem. Se não quiser, que se dane. Ou dá, ou desce", disparava. O pastor não pode se inibir, precisa mostrar firmeza, dizia: "Se você mostrar aquela maneira chocha, o povo não vai confiar em você para orar". Nesse momento, o bispo Carlos Rodrigues interveio: "Você tem que ser o super-herói do povo. O valente, o machão". Dali a pouco, Macedo ensinava uma técnica de convencimento que vinha desenvolvendo com sucesso nos Estados Unidos: jogar a Bíblia no chão. "Eu fiz isso, peguei a Bíblia e disse: 'Ou Deus honra essa palavra ou joga ela fora.'" A audiência se impressionava.

Ao agir com os homens de pouca fé, orientava Macedo, o pastor precisa deixar claro: aquele que ofertar receberá a bênção celestial. "Tem uns outros [que dizem]: eu estou cansado de ler a Bíblia, de ver tantas palavras e não acontecer nada na minha vida. Esse, vai ficar do nosso lado. Ele vai lá e põe tudo [imita o gesto de jogar o dinheiro]. Quem embarcar nessa vai ser abençoado, quem não embarcar, não vai. Quem quiser dar, dá. Quem não quiser, não vai dar. Mas tem um montão que dará. Você nunca pode ter vergonha. Tem que ser no peito e na raça. O povo quer ver o seu pastor com coragem, o povo quer ver o pastor brigando com o demônio." Alguém do círculo afirma: "O padre humilde não dá nada". E o bispo dá sua versão sobre o segredo do sucesso da Universal: "O padre é humilde e ninguém dá nada por ele. Fica daquela maneira assim [encolhe os ombros, cruzando os braços], enquanto nós vamos lá e botamos pra quebrar, até virando cambalhota. Nós não podemos ter medo. Vamos perguntar nos cultos quem quer ter o cajado de Moisés para vencer na vida e até tirar água da rocha, como ele tirou no mar Vermelho". O bispo Rodrigues complementava: "Dez mil, traz aqui". Em determinado momento, o bispo Honorilton Gonçalves pergunta a Macedo se podiam ser gravadas as cenas em que o grupo acariciava os dólares angariados. O bispo não faz objeções.[80]

Os vídeos também mostravam os líderes da igreja relaxados, em hotéis de luxo. Macedo aparece pilotando uma lancha em praias de Angra dos Reis, no Rio de Janeiro. As imagens ainda mostram o bispo Honorilton, diretor da TV Record e então apresentador do programa *25ª Hora*, ameaçando tirar a roupa para as câmeras num hotel em Jerusalém. O deputado e pastor Laprovita Vieira ri quando lhe perguntam se fez operações de caixa dois para a compra de uma empresa, e o bispo Sérgio Von Helde, o do chute na santa, surge dançando forró ao lado de Macedo.

Carlos Magno já demonstrava vocação para a arapongagem em 1990, quando grampeou Macedo. O pastor teria recebido ameaças de morte, e por isso instalara um gravador no telefone de sua casa. Numa das ligações, seu então chefe sugere a sua mulher, Sandreli, que se separe do marido. "Talvez você vá ter que pagar um preço alto", ele diz. "Posso te fazer uma sugestão? Você tem que sair daí. Vem pra cá, fica aqui com as crianças, fica na nossa casa. Sabe o que vai acontecer? Ele vai se sentir sozinho e aí ele vai ter que se abrir, se render. Porque sem você ele está perdido", recomendava. "Você tem o meu apoio e jamais vai passar nenhuma privação. Você vai morar bem, nunca vai precisar de nada, de ninguém. Você vai trabalhar e você vai ter condições. Isso sou eu que estou garantindo." Em outra gravação, Macedo estaria orientando um pastor, Benedito Alves, à época líder da igreja em Recife, a acusar um ex-auxiliar de Carlos Magno, um tal Antonio Carlos, de ter roubado a instituição. "Diz que o Antonio Carlos [pastor, que também deixou a Universal] roubou o carro, que ele comprou no nome dele com o dinheiro da igreja", recomendou o bispo. O interlocutor de Macedo lembra que, para acusar alguém de roubo, é preciso ter prova. Os dois decidem dizer, então, que houve um rombo na igreja.[81]

Além dos vídeos, Magno exibiu à reportagem de *IstoÉ* uma planilha listando os templos que garantiam mais recursos — as quantias eram registradas em dólar — para a Universal. Em outubro de 1990, as igrejas com maior volume de ofertas no estado de São Paulo eram a da sede da avenida Celso Garcia (1,35 milhão ao mês), da Lapa (396 mil dólares), de Santo André (314 mil) e Osasco (248 mil dólares). O pastor mostrou relatórios que comprovariam a participação de religiosos na arrecadação dos templos, variando de 2% a 10%. Pastores mordiscavam prêmios de 1,6 mil dólares. Quem obtinha melhores resultados era transferido para pontos com maior potencial de arrecadação. O bispo Rodrigues admitiu que oferecer parte da arrecadação aos pastores não era novidade no mundo evangélico — a Igreja do Evangelho Quadrangular e igrejas batistas já adotavam esse procedimento.

A máquina de fazer dinheiro, porém, tinha mão dupla. Uma folha de pagamentos de 1990 apresentava vários pregadores com "prêmios negativos". Havia o bônus para quem aumentava a produtividade, mas também a punição, uma multa, para quem não cumprisse as metas. O pastor João Luiz Urbaneja, por exemplo, amargara um prejuízo de 1,1 mil dólares, que seriam descontados de seus rendimentos. Na mesma folha de pagamento, Magno mostrou uma anotação à mão, na qual havia uma orientação de que o percentual de 10% sobre o resultado do mês deveria ser pago "por fora".

Todo o movimento financeiro da igreja era comandando pelo próprio Edir Macedo, a partir de Nova York, disse Magno. O bispo sabia do desempenho de cada um dos 7 mil pastores à época. Magno guardava um talão de cheques do Bradesco, da agência 562, conta número 033826-5, pertencente a uma certa Igreja Católica Carismática do Brasil, que seria uma linha auxiliar da Universal. Ele mesmo teria emitido, enquanto gozava da confiança da cúpula da igreja, dez cheques dessa conta, entre 31 de agosto e 14 de setembro, no total de 206 mil dólares. O destinatário seria uma conta do Banco Itaú, no Rio de Janeiro, pertencente a uma corretora ligada à casa de câmbio Piano. O dinheiro seria remetido a Nova York. Em nome da igreja, o então bispo Carlos Rodrigues negou, à época, todas as acusações. Disse desconhecer os vídeos exibidos. Sobre as acusações, disse que Magno contava "muitas mentiras".[82]

Para se defender, a Universal se serviu de seus programas — sobretudo o *25ª Hora* — e dos veículos impressos do grupo. Além de negar as acusações de Magno, mais uma vez colocou em dúvida a idoneidade da Rede Globo. Atribuiu as denúncias a uma perseguição, não apenas à Universal, mas aos evangélicos. Com essa afirmação, obteve apoio de outros líderes religiosos, entre eles Silas Malafaia, líder da Assembleia de Deus Vitória em Cristo; e Manoel Ferreira, presidente da Assembleia de Deus de Madureira — a quem Macedo havia se aliado no Conselho Nacional de Pastores do Brasil (CNPB) —, além de outros pastores presbiterianos, metodistas e batistas. Um manifesto de evangélicos foi redigido, passeatas de apoio ocorreram em alguns estados.

A Universal acusou a Globo de manipular o som da fita de vídeo levada ao ar no *Jornal Nacional*. A igreja tinha razão num ponto: ao exibir a imagem dos religiosos catando e contando dinheiro num templo em Nova York, a emissora carioca apresentou como sendo de cem dólares a nota de um dólar nas mãos do bispo Honorilton Gonçalves. O apresentador do *Jornal Nacional*, Sérgio Chapelin, narrara que o bispo exibia, "deslumbrado", uma nota de cem dólares. Para Honorilton, isso foi uma "bandidagem". Na gravação, ele já dizia que a nota era de um dólar. O som original, no entanto, foi omitido. A Globo se retratou pelo ocorrido.[83]

Houve até quem tivesse visto na imagem de Edir Macedo, projetada ao fundo, atrás da bancada do apresentador da Globo, alusões a um demônio. O publicitário e doutor em semiótica Roberto Bazanini, ex-professor da Universidade Metodista e autor de tese de doutorado na PUC de São Paulo sobre o embate entre Globo e Universal, observou que a imagem de Macedo fora disposta ao lado de notas de dólar, enroladas, compondo o cenário ao fundo. Duas cédulas na altura da testa do bispo, na visão de Bazanini, davam a impressão de chifres. Com um leve colorido ao redor dos olhos, um nariz um pouco arrebitado e duas presas puxadas para baixo, Macedo teria aparecido então, em apenas um dos 24 quadros exibidos por segundo na tela, como se fosse um vampiro. A imagem-relâmpago não seria perceptível, ninguém havia comentado ou falado sobre isso, nem mesmo os integrantes da Universal. Mas o subconsciente do telespectador teria captado essa mensagem subliminar, garantia o publicitário. A reportagem da Globo reforçaria as acusações verbais proferidas pelo apresentador e o entrevistado, e remeteria a um campo de batalha, à luta entre o bem e o mal. "A IURD [era] caracterizada como um bando de salteadores sarcásticos que abusam da boa-fé das pessoas simples, enquanto a Globo surge vencedora, justiceira, destemida, aliada das autoridades, a grande mentora da moralidade social", avaliava Bazanini.[84]

A Universal, por outro lado, tentava neutralizar a carga negativa que impregnou sua imagem. Macedo amenizava o uso da expressão "ou dá ou desce" — a versão escrachada do dar ou não a oferta, escancarada no vídeo tornado público. "Com Deus, meu caro, essa é a nossa fé. Ou você dá e está com ele por toda a eternidade. Ou dá e entrega a sua vida, assume a sua fé, ou você desce para o inferno e não tem mais solução. É a lei da palavra. Se você dá, recebe. Se você não dá, não recebe", justificou, anos depois. A frase utilizada, explicava o bispo, teria o objetivo apenas de "despertar a fé das pessoas".[85]

Depois do impacto causado pelos vídeos, Carlos Magno, que entregara as primeiras provas do funcionamento da máquina de arrecadação da Universal, prometera novas imagens comprometedoras. Chamou a seu escritório em Recife dois repórteres: este autor, de *IstoÉ*, e Francisco José, da TV Globo na capital pernambucana. Dizia ter mais duas fitas. Numa delas, um bispo e dois pastores esconderiam nos bolsos e meias dólares emprestados por um traficante colombiano. Na outra, os religiosos da Universal assistiriam a filmes pornográficos. Os jornalistas aguardavam, ao lado de Magno, já havia quase quatro horas, a chegada de Sandreli, que traria as gravações. De repente o telefone toca, o pastor atende e anuncia que Sandreli e a mãe dela, Gessy, tinham sido assaltadas por quatro homens encapuzados e armados. As mulheres teriam sido deixadas numa estrada, num ponto próximo a Alagoas. Os criminosos só teriam roubado as fitas, das quais não havia cópia. Nem Sandreli nem sua mãe sofreram violência. Frequentadores de um posto de gasolina que viram as duas chegando sozinhas foram as únicas testemunhas. A história não parecia muito bem contada. Magno não soube explicar por que não revelara o conteúdo das gravações até aquele momento. "Eu tenho mais de cinquenta gravações sobre a Universal em casa e só achei essas agora", justificou. Por causa de contradições nas versões apresentadas, a polícia o indiciou, a ele e às duas mulheres, por falsa comunicação de crime. Se existiram, os dois vídeos jamais foram encontrados.[86]

A tensão entre a TV Globo e a Universal era crescente. O então presidente da Record, o bispo João Batista Ramos da Silva, acusava a emissora dos Marinho de florescer à sombra da ditadura e não conseguir conviver com a democracia e o pluralismo. "A Globo tem medo do crescimento do nosso Ibope", garantia. Walter Poyares, assessor da presidência da Rede Globo, contra-atacava. "A Record tem se tornado a voz do ódio, o que é inaceitável porque uma emissora não pode estimular a intolerância."[87] Honorilton Gonçalves anunciava que, em razão de "armações" que a Globo estaria preparando, a igreja instalaria em seus templos um sistema de segurança, com câmeras ocultas, para vigiar pessoas estranhas e suspeitas. No último dia do ano, na sede do Brás, em São Paulo, a Universal distribuiu espadas de plástico para os fiéis reviverem o ato do profeta Elias ao sair da caverna e ter de enfrentar a corrupta rainha Jezabel. Era uma analogia da luta da igreja e sua emissora de TV contra a poderosa Globo.[88] O bispo João Batista previa um fim trágico: "Ou nós acabamos com a Globo ou ela acaba com a gente", sentenciava.

Apesar do discurso incendiário, nos bastidores a Universal sentava-se à mesa com o inimigo. O deputado e pastor Laprovita Vieira teve três encontros com Roberto Marinho depois da exibição dos vídeos, ainda no auge da crise. O correligionário de Macedo disse ter tentado "amenizar o clima". As conversas não foram muito produtivas. Num dos encontros, na mansão do Cosme Velho, o pastor disse ter tentado falar com o dono da Globo e mal conseguiu respostas. O empresário, já com 91 anos, cochilou na cadeira. O mordomo se aproximou, explicou que o patrão estava cansado e encerrou o encontro. Em outro momento, o empresário argumentou que, por ser católico, estaria no campo oposto à Universal. Era como se dissesse "eu sou Flamengo, você é Vasco, então vá tentar ganhar de outro", interpretou Laprovita. "Eu pedi, ele me atendeu, me recebeu. Mas a conversa não evoluiu", lamentou.[89]

A trégua, porém, não demoraria. No dia 2 de janeiro de 1996, no programa *25ª Hora*, o bispo Honorilton Gonçalves criticou o então presidente da República Fernando Henrique Cardoso, dizendo que sua igreja era vítima de perseguição religiosa — prática de regimes totalitários. Disse que o presidente havia pedido o apoio da Universal na campanha ao Planalto, em 1994, pessoalmente, e o recebera. Agora, a igreja cobrava uma solução para a pendenga com a emissora de Roberto Marinho e fazia ameaças caso não fosse atendida. Se FHC se eximisse de tomar alguma providência, a Universal poderia apoiar, já nas eleições municipais daquele ano, candidatos aliados dos oposicionistas Luiz Inácio Lula da Silva (PT) e Leonel Brizola (PDT).

A resposta foi imediata. No dia seguinte, o ministro das Comunicações Sérgio Motta convocou representantes da Globo e da Record e selou um armistício. Motta se reuniu a portas fechadas com o bispo João Batista Ramos da Silva, presidente da emissora de Edir Macedo. Foram dois encontros, um no ministério, em Brasília, e outro no escritório do órgão em São Paulo. O diálogo não foi exatamente amistoso.[90] Motta disse que não admitiria disputas entre grupos nem qualquer tipo de guerra religiosa envolvendo concessões públicas. A lei valia para todos, e o ministério poderia aplicar penalidades, multas e suspensão, caso se constatassem irregularidades.[91] Em seguida, se reuniu com representantes de Roberto Marinho.

Ao menos a guerra das TVs estaria encerrada. A Globo imediatamente divulgou uma nota afirmando que "fazia jornalismo" e "não guerra". O bispo Rodrigues anunciou que o programa *25ª Hora* passaria a tratar de temas como saúde e medicina. "Fica mais bonito falar de Deus. Não devemos passar uma imagem de beligerância, de guerra, e sim de amor", surpreendia Rodrigues, incorporando um "Carlinhos Paz e Amor". Afinal, "Roberto Marinho também é uma criatura de Deus", ele justificava. Os apresentadores do *25ª Hora*, Honorilton Gonçalves e Ronaldo Didini, se diziam arrependidos pelas críticas ao presidente, "um homem que tem feito um governo honrado e decente". Fiéis teriam pedido para que eles falassem apenas de Deus, não de pessoas.[92] Naquele ano, a Universal apoiou os candidatos do PSDB, entre eles o ex-ministro José Serra, postulante à Prefeitura de São Paulo. Por conta da animosidade com a Globo, o ano de 1995 foi um dos mais difíceis para a Universal, mais até que o da prisão de Macedo. Mas não terminava mal. Em sua estratégia, a igreja dosava ataques e contra-ataques. E crescia na adversidade, como sempre.

# 11. A caça ao tesouro

A guerra santa cessou, Globo e Record pararam de se atacar. Na tela da TV, em janeiro de 1996, uma paz momentânea, fruto da intervenção do ministro das Comunicações, Sérgio Motta. Mas Edir Macedo mal teria o que comemorar, uma outra frente de batalha se constituía: estava aberta a temporada de caça ao tesouro do bispo. Órgãos oficiais faziam uma varredura nas contas e nos negócios do grupo Universal e rastreavam o caminho percorrido pelo dinheiro recolhido nos templos. A Receita Federal decidia cobrar o imposto de renda dos recursos arrecadados nos últimos cinco anos e supostamente desviados para atividades alheias à igreja.

A pedido da Procuradoria-Geral da República, doze fiscais da Receita Federal e outros dez auditores do Banco Central vinham se dedicando integralmente, desde 1995, à análise das contas bancárias da igreja e das movimentações e declarações de renda de Macedo e outras treze pessoas físicas e jurídicas ligadas à denominação. Vasculharam 4 mil contas e rastrearam pelo menos 1 milhão de cheques. Era a maior investigação já realizada pela Receita e pelo BC[1] desde o caso PC Farias — a exemplo deste, fora montado um núcleo de auditores só para cuidar da Universal.

A igreja de Edir Macedo foi autuada em 1990, depois da compra da TV Record, mas a multa acabou anulada devido a falhas na coleta de provas. Em

1995, o caso foi reaberto pela Procuradoria da República a pedido do então radialista e deputado estadual paulista Afanásio Jazadji (PFL),[2] antigo adversário da Universal. Por oito anos ele dividiu espaço com a igreja na programação da Rádio São Paulo, na capital paulista. Apresentador de um programa policial de grande audiência, o católico Jazadji se incomodava em entrar logo depois do horário dos crentes nas manhãs da emissora. Para evitar hostilidades, a direção sugeriu que os religiosos encerrassem cinco minutos antes. Ao entrar no ar, Jazadji criticava os "falsos profetas e usurpadores da fé cristã". O pastor Ronaldo Didini e outros religiosos passaram a chamá-lo de "Satanásio". A animosidade aumentou quando a Universal comprou a emissora, em 1989, e tirou Jazadji da programação. O radialista moveu processos na Justiça contra a igreja, Didini e a emissora. E venceu. Em 1986 ele se elegeu para a Assembleia Legislativa de São Paulo com 558 mil votos, até então a maior votação de um deputado estadual na história do país.[3]

Combatido por setores da mídia, Macedo via seus negócios e os da Universal serem investigados no Brasil e também no exterior. A PF pedia ajuda à Interpol para levantar todos os templos, imóveis, número de bispos e pastores, além de comprovantes de arrecadação da instituição fora do país. Eram esquadrinhadas as ações da igreja em Portugal, Colômbia, Estados Unidos, Japão, Moçambique, França e África do Sul. Um dos alvos eram as offshores Investholding e Cableinvest, abertas nas Ilhas Cayman e em Jersey. A PF convocava Carlos Magno para ajudar a fazer o retrato falado do suposto traficante colombiano que teria emprestado dólares à igreja para a compra da Record.

O BC coletava informações sobre as operações de câmbio feitas pela Casa Piano, do Rio de Janeiro, com recursos doados por fiéis, desde 1990.[4] A Procuradoria da República do Rio havia solicitado a quebra de sigilo bancário de todas as empresas ligadas à Universal e também de seus principais responsáveis. Para o procurador Artur Gueiros, havia indícios de que Macedo e seus principais colaboradores se uniam para "explorar a boa-fé do povo". O Ministério Público Federal apurava supostas remessas ilegais de dinheiro para o exterior e lavagem de dinheiro. Estavam na mira o Banco de Crédito Metropolitano, do bispo; a Uni-Factoring Comercial, holding do grupo LM (L, do deputado Laprovita Vieira, e M, da advogada Maria de Almeida Gontijo, ambos da igreja); a gravadora Line Records; a gráfica Universal; a construtora Unitec; a New Tour Turismo; a TV Record Rio e uma fábrica de móveis.[5] Os supostos proprietários dessas empresas eram pastores, obreiros, mulheres de religiosos ou secretárias. A direção da New Tour, por exemplo, tinha como proprietárias Mariléa Penha Sales Macedo, casada com um primo de Macedo, e uma ex-funcionária da contabilidade da igreja, Lúcia Helena Firmino Belato Suhett, mulher do então bispo Renato Suhett.[6]

A igreja se dizia perseguida e convocava os fiéis para manifestações de protesto. Um ato em favor da liberdade religiosa — cerceada, no entender deles — fora organizado no Vale do Anhangabaú, em São Paulo, com a presença de outros líderes pentecostais.[7] O deputado Laprovita acusava Magno — autor das denúncias que geraram a apuração — de chantagear a igreja: ele teria pedido 300 mil dólares para não divulgar gravações secretas à TV Globo.[8]

A imprensa revelava que o ministro das Comunicações, Sérgio Motta, antes de propor o armistício entre as emissoras havia cogitado cassar a concessão da Record. Motta chegou a encomendar um estudo, mas, segundo a área jurídica do ministério, o processo seria complexo e demorado e o governo não conseguiria derrubar a outorga. "Toda concessão para trás é um ato jurídico perfeito", avaliou Motta. Para a cassação, seria necessário um processo judicial ou uma Comissão Parlamentar de Inquérito (CPI) capazes de comprovar a inidoneidade dos detentores. Todas as emissoras de TV no país estariam sujeitas à perda da concessão, no entender de Sérgio Motta, se fossem seguidos à risca artigos do Código Brasileiro de Telecomunicações que previam punições em casos, por exemplo, de ataques à honra do presidente da República e desrespeito à moral e aos bons costumes. O código era genérico e ultrapassado, precisava ser reformulado.[9]

O risco maior estava descartado. Mas Macedo não escapou da devassa em suas contas. Ele e outros pastores acabaram autuados por crime de sonegação fiscal por comprarem a Record com empréstimos simulados — na verdade, o dinheiro doado pelos fiéis. Os recursos iam para empresas em paraísos fiscais e voltavam, por meio de contratos de mútuos, para religiosos fecharem negócios. Foram aplicadas multas num total de 12 milhões de reais.[10] As igrejas têm imunidade tributária mas, para o fisco, parte do dinheiro livre de impostos havia sido desviado de suas atividades essenciais com a compra de emissoras de rádio e TV e empresas de ramos diversos.

Uma nova regra sobre o imposto de renda traria um alívio para o bispo. A lei nº 9249, aprovada pelo Congresso e sancionada pelo governo Fernando

Henrique Cardoso no apagar das luzes de 1995, determinava, em seu artigo 34, a extinção da pena de prisão para quem sonegasse o fisco nos chamados crimes de colarinho-branco, desde que o acusado pagasse o que devia, com multa, antes de ser denunciado pelo Ministério Público. Bispos e pastores festejaram: as investigações mais pesadas contra Macedo e a Universal poderiam terminar em multas, no máximo.[11]

A fim de diminuir o cerco à igreja, o voto dos fiéis foi usado como moeda de troca no início da campanha eleitoral de 1996. Em encontro com o bispo Rodrigues, coordenador político da igreja no Congresso, dois emissários de FHC, o ministro Sérgio Motta e o vice-líder do governo, Arnaldo Madeira (PSDB-SP), pediram o apoio da igreja ao então candidato tucano à prefeitura de São Paulo, José Serra. Mas a Universal impunha um preço: que a Receita, o Banco Central e o Ministério das Comunicações encerrassem as investigações sobre os bispos, pastores e empresas do grupo, entre elas a TV Record e o Banco de Crédito Metropolitano. Num primeiro momento, Motta e Madeira não disseram nem sim nem não.[12] Rodrigues deu a deixa para a evolução das tratativas ao dizer que a escolha do candidato à prefeitura de São Paulo apoiado pela igreja ainda estava aberta. Não era verdade. Ela já havia ensaiado apoio a dois postulantes: o evangélico Francisco Rossi (PDT) e Celso Pitta (PPB), indicado pelo então prefeito Paulo Maluf.

Os emissários tucanos não podiam — nem haveria como, lembravam a seus interlocutores — interromper as investigações, uma vez que a Receita nunca deveria se submeter a ordens de presidentes da República. As revelações sobre supostas negociações para abrandar o cerco fiscal, contudo, ainda assim causaram mal-estar no corpo técnico da Fazenda. Auditores avisaram que não receberam orientação para mudar o rumo das investigações e consideraram a missão irreversível.[13] Porém, que o sonegador escapasse das grades já era uma dádiva.

No âmbito do Ministério das Comunicações, outras reivindicações da Universal eram atendidas, como a regularização de seus canais de televisão no Rio e na Bahia. Em junho, Serra já candidato, Fernando Henrique assinou a autorização para transferir o controle acionário das emissoras. A fim de que a regularização passasse, o ministério concluiu que houve apenas uma redistribuição de cotas das emissoras, ignorando a utilização de laranjas na compra — até então, as duas emissoras regularizadas em troca do apoio político estavam nas mãos de laranjas. O controle das emissoras foi parar nas mãos dos bispos mais poderosos.[14] O testa de ferro Claudemir Mendonça de Andrade, por exemplo, transferira suas cotas da TV Record Rio — e também sua dívida contraída por empréstimos junto às offshores Investholding e Cableinvest — para o bispo Paulo Roberto Gomes da Conceição.

O acordo com líderes governistas também previa a liberação de novas concessões pelo Ministério das Comunicações para o início da futura Rede Família. Três anos depois, a Record adquiria a Rede Mulher para liderar esse novo grupo de emissoras. O projeto não se consolidou e a tal Rede Família virou a Record News.[15]

As relações entre a Universal e o governo melhoraram, apesar das apurações da Receita Federal. Já não havia o clima do período pós-chute na santa. Na conversa com os líderes tucanos, o bispo Rodrigues reclamou das supostas perseguições do governo. Madeira alegou desconhecer tal fato.

Na eleição em São Paulo, a igreja acabou descartando Francisco Rossi porque ele se negou a entregar duas secretarias em troca do apoio, conforme declarou Barros Munhoz, coordenador da campanha pedetista.[16] A Universal arrazoava outros motivos: o candidato teria falado mal da igreja e se recusara a assinar um manifesto contra reportagens críticas feitas pela TV Globo.[17] Paulo Maluf então liberou uma verba de 800 mil reais para a Associação Beneficente Cristã (ABC), o braço assistencial da igreja, e a partir desse momento Celso Pitta recebeu a ajuda de Didini, que o convidou para distribuir cestas básicas na associação, ao lado de fiéis.

De qualquer forma, a cúpula da Universal não levou adiante o acordo firmado com a trupe malufista. Contrariado com a guinada pró-Serra, Didini reagiu publicamente durante uma reunião para selar a adesão pública da igreja ao candidato. "Não vou apoiá-lo, pois quando a igreja precisou o senhor não ajudou", ele disse a Serra. E lembrou que o tucano recebera o suporte da Universal em sua campanha ao Senado, em 1994 — quando templos em todo o interior de São Paulo foram abertos para reverenciá-lo —, e que tempos depois, a exemplo de Francisco Rossi, se recusara a defender Macedo no imbróglio com a Globo.[18]

Didini batia de frente com o bispo Rodrigues, coordenador político da Universal. Decidiu então se afastar e se demitiu da ABC e do programa *25ª Hora*. Não deixava a igreja, porém. Foi reclamar com o bispo em Los Angeles. "A igreja cresceu muito mais do que eu imaginava. Tem coisas que eu não consigo controlar", explicou-lhe Macedo.[19] O pastor tentava convencê-lo a mudar de ideia, enumerando pontos negativos do tucano: ele não era bem-visto na igreja e sempre evitara vincular sua imagem à Universal. Macedo também não morria de amores por Serra, mas, pragmático, de olho nas relações futuras com o governo, manteve o apoio.

Em meio às confabulações e tentativas de solução, Didini passou três dias na casa de Macedo, de propriedade da igreja. Ampla, com cinco quartos, ela ficava num dos bairros mais valorizados da região de Hollywood, onde imóveis residenciais costumavam ter um preço mínimo de 1 milhão de dólares.[20] Tinha um quintal enorme, com muitas árvores; numa encosta de área preservada, avistavam-se cervos selvagens. O pastor discutia seu futuro com o bispo em caminhadas matinais pelas praias de Los Angeles ou usufruindo da piscina, das áreas de lazer e equipamentos de ginástica, entre outras comodidades da moradia. Didini fazia exercícios abdominais e o bispo o auxiliava, segurando suas pernas.

Enquanto cuidava do físico, ele se queixava por não saber qual era seu papel na igreja. Sentia-se desgastado, sem espaço. Achava que não dava mais. Pediu uma transferência para a África do Sul, decerto encontraria motivação por lá. Macedo prometeu conversar com o sobrinho Marcelo Crivella, então o líder da igreja naquele país. Na hora da despedida, Macedo disse que nunca esqueceria o que o amigo fizera por ele nos onze dias em que ficou ao seu lado na prisão.

Crivella acolheu Didini e lhe destinou uma missão: organizar a contabilidade dos 72 templos da Universal na África do Sul. O pastor percorreu o país de carro, de ponta a ponta. Entregou caixas e caixas com documentação para a cúpula da igreja. De quebra, montou as bases da TV Record em Angola e Moçambique.[21]

Com Didini fora do jogo, as questões políticas no Brasil ficaram definitivamente sob o controle do bispo Rodrigues. A Receita Federal, por outro lado, levava adiante sua investigação. E concluía que a Universal, apesar de ser uma organização religiosa isenta de impostos, praticava atividades que visavam ao lucro.[22] O órgão constatou que pessoas recebiam empréstimos da igreja para constituir negócios próprios. Essas empresas, por sua vez, passavam a prestar serviços unicamente — ou preferencialmente — ao grupo de Edir Macedo.

No dia 3 de julho de 1997, a Receita autuou a Universal em 98,3 milhões de reais. A multa era aplicada com base nas atividades financeiras da igreja entre 1991 e 1994. Eram questionados empréstimos que beneficiavam o próprio Edir

Macedo, o ex-executivo da Record Rubem Didini (levado à emissora pelo primo Ronaldo) e os bispos Carlos Rodrigues, Paulo Roberto Guimarães, Marcelo Crivella e João Batista Ramos da Silva. Crivella fora um dos multados, como pessoa física, em 51 mil reais.[23] A Universal não aceitou a decisão dos auditores de desconsiderar a imunidade tributária e recorreu. Dois anos depois, após avaliação do então Primeiro Conselho de Contribuintes da Receita — o atual Conselho Administrativo de Recursos Fiscais (CARF) —, a dívida foi reduzida para 39,9 milhões de reais.[24] O Ministério Público Federal (MPF) propôs uma ação civil pública questionando a decisão e o caso foi para a Justiça.

A questão se transformou numa novela enfadonha. A Universal, alegando jurisprudência do Superior Tribunal de Justiça (STJ) e do Supremo Tribunal Federal (STF), entendeu que o MPF não teria legitimidade para encaminhar ação com fins tributários. No dia 28 de janeiro de 2019, porém, o TRF da 1ª Região deliberou que o órgão poderia, sim, entrar com ações na Justiça questionando valores pagos em impostos. Com essa decisão, a ação do MPF voltou a ser analisada na primeira instância, de onde havia saído. A Universal recorreu mais uma vez. Em seu site, disse não dever nada à Receita Federal.[25]

A notícia da multa gigantesca, ainda em 1997, chegava em meio a um outro revés: o midiático pastor Ronaldo Didini decidia, após um ano e seis meses na África do Sul, abandonar a igreja. Ao cabo de quatro dias de reunião, num encontro de bispos africanos num clube de campo da região montanhosa de Drakensberg, na fronteira entre a África do Sul e o Lesoto, o pastor anunciou sua saída. Não acreditava mais na instituição.

Embora não tenha sido entronizado bispo, posto máximo da hierarquia da igreja, Didini galgou poder e prestígio dentro da denominação devido a sua habilidade como âncora do programa *25ª Hora* e pelos contatos nos meios de comunicação. Tornara-se também o responsável pela compra de horários em outras emissoras. Em seu auge à frente das câmeras, era o nome mais popular da Universal, depois de Edir Macedo. Com seu cabelo gomalinado e certo ar de cantor de bolero, à época, transformou-se numa espécie de pop star pentecostal. Dava autógrafos por onde passava e vivia animando shows beneficentes ao lado de ídolos populares como Roberta Miranda, Jerry Adriani e a dupla Milionário e José Rico. Jogava futebol ao lado de antigos craques como César Maluco, ex-centroavante e artilheiro do Palmeiras. Também ganhara notoriedade com o cargo na ABC, distribuindo cestas básicas em favelas da periferia e alimentos a mendigos nas ruas.[26] Seu sucesso na TV, porém, incomodava. "O motivo do rompimento foi eu ter crescido demais na igreja. Eu era uma liderança muito forte e polêmica dentro da instituição. Tudo o que eu fazia crescia, o que eu botava a mão dava certo. Fazia um programa na Record, explodia, ia tomar conta da obra social, explodia. Ia para o Zimbábue, e dava certo", gabou-se Didini.[27]

O pastor não ocupava um alto posto na Record, mas exercia grande influência na emissora. Em Goiânia, havia sido o responsável pela inauguração da igreja e por implantar e fazer a primeira transmissão da TV Record na capital, além de comprar uma rádio local, a Riviera. Fora o responsável pela igreja em Brasília, Mato Grosso, Mato Grosso do Sul e Tocantins. Mostrou seus dotes de grande comunicador na comunidade portuguesa de Boston (Estados Unidos), onde fez programas de rádio e televisão por alguns meses, e depois em Portugal, onde negociou a entrada da igreja na programação da SIC. Essa trajetória consolidou seu prestígio junto a Edir Macedo.

Antes de conhecer a igreja, sua vida era movida a excessos. Então tenente do Exército, dividia o tempo entre o quartel, a praia e o pagode nos finais de semana no Clube do Samba, no Rio de Janeiro, onde compartilhava mesas regadas a cerveja com os sambistas João Nogueira e Roberto Ribeiro. Em setembro de 1982, havia sofrido um choque: a morte do pai, um fiscal de ônibus, a quem idolatrava. Faltavam três meses para sua formatura na Academia Militar das Agulhas Negras, em Resende, no interior fluminense. Ao concluir o curso, foi designado para servir em Cruz Alta (RS). Nos meses antes da apresentação, passou o seu tempo na Barra da Tijuca (RJ). Comprara um Puma branco conversível e desfilava ao lado de mulatas e louras bronzeadas e da inseparável garrafa de uísque. Tomava uma por dia. Drogava-se com comprimidos Haldol e Fenergan na veia. "Foi uma época de completa insanidade. Meu prazer era ir ao samba, beber sem limites e sair com várias mulheres. Era festa o dia inteiro e, sem perceber, eu me tornara um alcoólatra", admitiu.[28]

Acabou no tal fundo do poço, como tantos da igreja. Foi aposentado devido a distúrbios psíquicos, com um diagnóstico de reação paranoide aguda. Chegou a ser internado numa ala isolada do pavilhão psiquiátrico do Hospital Central do Exército, no Rio. Ficava numa cela, sozinho. Andava em círculos, em estado catatônico. "Comi as próprias fezes e bebi a própria urina", contou. Amarrado a uma cama da enfermaria, teria protagonizado um fenômeno na véspera do Natal de 1984. Conta ter visto sua alma sair do corpo e ser arrastada para um túnel frio e úmido. "Havia uma legião de demônios dentro de mim", disse. Enquanto se debatia, aos gritos, contra a energia que o puxava, afirmou ter visto um homem de aparência simples, com longos cabelos e barba pretos, vestindo túnica branca e carregando uma cruz. Era Jesus Cristo, cuja presença lhe dera repentina e inexplicável força física, a ponto de rasgar as ataduras e se lançar desesperado pelos corredores do hospital.[29]

A alucinação de caráter quase lisérgico o transformou. O jovem tenente de 27 anos jamais seria o mesmo. A tia o apresentou à então ascendente Igreja Universal, onde, hesitante, ele ouviu histórias piores que a sua. "Recebi um tratamento de qualidade. Ninguém me perguntou de onde eu vim, o que fazia. Conheci uma obreira, Carmem, com quem me casei e tenho duas filhas, e nunca mais voltei ao vício."[30] Em abril de 1985, quatro meses depois da experiência na enfermaria, já atuava como auxiliar de pastor na sede da Abolição. Em seguida foi transferido para São Paulo e em março do ano seguinte assumiria como pastor no templo do parque Dom Pedro II.

O segundo afastamento na Universal foi muito mais dolorido do que o retiro estratégico na época do chute na santa. Didini sentiu a perda repentina de prestígio, a ausência dos holofotes. Surgiam dúvidas sobre o papel e a missão da igreja para anunciar o Evangelho. Sua fé na instituição estava comprometida. A Universal trilhava um caminho de isolacionismo doutrinário e soberba, afirmava. Ele também discordava dos rumos da Record. Obcecado, Macedo garantia que não iria morrer sem ver sua TV maior do que a Globo. Já Didini defendia para a emissora uma receita simples: bom jornalismo, filmes de qualidade e séries e novelas bíblicas — exibidas hoje com sucesso. Assim ela iria interagir com o público e crescer, aos poucos, em determinados nichos. Com o tempo, encostaria na Globo e consolidaria o segundo lugar na audiência.

Acolhido com afetuosidade um ano e meio antes em Los Angeles, Didini foi recebido de maneira diferente em Drakensberg, no encontro de bispos da África do Sul. Em seguidas reuniões, em três dias, foi duramente criticado por Macedo e alguns de seus auxiliares. O bispo chegou a lhe dizer, diante de todos os presentes: "Você é um rebelde, não presta para nada". Os bispos João Batista, Honorilton Gonçalves e Paulo Roberto Guimarães já lhe haviam dito para ficar quieto e deixar Macedo falar. Seria uma estratégia dele para mostrar que inclusive os "preferidos", os mais bem-sucedidos, com extenso currículo de bons serviços, também recebiam críticas e cobranças duras. O que dizer, então, dos novatos e inexperientes que ainda não apresentavam resultados? E assim os recém-chegados seriam "enquadrados". Após essa dura prova, Didini seria premiado, se tornaria uma figura intocável. "Ele vai pegar no teu pé, vai te bater. Mas deixe entrar por um ouvido e sair pelo outro. Depois disso, ninguém segura mais você", aconselhou Honorilton.

Didini ouvia tudo calado, chorava. No terceiro dia, explodiu quando Macedo criticou sua mulher, dizendo que ela deveria "se espiritualizar mais". Sua paciência tinha um limite, e ele gritou: "Chega, chega". Macedo mudou o tom e depois chamou Didini e a mulher para uma conversa em seu quarto: "Ronaldo, agora acabou. Ninguém mais toca em você. Vou consagrá-lo bispo. A partir de agora, você é o presidente da Record Internacional. Vai levar a Record para o mundo inteiro e morar comigo na Califórnia. Fechado? Posso contar com você?". Didini ganharia uma blindagem institucional.[31]

O pastor apertou a mão do bispo e deixou o quarto do hotel, aparentemente disposto a aceitar a oferta. Chamou a mulher para um passeio de barco. Remou até o meio de um lago, parou e disse: "Vou sair da igreja". Carmem o apoiou. No dia seguinte, os dois viajaram para Johannesburgo, a maior cidade da África do Sul, sem avisar ninguém. Macedo o procurou e o chamou para uma nova conversa, na casa do sobrinho Marcelo Crivella. Didini foi até lá, com as duas filhas. Disse a Macedo que não tinha nada contra ele, mas não acreditava mais na mensagem da igreja. O bispo o ouviu atentamente. Enquanto mexia as brasas na lareira, Macedo disse: "Eu não sei o que você vai fazer daqui em diante. Não tenho como ajudá-lo daqui. Mas o Paulo [o bispo Paulo Roberto Guimarães] lhe dará um apoio para recomeçar a vida", prometeu.[32] Seria "um start", explicou. Didini esperava por essa ajuda. Na África, ele recebia mil dólares de salário, além de moradia e transporte. Ao se preparar para voltar, contabilizou seus bens: as roupas enfiadas nas malas, um Peugeot 360 e um relógio Omega, presente de Macedo. Esperava ser indenizado pelo trabalho na estrutura empresarial da igreja, e ao menos ganhar uma casa mobiliada. Recebeu, ao chegar ao Brasil, 100 mil reais. "Imaginava uma atitude mais concreta por parte dele", lamentou. "Saí, paguei meu preço para ser livre. Mas não vou cuspir no prato que comi", disse, conformado, ao decidir buscar um novo rumo.[33]

# 12. Nas teias da Justiça

Assim como Estêvão, o primeiro mártir da igreja cristã descrito na Bíblia — no livro de Atos dos Apóstolos —, Edir Macedo foi apedrejado. Ao menos segundo seus fiéis. Os anos 1990 se transformaram num longo martírio para o bispo, que enfrentou um colosso de denúncias e acusações. Foram tempos de angústia e apreensão, só amenizados com a chegada do novo milênio. Macedo sofreu rumorosos processos na Justiça, enquanto a Universal continuava se considerando vítima de discriminação.

Na TV, o bombardeio diminuía após o fim da guerra santa e o "acordo de paz" entre a Globo e a Record, em 1996. Mas na mídia impressa, principalmente, repercutia o andamento dos inúmeros processos e inquéritos criminais movidos contra a igreja e seus líderes, por acusações de envio ilegal de recursos ao exterior, empréstimos para empresas de fachada e a utilização de fiéis como laranjas na compra de emissoras de rádio e TV. Foram várias as denúncias-crime encaminhadas à Justiça: lavagem de dinheiro, evasão de divisas, formação de quadrilha, estelionato, falsidade ideológica, sonegação fiscal, crimes contra a Fazenda Pública, crime contra a ordem tributária, charlatanismo, curandeirismo, sequestro de bens, vilipêndio, incêndio criminoso, ataque a homossexuais, racismo, incitação ao crime, preconceito religioso, calúnia e difamação. O próprio Macedo, em sua biografia, listou essas acusações. Entre 1990 e 2007, foram instauradas 21 ações e inquéritos.[1]

Os processos que mais causaram dor de cabeça se referiam à compra da Record e às denúncias de lavagem de dinheiro, evasão de divisas, formação de quadrilha, estelionato e falsidade ideológica. A maioria prescreveu ou foi arquivada por falta de provas. Macedo não foi condenado em nenhum processo. A igreja possui uma eficiente estrutura jurídica, com advogados renomados, para se contrapor às acusações.

Entre as ações mais importantes contra o bispo, a referente a lavagem de dinheiro e outros delitos tramitou até setembro de 2019 na 2ª Vara Federal Criminal de São Paulo, quando prescreveu.[2] Eram acusados no processo Edir Macedo, o bispo e ex-deputado federal João Batista Ramos da Silva, o ex-bispo Paulo Roberto Gomes da Conceição e a executiva do grupo Universal Alba Maria da Costa. Para o procurador federal Silvio Luís Martins de Oliveira, em sua denúncia, Macedo e os outros três acusados haviam formado uma quadrilha para lavar dinheiro da igreja.[3] A pena máxima para o crime de lavagem é dez anos e prescreve em dezesseis. Se o acusado é maior de setenta anos — o caso de Edir Macedo —, a prescrição cai para a metade. A denúncia foi feita em 2011 e o prazo para aplicação da pena, então, se esgotou. Caso o bispo pegasse a condenação máxima, ainda estaria livre. Na avaliação do procurador, mesmo numa ação que envolva cooperação internacional, "não é razoável" a Justiça levar oito anos para dar a sentença. A ação estava pronta para ir a julgamento. "Nada justifica, é demasiado, desproporcional", afirmou.[4]

Na mesma ação, duas outras acusações contra os bispos Macedo e João Batista — evasão de divisas e a associação criminosa — já tinham prescrito em 2018. A nova prescrição beneficiou os dois outra vez. "Fui inserido na denúncia sem que houvesse prova de minha participação em qualquer ilícito penal, tão somente em razão de posição de destaque por mim ocupada na Igreja Universal à época dos fatos", disse João Batista. A juíza Silvia Maria Rocha ainda deve emitir a sentença e, quando ocorrer o julgamento — se houver condenação —, a execução da pena só poderá ser aplicada a outros dois réus, Paulo Roberto da Conceição e Alba Maria da Costa. A Igreja Universal, em nota, considerou as acusações "completamente equivocadas" e "quase idênticas a outras que deram origem a processos e inquéritos julgados e arquivados". Para a igreja, seu líder máximo é perseguido por autoridades judiciárias de forma reiterada, "mas a própria Justiça tem reconhecido a inocência do bispo Edir Macedo". A juíza Silvia Rocha atribuiu o longo período de espera para a sentença ao fato de a ação ter tido "problemas graves desde o início", quando outro magistrado de primeira instância rejeitou significativa e parte importante da denúncia, "onde estavam descritas grande parte de condutas delituosas imputadas a esse réu (Macedo)". A parte das acusações que restou, conforme a juíza, ficou "desidratada" e "perdeu o grosso da importância". Segundo ela, o próprio procurador havia pedido, em suas alegações finais, a absolvição de Edir Macedo por lavagem de dinheiro.[5]

Em sua denúncia, o procurador mostrou que os recursos recolhidos nos templos da Igreja Universal eram oferecidos a partir "de falsas promessas e ameaças de que o socorro espiritual e econômico somente alcançaria aqueles que se sacrificassem economicamente pela Igreja". Os autos reproduziam a fala de um pastor da igreja, não identificado, que ilustrava os métodos de arrecadação. Durante um evento da chamada Fogueira Santa — um momento em que "nada é impossível" para os verdadeiramente crentes —, o religioso pedia que os fiéis doassem todo o salário e apresentassem provas inequívocas de fé. É a campanha da igreja que mais arrecada, realizada em geral em dias próximos ao pagamento do salário ou do 13º. Os fiéis recebem um envelope no qual devem colocar dinheiro ou cheque. O pastor citado na denúncia chegava a sugerir, inicialmente, uma oferta de 1 milhão de reais, como se fosse o primeiro lance de um leilão. Mas, em vez de aumentar, o valor dos lances ia decrescendo. "Eu vou entrar nessa fogueira santa. Você vai fazer o cheque aí agora. Ou vai pegar o que você tem aí agora. Seja 1 milhão, 500 mil, 100 mil, 50 mil, 30, 20, 10, 9, 8, 7, 6 [...]. Ou pegar todo o seu salário que você recebeu hoje, todo o salário. E vai subir nesse altar."

O pastor incentivava o crente a passar pela prova do fogo. "Você pega todo o salário que você recebeu hoje. Vai subir nesse altar, passar por esse fogo. Você quer ver a glória de Deus na sua vida? Vem aqui e pega teu envelope. Você vai fazer teu sacrifício. Até 430 reais. Ou 1 milhão, 100 mil, 50 mil, 20 mil, 10 mil. É sacrifício. Se não for sacrifício, nem sobe aqui. [...] Se for pra fazer apenas uma tentativa, então pega o teu dinheiro e joga no bicho, joga na Loto, joga na Sena, mas não faz, não dá aqui não porque não vai acontecer nada. Tem que ser sacrifício verdadeiro. Porque Deus é verdadeiro."

Os pregadores, de acordo com o procurador, "valem-se da fé, do desespero ou da ambição dos fiéis para lhes venderem a ideia de que Deus e Jesus Cristo apenas olham pelos que contribuem financeiramente com a Igreja, e que a contrapartida de prosperidade espiritual ou econômica que buscam depende, exclusivamente, da quantidade de bens materiais que entregam à IURD". Dessa forma, "dinheiro, imóveis, veículos e toda espécie de bens de consumo são entregues à Igreja pelos fiéis na tentativa desesperada de que, iludidos pelas fantasiosas promessas de prosperidade contidas nos sermões, suas vidas melhorem".

Na sequência, eram enumerados casos de fiéis que doaram somas vultosas e se arrependeram. E seus gestos geraram protestos e reclamações de familiares. Edson Luiz de Melo, em Belo Horizonte, por exemplo, entregou o dinheiro da venda de uma chácara e passou a doar o salário integral para a igreja. O rapaz chegou a andar até três horas a pé para chegar ao trabalho, pois ficara sem dinheiro para a condução, segundo sua mãe, Dulce da Conceição Melo. Depois, ele perdeu o emprego, ficou doente e acabou interditado judicialmente pela família. Gláucio Verdi, de São José dos Campos (SP), colocou à venda sua motocicleta e, antecipadamente, deu um cheque no valor correspondente para a igreja. Não conseguiu efetivar o negócio nem reaver o veículo.[6]

Além de iludir fiéis com "discursos maliciosos de seus pregadores", Edir Macedo e os outros três integrantes da Universal, na avaliação do procurador, se aproveitaram da imunidade tributária garantida pela Constituição e usaram um esquema de lavagem de dinheiro envolvendo empresas de fachada no Brasil e no exterior. Os recursos voltavam ao Brasil na forma de empréstimos feitos pelos chamados laranjas de Macedo.[7]

Empresas do grupo entravam em ação para legitimar a operação. Em 2004 e 2005, duas delas, a Unimetro Empreendimentos e a Cremo Empreendimentos, receberam 71 milhões de reais da Universal (106 milhões, corrigidos). O dinheiro seria usado em benefício da "quadrilha", conforme o procurador, o que desvirtuaria a finalidade das doações à igreja.[8]

Edir Macedo não aparece nominalmente como sócio da maioria das empresas do grupo — a Record é uma das exceções. Mas depoimentos e outras provas colhidas durante as investigações indicariam que ele seria o verdadeiro dono das companhias montadas para a transferência de recursos da igreja. "Os meios de comunicação (televisão, radiodifusão e imprensa escrita) eram vistos por Edir Macedo como instrumentos para arrebanhar fiéis e, portanto, ampliar o faturamento da IURD (Igreja Universal). Além disso, também se constituíam em ferramentas de propaganda política de candidatos a cargos nos poderes Executivo e Legislativo, apoiados pela Igreja, normalmente bispos e pastores", afirmou o procurador. "A aquisição de empresas dessa natureza sempre visou, portanto, a consolidação e ampliação dos poderes econômicos e político da IURD."[9] Os laranjas, de acordo com o MPF, também eram obrigados a fazer doações às empresas, o que dava uma aparência legal às transações financeiras.

As doações recebidas atingem cifras milionárias. Entre 2003 e 2006, a Universal declarou ter recebido cerca de 5 bilhões de reais em doações (10 bilhões de reais, em valores corrigidos). O valor, no entanto, pode ser muito maior. Apesar de ter imunidade tributária, a Universal só declara parte do que arrecada, afirmou o MPF.[10] Na denúncia, são citadas as declarações do ex-dirigente da igreja e ex-vereador do Rio Waldir Abrão, de que apenas 10% dos dízimos e doações recolhidos eram depositados na conta da igreja, enquanto o restante seguia para doleiros que remetiam o dinheiro para o exterior.[11]

A afirmação de Abrão encontrava respaldo em documentos reunidos nos autos, segundo o procurador Oliveira. Foi para enviar o dinheiro ao exterior que a igreja criou, entre setembro de 1991 e agosto de 1992, as duas já citadas offshores Investholding Ltd. e Cableinvest Ltd. "Os dólares vendidos pelas empresas Investholding Ltd. e Cableinvest Ltd. transformaram-se em recursos emprestados, ao menos formalmente, às pessoas que desempenhariam o papel de laranjas da Igreja Universal do Reino de Deus nas aquisições de participações societárias em empresas de radiodifusão e telecomunicação." Para tanto, a igreja valeu-se de dezenas de contratos de mútuos (empréstimos), firmados entre as empresas offshore, na condição de mutuantes, e pessoas ligadas à Universal, denunciou Silvio Oliveira.[12] Constavam como acionistas da Investholding, em documentos apresentados pela Procuradoria-Geral da República, o sobrinho de Edir Macedo e atual prefeito do Rio de Janeiro, Marcelo Crivella, e Álvaro Stievano Júnior, contador e ex-diretor do Banco de Crédito Metropolitano, instituição financeira vinculada à igreja. De acordo com essa documentação, Crivella e Stievano — ex-secretário municipal de Esportes de São Paulo na gestão de Paulo Maluf — outorgavam poderes a dois estrangeiros para representá-los no exterior em reuniões de diretoria, com direito a voto em assuntos predefinidos.[13] Em um ofício atribuído à Cableinvest, Crivella também autorizara um executivo do grupo Universal a operar uma conta aberta no Union Chelsea National Bank.[14]

Desde 1999, seguia na Polícia Federal do Rio um inquérito para apurar suspeitas de crimes contra o sistema financeiro nacional e evasão de divisas. Eram citados Crivella e outros oito integrantes da Universal. Senador, em 2003, o sobrinho do bispo tinha foro privilegiado e, por isso, o caso foi encaminhado ao STF. Apurava-se naquele momento a entrada de 18 milhões de dólares no Brasil, via Uruguai, para a compra da TV Record do Rio e emissoras de rádio. O dinheiro vinha das duas offshores.

Em 2003, a Procuradoria-Geral da República informava não ter dúvida sobre a participação de Crivella nas empresas de paraísos fiscais. "Está documentalmente demonstrado que Marcelo Bezerra Crivella dirigia a Investholding Ltda., firma que operava nas Ilhas Cayman. Nos autos, outrossim, [há] manifestação escrita de Marcelo Crivella, como proprietário beneficiário — *beneficial owner* — da Cableinvest Ltd., firma que operava em outro paraíso fiscal — Jersey —, mas que foi dissolvida em 11 de outubro de 1999", atestou o então procurador-geral Claudio Fonteles.[15]

Três anos depois, o novo titular da Procuradoria, Antonio Fernando de Souza, livrou Crivella da acusação. Deu outro rumo ao inquérito e pediu o arquivamento.[16] O ministro do STF Ricardo Lewandowski também julgou não haver provas documentais ou testemunhais de que os investigados tenham remetido ou recebido 18 milhões de dólares das duas offshores, via Uruguai. E acolheu a manifestação do procurador. Determinou, no entanto, que fossem enviadas cópias de partes do inquérito à Procuradoria da República no Rio de Janeiro para apurar a ocorrência de crimes ou improbidade administrativa dos envolvidos.[17] No final, o processo somou sete volumes, 656 folhas e oito apensos. O primeiro relator foi o ministro Carlos Velloso, que conduziu toda a tramitação até a penúltima decisão. Com sua aposentadoria, em 2006, o caso foi assumido por Lewandowski, dois meses depois de tomar posse no tribunal.

Crivella sempre negou envolvimento com empresas em paraísos fiscais. "Eu nunca fui sócio de empresas em paraísos fiscais. [...] Eu nunca tive participação nessas empresas que vocês falaram. [...] Tudo que foi publicado é uma mentira deslavada e covarde", garantia. O bispo alegava que os documentos exibidos em cópias xerox eram falsos. "Nenhum tribunal aceita." Segundo ele, as revelações sobre sua participação nas offshores teriam partido de "uma denúncia apócrifa registrada em 1993, na *Folha de S.Paulo*, e que tramitou durante anos em processo no STF e foi arquivada". Crivella atribuía as denúncias ao fato de ter se tornado candidato, um ano antes, em sua primeira tentativa de chegar à prefeitura do Rio. "Em 1999, o [Geraldo] Brindeiro [então procurador-geral da República] abriu um processo e mandou me ouvir. [...] Depus, e pronto.

Agora, no ano passado, [...] reabriu o caso. Tudo coincidiu na época com minha candidatura", reagiu. O sobrinho de Macedo considera o caso encerrado.[18]

Uma decisão do desembargador Antônio Carlos Viana Santos, do TJ de São Paulo, considerando nulas as provas de movimentação bancária vindas dos Estados Unidos numa investigação sobre a Igreja Universal, também favorecia Crivella. As provas citadas eram justamente sobre as duas empresas criadas em paraísos fiscais. Promotores americanos haviam informado ao Brasil que um dos sócios das duas offshores era o sobrinho de Edir Macedo. Mas o representante do Ministério Público que requisitara a prova deveria ter pedido autorização a um juiz brasileiro, por se tratar de dados protegidos por sigilo bancário, no entender do desembargador. Ainda que obtida por meio de cooperação internacional, a prova documental de natureza bancária vinda dos Estados Unidos seria "imprestável", visto que não observava as formalidades da lei. O MP entendia que o acordo de cooperação com os Estados Unidos dispensava o pedido de quebra de sigilo no Brasil, pois promotores americanos podem determinar essa medida sem autorização judicial.[19] Como nos Estados Unidos não havia empecilhos para obter a informação, a solicitação aqui não seria necessária, concluíram.

Apesar dessa decisão da Justiça, o procurador federal Silvio Oliveira, em sua denúncia, avaliou ser importante apontar o papel da Investholding e da Cableinvest, para facilitar a compreensão e o encadeamento dos fatos. Ele apontou também a casa de câmbio paulista Diskline como intermediadora de remessas ilegais do Brasil para os Estados Unidos, entre 1993 e 2005. E relacionou outras práticas semelhantes ocorridas entre os anos de 1991 e 1993 para explicar o mecanismo utilizado. Alertou, no entanto, que esses fatos, vindos de outro processo da Justiça estadual de São Paulo, já estariam prescritos. Sobretudo aqueles que envolviam operações internacionais e a constituição de empresas offshore. Os delitos seriam "penalmente atípicos", em razão de a lei nº 9613 (sobre crimes de lavagem ou ocultação de bens e valores) ter entrado em vigor apenas em março de 1998. Assim, o procurador ofereceu denúncia em relação aos eventos ocorridos a partir desse ano, e pediu o arquivamento dos delitos registrados anteriormente.

Como ocorria a transação financeira? Recapitulando: doleiros a serviço da igreja converteriam em dólar o dinheiro arrecadado e o depositariam em contas bancárias das duas offshores em Miami, Nova York e Montevidéu. Em seguida, esses recursos eram reconvertidos em moeda nacional. Milionárias transações de vendas de dólares em contas dessas empresas eram feitas no Uruguai. Os dólares da Investholding e da Cableinvest transformavam-se em valores emprestados, ao menos formalmente, a bispos, pastores e fiéis no papel de laranjas, para formalizar participações em emissoras de rádio e TV. Para tanto, a igreja valia-se dos contratos de mútuos entre as offshores e representantes da Universal.[20]

Em 1992, a Investholding "emprestou" aos laranjas 13 bilhões de cruzeiros (cerca de 8 milhões de reais atuais), enquanto a Cableinvest desovou 18,5 bilhões de cruzeiros (11,3 milhões de reais), segundo a denúncia. O dinheiro dos empréstimos nem chegaria às mãos dos supostos representantes. Vinha em cheques, utilizados diretamente na compra de emissoras.

"Assim foi que valores doados por fiéis da Igreja Universal do Reino de Deus, em sua maioria pessoas humildes e de escassos recursos financeiros, sofreram uma espúria engenharia financeira para, ao final, se converterem em participações societárias de integrantes da IURD em empresas de radiodifusão e telecomunicações", constatou o Ministério Público Federal. "Certamente um destino totalmente ignorado pelos crentes e pela Receita Federal, bem como absolutamente incompatível com os objetivos de uma entidade que se apresenta como religiosa perante a sociedade e o Estado."[21]

Dessa engenharia financeira faziam parte as empresas Cremo Empreendimentos e a Unimetro Empreendimentos, ambas com sede na rua São Carlos do Pinhal, na região da avenida Paulista. Mas nunca funcionaram de fato, eram empresas-fantasmas, segundo apurou o Grupo de Atuação Especial de Combate ao Crime Organizado (Gaeco), do MP de São Paulo, responsável pela condução do inquérito remetido à Justiça Federal. O nome Unimetro era desconhecido até dos funcionários da portaria.[22]

Ao menos no papel, ali funcionava um conglomerado financeiro. O concorrido prédio também era o endereço do Banco de Crédito Metropolitano — o banco do bispo, depois transformado na Credinvest Facility —, e da Abundante Corretora, cuja lista de clientes era encabeçada pela Igreja Universal. Empresas de comunicação do grupo religioso integravam o conglomerado.

Líderes influentes da instituição religiosa compunham a direção da Cremo. Entre eles, o bispo João Batista Ramos da Silva e dois colegas, João Luiz Leite e Paulo Roberto Conceição. Ramos da Silva e Leite também apareciam nos quadros da Unimetro, ao lado de outros dirigentes e acionistas como os bispos Honorilton Gonçalves, Jerônimo Alves, Valdeir Moraes da Silva, Péricles dos Santos, Renato Maduro (já falecido) e os hoje dissidentes Marcelo Pires e Alfredo Paulo Filho.[23] Flagrado num caso de infidelidade conjugal, Leite foi afastado do conselho de bispos em fevereiro de 2018. Era o responsável pela igreja em Angola.[24]

Também desligado da igreja por acusação de adultério, o ex-líder em Portugal Alfredo Paulo é atualmente a principal nêmese de Edir Macedo. Nos últimos anos, passou a disparar denúncias diárias contra a igreja nas redes sociais. Suas postagens, contestadas pela Igreja, têm atraído milhares de seguidores.

O ex-bispo Marcelo Pires questionou a estratégia da Universal de colocar empresas de comunicação em nome de religiosos. Duas emissoras pertencentes à igreja, as TVs Vale do Itajaí e Xanxerê, de Santa Catarina, estavam em seu nome. Segundo ex-colegas, Pires saiu da instituição mas decidiu não devolvê-las. Não só desafiou Macedo como o acusou de fraudar uma procuração para retirar de seu controle os dois veículos de comunicação. Uma pessoa se apresentou como procurador de Pires e solicitou um depósito no valor correspondente das ações para uma conta da empresa Cremo Empreendimentos, a título de amortização de empréstimo anteriormente contraído. Pires atribuiu toda a operação "a uma simulação destinada a ocultar a aquisição da TV Xanxerê pela IURD", afirmou o procurador Silvio Oliveira. Atualmente na concorrente Igreja Mundial do Poder de Deus, Pires moveu uma ação para anular a transferência de suas cotas ao colega Honorilton Gonçalves.[25]

A Universal costumava recolher assinaturas de bispos e pastores em folhas em branco. Quando a cúpula decidia alterar a participação societária de alguma empresa, esses documentos eram preenchidos. A história se repetiu com Pires. O procurador Oliveira, ao citar o caso, denunciou a ocultação de bens pelos verdadeiros proprietários.[26]

Um dirigente da Record assumiu essa prática publicamente, em 1999. "No momento em que o pastor ou o bispo se torna acionista de uma emissora, [ele] assina um outro contrato, com a data em branco, transferindo suas cotas. Se ele morrer, ou se abandonar a igreja, ponho uma data anterior [...] e transfiro as cotas para outro líder da igreja", revelou o então superintendente da emissora Dermeval Gonçalves.[27]

O ex-deputado Laprovita Vieira confirmava que os bens em nome de bispos e pastores pertenciam, na verdade, à Universal. Então sócio da TV Record de Minas e da financeira Credinvest, Laprovita nem sabia informar em quais e quantas empresas ele aparecia como proprietário ou sócio. "Eles [administradores da igreja] preparam meu imposto de renda em São Paulo e eu só assino. Não esqueço minha cabeça com nada. Tem coisa em meu nome que eu nem sei", revelou.[28] Marcelo Pires, ao assinar o documento dando plenos poderes a Macedo para transferir as ações, deixou em branco o espaço reservado ao nome da empresa. Assim, em 2002, Macedo preencheu a procuração com o nome das empresas TV Vale do Itajaí, Televisão Xanxerê e Rede Fênix. O documento foi utilizado na transferência da TV Vale do Itajaí para Honorilton Gonçalves e apresentado na alteração da composição societária da emissora junto ao Ministério das Comunicações. As investigações reiteraram que essa prática era comum no grupo, afirmou o procurador Marcelo da Mota. Um dos indícios que comprovariam o preenchimento posterior do documento, de acordo com o representante do Ministério Público, era a inclusão da TV Xanxerê, criada com esse nome apenas em 1998. Pires assinara a procuração dois anos antes.[29]

Em 2013, Macedo acabou absolvido dessa acusação de falsidade ideológica no Tribunal Regional Federal da 4ª Região, em Porto Alegre. Segundo seu advogado, Arthur Lavigne, não houve delito porque a procuração fora feita seis anos antes justamente porque a intenção era de que a TV, no futuro, ficasse com o próprio bispo Macedo. Em 2017, o TRF-4 atendeu ao recurso do Ministério Público, contestou a absolvição de Macedo e mandou de volta o processo à Justiça Federal, em primeira instância.[30] Pires, por outro lado, manteve suas cotas das TVs Xanxerê e Vale do Itajaí, conforme sua declaração de renda de 2016.[31] Atualmente, empresas da Universal têm se tornado sócias umas das outras justamente para dificultar a perda de controle do grupo. Em casos de rompimento e saída de algum bispo ou pastor sócio, o queixoso poderia pleitear, no máximo, uma participação da empresa, mas não assumir o seu controle, como ocorreu com Pires.

Bispo influente à frente de negócios do grupo, João Batista Ramos da Silva passou por momentos complicados. Não era pouca coisa: foi diretor-presidente da Record, deputado federal, dirigente da Cremo e acionista da Unimetro. Mas como seu xará, o pregador judeu João Batista — o primo de Jesus preso e decapitado a mando de Herodes, o rei da Judeia —, ele viveu seu infortúnio. João Batista viu seu poder desmoronar em julho de 2005, no exercício de seu mandato parlamentar, depois de ser flagrado com sete malas cheias de dinheiro. Ele estava em Brasília, se preparando para decolar rumo a São Paulo, a bordo de um jato executivo — um Cessna 525 Citation. Foi detido e obrigado a dar explicações à polícia; respondeu a um inquérito conduzido pela 6ª Vara Criminal Federal de São Paulo, juntado depois ao mesmo processo sobre lavagem de dinheiro e evasão de divisas, que prescreveu em 2019.[32]

João Batista carregava 10,2 milhões de reais em espécie. Nem o próprio parlamentar sabia quanto transportava. Era tanto dinheiro que foram necessárias dez horas para contá-lo, com o auxílio de cinco máquinas emprestadas pelo Banco do Brasil.[33] O deputado bispo disse que o dinheiro fora arrecadado na campanha da Fogueira Santa, em templos do Amazonas e Pará. No momento da apreensão, ele fazia uma escala, ao retornar de Manaus rumo a São Paulo. Causou estranheza a quantidade de notas de cem e de cinquenta apreendidas. A maioria dos fiéis da Universal não costuma doar quantias altas nem carregar cédulas nesses valores.

O bispo deu uma justificativa que não convenceu o delegado da PF David Sérvulo Campos: ele alegou que os bancos não tiveram interesse em receber um depósito que seria transferido para São Paulo.[34] O argumento não colou, entre outros motivos, porque havia notas com numeração sequencial, o que significava que ao menos parte da quantia saíra de uma instituição bancária. Não seriam ofertas, portanto.[35]

As explicações não convenceram nem o PFL, o partido político do deputado, e ele acabou expulso da legenda. Um ano depois, ele se envolveria em outro episódio: o esquema de venda superfaturada de ambulâncias — o escândalo dos sanguessugas. Foi indiciado pela Polícia Federal e desistiu de disputar a reeleição. Terminado seu mandato, passou um bom tempo no ostracismo. Reapareceu em 2012, eleito vereador em São Bernardo do Campo, na Grande São Paulo. Atualmente no Republicanos (o ex-PRB), está no segundo mandato.

O carioca João Batista tem um perfil bem diferente de boa parte de seus colegas da Universal. É economista, com cursos de especialização na Fundação Getulio Vargas (FGV), no Rio. Antes de ingressar na igreja, atuou como executivo na área de comunicação, na Embratel.[36] Quando chegou ao templo da Abolição, em 1980, bebia e tinha pensamentos suicidas. Encontrou amparo na igreja, como muitos outros colegas e fiéis.[37] Em 1989, já era o líder da Universal no estado do Paraná. Foi diretor-presidente da TV Record e da Rede Mulher de Televisão, entre 1992 e 2002.

Em sua gestão na Record, João Batista era criticado por manter um relacionamento distante dos subordinados. Começou a perder poder e aos poucos foi sendo substituído pelo bispo Honorilton Gonçalves — transformado, tempos depois, no todo-poderoso executivo da emissora. João Batista ainda foi sócio da TV Cabrália, de Itabuna (BA), e das rádios 99 FM, de Santo André (SP), e Atalaia, de Londrina. Mantinha ações da TV Independência Oeste do Paraná, até 2016.[38]

O Cessna 525 Citation em que Batista viajava foi comprado em 1996, por 2,5 milhões de dólares (cerca de 8 milhões de reais, em valores atuais), pela Cremo, que ele dirigiu. A aeronave havia sido adquirida da companhia Erris Trading Ltd., sediada nas Bahamas, outro paraíso fiscal. O cheque para o pagamento foi sacado pela executiva Alba Maria da Costa no Banco de Crédito Metropolitano, onde a Cremo mantinha conta-corrente. Vinte dias depois da compra, o avião foi repassado para a Rádio Record, por outros 2,5 milhões de reais. Alba assinou o contrato pela Cremo, junto com o executivo Álvaro Stievano Júnior.[39]

O Banco de Crédito Metropolitano se constituiu em outra fonte de problemas. A instituição foi acusada de sonegar imposto de renda, além de fazer empréstimos irregulares para sócios e empresas do grupo Universal, e aplicações também de seu próprio dinheiro junto a outras instituições financeiras, sem seguir normas legais estabelecidas.[40] Dois ex-presidentes do banco, o então bispo Paulo Roberto Conceição e Ricardo Arruda, e os ex-diretores Alba Maria da Costa e Luiz Cláudio Jovino foram processados por crimes contra o sistema financeiro nacional. Acabaram multados e inabilitados pelo Banco Central. Foram proibidos de atuar em instituições financeiras — Costa por cinco anos e Arruda, Jovino e Conceição, por três.

Jovino ainda foi condenado pelo Tribunal Regional Federal da 3ª Região a cinco anos de prisão em regime semiaberto, por gestão temerária. Ao detectar irregularidade em empréstimos, a Justiça entendeu que o executivo colocara em risco a situação financeira do banco, o patrimônio dos investidores e a credibilidade do mercado e dos negócios. Jovino alegava ser apenas um executivo contratado, sem poder de decisão, e que se desligara da instituição no período em que foram apontados os erros e falhas.

Fiscais e auditores do Banco Central e da Receita Federal flagraram 213 irregularidades na instituição, conforme divulgado pela imprensa, à época. Ao apagar das luzes de 1996, o BC e a Receita aplicaram multas no total de 13 milhões de reais (50 milhões, atualmente). No ano anterior, o banco havia tido um prejuízo de 5 milhões de reais (21,3 milhões, corrigidos).[41] Por determinação do BC, ele foi transformado em financeira (empresa de fomento comercial), a Credinvest Facility.[42]

Depois de sua contestada atuação à frente do banco, o bispo Conceição perdeu o posto de gestor financeiro. Além dos problemas com o BC e a Justiça, segundo colegas, ele teria aplicado dinheiro arrecadado nos cultos em nome de bispos, pastores e executivos do grupo, sem que eles soubessem.[43]

Calado e introspectivo, Conceição não tinha boa oratória, era incapaz de empolgar os fiéis. Em reuniões e encontros, evitava se posicionar. Não se reunia com os demais religiosos. Mas tinha experiência no ramo bancário e fama de bom administrador. Macedo logo detectou esse seu talento e o nomeou para gerir a área financeira do grupo, ao lado de Alba Maria da Costa e Laprovita Vieira.

Figura conhecidíssima na igreja, a advogada Maria de Almeida Gontijo era responsável pela área jurídica e pela LM Empreendimentos, então a holding da Universal. Por ajudar Edir Macedo a se livrar de processos na Justiça, tornou-se uma pessoa de sua extrema confiança. A auxiliar dedicada e leal o alertara sobre supostos prejuízos financeiros causados à instituição e reclamara da gestão de Conceição. Consagrado bispo, ele foi morar num amplo apartamento na afluente Barra da Tijuca. Tinha uma BMW, dois Omegas e uma caminhonete — adquiridos na Toni's Barra Veículos, do laranja José Antônio Alves Xavier, um dos compradores da TV Rio —, e ainda uma imobiliária. Tudo em seu nome.[44]

Como recompensa por ajudar a desvendar rolos administrativos, Maria Gontijo ganhou de Macedo, segundo colegas da igreja, uma Mercedes-Benz 220, série C, avaliada em 140 mil reais (535 mil, corrigidos). O carro ficava estacionado na garagem do elegante condomínio em que ela morava, no Alto de Pinheiros, em São Paulo. Só circulava nos finais de semana.[45] A advogada negou ter recebido o carro de presente e considerou uma "ofensa" dizerem que ganhara "um prêmio" por seu trabalho, em vez de honorários. Ela e Conceição entraram com ações na Justiça, que não tiveram êxito, para contestar informações divulgadas pela revista *IstoÉ*.

Depois de seu afastamento do comando do conglomerado financeiro, Conceição também acionou judicialmente o ex-colega Marcelo Crivella. A exemplo de Marcelo Pires, exigiu direitos sobre ações da TV Cabrália. Oficialmente, ele era um dos donos, em sociedade com o sobrinho de Macedo. Por decisão do juiz Alfredo Flores da Cunha, da 4ª Vara Cível do Rio de Janeiro, Crivella foi obrigado a pagar 1,5 milhão de reais (2,9 milhões, em valores atuais) ao ex-bispo Conceição, que provou, com cópias de saques e depósitos bancários, ter comprado cotas da TV. O sobrinho de Macedo alegava ter pago em dinheiro as cotas, mas perdera os comprovantes.[46]

Com vasto conhecimento na área, o executivo Ricardo Arruda, presidente do Banco de Crédito Metropolitano entre 1991 e 1995, tornou-se um estrategista financeiro de Edir Macedo. Foi investigado pelo Ministério Público Federal por suas relações com empresas do grupo consideradas de fachada. Em 1997, rompeu com Macedo e a Universal. Em 2008 passou a trabalhar como consultor para o ex-bispo da Universal Valdemiro Santiago, fundador da Igreja Mundial do Poder de Deus e autointitulado apóstolo. Decidiu seguir carreira como religioso e político, com o apoio de Santiago. Conhecido agora como missionário Ricardo Arruda, foi eleito deputado estadual pelo Paraná — embora radicado em São Paulo. Em 2010 disputou a eleição para a Câmara dos Deputados, mas ficou na suplência, assumindo o mandato interinamente.

Luiz Cláudio Jovino, diretor superintendente do banco do bispo entre 1991 e 1994, um profissional trazido por Arruda, conhecia todos os caminhos e atalhos no mundo das finanças e tentava alertar os religiosos sobre os riscos de determinadas medidas. Sem nenhuma ligação com a igreja nem vocação para o trabalho religioso, com frequência entrava em atrito com integrantes da Universal, à qual não poupava críticas. Não agradava a Macedo, que o acusava de estar ali "só para ganhar dinheiro". Jovino, atualmente, é empresário.

A onipresente Alba da Costa, diretora superintendente do banco a partir de 1994 — quando Conceição assumiu a presidência —, estava sempre em alguma ponta das transações financeiras do grupo. Foi dirigente de outras cinco empresas: Cremo, Unimetro, Uni-Factoring Comercial, Uni Participações, Uni-Line e Record. Na TV, ocupou o cargo de diretora de finanças e controladoria. Ainda foi representante no Brasil da Cableinvest e da Investholding, esta última com participação societária no Banco de Crédito Metropolitano. As duas offshores, por sua vez, eram sócias da Cremo e da Unimetro. Nesse emaranhado de participações e sociedades, todas as empresas se interligavam. Alba, por exemplo, assumia duplas funções: estava à frente de firmas que pediam empréstimos ao Banco de Crédito Metropolitano e, na instituição, ajudava a liberar tais recursos.

A executiva respondia diretamente a Edir Macedo. Ele determinava as prioridades para o uso do dinheiro e ela o gerenciava, separando os valores para construção de templos, aquisição de bens e remessas ao exterior. De acordo com as necessidades, encaminhava recursos para cada setor do grupo — banco, TV e rádios. Após a execução das tarefas, informava imediatamente o bispo sobre todos os procedimentos. Repassava relatórios minuciosos. Alba Costa continua na Universal, mas afastada do núcleo do poder. Perdeu a força e o prestígio, segundo colegas.

As coincidências de nomes nos quadros de sócios e dirigentes e as operações "fraternais" de empréstimos com juros irreais a grupos de comunicação deixaram claro para o Ministério Público que a Igreja Universal e empresas como a Cremo eram, na verdade, braços de um único conglomerado empresarial. Em janeiro de 2005, a Cremo recebeu 5 milhões de reais da Universal, atestou um relatório do Conselho de Controle de Atividades Financeiras (Coaf), órgão do Ministério da Fazenda criado para prevenir e combater a lavagem de dinheiro.[47] Entre 2003 e 2006, a empresa firmou três empréstimos com Alba Maria da Costa e a Universal — ambas como mutuárias —, no total de 9,8 milhões de reais. Apenas 7 milhões de reais foram registrados em amortizações. O Ministério Público estranhou essas movimentações.

A Cremo tornou-se uma das quinze maiores beneficiárias de recursos da Universal, no período de março de 2001 e novembro de 2003. Nessa lista, aparecem ainda empresas de comunicação como a Rádio e TV Record, Rede Mulher, Rede Família e Rádio São Paulo. Somente para emissoras de rádio e TV — 28, no total —, foram repassados 3,7 bilhões de reais. Em extratos de uma conta da Cremo no Banco Bradesco, em 2005, foram registrados lançamentos de várias TEDs no valor de 500 mil reais cada. Todas tinham como destinatárias a TV Record e a TV Record Rio. Não estava especificado na denúncia do Ministério Público Federal se havia um contrato entre as duas empresas.[48]

O documento do MPF detalhou um outro mecanismo de evasão de divisas utilizados pela Universal. Para enviar ao exterior as remessas com doações de fiéis, a igreja contou, entre 1991 e 1993, com a ajuda da IC Câmbio e Turismo, no Rio de Janeiro. Daí até 2005, as operações passaram a ser comandadas pela Diskline Câmbio e Turismo Ltda, sediada em São Paulo e com filial no Rio. A empresa tinha como sócios Cristiana Marini da Cunha Brito, Venâncio Pereira Velloso Filho, Marcelo Birmarcker, Luiz Augusto Ribeiro e Sílvio Roberto Anspach Júnior, acusados na denúncia de serem doleiros.[49]

A Diskline, casa de câmbio especializada no atendimento a clientes VIPs, teria enviado 400 milhões de reais da Igreja Universal para fora do país entre 1995 e 2001. Em depoimento ao Ministério Público de São Paulo, Cristiana Cunha Brito, sócia da Diskline, admitiu remessas nesse montante.[50] Seguiam para o exterior 5 milhões de reais ao mês, em média, pelo sistema do chamado dólar-cabo. Nessas transações, o cliente entregava o dinheiro vivo, em reais, ao doleiro no Brasil. Transferia-se, então, o mesmo valor — descontada a taxa de administração —, de uma conta aberta em outro país, em nome de empresa de fachada, controlada pelo doleiro. Retirava-se a quantia em outro país, na moeda corrente (normalmente dólar).[51]

Sempre segundo a denúncia do MPF, o recolhimento do dinheiro na Diskline exigia um forte esquema de segurança. Vigilantes armados acompanhavam os veículos recheados de malas com as notas arrecadadas nos cultos, da sede da igreja até a casa de câmbio, na rua da Consolação, região central de São Paulo. Cristiana recebia o dinheiro pessoalmente. As cédulas vinham em sacolas, "amassadas, rasgadas, coladas com durex, suadas e rabiscadas". Era um dinheiro "sofrido", que dificultava, inclusive, a contagem pelas máquinas, contou outro sócio, Marcelo Birmarcker. Havia também cédulas maiores, de cinquenta e cem reais, conforme a denúncia.[52]

Na entrega do dinheiro, conforme a denúncia, os valores eram sempre conferidos na presença de um pastor. A casa de câmbio alugava cofres em agências de banco na vizinhança para garantir a segurança durante a contagem do dinheiro. As transferências para a igreja no exterior eram feitas por meio de contas operadas pela Diskline em cinco bancos em Nova York, nos Estados Unidos. Num CD-ROM enviado anonimamente a este repórter na redação da revista *IstoÉ*, em agosto de 2005, foi encontrada uma planilha com a descrição de 23 remessas da casa de câmbio para a Universal, entre agosto de 1995 e fevereiro de 1996, no total de 7,5 milhões de reais (31 milhões, corrigidos). Esse material foi juntado às provas produzidas em investigações. Também constavam transferências de outros clientes para bancos diversos. A documentação foi encaminhada à Assessoria de Análise e Pesquisa da Procuradoria-Geral da República, em Brasília, e ao Ministério Público de São Paulo, e juntada às provas produzidas em investigações.

Uma misteriosa personagem tinha um papel relevante nas operações. A encarregada de acompanhar o transporte do dinheiro da Universal à tesouraria da Diskline, para ser transformado em dólar-cabo, era uma funcionária da igreja identificada pelo código Ildinha/Fé. Seu nome verdadeiro seria Izilda Santa Fé, mulher de um ex-pastor. O codinome fora dado pelo doleiro Sílvio Anspach Júnior, o Fifo. A executiva Alba Costa pedia sempre para Fifo conversar com Ildinha e combinar o horário para a entrega das malas na Diskline. As remessas tinham como destino final a conta número 365.1.007852, agência Brooklyn (Nova York), do antigo Chase Manhattan Bank — hoje JP Morgan Chase & Co. A maior parte tinha como beneficiária a Universal Church (o nome em inglês da instituição).[53]

Três de um total de quinze contas operadas pela Diskline estavam em nome das offshores Milano Finance, Pelican Holding Group e Florida Financial Group, com sede nas Ilhas Virgens Britânicas. Essas contas, mantidas no Merchants Bank, de Nova York, movimentaram 164 milhões de dólares em cinco anos, entre 1998 e 2003. Vários doleiros brasileiros possuíam conta no Merchants Bank.[54]

A descoberta de uma outra conta, em nome de "Titia", vinculou a Igreja Universal a doleiros do caso Banestado — uma rede de corrupção e evasão de divisas, responsável por remessas ilegais ao exterior, entre 1996 e 2002.[55] A Titia era administrada por doleiros brasileiros como uma subconta da Beacon Hill Service Corporation no Chase Manhattan. De lá, teriam saído 1,8 milhão de dólares para uma conta da Cableinvest — a offshore ligada à Universal —, no Royal Bank of Scotland, de Nova York, entre 1997 e 1998. Parte desse recurso voltou depois para o Brasil, como empréstimo para a Unimetro Empreendimentos.[56]

A Beacon Hill Service era uma espécie de holding de doleiros sul-americanos. E bastante utilizada por operados financeiros que atuavam no Sul do Brasil — mais especificamente no Paraná. A revelação da conta, em 2004, deu origem à Farol da Colina, a maior operação já realizada pela Polícia Federal contra o mercado clandestino de dólares no país. Sessenta e três doleiros foram presos.

Outras movimentações vincularam a Universal à Beacon Hill. Entre dezembro de 1997 e junho de 1998, foram transferidos 76 mil dólares da subconta para a offshore CEC Trading Corporation, aberta em nome de um irmão de Edir Macedo, Celso Macedo Bezerra.[57] A TV Record, segundo relatório da Procuradoria-Geral da República de 2005, também remeteu para a CEC Trading, no exterior, 1,2 milhão de dólares, na mesma conta que recebeu recursos dos doleiros. A Record, ao explicar a operação, informou que as transferências de valores tinham sido registradas no Banco Central e se referiam ao pagamento de equipamentos importados para o exercício de sua atividade.[58]

Os segredos da Beacon Hill foram desvelados pelo americano Robert Morgenthal, promotor distrital de Manhattan, em Nova York. Alertado pelas autoridades brasileiras, em 2001 ele quebrou o sigilo da conta. A Polícia Federal enviara agentes a Nova York para investigar remessas de 30 bilhões de dólares para o Banco do Estado do Paraná (Banestado) no exterior, entre 1996 e 1997, por meio das chamadas CC5. Eram contas originalmente utilizadas por empresas nacionais e multinacionais que precisavam transferir recursos ao exterior e por brasileiros que enviam dinheiro a familiares em outros países. Mas foram desvirtuadas pelo esquema, para mascarar remessas ilegais de recursos. Do Banestado, em Nova York, as quantias seguiam para contas em outros bancos nos Estados Unidos e, daí, para paraísos fiscais.

A Diskline foi originalmente criada, em 1991, para atuar na área de turismo. Nem era autorizada a operar com câmbio, funcionava de maneira irregular, segundo a Justiça Federal.[59]

Ainda assim, mudou o foco. Mirou na mina de ouro das remessas internacionais. A Universal se tornou sua principal cliente. Para enviar os dízimos dos fiéis ao exterior, Cristiana Brito recebia orientações diretamente da executiva Alba da Costa. Outras ordens de remessas vinham do bispo Paulo Roberto Conceição. Como cuidava de várias contas, a doleira também realizava operações cruzadas, utilizando-se de devedores da casa de câmbio para liquidar transações de venda de dólar à Universal.[60]

Sócio da Diskline até 1997, o doleiro Luiz Augusto Ribeiro disse ter mantido contatos frequentes com líderes e representantes da Universal, entre eles Mauro Macedo, primo de Edir Macedo, e o bispo Conceição. Revelou detalhes de uma reunião com o próprio Macedo em Nova York. Contou que o bispo, na oportunidade, lhe pedira para estudar outras formas de enviar o dinheiro ao exterior, a fim de que tivessem um "ar de legitimidade". Macedo também teria lhe confidenciado a intenção de abrir um banco no exterior.[61] Cristiana Brito, Birmarcker e Venâncio Velloso foram condenados pela Justiça Federal de São Paulo a um ano e oito meses de prisão, por crimes contra o sistema financeiro, lavagem de dinheiro e formação de quadrilha. Os crimes prescreveram, as penas foram extintas e os réus tiveram seus bens desbloqueados. Os três estão livres.[62]

Em sua longa e persistente trajetória, a ação sobre lavagem de dinheiro e evasão de divisas na 2ª Vara Federal Criminal de São Paulo havia sido suspensa por um período. Em 2018, foi julgado um recurso encaminhado ao Supremo Tribunal Federal (STF) pelo MPF. A juíza Silvia Maria Rocha havia aceitado, em primeira instância, as denúncias de lavagem, evasão e formação de quadrilha, mas rejeitado as teses de estelionato e falsidade ideológica. O procurador Silvio Luís Martins de Oliveira recorreu, mas o ministro José Dias Toffoli negou o acolhimento das duas denúncias. O crime de falsidade ideológica havia prescrito, e o de estelionato fora rejeitado. Para Dias Toffoli, a doação dos fiéis está ligada à questão da liberdade religiosa. Em decisão monocrática, o ministro concordou com o relator do caso no STJ, ministro Ericson Maranho, que entendeu que o fiel dizimista, quando entrega bens aos pastores, o faz por motivação religiosa e por acreditar que essa contribuição "é necessária ou útil à propagação de sua fé ou mesmo para obter determinada graça".[63] Considerar que tais ofertas são obtidas "mediante ardil ou artifício", avaliou Maranho, equivaleria dizer que a fé contém algo de ilusório. "Penso que o Estado não pode chegar a tanto, ainda que um mínimo de razoabilidade possa contrapor-se à religião que estimule doações expressivas por parte de pessoas necessitadas e que se prevaleça da angústia dos fiéis", explicou.[64]

As denúncias contra Macedo se arrastavam havia anos. A ação penal na Justiça Federal de São Paulo foi aberta em setembro de 2011, mas a apuração de crime de estelionato iniciara-se nove anos antes, no Tribunal de Justiça do Estado de São Paulo. O processo chegou a ser extinto em 2010. O tribunal invalidou as acusações contra Edir Macedo e outros oito integrantes da Igreja Universal, por entender que a matéria deveria ser julgada em âmbito federal. No mesmo ano, o TJ já havia desconsiderado provas apresentadas pela promotoria, ao apontar erro de condução na solicitação de cooperação internacional para investigar os acusados — o pedido não havia sido feito por um juiz. O MPF, então, reacendeu a discussão ao retomar o caso.

Os advogados do bispo garantiam não existir comprovação de ato ilícito. Para a defesa, não havia qualquer "circunstância em concreto" apontando para uma real participação do bispo nos crimes citados. Por meio de um habeas corpus em que pediam o trancamento da ação, em agosto de 2012, seus defensores consideraram a ação "inepta" e disseram não haver uma descrição clara de qual seria o papel do religioso nos crimes a ele atribuídos, "não sendo legítimo presumir seu envolvimento tão somente por ser o líder mundial" da Universal.

Alegaram que Macedo não participaria da administração e das decisões na área financeira da igreja, em razão de seu tamanho e proporção. Assim, não poderia responder pelas acusações. A Universal estava implantada em dezenas de países, e ao bispo caberia apenas a liderança espiritual e a definição da linha religiosa, afirmavam, "pois são notórias as inúmeras viagens internacionais realizadas pelo paciente o ano inteiro, sendo impossível [...] tomar conhecimento do funcionamento de toda a máquina administrativa e financeira".[65]

Do segundo processo mais incômodo e embaraçoso, sobre a compra da TV Record, Edir Macedo se livrou também depois de uma prolongada investigação. Durou 24 anos. No início o bispo respondeu a dois inquéritos abertos pelo Ministério Público Federal. Teve de refutar acusações como a de Carlos Magno de Miranda sobre o suposto uso de dinheiro do narcotráfico para a aquisição da emissora. Na Justiça Federal, uma ação cível que pedia a anulação da compra ficou parada por quase doze anos. Segundo o MPF, os réus — Edir Macedo e sua mulher, Ester Eunice Rangel Bezerra; seu sobrinho Marcelo Bezerra Crivella e a esposa, Sylvia Hodge Crivella — não possuíam o dinheiro para concretizar o negócio e os recursos, não tributados, vieram dos dízimos da Universal. A ação foi considerada improcedente pela Justiça Federal. Em janeiro de 2011, o Tribunal Regional Federal de São Paulo avaliou que não teria como atestar que os contratos de empréstimos entre a igreja e os compradores teriam sido simulados. O caso da emissora paulista foi definitivamente arquivado em 6 de março de 2015.

Alardeada pela mídia, uma ação sobre importação fraudulenta envolvendo Edir Macedo e outros seis diretores da TV Record, entre eles os bispos João Batista Ramos e Honorilton Gonçalves, também teve um desenlace favorável à Universal. A Receita Federal havia apreendido, em 1996, uma carga de 1,7 tonelada de equipamentos eletrônicos, como mesas de som, no valor de 4,4 milhões de reais. Os aparelhos vinham dos Estados Unidos.[66] A denúncia foi rejeitada inicialmente pelo juiz João Carlos da Rocha Mattos — aquele da Operação

Anaconda, que foi preso em 2003. O Ministério Público apresentou novamente a denúncia. Em 2008, os réus foram absolvidos.

Um dos advogados do bispo, Arthur Lavigne, já havia apontado as denúncias citadas na ação da 2ª Vara Federal Criminal de São Paulo como repetições de fatos ocorridos em 1992, arquivados pelo Supremo Tribunal Federal. "A Justiça sempre arquiva ou absolve meu cliente. Defendo Macedo há doze anos em vários processos, e ele nunca foi condenado", ressaltou Lavigne.[67] Macedo também comemora os resultados de ações contra ele na Justiça. "A Globo nos atacou tanto, por anos e anos seguidos, fomos investigados à exaustão e nunca fomos condenados pela Justiça. Nunca."[68] O bispo tem motivos para brindar. A tormenta passou e levou consigo uma enxurrada de processos sobre os seus contestados negócios.

# 13. Sombras e mistério

No início dos anos 2000, alguns religiosos da Universal se envolveram num crime macabro, em Salvador, na Bahia. Três pastores, Silvio Roberto dos Santos Galiza, Fernando Aparecido da Silva e Joel Miranda, foram implicados num caso de homicídio e abuso sexual. Lucas Terra, um adolescente de catorze anos, obreiro da Universal, foi espancando, abusado sexualmente, amarrado, amordaçado e posto num caixote de madeira.[1] E então queimado vivo, segundo laudo da perícia. O corpo carbonizado foi encontrado dois dias depois, num terreno baldio na avenida Vasco da Gama, a dois quilômetros do templo da Universal no Rio Vermelho, bairro de classe média de Salvador. O menino foi visto no templo na noite de 21 de março de 2001, quando desapareceu.

A polícia levou quase duas semanas para confirmar a identidade da vítima. Peritos encontraram no templo resquícios da mesma madeira do caixote em que o jovem foi transportado, e partes de um tecido acetinado, de cor clara, igual ao fragmento de pano usado para amordaçá-lo.[2] Acusado do crime, o religioso Silvio Galiza foi condenado a dezoito anos de prisão e passou a cumprir pena em regime aberto em 2012. Ele tinha 21 anos e era pastor auxiliar na igreja de Rio Vermelho. Obreiros confirmaram à polícia tê-lo visto saindo do templo ao lado de Lucas. Os outros dois envolvidos no caso estão soltos.[3]

Lucas fazia parte de um dos grupos de jovens da Universal e ajudava os pastores durante os cultos. Loiro, magro, cabelos lisos partidos ao meio, agia como adulto mas conservava traços e gestos de criança. Os pais e os colegas de igreja o consideravam maduro e experiente para a idade. O menino preferia amizades com pessoas mais velhas, gostava de usar paletó e gravata. Seus pais, Carlos e Marion Terra, do Rio Grande do Sul, se instalaram em Salvador nos anos 1980. Donos de uma pequena agência de turismo no Rio de Janeiro, mantinham residência fixa na capital baiana e um apartamento na avenida Atlântica, em Copacabana. Viviam entre as duas cidades. O casal tinha três filhos — Lucas, nascido em Salvador, era o caçula.

O garoto começou a frequentar um templo da Universal a duas quadras do apartamento da família, no Rio, convidado por coleguinhas da escola. O pai, um cristão que não frequentava igrejas, não se opunha à participação do filho nos cultos. Os familiares se comoviam com as atitudes de Lucas, que oferecia aos pobres todos os presentes que ganhava. Ao abordar alguém na rua para conversar sobre fé — o que era comum —, ele antes perguntava se a pessoa estava com algum problema. Se tivesse fome, ele a levava para casa e dava comida; se precisasse de roupa, abria seu armário, tirava camisa, calça e sapato, e vestia a pessoa da cabeça aos pés. Às vezes pegava camisas do pai para dar a moradores de rua.

Era um menino idealista, determinado, cheio de planos, orgulhava-se o pai. Quando menor, queria ser médico; pouco antes de morrer, falava em se tornar pastor. O pai sugeriu que se tornasse um capelão militar. "Não posso passar um dia sequer sem evangelizar. Preciso ganhar almas para Jesus. [...] Quando ele voltar, não posso estar de mãos vazias. Sou feliz porque tenho Jesus. Vivo para Cristo e morrer por ele é lucro", escreveu em um diário, guardado pela família. A vida de Lucas era voltada para a igreja. "Ele vivia 24 horas pensando nas coisas de Deus", conta a mãe.[4]

Na igreja no Rio, o jovem conheceu o pastor Fernando Aparecido da Silva, mais tarde transferido para Salvador. Os pais do rapaz haviam decidido vender tudo e mudar para Parma, na Itália, onde têm parentes. Antes ficariam três meses na capital baiana, até negociar um terreno e resolver outras pendências familiares. Lucas avisou o novo amigo sobre a coincidência. O pastor, já instalado na cidade, prometeu-lhe uma gravata assim que chegasse, símbolo de uma promoção: Lucas atuaria como obreiro.[5]

Na Bahia, Lucas passou a frequentar o templo da Universal em Santa Cruz, um bairro de ladeiras íngremes e casas humildes. Ali encontrou sua primeira namorada, Ana Paula, quinze anos, também obreira. Não saía mais da igreja. Depois de conhecer o jovem e acompanhar seu trabalho na igreja, Silvio Galiza, então um auxiliar do pastor Silva, se aproximou do recém-chegado. Embora trabalhasse no Rio Vermelho, Galiza frequentava a igreja em Santa Cruz. Ele nomeou Lucas seu assistente informal. E começou a controlar a vida do garoto. Enciumado, arrumava um jeito de impedir seus encontros com Ana Paula ou interromper as conversas entre os dois. Ao vê-los juntos, convocava imediatamente o jovem para alguma tarefa. Aproveitando-se do cargo, exercia domínio psicológico sobre o adolescente. Começou a convidar Lucas para trabalhar à noite na igreja. O menino chegou a dormir algumas vezes no templo.[6]

No dia do crime, Lucas saiu de casa às 6h30 para ir à igreja. Vestiu uma camisa branca de manga comprida, calça social azul, cinto, meias e sapatos pretos. Voltou para almoçar à uma da tarde e comentou que à noite precisaria ir ao templo do bairro de Pituba para falar com Fernando, o "Paulista", como o chamava. Voltou para casa novamente quatro horas depois, tomou banho e trocou de camisa.[7] No templo em Santa Cruz, assistiu ao culto ao lado de Ana Paula. Por volta das nove da noite, conversava com a namorada em frente à igreja quando Galiza o chamou. Obediente, saiu. Ana perguntou o que iria fazer, ele não respondeu. Galiza fez cara feia. Então, a garota o aconselhou a tomar cuidado em suas andanças em Salvador, por não conhecer bem a cidade. O jovem rapidamente desmarcou um compromisso assumido antes com um amigo — a polícia não conseguiu descobrir qual era a atividade nem a pessoa —, e seguiu até um ponto de ônibus, acompanhado do pastor. Galiza foi para a igreja do Rio Vermelho, e Lucas para Pituba, onde se encontraria com o Paulista.

Uma hora depois, o menino chegava ao Rio Vermelho, de carro, ao lado de Silva e Joel Miranda, o terceiro pastor envolvido na trama. Galiza os esperava no templo. Lucas exibia uma mancha escura na altura do pescoço — uma equimose, provavelmente provocada por traumatismo ou hemorragia. Na avaliação do promotor público Davi Barouh, um sinal de que já havia sido molestado. Silva mandou que Galiza e o rapaz fossem até uma loja de conveniência nas proximidades para comprar comida e avisar Carlos Terra, de um telefone público, que o filho dormiria na igreja. O pai então soube que Lucas estava em companhia do pastor.

De volta ao templo, Lucas foi seviciado e espancado. "Ceifaram a vida da vítima, utilizando-se, inclusive, de fogo a fim de flagelar a vítima até a morte, conforme comprovado através de perícia", denunciou o promotor Barouh. O menino morreu porque havia presenciado Silva e Miranda mantendo relações sexuais no templo em Pituba, contou Galiza à Justiça. Para o promotor Barouh, os três pastores "nutriam desejo lascivo pela indefesa vítima".[8] Na avaliação do representante do Ministério Público, o fato de terem carbonizado o corpo evidenciava a prática de violência sexual. E dificultava o trabalho da perícia, impossibilitando a identificação da causa da morte.[9]

Os pais de Lucas nunca haviam desconfiado do comportamento dos pastores. O jovem não comentara nada sobre assédio e sobre os convites insistentes para que dormisse no templo. O garoto era obediente, acreditava muito na igreja, dizia o pai. Carlos julgava muito seguro que o filho pernoitasse num local de oração. Ele não sabia que Galiza já havia sido transferido por "comportamento inadequado", chegando a ser rotulado por alguns ex-fiéis de "secretário do diabo".[10]

O inquérito para apurar o assassinato foi concluído sete meses depois. Inicialmente, o único acusado era Galiza, que negava participação no crime. Fiéis e obreiros, porém, confirmaram à polícia que o pastor sempre tentava manter o jovem sob seu controle e que na noite de seu desaparecimento, depois do culto, Lucas saiu com ele em direção ao ponto de ônibus. O pai não entendeu por que o delegado responsável pelo caso, após esses relatos, não pediu imediatamente a prisão do acusado. Em protesto, passou a andar pelas ruas de Salvador com uma enorme faixa: "Pastor assassino continua livre". Acampou em frente à sede do Ministério Público da Bahia.

Julgado em junho de 2004, Galiza foi condenado a 23 anos de cadeia. Seus defensores pediram novo júri e um ano depois a pena foi reduzida para dezoito anos. Somente no novo julgamento ele resolveu falar. E apontou os colegas e superiores Fernando Silva e Joel Miranda como responsáveis pelo assassinato. Justificou o silêncio até aquele momento com a alegação de que seus familiares tinham sido ameaçados de morte. Para o Ministério Público, a razão era outra: os dois pastores teriam oferecido dinheiro em troca do silêncio de Galiza, entregue a seus familiares em espécie, para não levantar suspeitas.[11]

Galiza cumpriu dois quintos da pena na prisão, depois convertida em regime aberto. Um embate nos tribunais prossegue envolvendo os outros dois acusados. Fernando Silva e Joel Miranda chegaram a ser presos preventivamente — o primeiro passou 31 dias na cadeia; o segundo, uma semana. Foram soltos, pois a juíza Gelzi Almeida, da 2ª Vara do Júri de Salvador, considerou as declarações de Galiza "contraditórias, inverossímeis, frágeis e até fantasiosas". Para a magistrada, o pastor tinha o único propósito de se eximir da condenação que já lhe havia sido imposta. Assim, ela descartava a possibilidade dos dois suspeitos irem a júri. "Tais declarações, portanto, revelam-se incapazes de sustentar a acusação e submeter os réus a um julgamento perante o Tribunal do Júri, pois não traduzem indícios suficientes de autoria", apontava Gelzi Almeida.[12] Em 2015, o Tribunal de Justiça da Bahia reavaliou a decisão da magistrada e decidiu encaminhar os dois outros pastores a júri popular. A defesa recorreu e o STJ manteve a resolução. Após algumas idas e vindas nas duas instâncias, o ministro do STF Ricardo Lewandowski anulou, em novembro de 2018, a decisão em favor do júri. Concluiu que não estava especificada no processo a participação de cada um dos réus no crime. A Procuradoria da República recorreu novamente.[13]

A Universal já sofreu um revés: em 2007 foi condenada, em decisão referendada pelo STJ, a pagar 1 milhão de reais de indenização à família Terra pela morte de Lucas.[14] A igreja alegou não ter nenhuma responsabilidade, pois o assassinato não ocorrera durante o exercício de trabalho dos pastores nem teria qualquer relação com a atividade religiosa. Para o Tribunal de Justiça da Bahia, o crime só foi possível em razão da "postura desleixada" da instituição e da "má escolha" de seus representantes.[15]

Em busca da punição de todos os envolvidos, os pais de Lucas peregrinaram pelo país. A mãe, Marion, foi para a porta da TV Globo, no Jardim Botânico, no Rio, distribuir panfletos relatando a história, e assim chamou a atenção da imprensa. O assassinato de Lucas Terra foi contado no extinto programa policial *Linha Direta*, da TV Globo, em 2006. Carlos Terra começou a estudar direito para acompanhar os processos, mas não concluiu o curso. Ao adquirir noções de ciências jurídicas, passou a ter problemas com advogados contratados por divergir de estratégias e métodos de ação. Em coautoria com a mulher, escreveu o livro *Lucas Terra: Traído pela obediência*, uma produção artesanal vendida pela internet e de mão em mão, nas ruas. Em 330 páginas, relatou a morte do filho e a luta da família em busca de justiça. Os recursos vindos da publicação pagavam as viagens de Carlos Terra pelo Brasil para participar de palestras e debates em faculdades de direito.

Em 2002, o casal chegou a procurar a sede europeia da ONU, em Genebra, que pediu informações sobre o caso ao então ministro da Justiça do governo FHC, Miguel Reale Júnior. Carlos e Marion Terra também denunciaram a morte do filho a assessores do Vaticano e organizações católicas, em Roma. Em Brasília, percorreram gabinetes de ministros do STJ e do STF. Carlos dizia que seu luto só terminaria quando todos os culpados fossem julgados e presos. "O sangue dos justos clama até hoje por justiça. […] Essa sensação de impunidade não pode permanecer", protestava Carlos Terra.[16] "Eles fizeram a fogueira santa não com os pedidos de oração dos fiéis, eles fizeram a fogueira santa com meu filho", declarou.[17]

Carlos sofria de cirrose hepática. Estava com a mulher na Itália, no final de 2018, quando o STF revogou a decisão que indicava o envolvimento dos religiosos Silva e Miranda no assassinato de Lucas. O casal voltou ao Brasil. Carlos, abatido e desanimado, perdeu dezesseis quilos; subnutrido, passou dez dias internado em Salvador e morreu no dia 21 de fevereiro de 2019, após uma parada cardiorrespiratória. Enterrado ao lado do filho, no cemitério Bosque da Paz, na capital baiana, foi "vencido pela impunidade", lamentou sua mulher. "Ele partiu […] mas eu sigo. E ninguém vai calar a minha voz", avisou Marion.[18] Os clamores da família Terra foram ouvidos. No dia 17 de setembro de 2019, a 2ª turma do Supremo Tribunal Federal votou a favor do recurso contra a decisão do ministro Ricardo Lewandowski e determinou que os outros dois pastores acusados sejam, finalmente, levados a júri. Não cabe mais recurso.[19]

Dois anos depois da morte de Lucas, um pastor da Universal era assassinado no Rio de Janeiro. Na manhã de 24 de janeiro de 2003, Valdeci Paiva de Jesus, conhecido como pastor Valdeci, recém-eleito deputado estadual, foi atacado por quatro homens, que dispararam dezenove tiros de pistolas de nove milímetros e calibre 380. Estava dentro de seu carro, em Benfica, bairro do subúrbio da Zona Norte. Eram 9h55 quando os desconhecidos, no interior de um Gol, emparelharam ao lado de seu Passat azul e o balearam no tórax, na face e no punho esquerdo. Socorrido, o pastor e deputado morreu antes de chegar ao Hospital Central do Exército, a apenas quinhentos metros. Um segurança tentou se aproximar ao ouvir os tiros, mas recuou quando os assassinos lhe apontaram as armas.

Valdeci havia saído de um culto minutos antes, em um templo na região. Foi vítima de uma emboscada a trinta metros da sede de seu partido, o PSL,[20] então uma legenda nanica que anos depois acabaria por eleger o presidente da República Jair Bolsonaro. O PSL dividia o mesmo espaço de sua sede com outra legenda, o então PL (hoje PR), que era controlado por bispos e pastores da Universal. O escritório funcionava num imóvel atrás da TV Record Rio. Alguém desligara as câmeras do prédio naquela manhã.[21]

Valdeci era um dos pastores mais populares na Universal. Comerciante, formado em administração de empresas, tinha 49 anos. Iniciou a carreira religiosa no Rio, como pastor, e se mudou para São Paulo no final dos anos 1980, quando a Universal começava a se agigantar. Carismático, era um pastor de multidões: enchia os templos e empolgava os fiéis com um linguajar simples e direto. Fazia sucesso em programas religiosos nas rádios São Paulo, na capital paulista, e Copacabana, no Rio, ambas da Universal. Na sede da igreja no Brás, distribuía rosas ungidas e folhas de palmeiras. Nascido em Hidrolândia, no interior do Ceará, organizava eventos especialmente dirigidos a seus conterrâneos nordestinos. Aos domingos promovia "a noite da sanfona" ou "a noite do forró evangélico". Dançava e brincava no púlpito.

"Você tem uma sanfona? Leva lá para a igreja. Vamos tocar um forró para Jesus", convidava, no ar, midiático e performático. Foi ele que introduziu, nas noites de terça-feira, a chamada "corrente dos setenta", orações em busca de cura de doenças. Nessas reuniões, os fiéis oram de olhos fechados e repetem a fala do pastor, enquanto setenta obreiros procuram demônios escondidos entre os presentes. Ele era o que se chama no jargão religioso de um evangelista — aquele que abre os trabalhos para o pastor, o que traz as boas-novas. Tradicionalistas da igreja tinham-lhe reservas por não enfatizar a mensagem bíblica. O sucesso no púlpito o levou para a política. Retornou ao Rio para se eleger deputado federal, em 1998, pelo PSDB, com 87 mil votos. Quando morreu, acabava de encerrar o mandato em Brasília para assumir o novo posto no Rio.

Ao depor na Comissão Parlamentar de Inquérito (CPI) dos Bingos do Senado Federal, em 2005, o servidor público Jorge Luiz Dias, amigo e assessor de Valdeci, lançou suspeitas sobre um possível envolvimento do bispo Rodrigues, então deputado federal e coordenador político da Universal, na morte do colega. "Se não foi o mandante ou algo parecido, foi conivente", acusou. Ressaltava não ter provas, mas "indícios".[22]

Dias disse desconfiar de Rodrigues devido a atitudes que considerou inusitadas. Cerca de uma hora depois do crime, o bispo chamou a ele e a uma outra assessora de Jesus, Francisca Adriana Cascais, e pediu que retirassem da casa do pastor uma caixa com diversos objetos — uma apreensão que só poderia ser feita pela polícia. Eles recolheram a caixa e entregaram a Rodrigues. Dentro dela havia fitas cassete, uma carta, joias, cheques e grande quantidade de notas de dólares e reais (80 mil dólares e 55 mil reais, no total). Na carta, o pastor pedia a Rodrigues para utilizar esse dinheiro na compra de um apartamento para seus dois filhos menores, Samuel e Ismael.[23]

Rodrigues se apoiou nesse pedido para rechaçar um suposto envolvimento no crime. "Se eu estivesse brigando com o Valdeci, se ele não confiasse em mim, se não me amasse e eu não o amasse, se ele não fosse meu amigo, ele deixaria 80 mil dólares para eu comprar um apartamento para os filhos dele?", indagou.[24] "Como é que eu ia matar uma pessoa com quem eu lutei minha vida inteira, que trabalhou vinte anos comigo? [...] Eu nunca tive nenhuma querela, nenhum aborrecimento com o Valdeci", assegurou. O pastor assassinado ingressou na política pelas mãos de Rodrigues, seu superior quando trabalharam juntos em Minas Gerais, Pernambuco e Bahia.[25] Um vínculo familiar aproximou-os ainda mais: a filha de Rodrigues, Raquel, casou com um filho de Valdeci, o também pastor Vagner Paiva. O casal foi morar na África do Sul.[26] O casamento dos filhos não se traduziu, necessariamente, num convívio amistoso entre os consogros. Embora aliados políticos, começaram a surgir rusgas entre os dois.

Dias retirou quatro fitas cassete do material coletado na casa do deputado assassinado. Aleatoriamente, segundo declarou. Continham conversas telefônicas gravadas por Valdeci. O servidor disse ter tido curiosidade de ouvir apenas uma, na qual a vítima falava com dois advogados — o dele e o de sua mulher —, para tratar da separação legal do casal. E afirmou depois ter entregue as quatro fitas para a polícia. Ao ouvirem seu relato na CPI, os parlamentares se espantaram com seu desinteresse em conhecer o teor das outras gravações, sobretudo porque no momento do crime já se falava que Jesus poderia ter grampeado o bispo Rodrigues. Dias admitiu ter conhecimento do possível grampo. "Mas, naquele momento, eu estava fragilizado com a morte e com a perda de um grande amigo meu, meu chefe. O meu grande arrependimento foi de não ter ouvido aquelas fitas e ter feito com elas o que eu fiz com as outras quatro", justificou-se o servidor.

As gravações entregues a Rodrigues — 21, no total — seriam repassadas às autoridades policiais um mês depois. O bispo disse que precisou desse tempo todo para conseguir ouvi-las. Continham apenas sermões, pregações e conversas em encontros religiosos, garantiu. "Eu estava em uma roda-viva muito grande. [...] Se errei, errei na boa intenção", alegou.[27] O material entregue depois à polícia já não era o mesmo recolhido na casa do pastor, constatou Dias — "quando foram entregues, já não foi mais o mesmo material, foi outro tipo de material: MD, [MiniDisc], CD, enfim". Assim, não foi possível comprovar se, de fato, havia algo suspeito nas tais gravações.[28]

Novos personagens embaralhavam ainda mais a trama. Jorge Dias contou que, após o assassinato de Valdeci, Rodrigues fez mais um pedido a seus assessores. Teria sugerido que, a exemplo dele próprio, apontassem como mandante do crime o suplente de Valdeci na Assembleia Legislativa do Rio, o ex-policial militar Marcos Abrahão.[29] Mesmo sob suspeição, após a acusação do bispo, Abrahão tomou posse.

Ao investigar o caso, a polícia apontou como executores o ex-PM Adilson da Silva Pinheiro e Jorge Luiz da Silva, que estavam presos por ocasião do crime mas teriam contado com a conivência de policiais para deixar suas celas. Os dois acusaram Wanderley da Cruz, um assessor de Marcos Abrahão, que acabou denunciado pelo Ministério Público. Abriu-se um processo de cassação na Assembleia Legislativa e Abrahão perdeu o mandato, mas por pouco tempo: um mês depois já estava de volta, por determinação da Justiça Estadual do Rio.[30] O delegado do caso, Luiz Alberto de Oliveira, da Delegacia de Homicídios, explicava que não havia um termo de declaração responsabilizando Abrahão como o mandante.[31] Prestes a ser julgado pelo Tribunal do Júri, em 2005, o parlamentar recorreu ao Superior Tribunal de Justiça. Por ter foro especial, a ação seguiu para o Órgão Especial do Tribunal de Justiça carioca. Em setembro de 2017, o suplente da vítima foi absolvido.[32]

O xadrez político se complicou ainda mais quando Jorge Dias decidiu trabalhar ao lado de Marcos Abrahão na Assembleia Legislativa, assumindo o posto de chefe de gabinete. Outros assessores do deputado assassinado também foram incorporados à equipe. "Por ser o primeiro suplente do PSL, [Abrahão] reconheceu o nosso trabalho [...] e absorveu a gente. [...] Inclusive deixou claro que a gente ia sofrer perseguições, problemas... Eu falei: 'Eu não devo nada a ninguém. O que eu fiz foi pela verdade'", justificava Dias.[33] Esses assessores políticos eram fiéis da Universal, que até então tinham no bispo Rodrigues um líder espiritual. No entanto, passaram a defender Abrahão. "Se eu estivesse querendo preservar emprego e salário, eu tinha ficado com o bispo Rodrigues", disse Dias.

Os problemas entre Valdeci e o bispo tinham uma motivação: dinheiro. O servidor Jorge Dias denunciou que os parlamentares ligados à Universal e seus assessores nomeados eram obrigados a entregar parte dos salários a Rodrigues. Seria uma espécie de "mensalinho" criado pelo bispo. Segundo o assessor, deputados estaduais e federais eleitos com o apoio da instituição em todo o país entregavam ao bispo, todo mês, entre 10 mil reais e 15 mil reais. Quem se recusasse a contribuir perdia o direito de se candidatar.[34] "Todos os deputados tinham que dar dinheiro ao bispo Rodrigues! E aqueles que não deram e que se rebelaram perderam seus mandatos. Todos! Eu posso mencionar os nomes. Eles se rebelaram. Inclusive, o deputado Valdeci, que foi morto. Ele não queria mais dar dinheiro para o bispo Rodrigues", acusou, sem meias palavras, a então deputada estadual Cidinha Campos (PDT), colega de Valdeci na Assembleia Legislativa do Rio.[35] O esquema arquitetado pelo bispo era "esquisito", na avaliação da parlamentar, pelo fato de os deputados não receberem dinheiro de fora. A Igreja Universal contava, na época, com uma bancada de 22 integrantes na Câmara dos Deputados. Nas Assembleias Legislativas em todo o Brasil reunia 29 parlamentares.

Para engordar a caixinha, os funcionários de gabinetes dos deputados também tinham seus salários reduzidos. Eram obrigados a devolver entre 50% e 60% de seus vencimentos a Rodrigues, denunciava o assessor. Dependendo da função, o valor variava. A decisão final sobre quanto cada um pagaria cabia ao "detentor" do cargo, o responsável pela indicação. Um servidor com salário de 4,5 mil reais por mês, por exemplo, devolvia 2,5 mil reais. Jorge Dias, fiel da Igreja Universal à época, se enquadrava nesse caso.

"Como dava para o senhor sobreviver? Não tinha um percentual que o senhor recebia para que pudesse se manter com a família?", perguntou a Dias o senador Tião Viana (PT-AC), durante seu depoimento na CPI dos Bingos. "Não, não... Era suficiente. Eu sou uma pessoa de, de... simples", conformou-se Dias. Membro da base política do então governador Anthony Garotinho, o bispo Rodrigues tinha poderes para indicar diretores de repartições públicas e empresas estatais. Segundo o relato do assessor à CPI, ele havia estipulado um "pedágio" de 50 mil reais aos pretendentes a esses cargos. Rodrigues negou enfaticamente todas essas denúncias.

Com novas e surpreendentes revelações, as investigações sobre a morte de Valdeci enveredaram por outros caminhos. A apuração tomou um rumo inesperado. Trouxe à tona mais um rumoroso caso de corrupção: o escândalo da Loterj, a estatal carioca responsável pela administração e fiscalização de jogos e loterias estaduais. Foram descobertos na empresa pagamentos de propinas, desvios de verbas e operações fraudulentas para contratação de serviços. O esquema envolvia parlamentares, agências de publicidade e casas de bingo. Bicheiros donos destas últimas pagavam uma "caixinha" mensal de 1 milhão de reais para não serem fiscalizados, conforme denúncia da ex-deputada Cidinha Campos.[36] A estatal era controlada politicamente pelo bispo Rodrigues, afirmou Jorge Dias.[37]

Cabelos repartidos da esquerda para a direita cobrindo a testa, óculos claros de aros redondos, sempre de terno e gravata, o carioca Rodrigues era duro no trato com seus subalternos. Ambicioso, astuto e inteligente, embora com pouca cultura, tornara-se um bispo poderoso. Na cúpula da igreja, era, ao lado do bispo Renato Maduro,[38] um dos poucos remanescentes do núcleo fundador no bairro da Abolição. Aliara-se a Macedo ainda nos tempos da Cruzada do Caminho Eterno. Atuou como obreiro e pastor auxiliar do líder máximo da Universal. Todos os parlamentares eleitos com o apoio da igreja se submetiam a suas orientações e determinações. Rodrigues, naquele momento, acumulava o posto de vice-presidente nacional do PL e exercia influência no nanico PSL. Escolhia os candidatos a serem apoiados pela igreja e definia o tom das campanhas.

O comando político da Loterj caiu em suas mãos graças a um acordo com o então governador do Rio, Anthony Garotinho. Foi combinado que o bispo assumiria o controle da empresa, mas sem aparecer, pois as igrejas evangélicas são contra o jogo. Nenhum religioso poderia ser designado titular do posto. Buscou-se, então, um nome de confiança tanto de Rodrigues como de Garotinho. O escolhido foi o controvertido Waldomiro Diniz, pivô, tempos depois, do primeiro grande escândalo do governo Luiz Inácio Lula da Silva, em fevereiro de 2004.[39] Ao assumir a Loterj, Diniz vinha da chefia da representação do governo do Rio em Brasília. Conhecera Rodrigues lá.

Após a passagem pela estatal carioca, em 2003, ele assumiu a subchefia de Assuntos Parlamentares da Casa Civil do governo Lula e se tornou um homem de confiança do então ministro José Dirceu. Caiu ao ser flagrado numa gravação extorquindo dinheiro do bicheiro Carlos Augusto Ramos, o Carlinhos Cachoeira. O vídeo, revelado em uma reportagem da revista *Época*,[40] havia sido gravado dois anos antes, justamente quando ele era o presidente da Loterj.

Político ambíguo, Diniz transitava com desenvoltura entre grupos de tendências e colorações distintas. Teve uma trajetória incomum. Foi assessor parlamentar de Cristovam Buarque — um ex-aliado de Lula e posteriormente antipetista ferrenho — no governo do Distrito Federal, entre 1995 e 1998. E aproximou-se de Garotinho, ao chefiar a representação do Rio no DF. Nesse período, conseguiu alocar sua mulher, Sandra, na chefia de gabinete do bispo Rodrigues, na Câmara dos Deputados. Ocupou a presidência da Loterj, depois, na gestão de Garotinho (1999-2002) e, na sequência, na da vice dele, a petista Benedita da Silva (2002). Cultivava amizades com políticos conservadores como o pastor Everaldo, da Assembleia de Deus, que disputou a presidência da República em 2014, pelo nanico PSC.[41]

Ao ser pego em diálogos comprometedores com Carlinhos Cachoeira, Diniz teve abreviada uma carreira política em ascensão. Afinal, era assessor do poderoso José Dirceu, o estrategista político do governo Lula, o número dois do governo petista. Na gravação que detonou sua ruidosa queda, ele pedia — no cargo de presidente da Loterj — 1% do valor de um contrato entre a estatal e a empresa Combralog — da qual Cachoeira era o representante. O total da propina: 1,7 milhão de reais.[42] Como compensação, oferecia um edital de licitação para que o bicheiro o adaptasse a seus interesses. Diniz alegou, depois, que não pedia propina, mas sim ajuda financeira para um amigo em dificuldades. Para a deputada Cidinha Campos, o bispo Rodrigues era o chefe de Waldomiro Diniz, e ambos controlavam o esquema de corrupção na Loterj.[43]

As revelações sobre irregularidades na estatal na gestão de Diniz/Rodrigues vieram à tona depois da morte de Valdeci. O assessor Jorge Luiz Dias denunciou um esquema de desvio de verba de publicidade nos meses que antecederam as eleições de 2002. Ele próprio contou ter recebido ao menos 200 mil reais da agência Job Niterói, relativos a outdoors com propaganda institucional da estatal e divulgação de produtos (como a "raspadinha") que nunca foram materializados. As campanhas não saíam do papel, mas as notas fiscais eram emitidas e boa parte do dinheiro entregue aos artífices do esquema, segundo o assessor parlamentar. A Loterj liberava os recursos para a agência de publicidade Giovanni, a qual repassava para a Job — a encarregada de confeccionar os outdoors —, que assinava os recibos e ficava com 30%. O restante era recolhido por Dias, em agências bancárias. O servidor fazia a retirada por meio de cheques em nome de sua mulher e de seu filho, laranjas do esquema.

Em seguida, o dinheiro era encaminhado ao bispo Rodrigues, por meio do então tesoureiro do PL, o pastor João Domingos, segundo Dias. "Na primeira vez, recebi um cheque de valor alto. Pedi, então, para dividir a quantia em quatro ou cinco pagamentos, para não ter problemas com a Receita. Aí, repassei ao João Domingos", contou o assessor.[44]

Dias, um sujeito pacato de meia-idade, calvo, barba grisalha, foi viver em Búzios, na região dos Lagos. Não falou mais sobre a morte do amigo assassinado nem sobre as denúncias contra Rodrigues na CPI dos Bingos. Ele e Valdeci, com suas famílias, costumavam se reunir nos finais de semana de lazer e nos feriados de Natal e Ano-Novo. Se hospedavam em uma "meia-água" — como são chamadas no Rio as casas com meia edificação e um característico telhado inclinado —, de propriedade do assessor, em Araruama, na região dos Lagos.[45]

Se Rodrigues, no início, foi um líder espiritual e mentor político para Valdeci, este representava o mesmo para Dias. Os dois participaram da montagem do PST (Partido Social Trabalhista) no Rio, depois, migraram juntos para o PSL. "Eu vivia com o deputado Valdeci quase que vinte, 24 horas por dia. [...] Eu era subalterno a ele, sem contar que ele era o meu pai na fé, porque eu me converti, praticamente, com ele", disse o assessor.[46] Apesar das duras críticas ao bispo Rodrigues após a morte do amigo, Dias exibiu nas redes sociais, durante a campanha eleitoral de 2016, material de propaganda do Partido Republicano Progressista (PRP), que dava apoio à candidatura do bispo Marcelo Crivella à prefeitura do Rio.

Se apoiou Crivella, mesmo que indiretamente, não poupou Rodrigues, e foi seu algoz. Suas denúncias sepultaram as pretensões políticas do então influente líder, cuja situação na igreja ficou insustentável após a exibição do vídeo de Diniz pedindo propina. O alvo do escândalo era, na verdade, o então ministro José Dirceu, do PT, mas os estilhaços da bomba também atingiram Rodrigues. "Não posso negar minha amizade com Waldomiro. Mas sou inocente. Não fiz nada", garantiu o bispo.[47] "[...] quando fui acusado [de assassinato], acusado sem prova, eles me lincharam publicamente. [...] Nunca dei um tapa, um peteleco em quem quer que seja. [...] Sou um homem pacífico, nunca tive uma entrada na polícia por agressão, nem briga de vizinho, nem verbal, nunca ofendi ninguém nem verbalmente [...]. Nunca pedi um centavo a ninguém", afirmou Rodrigues, com a voz embargada, no depoimento à CPI dos Bingos.[48] Sobre as acusações de desvios de verbas, disse que as decisões sobre os gastos com propaganda eram centralizadas na Secretaria de Comunicação do governo Garotinho, e a Loterj não teria poder de decisão sobre os contratos. Atacou a deputada Cidinha Campos, e afirmou que ela se escudava na imunidade parlamentar. Rodrigues processou o servidor Jorge Dias. "Na Justiça, ele não provou e a Justiça me deu ganho de causa, porque ele foi condenado por me caluniar. [...] O que eu posso fazer se toda hora a pessoa, mesmo condenada, continua me atacando e não apresenta provas?", reclamou. O processo por calúnia, na verdade, prescreveu, e livrou Dias da pena.[49]

Enquanto controlava com mão de ferro as decisões políticas na Universal, Rodrigues colecionou inimigos na igreja. Não perdoava subordinados que cometiam algum erro ou deslize, o que o indispunha com vários colegas. Ao ser envolvido em casos de corrupção, o mundo ao seu redor caiu. O vídeo da propina o levou à lona. O líder maior da Universal, Edir Macedo, agiu rapidamente. Na noite do dia 18 de fevereiro de 2004, cinco dias depois das revelações, surpreendeu Rodrigues com um telefonema informando-o sobre sua exclusão do conselho de bispos e do cargo de coordenador político da Universal. Na madrugada, o afastamento era anunciado, por meio de uma nota, no programa *Fala que Eu Te Escuto*, na TV Record. O apresentador, o bispo Clodomir Santos, admitia, no ar, que o povo era enganado por muitos políticos, "até mesmo com relação àqueles que foram eleitos por nós, pelo povo da tua igreja". Santos pedia a Deus para "dar caráter a cada um deles". O programa exibiu uma reportagem do jornal *O Dia*, do Rio de Janeiro, mostrando que Rodrigues empregara a mulher de Waldomiro Diniz em seu gabinete na Câmara dos Deputados. Exibiu uma gravação de Macedo com críticas ao bispo e deputado, embora sem citá-lo nominalmente, e um recado aos outros parlamentares ligados à instituição.

"Estou falando com os políticos nossos, da Igreja Universal do Reino de Deus. Vocês estão no meio da corrupção. A vida de vocês está na mão de vocês. Se vocês fizerem o que é errado, podem ter certeza, vocês vão dançar", alertava. "Não é para isso que a Igreja Universal tem apoiado candidatos nascidos da igreja. Se vocês vão para o meio dos políticos e fazem o mesmo que eles, então vocês vão se tornar iguais a eles [...] estamos vendo situações de pessoas que outrora fizeram o que não prestava. [...] Ninguém fica impune. Cedo ou tarde, a Justiça chega e faz acontecer o que tem de ser feito", discursou Macedo.[50]

Rodrigues, assim, saía de cena, melancolicamente. Bispo havia doze anos, foi proibido de usar o título. "A igreja acha que minha amizade com Waldomiro afeta sua imagem. Mesmo após anos de dedicação, aceitei a decisão. Mas fiquei magoado", lamentou.[51] Sem citar o nome de Edir Macedo, contou que a cúpula da igreja o chamou para explicar que o seu envolvimento em denúncias poderia gerar um escândalo — "a Rede Globo vai aproveitar isso" —, e o fato macularia a igreja. Daí seu afastamento do conselho de bispos. Rodrigues concordou, mas não aceitou o desfecho do caso. Esperava que a igreja lesse um comunicado do tipo "enquanto não se prova a inocência, ele ficará afastado", como julgava ser o normal. "Eles me condenaram para proteger a igreja", queixou-se.[52]

Ao afastar Rodrigues do conselho de bispos, Edir Macedo já se antecipava às outras denúncias que viriam pela frente. Um ano depois, Rodrigues renunciaria ao mandato de deputado para escapar de cassação devido a sua implicação em outro escândalo, o mensalão — esquema denunciado pelo ex-deputado Roberto Jefferson (PTB). Em 2006, o bispo seria preso na Operação Sanguessuga, acusado de receber propina. Em escutas telefônicas feitas pela Polícia Federal, dois integrantes da quadrilha citavam um suposto pagamento a Rodrigues, que foi acusado de corrupção passiva e formação de quadrilha.[53] Após se apresentar espontaneamente à Polícia Federal no dia 4 de maio, passou 32 dias na cadeia. Ficou preso ao lado de outros cinco acusados na mesma operação, entre eles, Octávio José Bezerra Fernandes, então assessor da deputada estadual em São Paulo Edna Macedo (PTB), irmã de Edir Macedo. Na prisão em Cuiabá (MT), Rodrigues orou com o traficante Fernandinho Beira-Mar. Disse ter presenciado detentos comendo fezes e ameaçando suicidar-se. Para confortá-los, o ex-bispo comandava dois cultos diários na cadeia.[54] Foi libertado graças a um habeas corpus.

No mensalão, foi condenado pelo Supremo Tribunal Federal (STF), em 2012, a seis anos e três meses de prisão por corrupção passiva e lavagem de dinheiro. Foi mandado de volta para a cadeia no dia 5 de dezembro de 2013. No ano seguinte, após revisão, o relator do caso, ministro Luís Roberto Barroso, o autorizou a trabalhar durante o dia e retornar à prisão à noite. Passou a dar expediente na Rádio 99.3 FM (antiga Antena Nove), de Brasília, do grupo Universal. No mesmo ano, obteve o direito à prisão domiciliar e depois à progressão ao regime aberto, por ter cumprido um sexto da pena.[55]

Rodrigues nunca se desligou formalmente da Universal, está encostado, sem participar do dia a dia da igreja. Nem de longe lembra o todo-poderoso e intocável bispo de outrora. Ao ser afastado do conselho, teve de devolver os dois imóveis que ocupava — um no Rio e outro em Brasília — e três carros oferecidos pela igreja.[56] Deixou de ser acionista de três TVs — Record do Rio, Itajaí e Xanxerê (SC).[57] Mas, segundo ex-colegas, manteve outros bens em seu nome, e teria usado esse trunfo para evitar sua expulsão.

O ex-coordenador político da igreja não perdoa antigos companheiros. "Quando houve esse escândalo do Waldomiro, a igreja me chamou em São Paulo e disse: [...] 'Nós vamos afastar você do conselho de bispos'. [...] Mas senti que alguns bispos prevaleceram da situação. [...] Eu falei: 'O que vocês fizeram comigo não é correto [...] não teve um de vocês que apanhou e eu não defendi'."[58] Em fevereiro de 2009, no intervalo entre suas duas detenções e numa de suas raras aparições públicas depois do caso Waldomiro Diniz, Rodrigues conversou com jornalistas. Mostrava-se bem-disposto e jovial, aos 52 anos. O segredo? O afastamento da política, comemorava. Com cabelo bem aparado, lentes de contato substituindo os antigos e sisudos óculos, vestia camisa polo vermelha e calça jeans.[59] Passara a frequentar academias e a caminhar na praia da Barra. Festejava ter tempo "para almoçar e jantar". Rodrigues pediu para não ser chamado de bispo. E lamentou a perda de prestígio. "Poder é ser bispo! O resto é lixo! É porcaria. Não sou mais bispo. Eu era general, hoje sou cabo raso", conformou-se. Disse não querer saber mais de política, na qual, "desgraçadamente", frisou, passara mais de dez anos. "A política mostra a crueza do que é o ser humano. Não há honradez, palavra, honestidade", avaliou.[60]

Nos tempos de bispo poderoso, quando dava as cartas sobre as decisões políticas e se submetia apenas ao rígido poder central de Edir Macedo, Rodrigues — a exemplo da relação mantida com Valdeci — delineava os destinos de figuras como o vereador e ex-obreiro da igreja João Monteiro de Castro, um dos laranjas na compra da TV Rio. E outro religioso e político com vinculações com a Universal a ser assassinado no Rio de Janeiro. Havia deixado a igreja pouco tempo antes. Ao contrário da repercussão do caso de Valdeci, sua morte passou quase despercebida.

Castro teve seu carro oficial alvejado por vinte tiros de fuzil, na noite de 6 de julho de 2004, na avenida Brasil, próximo do bairro do Caju, na zona portuária do Rio. Apesar de o veículo ser blindado, uma das balas atravessou a lataria da porta e atingiu seu pulmão. Sentada no banco de trás, sua filha Carolina Ferreira dos Santos, de 25 anos, chefe de seu gabinete na Câmara Municipal do Rio, tomou um tiro de raspão no rosto. As características do crime indicavam nova execução.[61] Tal como Valdeci, o vereador foi atacado por quatro homens dentro de um carro. Antes de iniciar a carreira política, Castro chegou a ter problemas com a Justiça, respondendo a dois inquéritos por crimes de estelionato no 19º DP, na Tijuca, na Zona Norte do Rio de Janeiro.[62]

O vereador, setenta anos, seguia para casa. Ao perceber o ataque, pediu ao motorista para acelerar, mas não deu tempo. Levado para uma clínica em Olaria, não resistiu.[63] O ex-obreiro, dentista de profissão, fora eleito vereador em 2000, pelo antigo PPB (Partido Progressista Brasileiro), com o apoio da Universal. Teve 21 mil votos.[64] Disputava a reeleição pelo PFL (atual DEM).

No Legislativo, ocupou a presidência da Comissão de Higiene, Saúde Pública e Bem-Estar Social. "Era [...] respeitadíssimo pelos colegas de mandato e pelos funcionários", elogiou-o o então presidente da Câmara Municipal do Rio, Sami Jorge Haddad.[65] Em 2001, comentou que colegas o invejavam por levar vantagem na disputa eleitoral, saindo à frente com 18 mil votos garantidos pela igreja. Outros 3 mil votos, segundo ele, vinham de segmentos diversos. "Isso é importantíssimo para uma trajetória política. Qual é o vereador ou candidato que sai com 21 mil votos? [...] Sou um empregado da Igreja Universal. Devo à IURD por ser/ estar hoje político", agradecia.[66]

No exercício do mandato, porém, Castro teve problemas com a Universal, entre os quais não ter sucumbido à pressão para empregar pessoas ligadas à igreja em seu gabinete, segundo afirmou. Rompeu com o grupo de Edir Macedo e migrou para a Igreja Remanescentes do Reino de Deus, na Barra da Tijuca, na qual foi nomeado bispo.[67] Uma de suas propostas na Câmara, no segundo ano de mandato, era que a Igreja Internacional da Graça de Deus — concorrente da Universal e liderada pelo cunhado de Edir Macedo, R. R. Soares — fosse declarada entidade de utilidade pública.[68] Ao tentar a reeleição, fora da Universal e com o apoio de um grupo de igrejas evangélicas, continuou a angariar votos em redutos dos antigos companheiros. Não dimensionou as consequências políticas de sua decisão, avaliam ex-colegas de igreja.

João Ricardo Monteiro de Castro, filho do vereador, acha que ele foi vítima da violência urbana e descarta a hipótese de assassinato por vingança,[69] opinião comungada por Fabio Costa, um dos delegados que apurou o caso. A polícia chegou a apontar como autor do crime o traficante Alex Sandre Rodrigues da Cruz, o Churrasquinho, que negou participação no assassinato ao ser preso numa ação policial numa festa junina na Abolição. O então prefeito Cesar Maia, porém, suspeitava de atentado. "Não se assalta com fuzil", observou.[70]

Como Monteiro de Castro, outro político e laranja da Record também morreu em circunstâncias misteriosas no Rio. O ex-vereador e ex-dirigente da Universal Waldir Abrão foi encontrado caído e com um ferimento na cabeça no corredor do prédio onde morava, no bairro da Tijuca, no dia 24 de novembro de 2009. Morreria dois dias depois no Hospital Souza Aguiar.[71]

Waldir Abrão era um fiel da primeira leva de abnegados do templo da Abolição que ajudaram Edir Macedo a expandir o seu reino. Chegou a ter status e influência na Universal, com uma longa lista de serviços prestados. Foi presidente e vice-presidente da igreja entre 1981 e 1986. Com o apoio da denominação, exerceu o mandato de vereador no Rio por três legislaturas, entre 1989 e 2000.

O nome de Abrão apareceu em vinte operações de empréstimos considerados fictícios para trazer dinheiro do exterior a fim de selar a compra da TV Goyá, de Goiânia. Os recursos totalizavam 25 bilhões de cruzeiros (cerca de 10 milhões de reais, em valores atuais), vindos das empresas Investholding e Cableinvest, entre 1992 e 1993.[72]

Um fato chamou a atenção: seis dias antes de ser encontrado ferido, Abrão registrara um documento oficial no escritório de seus advogados em São Paulo — e lavrado no Cartório do 14º Tabelião de Notas da capital paulista —, no qual acusava a Universal por uso indevido de seu nome e falsificação de assinatura na compra da emissora goiana. Abrão dizia constar como fiador de aproximadamente 660 contratos de aluguel de imóveis para a instalação de novos templos ou moradia de pastores. Devido a atrasos nos pagamentos de alguns desses imóveis, acabou acionado na Justiça.[73]

O calmo e sereno "seu Abrão", como era conhecido na igreja, tinha completado 81 anos. Já era aposentado quando começou a frequentar os cultos da Universal, na Abolição. Seguia os passos de Edir Macedo desde os tempos da Igreja da Bênção, quando o religioso fazia suas modestas pregações, ainda carentes de público, no coreto do Jardim do Méier. Foi chefe dos obreiros na primeira sede.

Era visto pelos demais fiéis como um velhinho bonachão, um "paizão" de todos. Gozava de muita confiança. Como fiador dos templos, foi um protótipo do que viria a representar o deputado Laprovita Vieira, anos depois, na gestão financeira da igreja. Com a idade avançada, considerado ultrapassado, acabou preterido na função. No final dos anos 1980, com a ascensão de Laprovita, Abrão recebeu como "prêmio" pelos serviços a candidatura a vereador, sugerida por Edir Macedo, que, como fiador, punha em prática seu estratagema de lançar na política alguém de quem queria se ver livre no dia a dia da igreja. Para o bispo, aquele que se envolvia com a política deveria deixar os cultos e as pregações. Por manter a TV Goyá em seu nome, Abrão continuou a receber o apoio da igreja na Câmara.

A declaração de 23 páginas registrada em cartório seria o primeiro passo para uma ação a ser movida pelo ex-vereador contra a Universal.[74] Por meio desse procedimento formal, ele revelou detalhes sobre os métodos de arrecadação da igreja. E fez denúncias graves. Confirmou relatos de colegas de que os parlamentares ligados à igreja e seus assessores eram obrigados a entregar parte de seus salários.

A compra da TV Goyá — também pertencente ao empresário Múcio Ataíde e ao pastor Nilson Fanini — fora decidida em fevereiro de 1992, no mesmo pacote da negociação da TV Rio, contou o ex-vereador. A oficialização, no entanto, só ocorreria dois anos depois. Além de Abrão, constava dos documentos, como um dos supostos donos da emissora, o deputado estadual do Rio David Noguchi Quinderê.[75] Para pagar sua parte, Abrão recebeu os vinte empréstimos das empresas de paraísos fiscais. Essa dívida nunca foi saldada. Essas operações, relatou o ex-vereador, seriam forjadas para legitimar dinheiro saído do Brasil por meio de "dólar-cabo" — as transferências internacionais informais e ilegais, à margem dos mecanismos oficiais de registro e controle. Por isso a Receita Federal impôs a Abrão, em 1997, uma multa de 1,8 milhão de reais.

Em seu último mandato de vereador, Abrão passou a ter problemas com a cúpula da igreja. Havia perdido espaço na instituição e começara a receber ordens e metas "impossíveis de serem cumpridas e totalmente absurdas", segundo ele. No documento registrado em cartório, não especificou quais seriam essas "metas impossíveis". Em outros trechos de sua declaração, no entanto, acusou a igreja de orientar seus parlamentares a exigir dinheiro de interessados na aprovação de projetos, e ainda de pressionar os políticos para aumentar esse rendimento. O pedido seria feito de maneira clara e direta aos vereadores e deputados eleitos, afirmou. Abrão contou que, em sua primeira eleição à Câmara Municipal, em 1988, participara de uma reunião com Edir Macedo e o então coordenador político da igreja, Marcelo Crivella, na qual ficou acordado que todos os candidatos eleitos, e seus funcionários comissionados, pagariam de 10% a 30% do salário bruto para a igreja, como dízimos. E também seriam repassados "todos os valores pagos aos gabinetes para apoiar e votar determinados projetos de lei".[76]

Durante seu segundo mandato, em 1993, a prestação de contas era feita em encontros com Macedo e o bispo Rodrigues, sucessor de Crivella na coordenação política. Rodrigues assumira o cargo com a missão de intensificar a coleta, garantiu Abrão. Nas reuniões com os políticos eleitos, Rodrigues ou Macedo sempre abriam os trabalhos perguntando "se havia saído alguma coisa BOAAAAAAAAAAA para eles".[77]

Abrão, no documento, dizia não conseguir corresponder às expectativas da cúpula. "Meu gabinete nunca alcançava as metas exigidas por não concordar em votar de acordo com os interesses da igreja ou ter que cobrar por apoio político. Queria, sim, votar com minha consciência sem ter que vender meu voto", garantia. Durante os seus três mandatos na Câmara, no entanto, não há registros de reclamações do vereador sobre essa exigência. Ele denunciou o fato somente após o rompimento com a Universal.

Por não cumprir as "metas", Abrão contou que passou a ser atacado e humilhado, chamado de "traidor", "anticristo" e "fariseu". Sem o apoio da igreja, decidiu encerrar a carreira política. Passou ainda três anos como assessor, alojado no gabinete de uma outra vereadora, Liliam Sá. Foi exonerado e depois a Universal o abandonou, reclamava com amigos. A partir daí passou a questionar contratos firmados pela igreja com sua assinatura, que dizia ter sido falsificada. "Na ocasião não sabia que o convite para ser vereador pela IURD iria sair tão caro para mim e que meu nome seria usado para ser O MAIOR LARANJA DA IGREJA UNIVERSAL", lamentou. Após a morte de Abrão, seu filho, o profissional de marketing Maurício Rodrigues, cobrou investigações da polícia. Em um inquérito aberto no Rio, o caso foi tratado como suspeita de homicídio.[78]

# 14. O império da fé

Em 2000, entre as 7625 almas que viviam na pacata e tranquila cidade de Rio das Flores, na região serrana fluminense, apenas 11% se declaravam evangélicas. A Igreja Universal liderada por Edir Macedo, o filho ilustre da cidade, arregimentava meros 24 fiéis. Dez anos depois, seguindo a tendência em todo o país, o rebanho católico encolheu no pequeno município: caiu de 74% para 58%. Os evangélicos, em contrapartida, cresceram: passaram a representar 18%. Ainda assim, Macedo contabilizou apenas 45 seguidores. Santo de casa não faz milagre. O bispo não conseguiu ser a principal referência religiosa em sua cidade natal.

A Universal tampouco é a maior igreja evangélica do país, mas em seus quarenta anos cresceu muito. Consolidou-se como a quarta força entre os evangélicos. Com 1,87 milhão de adeptos no Brasil, está bem abaixo da Assembleia de Deus (12,3 milhões) e a Igreja Batista (3,7 milhões), não tão longe da Congregação Cristã no Brasil (2,2 milhões), e empata com a Igreja do Evangelho Quadrangular (1,8 milhão).[1] Os primeiros protestantes, é bom lembrar, chegaram ao Brasil em 1506. Os pentecostais, em 1910.

A Universal inchou, a ponto de sofrer defecções — em 2000, os fiéis eram 2,1 milhões. Uma das causas apontadas para o êxodo de 229 mil crentes foi a aparição da Igreja Mundial do Poder de Deus, cópia fiel da Universal, moldada com o mesmo DNA e fundada em 1998 pelo bispo dissidente Valdemiro Santiago. Popular e carismático, com seu tradicional e inseparável chapelão de vaqueiro, já nos tempos da Universal o apóstolo Valdemiro — como é chamado — prometia fazer paralítico andar e cego enxergar. Ao sair da IURD, levou vários pastores, obreiros e fiéis. Igrejas clones da Universal imprimiram novas características e adaptações à fórmula de Edir Macedo.[2]

O bispo desdenha dos cálculos oficiais. Em sua contabilidade particular, a Universal enxerga uma legião de adeptos bem mais expressiva. Ele costuma proclamar a conquista de 7 milhões de fiéis em território brasileiro, e mais 2 milhões no exterior.[3] Estudiosos como Ricardo Mariano admitem a possibilidade de distorções em razão da metodologia do IBGE — os dados são obtidos por meio de amostragem e, diante da pergunta "qual é a sua religião", grande número dos entrevistados se identifica apenas como "evangélico". O número de fiéis incluídos nessa classificação, sem vinculações com igrejas, é elevadíssimo: 9,2 milhões. Assim, na avaliação de Mariano, seria razoável, e não causaria surpresa, se 2 milhões deles fossem adeptos da Universal.[4]

Independentemente da controvérsia, a Universal continuou chamando a atenção mais do que qualquer outra denominação evangélica. A instituição se espalhou pelo Brasil e se expandiu mundo afora. Atualmente seu site registra presença em 95 países, nos cinco continentes, mas em geral o bispo propaga números inflacionados. Em sua biografia, em 2007, ele enumerou 172 países, e foi essa cifra que o advogado Arthur Lavigne citou em representações ao Judiciário, para ressaltar a força da instituição ao redor do mundo.[5] Outros números apresentados pela igreja são relevantes e significativos: 14 mil pastores; 320 bispos; 7157 templos no Brasil; e outros 2857 no exterior.[6]

Macedo encontrou mais dificuldades para crescer em pequenos municípios interioranos, como a sua Rio das Flores, predominantemente católica e conservadora. A pregação neopentecostal turbinada com um discurso de autoajuda acenava com possibilidades de sucesso e prosperidade financeira por meio do empreendedorismo. Tal discurso encontrava maior receptividade junto aos trabalhadores dos grandes centros, principalmente nas periferias, atingidas com mais intensidade pelo desemprego e subemprego, desde o início dos anos 1980.

A ascensão era estimulada por meio do trabalho autônomo. Quem trabalhasse duro venceria com as "bênçãos de Deus" — o progresso na vida econômica viria como uma contrapartida da aliança com Deus, explicou o antropólogo da Unicamp Carlos Gutierrez. "Na religião, os fiéis encontram incentivo e apoio, desenvolvem a autoestima e encaram as agruras da vida com mais esperança." Novos interesses emergiam. Se, nos anos 1970 e 1980, a ala "progressista" do catolicismo politizava os trabalhadores a partir das discussões de suas reivindicações sociais, as igrejas evangélicas passavam a conquistar adeptos acenando com o sucesso calcado no êxito pessoal.[7]

A Universal se transformou numa organização focada na autoajuda e no empreendedorismo. Procurou descontruir a imagem de doutrina fanática, impregnada de dogmas e preconceitos, como apontou Ricardo Mariano.[8] Os meios de comunicação tradicionais não a rotulam mais como seita nem o título de bispo atribuído a Edir Macedo aparece entre aspas em jornais, revistas e sites. Não é mais tão combatida como nos primeiros anos de vida, sua presença nas manchetes de jornais e noticiários de TV já não é tão ruidosa. São raríssimos, atualmente, ataques públicos entre líderes das igrejas católica e Universal.[9] Edir Macedo, embora a contragosto, foi aceito no seleto clube dos magnatas da comunicação. Com uma TV nas mãos e força política no Congresso, a Universal passou a ter maior influência e poder de negociação.

Em 2015, o R7, o portal da TV Record, publicou o resultado surpreendente de uma pesquisa do Datafolha, que colocou a Universal como a quinta instituição de maior prestígio entre os brasileiros, com 35% das citações.[10] A imprensa (65%) e as redes sociais figuravam no topo da lista, e a Igreja católica e as Forças Armadas vinham na terceira e quarta colocação, respectivamente. De acordo com o levantamento, a Universal aparecia à frente do Poder Judiciário, da Presidência da República e ministérios, dos sindicatos de trabalhadores, do Congresso Nacional e dos partidos políticos.[11]

Ao comemorar os quarenta anos da igreja, Macedo atribuiu seu sucesso e prestígio a ações como o resgate de pessoas do mundo das drogas, desenvolvidas pelo programa Vício Tem Cura que, em 2016, teria atendido 55 mil pessoas. No projeto Anjos da Madrugada, são 560 mil atendimentos a moradores de rua — garante Macedo —, enquanto o Universal nos Presídios proporcionaria outros 837 mil atendimentos, de acordo com os números da igreja. O site da instituição está abarrotado de outros números gigantescos: 386 mil ações voltadas a idosos abandonados pela família; 56 mil auxílios a vítimas de violência doméstica; e 200 mil envolvidos em ações para a juventude (Força Jovem). A igreja afirmou ter oferecido, somente em fevereiro de 2019, presentes para crianças, alimentos, roupas e serviços gratuitos de advogados, médicos, enfermeiros, psicólogos, assistentes sociais, cabeleireiros, manicures e maquiadores a 55 mil moradores de comunidades carentes do país.[12]

A Universal é um pronto-socorro espiritual, acolhe pessoas com os mais variados problemas, explica Macedo. "Quantos bilhões os governos economizam com o atendimento espiritual proporcionado pela Igreja Universal? Quando alguém vence uma crise crônica de depressão ou supera o vício das drogas, por exemplo, quanto o sistema de saúde público economiza? Imagine esse efeito multiplicado aos milhões." O bispo rebate os críticos com um argumento simples: se é verdade que a igreja explora, engana e arruína tantas pessoas, por que elas continuariam frequentando os templos? O fiel enganado se deixaria iludir uma única vez e não voltaria mais, diz. "Por que existem tantos templos lotados no Brasil? Por que existem tantos membros fiéis com décadas de igreja? Como explicar esse crescimento em todo o mundo, acima de culturas, raças e idiomas?"[13]

A igreja de Macedo apresentou um cardápio mais atraente aos crentes de hoje. Atraiu novos seguidores ao romper com práticas religiosas rígidas e costumes conservadores. Igrejas pentecostais como a Assembleia de Deus e Deus é Amor, entre outras, proibiam fiéis de assistir à TV, obrigavam as mulheres a usar saia comprida e as proibiam de cortar o cabelo e usar maquiagem. A igreja de Macedo, ao opor-se a esses hábitos, viveu um processo de "dessectarização", na análise de estudiosos.[14]

Ainda que bem mais liberal no comportamento que as principais concorrentes, a Universal não aceita a prostituição, o sexo anal, o alcoolismo e o uso de drogas. Mas defende o aborto e a camisinha. Antes reticente em relação ao tema, Macedo, em 1997, manifestou-se a favor do aborto em casos de gravidez indesejada e de extrema pobreza da mãe. Na contramão da maioria dos líderes evangélicos e católicos, defendeu a descriminalização do aborto — se legalizado, mulheres não perderiam a vida em clínicas de fundo de quintal, pontuou. "O que é menos doloroso: aborto ou ter crianças vivendo como camundongos nos lixões de nossas cidades, sem infância, sem saúde, sem escola, sem alimentação e sem qualquer perspectiva de um futuro melhor?" O aborto, na visão do bispo, diminuiria a violência no Brasil.[15]

Macedo propõe o uso não de uma camisinha, mas de duas, "caso o preservativo falhe". Sugere vasectomia, laqueadura, pílula e todos os métodos anticoncepcionais existentes.[16] A Universal nega impor a esterilização aos pastores, mas foi condenada em segunda instância pelo Tribunal Regional do Trabalho de São Paulo, em maio de 2019, a pagar 115 mil reais em indenização a Clarindo de Oliveira, por danos morais e materiais. O ex-pastor disse ter sido obrigado a se submeter a vasectomia — a prática seria disseminada na igreja, para impedir que o pastor se fixe em uma cidade por causa dos filhos, o que geraria mais despesas para a igreja. A Universal pagaria as cirurgias, realizadas em mutirões. Vários ex-pastores recorreram à Justiça; há condenações em primeira e segunda instâncias, e uma no Tribunal Superior do Trabalho (TST).[17]

Como a maior parte dos líderes evangélicos, o bispo condena a homossexualidade, mas ressalta não ser contra os gays. "Respeito o direito de escolha, mesmo se a pessoa desejar relacionar-se com um ou vários parceiros do mesmo sexo", explicou.[18] Os homossexuais são bem-vindos à Universal, acenou o bispo, apesar de nem todos em sua igreja pensarem da mesma forma. É o caso de seu sobrinho, o também bispo Marcelo Crivella, prefeito do Rio de Janeiro, que censurou um beijo gay. Em uma das ações mais espetaculosas e polêmicas de seu governo, Crivella mandou fiscais à Bienal do Livro, no Rio, em setembro de 2019, à caça de exemplares do gibi *Vingadores: A cruzada das crianças*,[19] por conter a imagem de dois super-heróis se beijando. A censura foi condenada por editores, escritores e intelectuais, que viram no ato uma volta aos tempos da ditadura e do obscurantismo. Uma liminar do Tribunal de Justiça do Rio impediu a prefeitura de apreender os livros. Em nova decisão, o mesmo tribunal cassou a liminar, mas o Supremo Tribunal Federal (STF) revogou a medida e liberou a obra.[20] Por meio dessa ação, Crivella, com a popularidade em baixa e de olho na reeleição, na avaliação de analistas políticos, procurava se aliar às posições conservadoras na pauta de costumes do presidente Jair Bolsonaro.[21]

Macedo, em um outro momento, por meio de mensagens veiculadas no rádio, TV e internet, agiu de maneira oposta ao sobrinho. Criticou grupos contrários aos homossexuais. "Jesus faria isso se vivesse em nosso tempo? Não creio. [...] Ele nunca disse: vocês [os apóstolos] têm de falar contra o homossexualismo porque é proibido. Nada disso."[22] O bispo recebeu críticas de outros evangélicos por causa dessa declaração.[23] Por suas posições, recebeu elogios da comunidade LGBT. O Grupo Gay da Bahia (GGB) chegou a lhe oferecer um prêmio simbólico, o "Triângulo Rosa" — um emblema utilizado pelos nazistas em campos de concentração para identificar e confinar homossexuais.[24]

Macedo, em seu blog, considerou pecado o sexo oral, caso o orgasmo seja alcançado. Uma avaliação curiosa, sui generis. Ao responder às dúvidas de uma fiel, no blog, evidenciou seu relativismo moral: o sexo oral seria ou não pecado, dependendo da fé da pessoa. "Se a sua consciência dói, é porque é pecado para você. Se não, é porque não é."[25]

Há posições avançadas para temas considerados tabus, mas ainda imperam visões arcaicas e preconceituosas na igreja. No artigo "Homem de Deus quanto à idade e à raça", em 2012,[26] Macedo aconselhou os homens dispostos a seguir a "obra de Deus" — aqueles que desejam se tornar pastor — a não se casarem com mulher de "raça diferente". A união deveria ser evitada devido "aos problemas da discriminação que seus filhos poderão enfrentar nas sociedades racistas deste mundo louco". Os pais não teriam como evitar "rejeições ou críticas por parte dos coleguinhas nas escolas nos países onde eles poderão estar pregando o Evangelho". O bispo disse não ser contrário à miscigenação, mas considerava essa orientação necessária para "uma melhor aceitação por sociedades estrangeiras". Revelava ter constatado esse problema com crianças na Universal no exterior.

Macedo recomendava aos rapazes que quisessem ser pastor evitar casamento com mulheres mais velhas. A exceção seria feita ao homem "suficientemente maduro". "O rapaz que deseja fazer a obra de Deus não deve se casar com uma moça que tenha idade superior à dele, salvo algumas exceções, como, por exemplo, aquele que é suficiente maduro e experiente na vida para não se deixar influenciar por ela", sugeria.[27] A diferença, para ele, não deveria ultrapassar dois anos. O risco para o "homem de Deus" seria a possibilidade de incorrer na traição. "A mulher normalmente envelhece mais cedo que o homem, e quando ela chega à meia-idade, o marido, por sua vez, está maduro, mas não tão envelhecido quanto ela. E a experiência tem mostrado que é muito mais difícil, mas não impossível, manter a fidelidade conjugal", dizia o bispo. "Ela, que por natureza já tem o instinto de ser 'mandona', acaba por se colocar no lugar da mãe do marido."[28]

As mulheres, mais suscetíveis aos apelos do pentecostalismo, são maioria na igreja, em geral somam dois terços do público nos templos. No dia a dia, exercem funções na liturgia. São líderes importantes em suas comunidades, têm maior empatia e facilidade no trato com moradores e, por isso, são bastante respeitadas. Na hierarquia, porém, exercem postos secundários, quadro que vigora também no catolicismo e em outras igrejas pentecostais. Leonildo Campos, ao estudar a origem do cristianismo e os escritos do Novo Testamento, observa que não há como ignorar a importância da atuação das mulheres: foram elas as primeiras, após a execução de Jesus, a avisar que ele estava vivo. Na Bíblia, contudo, há passagens interpretadas com um viés machista e antifeminista, atribuídas ao apóstolo Paulo, lembra o estudioso. Falam sobre a mulher calar-se na igreja e estar "sujeita" e "submissa" ao seu marido.[29]

Na Igreja católica, o papa Francisco diz ser favorável a uma presença feminina maior, acha que as mulheres devem assumir mais cargos de responsabilidade. Na prática, essa liberalidade não é bem assim. O próprio Francisco já afirmou que as mulheres jamais chegarão a se tornar sacerdotes, a Santa Sé fechou as portas para esse debate.[30] Em igrejas protestantes históricas, como a anglicana, a metodista, a luterana e a presbiteriana, existe maior abertura para as mulheres, há um significativo contingente feminino em seus ministérios. Na metodista, as pastoras somam cerca de 30%. Entre os pentecostais, a conservadora Assembleia de Deus do ramo Madureira consagra evangelistas; a do Evangelho Quadrangular tem tradição na ordenação de mulheres devido à cultura herdada de sua fundadora, Aimée McPherson;[31] na Renascer em Cristo, a bispa Sonia Hernandes exerce liderança expressiva e estimula o protagonismo de outras mulheres. Outra exceção no neopentecostalismo é a pastora Valnice Milhomens, fundadora e presidente da Igreja Nacional do Senhor Jesus Cristo (Insejec), sediada em Brasília. A denominação é uma extensão do Ministério Palavra da Fé, uma federação de igrejas locais autônomas, surgida em Recife, em 1987.[32]

Edir Macedo manifestou preconceitos e estereótipos ao estabelecer normas de comportamento para as mulheres de bispos e pastores da Universal. O perfil ideal de esposa, segundo Macedo, seria a que fica em casa, cuidando dos filhos.[33] Ele não queria, nem permitiu, que mulheres de pastores fossem chamadas automaticamente de "pastoras", como costuma ocorrer em algumas denominações. A mulher, de acordo com o líder da Universal, pode levar o marido "a conquistas extraordinárias", mas também "a derrotas e fracassos terríveis". Por isso não deveria se intrometer na direção da igreja: "Ela cuida da casa, não o marido. Ela educa seus filhos; lhes ensina o que devem saber […] na igreja, todavia, a autoridade pertence ao marido, que está no altar". A mulher deve se manter numa posição "bem discreta, tal qual mulher sábia e sensata", e falar o estritamente necessário. Macedo citava como exemplo sua esposa Ester, sempre alheia às decisões da igreja. Nunca foi vista pregando ou tomando decisões. "Com raras exceções, a mulher fala demais […] são egoístas, porque não querem ouvir, só falar. Graças a Deus a minha esposa fala pouco", disse. Essa fala irrita as mulheres, mas não há nada de novo no discurso, como lembra o cientista de religião Leonildo Campos, pois ele simplesmente repete argumentos de bispos e padres católicos que associavam a supremacia do homem ao mito da Eva fraca e envolvente, responsável por levar Adão ao pecado original.[34]

A Universal nunca teve um ministério feminino, mas outorgou o título de pastora a um pequeno grupo de mulheres que, no entanto, não aparecem no púlpito. Até os anos 1990, não eram consagradas.[35] A liderança feminina de maior expressão na igreja, Cristiane Cardoso — filha de Edir Macedo e casada com o bispo Renato Cardoso —, defendeu a consagração de pastoras no Brasil e no exterior e disse que o papel da mulher na instituição "vai muito além do título ou cargo que ela exerce".[36] O campo de atuação das pastoras é restrito. As mulheres têm mais espaço para atuar como obreiras, auxiliando no desempenho ministerial dos pastores. Para isso, não são poucas as exigências. A seguidora precisa estar convertida, "curada", "libertada dos demônios" e "batizada com o Espírito Santo", além de ter um bom comportamento e testemunhos favoráveis de outros fiéis.[37]

As pastoras são pouco lembradas. Uma delas, Alice Kanashiro, ex-moradora de Duque de Caxias, na Baixada Fluminense, foi consagrada em 1993. A exemplo da quase totalidade dos fiéis, havia procurado a igreja em busca de solução para problemas familiares e de saúde. Repetindo a via-crúcis, primeiro procurou a "salvação" no espiritismo e no curandeirismo, sem sucesso. Em um gigantesco culto que lotou simultaneamente o estádio do Maracanã e o ginásio do Maracanãzinho, no Rio de Janeiro, em dezembro de 1987 — reunindo 250 mil pessoas em meio ao forte calor do verão carioca —, Alice recebeu o "batismo com o Espírito Santo" e teve uma transformação em sua vida. Uma fala do bispo, em especial, mexeu com a seguidora: "Se matarem o seu corpo, jamais poderão atingir o seu espírito, esse passará a ser seu maior tesouro", ele disse. A mensagem a marcou: "Encontrei o meu Senhor e Salvador de minha alma, Jesus", comemorou. Tempos depois, ela viajou para o Japão e de lá passou a enviar cartas pedindo para a Universal abrir uma igreja no país. Foi atendida. Faltavam pastores, ela acabou designada para a função. A igreja de Macedo possui mais de vinte templos no país asiático.[38]

Uma das mais antigas seguidoras de Edir Macedo, Regina Nadir Soares Parreira se destacou na Universal. Chegou ao templo da Abolição em 1978, um ano após a fundação. Liderava fiéis de comunidades do Jardim América e Pilares, no subúrbio carioca, e também atuou num templo em Copacabana. Consagrada pastora em 1985, diz nunca ter sentido preconceito. Tinha o reconhecimento da cúpula, mas não encontrou espaço para deslanchar na igreja. Em certo momento, deparou-se com um "atrofiamento do trabalho", segundo sua definição. A própria Universal a incentivou a criar uma igreja, que passaria a atuar como uma célula dela. No dia 5 de junho de 1994, o jornal *Folha Universal*[39] anunciou a fundação, no Rio de Janeiro, da Aliança com Deus. O jornal oficial da Universal deu ampla cobertura ao evento, com entrevista e fotografias da pastora, em meia página.

Era um sinal de aprovação ao projeto. E de um afastamento programado, ensaiado e negociado. "A IURD cresceu muito, deu oportunidade a muitos homens, e o trabalho da mulher ficou atrofiado", avaliou Regina.[40] A pastora descartou qualquer possibilidade de brigar com a denominação de Macedo. "Fui uma das primeiras obreiras e trabalhei pelo crescimento da igreja. Jamais eu trairia a IURD. A Aliança com Deus é mais uma porta que está se abrindo. Não vamos tirar o povo da igreja de ninguém", anunciou.[41] A separação amigável e o discurso respeitoso, recheado de agradecimentos, não escondiam, porém, o fim de um ciclo para as lideranças femininas na igreja.

Tempos depois, Regina voltaria à Universal. Em abril de 2008, o deputado estadual do Rio Jodenir Soares, então líder do PTdoB e ligado à igreja, apresentou na Assembleia Legislativa uma moção de "aplausos, louvor e congratulações" à religiosa. Ao relatar a trajetória de Regina, o parlamentar informou que o conselho dos bispos da Universal a nomeou episcopisa (o equivalente ao título de bispo) em 2000.[42] Apesar do título pomposo, ela e outras colegas atuam, na prática, apenas como conselheiras especiais.

O pesquisador Leonildo Campos aponta a beligerância e a propensão aos embates com o catolicismo e as religiões afro-brasileiras como possíveis causas do distanciamento das mulheres dos postos de hierarquia da Universal. Elas se mostravam, afinal, menos dispostas às guerras religiosas e mais afeitas a uma religiosidade mística. A Universal então se tornou um empreendimento masculino. Guerra e negócios não seriam atividades de mulher. Ao reagir violentamente às outras igrejas concorrentes e moldar suas relações a partir da ótica e dos interesses empresariais, a igreja reproduzia os preconceitos da sociedade e mantinha exclusivamente os homens no comando desses espaços.[43]

Ao confrontar as religiões afro-brasileiras, a igreja de Macedo assumia riscos. Alimentava disputas judiciais. As chamadas sessões de descarrego, que tanto impacto causavam nos eventos da Universal, se tornaram espetáculos exibidos nas emissoras de TV do bispo. E provocaram reações de entidades representativas das religiões de matriz africana. Nesses cultos — muito exibidos na TV —, os pastores seguiam responsabilizando a "macumba" e os orixás por todas as desgraças.[44] O descarrego é um pretenso exorcismo, um ritual para afastar o demônio e outros espíritos malignos. Pessoas em transe dominadas pelo diabo, segundo avaliação dos pastores, eram exortadas a expulsar o "encosto" de seus corpos. Essa cerimônia do descarrego é chamada, em religiões como a umbanda, de "desobsessão", a transferência da possessão do corpo da pessoa afetada para o do médium.[45]

Os rituais da Universal mostrados na TV reforçavam preconceitos e estereótipos e ainda incentivavam ataques e depredações a templos de umbanda e candomblé, conforme denúncia de entidades das religiões afro. Por exibirem cenas consideradas ofensivas, a Record e a então Rede Mulher (atualmente Record News) acabaram condenadas pela Justiça, em segunda instância, em abril de 2018. Os autores da ação alegaram sofrer "constantes agressões" por adeptos de outras crenças. Sacerdotes da umbanda e do candomblé eram chamados de "mães e pais de encosto"; orixás, tratados como demônios. O processo foi movido pelo Ministério Público Federal, Instituto Nacional de Tradição e

Cultura Afro-Brasileira e Centro de Estudos das Relações de Trabalho e da Desigualdade (CEERT).[46]

As sessões de descarrego eram exibidas pela emissora do bispo geralmente nas madrugadas. Depois ganharam espaço em outras plataformas. Uma dessas sessões, transmitida pela IURD TV (canal aberto, via internet) e outros veículos do grupo, causou grande polêmica.[47] Um jovem identificado como Leandro, morador de Barueri, na Grande São Paulo, foi submetido a um ritual para eliminar inclinações homossexuais. O rapaz teria sido vítima de uma "macumba" feita por um vizinho, de acordo com bispos da Universal. Acabou "libertado" do hipotético feitiço pelo próprio Edir Macedo.

As imagens desse ritual foram exibidas à exaustão nas redes sociais.[48] Mostram o bispo Clodomir Santos segurando a cabeça do jovem, que urra e grita, ajoelhado e com as mãos para trás, contorcendo-se o tempo todo. O religioso o interroga, pergunta onde foi feito o "trabalho", e o rapaz balbucia: "Na encruzilhada maldita, [na] sexta-feira". Então Santos "chama" para a sessão supostos frequentadores de terreiros ligados a mães e pais de santo, tidos como os responsáveis pelo trabalho. "Acabou o teu reinado na vida do vizinho. Vocês vão se arrepender de ter feito o que vocês fizeram na vida dele", ameaça. Diz que todos serão levados ao "palco", uns acorrentados aos outros, para serem queimados, e desfeitos os trabalhos.

Com um chicote nas mãos, Macedo se apresenta para ajudar Santos. "Eu vou te ajudar. Vamos juntar forças agora para queimar todos. [...] Vamos lá, desgraçado." Com os olhos voltados para a câmera, Macedo convida os telespectadores com "problema semelhante" em casa — "seja do homossexualismo, lesbianismo, da prostituição" e outros males "que têm origem no inferno" —, a se juntarem ao ritual.

Ajudado por outro religioso, Macedo e Santos dominam Leandro. Deitam-no ao chão, mantendo as mãos sobre ele. O jovem urra e a pregação prossegue. "Agora nós vamos fazer descer o fogo. E o mesmo fogo que vai pegar aqui, vai pegar nesse desgraçado que está atuando na sua vida, que está fazendo você ser destruído. Nós vamos arrebentar agora, em nome de Jesus. Vamos arrebentar. [...] Todo trabalho que foi feito é destruído e desfeito, aniquilado. [...] O chefão daquele terreiro não tem mais direito. [...] Nós fechamos o terreiro. Fechamos todas essas pessoas, nós fechamos o corpo dessa criatura e de toda a família dela." O jovem, ao fim da sessão, se levanta. Diz se sentir bem, firme e "ligado". Agora, livre, "está falando grosso", debocha o bispo. Macedo, então, pede aos telespectadores para colocar as mãos sobre o computador, a televisão ou o rádio, a fim de serem também libertados. "Se tiver doença, se tiver enfermidade, se tiver aids, [...] tudo é queimado agora. Em nome do Senhor Jesus", garante.

A pendenga judicial da Record com as religiões afro-brasileiras por associar problemas e dificuldades à macumba durou quinze anos. Após a sentença do Tribunal Regional Federal de São Paulo, as duas emissoras de TV de Edir Macedo recorreram ao Supremo Tribunal Federal (STF) e ao Superior Tribunal de Justiça (STJ). Em janeiro de 2019, houve um acordo entre as partes: a Record se comprometeu a veicular quatro programas de televisão com o direito de resposta às religiões de matriz africana.[49] Em horário nobre, num total de dezesseis horas de programação.

Atualmente a Universal procura se aproximar de líderes de religiões afro-brasileiras. Em 28 de abril de 2018, dias antes da comemoração da abolição da escravatura no país — data não comemorada pelo movimento negro —, cinco representantes de entidades do candomblé na Bahia foram levados para conhecer o Templo de Salomão, a majestosa sede mundial da igreja, no bairro do Brás, em São Paulo.[50] Em seu site, ao falar sobre "mitos e verdades", a igreja diz que, ainda que as diferentes denominações religiosas tenham crenças distintas, ela respeita todos os credos por defender a liberdade de religião, de pensamento e de expressão, asseguradas na Constituição. Afirma que, mesmo divergindo, como é direito seu, garantido pela liberdade de culto, jamais perseguiu ou atacou pessoas por suas convicções espirituais: "Pelo contrário, respeitamos a todos porque, como vítimas maiores do ódio religioso no Brasil, também exigimos o mesmo respeito".[51]

Na prática, porém, foram muitos os momentos de tensão e atritos com outras religiões. Não só com os cultos de origem africana, mas também com as igrejas evangélicas tradicionais, que se incomodaram com o crescimento vertiginoso da Universal. Em um vídeo espalhado nas redes sociais, em 2013,[52] Macedo afirmava, durante um culto, que a maioria dos pastores é endemoniado. Não citava nomes de religiosos ou igrejas. "Eu não tenho o mínimo medo. Eu tenho certeza do que estou falando. Pelo que eu conheço, pelo que eu já passei, pelo que eu já vi, a maioria deles não é liberto." O bispo, na oportunidade, atacou pastores não adeptos dos pedidos de "sacrifício". Para ele, eram verdadeiros "borra-botas".[53]

Macedo reafirmava sua defesa do dízimo e dizia não se preocupar com o que colegas pensam a respeito da Universal. "Eles têm medo de falar em sacrifício, de falar em dízimo. São covardes. Na Igreja Universal, falamos em sacrifício, em dar tudo. É Deus ou não é. Ou vai ou racha. Nós abrimos o verbo, falamos escancaradamente, doa a quem doer. Não estamos nem aí para as pessoas que dizem que somos ladrões, que nós exploramos o povo", provocou.[54]

Seis anos depois, num culto, o bispo Rogério Formigoni, discípulo de Macedo, conversando com um homem supostamente dominado por entidade demoníaca, atacou várias igrejas: católica, presbiteriana, batista, adventista, Assembleia de Deus, Congregação Cristã no Brasil, Evangelho Quadrangular, Testemunhas de Jeová, Deus é Amor e Plenitude, entre outras. O cidadão endemoniado anunciava que todas essas denominações estavam sob o domínio do mal. Formigoni repetiu o gesto intempestivo do colega Sérgio Von Helde que, 24 anos antes, chutou a imagem de Nossa Senhora. Na entrevista gravada por Formigoni, o fiel enlouquecido chamou a santa de "desgraçada". O vídeo viralizou na internet e gerou protestos indignados de católicos. E também de outros evangélicos, atacados por tabela.[55]

Aliado nos temas de interesse comum na bancada evangélica no Congresso, o deputado federal Marco Feliciano (PODE-SP), pastor da Assembleia de Deus do ramo Belém, reagiu duramente contra a Universal. Lembrou não ser a primeira vez que um bispo da igreja atacava os irmãos evangélicos e reclamou que Macedo chegara a comparar os cultos da denominação dele, Feliciano, aos de um centro espírita.[56]

Para conter os protestos, a Universal condenou publicamente o ato de Formigoni e publicou uma nota: "Uma das virtudes de um ministro evangélico é o discernimento espiritual. Acreditamos que Formigoni aprendeu, com este erro, a necessidade de desenvolver esta virtude". Formigoni se explicou: não fora ele o autor do ataque, mas sim o espírito endemoniado. De qualquer forma, ele retirou o vídeo da internet e pediu perdão às igrejas evangélicas e aos religiosos ofendidos. Formigoni apresentava nas emissoras de TV da Universal o festejado Nação dos 318, antes chamado Congresso para o Sucesso. É um misto de culto e palestras de autoajuda, dirigido a pequenos e médios empresários, e a fiéis com vocação empreendedora. Nas noites de segunda-feira, o evento empresarial-religioso exibe uníssonos e infindáveis relatos de pessoas com experiências desastrosas nos negócios que, ao ingressar na Universal, voltam a ganhar dinheiro, conseguir sucesso e independência financeira. Os depoimentos seguem o mesmo script, com raríssimas exceções.

Formigoni é um colecionador de lances polêmicos. Em um culto, em 2016, pediu aos fiéis para doarem seus carros e voltarem a pé para casa. O carro com o qual tinham chegado ao templo da Universal era "porcaria" e, por isso, deveria ser deixado na igreja. "Pega esse carro, essa porcaria, essa lata de 10 mil, 50 mil, 100 mil, pode ser de 500 mil, pode ser o carro que você tem aí de 600 mil... pode ser o que for. Você vai pegar essa porcaria desse carro e você vai dar. No fim da reunião, tem o pastor Antônio, que vai te dar o termo para você transferir", orientou o bispo. "Hoje, você vai embora de táxi, vai de ônibus ou a pé. Na segunda-feira, você vai pegar o valor desse carro e colocar no altar de bronze. Depois, você vai ter dinheiro para comprar outro à vista", assegurou. Caso seguissem as recomendações, os fiéis conseguiriam comprar uma Lamborghini.[57] Formigoni também foi acusado de oferecer drogas a um ex-viciado, no púlpito. Tentava provar que, ao ingressar na igreja, o fiel se afastara do vício e não seria mais atraído pelo mal. Foi denunciado pelo Ministério Público e passou a responder a um processo na 28ª Vara Criminal de São Paulo.[58]

Edir Macedo postou um vídeo repreendendo o pupilo por causa dos ataques às outras denominações: "Eu creio no trabalho de todas as igrejas", disse.[59] "Todo santo dia, eu oro por todos os servos de Deus. [...] Eu peço a Deus não só pelos meus pastores, os pastores que estão conosco, como os pastores de outras igrejas, porque o nosso interesse é o Reino de Deus. Eu não estou trabalhando para o reino da Igreja Universal, eu estou trabalhando para o Reino de Deus. Oro pelos pastores que estão conosco e os de outras igrejas", justificou-se. O bispo admitiu que seu subordinado desrespeitou o trabalho de outros religiosos. "Talvez eu não tenha falado o que tinha que ter falado para todos os pastores. Talvez tenha faltado um pouco de ética e respeito."[60] Também pediu perdão pela ofensa. Nas redes sociais, ao lado do vídeo, críticos e dissidentes postaram imagens de Macedo, de 2013, em que ele dizia considerar todos os pastores endemoniados. "Em qual dos dois discursos os fiéis devem acreditar?", indagavam.

A repercussão preocupou a cúpula da Universal. Na manifestação em que havia criticado os pastores, Macedo não demonstrou preocupação com o que iriam dizer sobre ele. "A opinião pública não faz nada pela gente, a opinião pública que vá para o meio do inferno", esbravejou, no vídeo polêmico de 2013.[61] Mudou de opinião: está ciente de que as mídias sociais amplificam o estrago. O subordinado Formigoni se envolveria em outra polêmica: casado, foi flagrado, segundo uma nota da própria Universal, em uma troca de mensagens com "conteúdo inapropriado" com outra mulher. O religioso confessou o ato à esposa e foi "removido do cargo de liderança" (bispo) da igreja, conforme o comunicado. No final de outubro de 2019, a Universal informou o seu desligamento da instituição.[62]

Edir Macedo não cultivava relações com outros líderes evangélicos por considerar "pura hipocrisia" o discurso de colegas em defesa do "bem comum". Cada um, na verdade, procura favorecer sua igreja, dizia. Ele se convenceu de que a Universal deveria seguir sua trajetória sozinha, de forma autônoma. Precisava ter gráfica própria, rádio e TV, e não depender de ninguém. Tentou a aquisição, sempre, dos melhores templos, das emissoras de rádio e TV de maior alcance de público. No início de 1990, por exemplo, Macedo ofereceu 4 milhões de dólares pelo templo de um pastor em Manhattan, em Nova York. O religioso perguntou: "E onde eu vou pregar"? Macedo respondeu: "Não sei, eu quero essa igreja. Está aqui o dinheiro". O pastor vendeu o prédio. "Se queria uma rádio e havia alguém pregando lá, não interessava. Ele dava duas vezes mais, tirava a pessoa e entrava",[63] conta Ronaldo Didini. Essa sanha expansionista, esse ímpeto imperialista não arrefeceu. Daí as outras denominações verem a Universal com restrições.

Caio Fábio era um influente e respeitado líder presbiteriano até sua desastrosa incursão na política, quando, em 1998, divulgou uma denúncia falsa contra líderes do PSDB. A decisão lhe custou uma condenação na Justiça e um retrocesso na carreira religiosa. Em 1990, o pastor, então em evidência, conversou com Macedo, que lhe confidenciou que não queria ser visto como evangélico. E ainda admitiu não se dar bem com seus pares, reclamando não ser compreendido. Disse que os evangélicos o perseguiam e queria que o deixassem em paz. "Eu prefiro ser visto como outra coisa. Fiquei muitos anos com os evangélicos e só perdi tempo", desabafou. Macedo esperava que seu grupo de fiéis fosse considerado uma cruzada, um movimento de guerra contra o diabo, não uma igreja. Comentou com o então colega que deixara a Igreja de Nova Vida por ela não ter ambição de crescer. "Procurei os líderes [...] e falei que estava saindo. [...] Aí comecei o meu trabalho e cresci", orgulhava-se. Caio o sentiu amargurado e agressivo.

O pastor perguntou ao bispo por que ele dava tanta ênfase a temas controversos. A resposta de Macedo foi surpreendente: "Olha, cada um pesca com o que tem e como sabe. Você pesca com camarão. Fala bem, é preparado e ganha gente preparada. Outro pesca com pão. Outro com minhoca. E tem peixe que só gosta de minhoca. Outros pescam como eu, com fezes. Tem gente que só gosta do que eu ofereço. O povo que eu quero não vai te ouvir. É gente que ninguém quer. Eu quero. É o pessoal que eu consigo pescar do meu jeito, com as coisas que eu ofereço", reproduziu Caio Fábio, em seu livro *Confissões do pastor*.[64] Concluindo que, para o bispo, os fins justificavam os meios, Caio o questionou se seria correto mudar a mensagem religiosa para atender "aos gostos deste mundo". Seu interlocutor argumentou não ter tempo para filosofar. Em sua avaliação, a Igreja Nova Vida não avançara porque ficou perdendo tempo com esse tipo de pergunta. Reafirmou não dar importância à escola bíblica dominical ou seminário. "O negócio é ganhar gente. [...] Teologia tira a garra do obreiro. Eu não tenho essas coisas na Universal."[65]

Mais tarde, Caio Fábio disse ter tentado atrair Macedo para a Associação Evangélica Brasileira (AEVB), criada por ele em 1991. O bispo chegou a enviar representantes para a reunião de fundação. A improvável união não se consumou.[66] A AEVB reunia igrejas protestantes tradicionais. Macedo buscou organizar um outro nicho. Dois anos depois, deu apoio para a fundação do Conselho Nacional de Pastores do Brasil (CNPB), integrado basicamente por igrejas pentecostais. Não teve êxito nessa aposta. Eleito o primeiro presidente, seu principal aliado, o bispo Manoel Ferreira, da Assembleia de Deus — Ministério de Madureira —, resolveu se manter no comando. Não promoveu a rotatividade combinada e Macedo se afastou da entidade.

Caio Fábio e Macedo se tornaram desafetos. O então líder da AEVB propôs, em 1995, que a Universal não fosse considerada evangélica. Avaliava que os métodos da igreja de arrecadar dinheiro junto aos fiéis seriam "agressivos, insistentes, manipulativos e abusivos".[67] A disputa entre os dois se acirraria. Três anos depois, o pastor viveria seu inferno astral e sua carreira religiosa desabaria ao ter o nome envolvido no caso do Dossiê Cayman, a divulgação de um falso dossiê contra os tucanos Fernando Henrique Cardoso, então presidente da República; Mário Covas, governador de São Paulo; José Serra, ministro da Saúde; e Sérgio Motta, ministro das Comunicações. O pastor foi apontado como o intermediário na disseminação de um conjunto de fotocópias, sem veracidade comprovada, entregue a políticos de oposição, para tentar influir nos resultados da eleição presidencial de 1998. Em 2011, ele acabou condenado a quatro anos de prisão. Seis anos depois, em maio de 2017, foi levado para o presídio da Papuda, em Brasília. Seus advogados conseguiram reverter na Justiça a condenação em regime fechado.[68]

O clima de guerra santa sempre beneficiou a Universal. A igreja identificava seus inimigos e mobilizava os fiéis para combatê-los. Cultivava a ideia de perseguição e a necessidade de superar os obstáculos, representados pelo mal — o demônio. Era uma forma de oxigenar a igreja, diz o sociólogo Leonildo Campos. O discurso de vitimização como estratégia de autodefesa unia os seguidores. A igreja apropria-se, à sua maneira, da frase bíblica "quem não é contra nós é por nós".[69]

Essa ideia difundida entre os fiéis ajuda a afastar os "intrusos". Assim, além da Igreja católica e dos cultos afro, não seriam bem-vindos igualmente outros artífices de uma suposta conspiração — os responsáveis pela perseguição religiosa. Nesse balaio se incluem jornalistas e cientistas sociais, entre outros. Nem o sucesso político e midiático da Universal levou a instituição a alterar essa postura.[70]

Responsável por uma ampla investigação sobre o patrimônio empresarial de dirigentes da Universal, em 2007 — quando a igreja completou trinta anos —, a repórter Elvira Lobato, então na *Folha de S.Paulo*, foi vítima de pressão exercida pela igreja. A jornalista produziu a reportagem "Universal chega aos 30 anos com império empresarial", que lhe tomou dois meses de apuração e lhe rendeu o Prêmio Esso de Jornalismo em 2008. Em trabalho anterior, de 1999, Elvira havia comprovado a autenticidade de documentos que ligavam a Universal às empresas de paraísos fiscais Cableinvest e Investholding. Os nomes de proprietários de offshores não são identificados no ato de constituição das empresas. Os responsáveis pela abertura das contas assumem compromisso de total sigilo com os clientes.

Em resposta às reportagens de Elvira Lobato, a Universal moveu 111 ações judiciais por danos morais contra a repórter e o jornal *Folha de S.Paulo*. Do total, 108 ações foram encaminhadas aos Juizados Especiais Cíveis (antes chamados de pequenas causas). Não se contestavam as informações publicadas: seguidores da igreja se diziam "prejudicados em sua fé". Pastores alegavam que eram cobrados por fiéis, nas ruas, sobre críticas à instituição. O modelo das ações era o mesmo, as frases eram as mesmas. Exigiam uma reparação por danos que diziam ter sofrido. Os processos judiciais replicaram pelo país, do Acre a Bahia e Rio Grande do Sul, vindos quase sempre de lugares remotos. A suposta ofensa parecia não ser problema nos grandes centros urbanos. A estratégia da igreja, de pulverizar as ações, obrigou o jornal a contratar dezenas de advogados para comparecer a audiências a pontos longínquos do Brasil.

O ônus foi imenso. A defesa, difícil e onerosa. A advogada da *Folha* Taís Gasparian viu nessa ação uma utilização indevida dos Juizados Especiais Cíveis, criados para proteger consumidores. Pela lei dos Juizados Especiais, o autor do processo pode decidir que a ação terá trâmite em sua própria cidade. Isso foi concebido para que os consumidores não precisassem se deslocar aos grandes centros quando pretendessem processar uma empresa de porte. Nesse caso, ocorreu o contrário: a jornalista teria de circular por todo o país para se defender. Os principais veículos de comunicação se solidarizaram com a *Folha*. "Foi uma ação para intimidar, para desestimular o profissional a cumprir o trabalho jornalístico", avaliou Elvira. Todas as ações, no entanto, tiveram sentenças favoráveis à repórter e ao jornal. A última, em Santa Maria da Vitória, na Bahia, foi encerrada em 2017. Vários autores de ações acabaram condenados pela Justiça, por litigância de má-fé, com o pagamento de multas de 1% a 10% do valor conferido à causa.[71]

Um ano antes, a Universal havia adotado a mesma estratégia contra a Rede Globo. Moveu 96 ações em Juizados Especiais Cíveis contra a emissora carioca, reclamando do programa policial *Linha Direta*, que exibiu reportagem sobre o assassinato do jovem Lucas Terra, em Salvador. A atração era comandada pelo jornalista Domingos Meirelles, ex-presidente da Associação Brasileira de Imprensa (ABI) — hoje no campo adversário, pois apresenta o *Record Repórter Investigação*, na TV do bispo. A Universal alegava que seu nome fora usado indevidamente na longa reportagem sobre o caso. A Globo informou que a igreja não foi citada. Dos 96 processos, 87 tiveram sentenças favoráveis à emissora, e os outros prosseguiam na Justiça. As ações foram abertas em todas as regiões do país: 33 no Nordeste, vinte no Norte, dezesseis no Sul, e onze no Sudeste e Centro-Oeste. O conteúdo das petições iniciais era idêntico, apesar da autoria e da origem distintas.[72]

Ao julgar uma dessas ações, o juiz Geraldo Fernandes Fidelis Neto, da 1ª Vara da Comarca de Juína, no Mato Grosso, citou o fechamento da rede venezuelana RCTV como um dos argumentos para livrar a TV Globo de punição. Enfatizou que a liberdade de expressão é um direito supremo da democracia, garantido na

Constituição, e medidas como a censura só encontrariam amparo em regimes totalitários e ditatoriais. Citou, então, o caso da emissora da Venezuela.[73]

Em 1997, a igreja havia encaminhado à Justiça uma ação por reparação de danos contra a revista *IstoÉ* e cinco queixas-crimes contra este repórter — em nome de religiosos e de uma instituição financeira do grupo —, pela reportagem "O calvário do bispo", publicada em janeiro daquele ano. Em 2005, nova ação por danos morais seria reivindicada, em nome do bispo João Batista Ramos da Silva, devido à reportagem "As contas secretas da Igreja Universal". Nenhuma dessas ações tampouco teve êxito na Justiça.

A lista dos inimigos identificados pela Universal — encabeçada pela Igreja católica e a Rede Globo — inflou nos quarenta anos de vida da igreja com a inclusão de jornalistas, políticos — inclusive ex-presidentes da República —, empresários, artistas e escritores. Em um de seus livros,[74] Macedo disse orar pelas pessoas que teriam tentado prejudicá-lo. E apresentou uma relação de personagens do período que chamou de seus "anos de chumbo", especificando o destino de cada um deles:

Fernando Collor de Mello foi destituído da Presidência da República por força de um impeachment.

PC Farias apareceu morto com a amante em sua casa de praia em Alagoas.

O empresário José Carlos Martinez morreu em acidente de avião.

Leopoldo Collor morreu vítima de um câncer no pescoço.

O juiz João Carlos da Rocha Mattos foi condenado por vender sentenças, ficou oito anos preso e perdeu o cargo.

O autor Dias Gomes perdeu a vida em um trágico acidente de carro.

O ex-deputado Afanásio Jazadji caiu no esquecimento. Em sua última candidatura, em 2008, não conseguiu sequer ser eleito para vereador em São Paulo. Suas tentativas de voltar à televisão foram fracassadas.

O ex-senador Romeu Tuma faleceu vítima de falência múltipla dos órgãos.

O ex-reverendo Caio Fábio teve envolvimento com escândalos políticos e foi exonerado de sua igreja ao assumir uma relação extraconjugal com a secretária.

O *Jornal do Brasil* faliu e só existe na internet.

A TV Manchete também faliu e foi extinta.

A TV Globo enfrenta quedas sucessivas nas últimas décadas e vive atualmente a pior audiência de sua história.

Fernando Collor, PC Farias, Martinez e Leopoldo Collor (ex-executivo da Globo e irmão do ex-presidente da República) foram citados por terem se envolvido numa suposta trama para tirar a Record das mãos de Macedo; Romeu Tuma, por ter estado à frente da Polícia Federal e da Receita Federal no governo Collor, quando a igreja enfrentou dificuldades; e o ex-juiz Rocha Mattos, por ter atuado em processo contra a igreja. Os demais fizeram críticas à Universal, em momentos diversos.

Macedo reclamou do então presidente da Venezuela por ter determinado à Guarda Nacional do país o confisco de um terreno em bairro tradicional de Caracas, onde a Universal havia construído uma catedral. Chávez nacionalizou empresas e expropriou imóveis particulares. Após relatar o confisco, Macedo lembrou que Hugo Chávez morreu, em 5 de março de 2013, depois de ser diagnosticado com câncer.[75]

Os infortúnios de rivais continuaram a pipocar em emissoras do grupo. Não passou despercebida a longa reportagem exibida pelo programa *Domingo Espetacular*, da TV Record, em junho de 2016, sobre o drama do ator Edson Celulari, que viveu o personagem inspirado em Edir Macedo na minissérie *Decadência*, da Globo. Ele foi diagnosticado com o linfoma não Hodgkin, que afeta as células do sistema imunológico — o mesmo tipo de câncer de seu colega global Reynaldo Gianecchini. A Record não citou a atuação de Celulari no seriado; mostrou, é fato, mensagens de artistas torcendo por sua recuperação. No ano seguinte, Celulari estava curado da doença.

Com seus mais de quarenta anos, a Universal enverada por um perfil distante da imagem xiita, mudança desejada havia anos. Macedo já não tem o mesmo ímpeto do guerreiro do início dos anos 1990, não tem sangue nos olhos na contenda contra a Globo e a Igreja católica. O vigor já não é o mesmo, o discurso não surpreende. Ele é um businessman, um empresário de comunicação, o dono da Rede Record de Televisão.

Macedo, revela Ronaldo Didini, admirava a mística católica, o rito da missa, o padre de batina e os coroinhas, o véu na cabeça da moça para o ato da confissão. Considerava uma santidade "de araque", mas reconhecia que impressionava o fiel. Após popularizar o Evangelho e enfrentar desgastes inerentes às grandes instituições, a Universal detectou certa "vulgarização" de suas ações. Então, Macedo partiu para a santidade. Ou pelo menos buscou uma "capa de santidade",[76] como disse Didini.

Ao longo de sua trajetória, a Universal assimilou elementos do catolicismo, do candomblé, da umbanda, do kardecismo e do judaísmo. O sincretismo religioso sempre a acompanhou. Na avaliação do sociólogo Leonildo Campos, a igreja penou em estabelecer as fronteiras de sua identidade heterogênea. Uma das formas de demarcar território, lembrou Campos, é bater no outro. "Eu não sou como ele" — quando, na verdade, compartilha semelhanças. Essa prática foi fonte de atritos.[77]

Explícita e propagandeada foi a incorporação de elementos da cultura judaica. Macedo se apropriou de símbolos da religião ao usar o solidéu, ou quipá, que lembra a existência de um ser superior; o talit, o manto de orações com tranças nas pontas, que simboliza a separação do homem do mundo físico do terreno espiritual; e expor em seus templos réplicas da menorá, o candelabro de sete braços, símbolo sagrado do judaísmo; e da Arca da Aliança, onde eram guardadas as tábuas dos Dez Mandamentos.

A apropriação dos signos do judaísmo por outras igrejas não é novidade, o pentecostalismo norte-americano no início do século passado já havia feito isso. Como tampouco é nova a ideia de que Jesus Cristo voltará para julgar a humanidade e iniciar um novo reinado, a partir de Jerusalém. Grande parte de bispos e pastores de igrejas evangélicas em todo o mundo defendem um Estado judeu plenamente estabelecido para permitir a volta de Jesus. A ideia do retorno do povo eleito de Deus, segundo o Velho Testamento, é central na crença de que o Messias regressará para protagonizar episódios narrados no livro do Apocalipse. Assim, um Estado judeu e a retomada de Jerusalém e de toda a Terra Santa são requisitos para a volta de Cristo. Em algum momento, "ao final dos dias", os judeus se converterão ao cristianismo, preveem esses religiosos.[78]

A Universal se apoderou de elementos judaicos de maneira efusiva, como nenhuma outra igreja evangélica brasileira. Hoje ela parece um simulacro do judaísmo, o que provocou a crítica de judeus ortodoxos — tal "antropofagia" geraria confusão entre os seguidores das religiões. Por outro lado, representantes de entidades como a Confederação Israelita do Brasil (Conib) e a Federação Israelita do Estado de São Paulo não opuseram nenhuma objeção. Elogiaram o respeito da igreja pela cultura judaica, surpreendendo-se com o fato de fiéis se adaptarem aos costumes e vestimentas. "É até lisonjeador", comentou Ricardo Berkiensztat, vice-presidente executivo da federação.[79]

Edir Macedo afirmou ter ascendência judaica, descoberta há pouco tempo. Contou ter ouvido de representantes de um centro de cultura judaica que seu sobrenome, Bezerra, é de origem cristã-nova, e aparece em relações de nomes da comunidade judaica no Brasil, sobretudo no Nordeste. O pai do bispo, nascido em Penedo, no interior de Alagoas, se chamava Henrique Francisco Bezerra. Sua mãe, Eugênia Macedo, de origem italiana, também teria raízes judaicas — o sobrenome Macedo é reconhecido pelo governo espanhol como judeu sefardita.[80]

A reverência de Macedo a Israel teria começado quando ele se converteu ao Evangelho, há mais de meio século.[81] Segundo Didini, a aproximação mais incisiva com o judaísmo se deu no início dos anos 1990, com a ênfase na teologia da prosperidade. O bispo buscava a fundamentação no Velho Testamento para justificar o sacrifício dos fiéis, traduzido em dízimos e ofertas, a fim de alcançar as bênçãos de Deus.

Na transição do Velho Testamento para a doutrina da IURD, explicou Didini, Macedo defendia o sacrifício a partir da ideia de que a oferenda — ou privação — representa a essência da fé. A fé exige sacrifício e, evidentemente, inclui a esfera material. Muitas pessoas se entregaram de corpo, alma e espírito, mas não alcançaram a resposta desejada em virtude da falta do sacrifício material, da doação de valores. No Antigo Testamento, porém, os rituais judaicos apontavam para o futuro, para a vinda do Messias, e nunca para as propagadas bênçãos imediatas e materiais.[82]

A Universal tinha desafios pela frente, como pagar e administrar a TV Record e pôr em prática a política expansionista, tanto no Brasil como no exterior. As despesas aumentavam. Assim, as prioridades da instituição prevaleceram em detrimento da pregação do Evangelho, disse Didini. Surgiram as fogueiras santas e as caravanas de peregrinos a Israel. A teologia da prosperidade era consolidada como base doutrinária. Gradativamente, a Universal trocava a mensagem "Deus quer que você se arrependa" pelo mote "Deus quer que você seja rico".[83] No cristianismo houve uma predominância da tradição de paz espiritual e salvação da alma; na Universal, o foco é a vitória na vida terrena — o prazer, a alegria de viver, a vida sem doenças, dor e sofrimento são mais importantes. Esses valores terrenos são mais facilmente conectados com o Velho Testamento, na avaliação de estudiosos.[84] Daí Macedo ter privilegiado a narrativa judaica e ter introduzido nas cerimônias de sua igreja objetos que representam a Terra Santa, o chão pisado por Jesus. Frascos com a água do rio Jordão, onde Jesus foi batizado, e potes com a areia do monte Sinai, região considerada sagrada, eram entregues pelos pastores nos templos, junto a um envelope, com a sugestão para formalizar a oferta na reunião seguinte.

Macedo cultiva excelentes relações com governantes e políticos israelenses. Em 1997, o bispo recebeu uma homenagem pelos vinte anos de sua igreja do então prefeito de Jerusalém, Ehud Olmert, que governou a cidade por dez anos e depois foi primeiro-ministro de Israel. No ano seguinte, o então ministro do Turismo, Moshe Katsav, presidente de Israel entre 2000 e 2007, o condecorou. "Outro momento de profunda honra", comemorou o bispo.[85]

Mas ele não foi muito feliz no reconhecimento de seus dois "padrinhos" políticos. Ambos acabaram presos. Olmert em 2016, por corrupção e obstrução à Justiça. Quando era prefeito, entre 1993 e 2003, o ex-premiê recebeu propina para promover um projeto imobiliário. Primeiro ex-chefe de governo israelense a ser preso, foi condenado a seis anos de prisão e teve a pena reduzida para dezesseis meses. O escândalo facilitou a chegada ao poder do atual primeiro-ministro israelense, Benjamin Netanyahu.[86] Já Moshe Katsav foi preso em 2011, acusado de estupro. Fora ministro em vários governos liderados pelo Likud, partido de direita, antes de chegar à presidência. Renunciou ao cargo depois de um acordo fora dos tribunais. Passou cinco anos na prisão.[87]

As relações com autoridades israelenses renderam frutos. O governo de Israel era grato a Macedo pelas caravanas com milhares de peregrinos. A Universal ergueu templos em Tel Aviv, Haifa e Nazaré.[88] Na estratégia de estreitamento das relações com o judaísmo, no entanto, o lance mais ousado e espetacular foi copiar o mitológico Templo de Salomão. O bispo trouxe para o coração do popular bairro do Brás, em São Paulo, uma réplica do templo original, erguido a partir do quarto ano do reinado de Salomão, herdeiro de Davi — o primeiro soberano do povo hebreu —, em *c.* 960 a.C., depois da saída dos filhos de Israel das terras do Egito.[89] Construído na antiga Jerusalém, o monumento teria sido destruído por Nabucodonosor, o rei da Babilônia, quatro séculos depois. Um segundo templo foi derrubado pelo general romano Tito, em 70 d.C.

# 15. Uma obra para ficar

Inaugurado em 31 de julho de 2014, o gigantesco centro religioso de Edir Macedo tem 98 mil metros quadrados de área construída[1] e capacidade para 10 mil pessoas. Foram quatro os anos que levou para ficar pronto, e 680 os milhões de reais que o pagaram. Recursos vindos de ofertas dos fiéis, sem um centavo de dinheiro público ou doações de grandes empresas privadas, garantiu o bispo.[2] É uma das maiores e mais impressionantes edificações religiosas do país — e, por que não, do mundo. Para os leigos, uma espécie de Taj Mahal evangélico. Perde em suntuosidade para poucos, como o Templo Dourado, local de culto dos sikhs (religião monoteísta), na Índia, com mais de cem quilos de ouro no topo.[3] Macedo criou um marco simbólico para tentar sobreviver ao tempo e competir com ícones do catolicismo, como o Cristo Redentor, no Rio de Janeiro, e o santuário de Nossa Senhora, em Aparecida, o segundo maior templo católico do mundo — capaz de abrigar 35 mil pessoas, 15 mil sentadas. A basílica de são Pedro, principal construção da Santa Sé, tem 23 mil metros quadrados construídos e recebe 60 mil pessoas.[4]

As dimensões do Templo de Salomão surpreendem até mesmo um ateu. O pé-direito tem 56 metros de altura, o equivalente a um prédio de dezoito andares. O comprimento, 126 metros, e a largura, 104 metros,[5] são maiores que um campo de futebol com medidas oficiais da Fifa. A área de jogo do estádio Maracanã, por exemplo, registra as medidas de 105 metros de comprimento por 68 metros de largura. Pode-se avistá-lo de outras regiões da cidade, como dos edifícios mais altos do bairro de Santana, a sete quilômetros de distância.

A cerimônia de inauguração, cheia de pompa, foi à altura de suas dimensões ciclópicas. Entre os convidados, a então presidenta da República, Dilma Rousseff; o vice-presidente Michel Temer; o governador de São Paulo, Geraldo Alckmin; o prefeito Fernando Haddad; e personalidades dos três poderes da República, como o então presidente do Supremo Tribunal Federal, Ricardo Lewandowski.[6] Edir Macedo dava seu grande passo em direção ao sincretismo místico judaico logo na prece de abertura, quando apareceu com uma longa barba grisalha, o solidéu na cabeça e um comprido xale branco com faixas azuis.[7]

Macedo planejou um monumental centro religioso ecumênico a fim de receber fiéis de todas as crenças e credos. Para atraí-los, evitou associar o templo diretamente à Universal. Estrategicamente, não há na fachada e nas laterais do templo os tradicionais painéis com o logotipo da igreja acompanhado da expressão "Jesus Cristo é o Senhor", e a pomba no coração que simboliza o Espírito Santo.

O Templo de Salomão original, de acordo com o primeiro Livro dos Reis,[8] era um grandioso altar de devoção a Deus, um local onde sacerdotes se reuniam para orar e fazer oferendas à máxima autoridade divina. Na sala Santo dos Santos, a última do espaço denominado tabernáculo, era guardada a relíquia mais valiosa e sagrada do recinto: a Arca da Aliança, na qual, segundo o *Tanakh*, o Velho Testamento hebraico,[9] estavam as tábuas com as inscrições dos Dez Mandamentos que foram escritos por Deus e ditados a Moisés. Segundo a tradição, ele abriu o mar Vermelho para que seu povo pudesse deixar o Egito, terra onde eram escravizados pelos faraós, e chegassem à Terra Prometida, que hoje abriga o Estado de Israel.[10]

Conforme o livro sagrado, o verdadeiro arquiteto do templo era Deus, que passou a Davi as instruções e a planta da obra. Porém, embora o monarca expressasse o desejo de construir o templo, o profeta Natã disse que Deus não permitiria, em virtude de Davi, um guerreiro, ter derramado muito sangue sobre a terra. Em um pacto com Deus, Davi recebeu a promessa de que o reinado de sua família duraria para sempre. Coube a seu filho Salomão concluir o maior símbolo material da fé judaica.[11] Existem teses, no entanto, como a do judeu-austríaco Shlomo Sand, professor de história contemporânea da Universidade de Tel Aviv e autor do livro *A invenção do povo judeu*,[12] que questionam a existência do rei lendário e as grandiosas construções do período. Davi e Salomão seriam uma fantasia religiosa.[13]

Os arquitetos contratados pela Universal buscaram reproduzir com fidelidade as características do templo original. A construção milenar fora erguida com pedras e madeiras nobres, o teto era todo revestido de ouro. No edifício do bairro do Brás, também predominam os tons dourados. Portas, maçanetas, vitrais e outros itens apresentam matizes dourados. Para erguer esse colosso pentecostal foram necessários 28 mil metros cúbicos de concreto e 2 mil toneladas de aço. Segundo a Universal, esse material seria suficiente para construir dois Palácios do Planalto, a sede do Poder Executivo do país. Pedras cantaria (blocos de rocha bruta) importadas de Hebron, em Israel, revestiram 39 mil metros quadrados de área. A Receita Federal tentou taxar esse material, considerado sagrado pelos evangélicos. A 4ª Turma do Tribunal Regional Federal da 3ª Região julgou a cobrança improcedente. A decisão dos magistrados foi baseada no princípio constitucional que assegura a liberdade de crença religiosa e proíbe qualquer ente federativo de cobrar impostos sobre templos. A União questionou se o grande volume de pedra importada seria utilizado na construção de um único templo. Segundo o acórdão da decisão, a Universal comprovou, em contrato, que a quantidade seria destinada a uma edificação "grandiosa", de "proporções épicas", e as rochas trazidas de Israel teriam "papel de destaque em sua finalidade religiosa e na concepção arquitetônica".[14]

Além da fidelidade à construção original e o respeito aos símbolos da religião fundada por Abraão, a sustentabilidade foi outra preocupação dos construtores do novo templo. É o primeiro empreendimento religioso de grande porte do país a receber a certificação LEED (*Leadership in Energy and Environmental Design*). Também conhecido como selo verde, o documento atesta que o projeto atendeu aos requisitos para o uso racional dos recursos hídricos e elétricos. Cisternas instaladas na área externa captam a água da chuva, que é reutilizada na limpeza e lavagem do prédio. As árvores e plantas do chamado jardim bíblico, conjunto de instalações que reproduz os cenários descritos no livro sagrado, são irrigadas por um sistema de canos e mangueiras com perfurações que levam a água até a vegetação. Há também painéis solares para captação e armazenamento de energia.

O projeto contempla detalhes que reforçam seu simbolismo religioso e a ligação com a fé judaica. Dezenas de tamareiras foram trazidas diretamente de Israel e espalhadas por todo o grande pátio externo do templo. As plantas fazem menção ao Salmo 92,12-13 da Bíblia, onde se lê que "o justo florescerá como a palmeira". As luminárias, em formato de trigo, representam os servos de Deus. E, por meio do Espírito Santo, iluminam o mundo com sua luz divina. Do Uruguai, vieram doze centenárias oliveiras que retratam o monte homônimo e o jardim do Getsêmani, onde Jesus Cristo teria orado para o Pai, antes de sua prisão pelos soldados romanos.[15]

Os interessados podem ver tudo isso de perto no passeio pelo jardim bíblico. Trata-se de um tour guiado por paisagens e cenários bíblicos recriados nas dependências do monumento. Como se estivesse numa espécie de Hollywood da fé, o visitante faz uma viagem guiada por um pastor caracterizado como um sacerdote dos tempos de Moisés e Abraão. Antes de começar, o visitante é encaminhado a um centro de atendimento onde é identificado, recebe uma pulseira e paga a taxa de visitação. Ali há avisos informando quais trajes não são adequados ao templo. Homens devem evitar camiseta regata, shorts ou bermudas; camisas de times de futebol ou de partidos políticos, e chinelos. Para as moças, não caem bem blusas decotadas, minissaias ou shorts; roupas curtas que deixem as "partes" a mostra e blusas ou vestidos sem alça. Tudo para manter a ordem e o decoro no solo sagrado de Macedo.

Se o visitante passar no teste do figurino, segue para o passeio pelo Tabernáculo de Moisés, o Memorial dos Templos de Jerusalém e o Jardim das Oliveiras Centenárias. O primeiro espaço é uma sala onde o visitante recebe as instruções, orientações e uma pequena prévia do que encontrará pela frente. Fotos e filmagens só são permitidas em determinados lugares e com a autorização expressa do pastor-sacerdote. Nessa área, são exibidos adereços e manequins com trajes da novela bíblica *Os Dez Mandamentos*, sucesso exibido em 2015 pela Record.

A primeira parada do passeio é a réplica do tabernáculo de Moisés, estrutura em forma retangular que, segundo relatos bíblicos, inspirou a construção do Templo de Salomão. Ali estão elementos sagrados do povo hebreu, que acampava em torno da edificação na sua jornada entre o Egito e a Terra Prometida. Ao abrir o portão, o visitante entra num pátio onde está o altar do sacrifício ou do holocausto. Em tamanho natural, há um cordeiro em fibra de vidro, animal que representava o Messias e era sacrificado como oferenda a Deus, e a pia de bronze onde os sacerdotes se purificavam com água antes das cerimônias e celebrações. Mais adiante se acessa o átrio, uma tenda decorada com panos e colunas douradas que abriga réplicas do candelabro de sete pontas (a menorá), da mesa dos pães e do altar do incenso. Por último, está o ponto alto do tour, a sala batizada de Santo dos Santos, onde é guardada a réplica da Arca da Aliança, o baú de acácia revestido em ouro maciço no qual Moisés teria armazenado as tábuas em que foram redigidos os Dez Mandamentos.[16] A peça também abriga um pouco do maná, o alimento sagrado do povo de Israel, e a vara de Arão, que floresceu indicando quem Deus teria escolhido como o primeiro dos seus sacerdotes. A lenda diz que nem os anjos querubins que afastavam os maus espíritos da arca impediram que ela desaparecesse após a primeira destruição do Templo de Salomão.

Na sequência do tour, os visitantes seguem para um espaço denominado Memorial dos Templos de Jerusalém, onde há uma réplica do domo da rocha, que, com sua cúpula dourada, se tornou um dos símbolos mais significativos da cidade sagrada. Segundo o Alcorão, o livro sagrado do islamismo, foi ali, no monte Moriá, que o profeta Maomé, na companhia do anjo Gabriel, iniciou sua subida aos céus depois de uma jornada épica de Meca a Jerusalém. Os judeus, por sua vez, disputam a posse espiritual do local, pois acreditam ter sido o local escolhido por Abraão para o sacrifício de seu filho, Isaque.[17]

Alheios a essa milenar e sangrenta disputa, os visitantes do jardim bíblico entram numa sala onde é exibida uma animação em HD em uma tela curva de LED. O filme retrata a saga do povo hebreu desde os tempos de Abraão, passando pela escravidão no Egito até a construção do templo em Jerusalém. Ao final do passeio, o visitante é convidado a escrever um pedido numa cédula, armazenada em uma urna de madeira. Nesse momento, o pastor-sacerdote-ator reforça que, para o desejo ser atendido, é necessário fazer uma doação ao Senhor. O dízimo é voluntário. O tour, não. Custa 35 reais. Antes de seguir para a monumental esplanada de entrada do templo, ainda é possível visitar o jardim das oliveiras. Os visitantes costumam fazer o programa casado. Depois do passeio participam dos cultos. Nos primeiros trinta meses de funcionamento, o templo recebeu mais de 10 milhões de visitantes, segundo a Universal.[18]

Os temas dos encontros no Templo de Salomão variam e são formatados para atender às necessidades físicas, financeiras, sentimentais e espirituais de seus frequentadores. A agenda da semana é variada. As manhãs de domingo são reservadas a uma experiência real com Deus — o Altíssimo, como é chamado pelos fiéis da Universal. No final da tarde, os pastores reúnem o rebanho para o estudo do Apocalipse, um dos mais belos e assustadores livros da Bíblia, aquele que descreve o terror do fim do mundo.

Segunda-feira é o dia do culto à prosperidade. A reunião é chamada agora de Nação dos 318, uma referência ao exército que Abraão montou para resgatar seu sobrinho Ló, sequestrado e mantido como escravo por reis inimigos. Os propósitos da "palestra motivacional para o sucesso financeiro", comandada pelo bispo Marcelo Moraes, não deixam dúvidas: trata-se de uma consultoria espiritual para aqueles que buscam emprego, prosperidade e inspiração divina. Nessas reuniões, fiéis fazem filas no púlpito para dar testemunhos de sucesso nos negócios, conquista de novos empregos, vitória em processos judiciais ou causas trabalhistas que se arrastavam havia anos e recebimento de heranças inesperadas. Todos eles, claro, não se cansam de exaltar que tudo só foi possível graças às doações. Em certo momento, obreiros de terno e gravata circulam pelo imenso salão com máquinas que recolhem doações via cartões de crédito e débito. As contribuições também podem ser feitas em dinheiro ou cheque. O ponto alto da cerimônia é quando os pastores distribuem a imitação de uma chave de ouro que abriria as portas da fortuna para os seus portadores.

Terça-feira é o dia da cura e de orar pelo restabelecimento da saúde física e emocional. Quarta-feira é o momento de se unir e rezar pelo fortalecimento espiritual. Quinta-feira é o Love Day, ou a Terapia do Amor, uma palestra para solteiros, noivos e casados que desejam reconstruir seus relacionamentos ou encontrar alguém para chamar de seu. Na sexta-feira, enquanto os bares vizinhos ao templo ficam lotados no happy hour, os pastores se empenham em aliviar as tensões do cotidiano e remover o estresse, a depressão e a carga negativa, promovendo, por meio de orações às almas atormentadas e aflitas, uma espécie de Prozac espiritual. É o dia das sessões de libertação, também chamadas de descarrego. Pastores vestidos com trajes brancos atendem fiéis em transe, supostamente dominados por espíritos malignos.

No Templo de Salomão, esses atendimentos costumam ser mais discretos do que em outras igrejas da denominação, e são feitos fora do púlpito. Mas, mesmo longe do grande palco, as cenas impressionam pela dramaticidade e intensidade. Como de hábito, fiéis "incorporados pelo demônio" se contorcem, gemem, gritam, têm a voz distorcida e muitas vezes reagem como se estivessem tendo uma convulsão. Os pastores não medem esforços, palavras e suor para expulsar o "lúcifer" apossado daqueles corpos. Puxões de cabelo, empurrões e chacoalhões são algumas das técnicas utilizadas durante a terapia da libertação. Essas cenas se repetem em outras reuniões durante a semana. Nos sábados, há o Jejum das Causas Impossíveis. É pregada a ideia de que o inviável, o inexequível para o homem, é possível para Deus.

Para entrar no templo, os frequentadores passam por uma rotina similar à de um processo de check-in num grande aeroporto. As mulheres têm as bolsas revistadas e todos são submetidos a detectores de metais. Telefones celulares com câmeras são proibidos, devem ser deixados num guarda-volumes. Ao entrar na grande sala do templo, o visitante tem a sensação de estar em um gigantesco concerto. As luzes são apagadas e música gospel sai de dezenas de alto-falantes em volume máximo. No imenso altar, um telão exibe vídeos com passagens bíblicas e imagens de outros encontros religiosos. Essa epifania áudio-sonora é interrompida com o acendimento repentino dos milhares de lâmpadas que iluminam o megaespaço. Há relatos de pessoas que chegam a desmaiar devido ao impacto causado pelo atordoante combo de voz, música, imagem e luz.

O fundador da Igreja Universal do Reino de Deus comanda algumas das principais reuniões durante a semana. Edir e Ester passaram a ocupar a residência oficial, instalada na cobertura do edifício. É uma ala privativa com mil metros quadrados de área construída. Além dos cômodos amplos, dispõe de piscina coberta e aquecida e jardim de inverno. As portas não têm fechaduras — o acesso aos quartos é feito por cartões magnéticos similares aos dos grandes hotéis. No total, são cinquenta habitações destinadas a bispos e pastores em trânsito e convidados de honra da igreja.[19]

Entre outros itens de conforto à disposição dos hóspedes convidados — segundo o site Diário do Centro ao Mundo, que afirmou ter tido acesso aos responsáveis pelo projeto —,[20] há salão de jogos, sala de TV em mármore, saunas, três banheiras de hidromassagem modelo Jacuzzi, academia e uma quadra poliesportiva com grama sintética. Elevadores privativos levam Macedo e convidados até seus quartos. Seguindo o padrão do templo, o bispo não economizou no mármore e em objetos e peças douradas.[21] A Universal negou a existência dos aposentos do bispo, mas não se pronunciou sobre as dimensões dos cômodos, nem sobre as Jacuzzis, saunas e academia. "O bispo Macedo, sempre maldosamente acusado de morar em mansões, na verdade não tem residência fixa e ocupa um apartamento modesto durante suas visitas missionárias por todo o Brasil e o mundo", afirmou, em nota, a igreja.[22] Jornalistas não têm acesso livre a toda a área do Templo.

Para fugir do trânsito infernal no bairro do Brás, sobretudo nos horários de entrada e saída das reuniões, Macedo usa o heliponto construído em um templo vizinho, lugar em que funcionava a antiga sede da igreja, com uma vista privilegiada da caótica e movimentada região. No entorno, surgiram empreendimentos comerciais com nomes bíblicos e religiosos como Moriah, Nova Aliança, Nova Fé e Galeria do Templo. Um verdadeiro shopping da fé ao ar livre em que se vendem desde púlpitos para igrejas, trajes sacerdotais, réplicas de itens sagrados como a menorá e a Arca da Aliança, até pacotes de viagens, as chamadas caravanas bíblicas para a Terra Santa.

Um dos prédios chama a atenção. Sua fachada reformada destoa do mar de edifícios decadentes e em péssimo estado de conservação, comuns naquele pedaço da cidade. É o edifício Vidago. Trata-se do único do quarteirão que a Universal não conseguiu botar abaixo para erguer seu centro religioso. É a versão paulistana — e em cimento e concreto armado — do edifício Aquarius, do filme homônimo dirigido pelo cineasta pernambucano Kleber Mendonça Filho. Na ficção lançada em 2016, a personagem Clara, vivida pela atriz Sonia Braga, se torna a única moradora de um velho prédio que uma construtora deseja derrubar na praia de Boa Viagem, em Recife. Ela resiste ao assédio e ameaças da empresa, com planos de construir ali um condomínio de luxo. Como na tela, a Universal fez o possível e o impossível para convencer os antigos moradores do edifício a vender seus apartamentos e se mudar. Muitos aceitaram as ofertas da igreja e negociaram seus imóveis, por vezes em valores acima do mercado.

Dos quarenta moradores que viviam ali antes das obras do templo, dez acabaram resistindo após sua inauguração. Os "sobreviventes" passaram por todas as agruras e percalços possíveis durante a construção, como ver gruas e guindastes passando rente à fachada do prédio, e se acostumaram com os pequenos abalos sísmicos causados pelo incessante bate-estaca das máquinas que fizeram as fundações da obra. Como não foi possível botar tudo abaixo, a Universal decidiu reformar o prédio e, assim, deixá-lo com o mesmo layout da fachada do templo. A maioria dos imóveis adquiridos é ocupada por pastores e funcionários do segundo escalão da igreja.[23]

No térreo do edifício Vidago, funciona uma rede de fast-food e a Souvenirs do Templo, a loja oficial de lembrancinhas e artigos oficiais do megamonumento. Seguranças circulam por ali 24 horas por dia, sete dias por semana. No mercado da fé, há à venda dezenas de itens, desde bíblias, livros de autoajuda evangélica com sugestivos títulos como *40 segredos que toda solteira deveria saber* ou *Mais linda em 40 dias*, até camisetas, copos, garrafas, chaveiros, bótons e réplicas em miniatura do templo, com preços entre 6,90 reais e 99 reais.

Antes mesmo de sua inauguração, em 2014, o Templo de Salomão esteve envolvido em uma série de polêmicas, denúncias e controvérsias. Os problemas começaram já na obtenção do alvará da construção. No terreno onde o templo foi erguido, no quadrilátero formado pela avenida Celso Garcia e as ruas João Boemer, Behring e Júlio Cézar da Silva, funcionou por décadas o Lanifício Ítalo-Paulista, de propriedade do imigrante italiano Antonio de Camillis. Nessa região, havia muitas indústrias similares.[24] Com o passar das décadas, essas fábricas fecharam ou migraram para outras regiões do estado. Foi o caso do Lanifício Ítalo-Paulista, que ocupava uma área de 18 mil metros quadrados naquela área. Não há registros sobre a data de sua demolição, mas fotos aéreas feitas pela Prefeitura de São Paulo, em 2002 e 2003, mostram que o prédio onde funcionava a indústria, a maior construção do quarteirão que hoje abriga o Templo de Salomão, tinha ido abaixo e o terreno era utilizado como estacionamento.

Ainda assim, em 2004 o poder público chegou a cogitar o tombamento do edifício. Quando o processo foi iniciado, constatou-se que o imóvel já havia virado pó. Cego a essa evidência, o extinto Departamento de Aprovação de Edificações (APROV), órgão da prefeitura que até 2013 era responsável pelas fiscalizações e pelo licenciamento de obras na capital, concedeu, em outubro de 2008, alvará de reforma de um prédio que não existia para permitir a construção do Templo de Salomão.[25] Por trás da concessão do documento surreal está a controversa figura de Hussein Aref Saab. O ex-funcionário de carreira da prefeitura paulistana foi nomeado, em janeiro de 2005, para o cargo de diretor do APROV, na gestão do prefeito tucano José Serra. Em abril de 2012, no governo de Gilberto Kassab (DEM), Aref deixou o cargo após a Corregedoria Geral do Município iniciar investigação para apurar suspeitas de corrupção e enriquecimento ilícito.[26] O Ministério Público paulista investigou também outra denúncia de que material supostamente contaminado por substâncias cancerígenas teria sido retirado do terreno onde funcionou o Lanifício Ítalo-Paulista e descartado ilegalmente com outros resíduos numa área do campus da USP Leste, localizado a doze quilômetros em linha reta dali, próximo à divisa dos municípios de São Paulo e Guarulhos. A acusação não foi comprovada.[27]

Na tentativa de compensar os problemas causados pelo megaempreendimento, a cúpula da IURD assinou um acordo com a Prefeitura de São Paulo que previa a doação de uma área de 17 mil metros quadrados no Belenzinho, bairro vizinho ao Brás, onde deverão ser construídas setecentas moradias populares. O terreno, avaliado em 38 milhões de reais, seria a contrapartida exigida pelo Executivo municipal para a concessão do "habite-se", documento que concede a licença permanente de funcionamento de um imóvel — o templo foi inaugurado e funcionou por anos com um alvará provisório para eventos. Sem o habite-se definitivo poderia ocorrer até mesmo o fechamento e a demolição do espaço.

A lei mandava demolir, entre outros motivos, porque a obra invadia parte de uma área considerada "zona especial de interesse social", destinada à moradia popular, segundo o então prefeito de São Paulo Fernando Haddad (PT). Esse argumento foi usado pelo petista — à frente da administração entre janeiro de 2013 e dezembro de 2016 — para propor um acordo de leniência, aprovado por lei. A solução apontada era a indenização ao município, por meio da doação do outro terreno na região para a construção de casas populares. As negociações gerariam estresse em qualquer circunstância, mas foram ainda mais complicadas, na avaliação de Haddad, devido ao fato de, entre seus concorrentes na disputa pela reeleição em 2016, se encontrar o apresentador da TV Record Celso Russomanno (PRB), apoiado pela igreja.[28] O compromisso, enfim, foi firmado no final do ano, nos estertores da gestão de Haddad. Até outubro de 2019, a transferência do terreno ainda não havia sido concretizada. A demora seria causada pela complexidade e burocracia do processo.

O Templo de Salomão se tornou uma atração turístico-religiosa para milhares de fiéis e curiosos, é a engrenagem mais visível e acessível do império da fé criado por Edir Macedo. Estudiosos veem na obra, simbolicamente ligada ao judaísmo, uma forma de a Universal se reinventar. Especialista em história e arqueologia bíblica, Rodrigo Franklin de Sousa avaliou a decisão de Macedo de dispensar os símbolos que marcaram a trajetória da Universal — a pomba e a inscrição "Jesus Cristo é o Senhor", sobretudo — como uma tentativa de alcançar novos fiéis. Estaria em busca de pessoas com "certa vergonha de ir à Universal para não serem estigmatizadas".[29] A Universal confirmou, porém, ter construído um templo "para toda a humanidade, de todas as raças e credos, para qualquer pessoa que quiser conhecer o Deus da Bíblia".[30]

A igreja sempre ergueu seus principais templos em locais de fácil acesso e intensa movimentação — geralmente em áreas populares, de grandes avenidas e praças centrais, como a Celso Garcia e o parque Dom Pedro II, em São Paulo. Bairros de classe média alta, como o Leblon, no Rio, e a Vila Mariana, em São Paulo, entraram no radar. Para buscar um novo perfil de fiel, a igreja lançou a campanha "Eu Sou a Universal", com o aval de profissionais independentes, bem-sucedidos e prestigiados, como o sushi chef Fabrízio Matsumoto, o surfista Fabiano Godinho, o modelo Wesley Venturim e a confeiteira Bruna Prado.[31]

A Universal angariou fiéis onde ninguém imaginaria. Dois filhos do cantor e compositor baiano Caetano Veloso, os músicos Tom e Zeca, se tornaram adeptos da igreja. Tom se desligou, mas Zeca continuou a frequentar os cultos, num templo no bairro do Recreio, no Rio. Em janeiro de 2018, falou, em uma entrevista, como fiel da Igreja. "Eu resisti. Mas, um dia, decidi seguir minha intuição e topei. Foi a melhor escolha que fiz. Desde criança tenho fé. Os hinos da igreja são muito importantes para a minha formação musical", explicou Zeca, admitindo sentir certo preconceito religioso. "Isso chega em mim, mas a fé me faz tão bem, em harmonia com minha família, que qualquer intolerância não tem importância."[32]

Um dos criadores do tropicalismo e associado à liberalização dos costumes, Caetano não vê nada demais em que seus filhos do segundo casamento sigam o neopentecostalismo — ainda pequenos, eles foram influenciados por uma babá. Sua geração teve de romper com a religiosidade imposta, já a dos filhos teria precisado recuperar a religiosidade perdida. Caetano agradeceu ao benefício que a igreja, segundo ele, fez aos dois. E disse ter sido muito bem recebido quando foi assistir aos filhos tocando nos cultos.[33]

"Zeca encontrou um conforto na religião. Qualquer coisa que faça bem aos meus filhos faz bem para mim", avaliou a mãe, a atriz Paula Lavigne.[34] Caetano apresenta seus filhos nos shows como "cristãos". O artista diz existir "um preconceito pseudochique" contra os evangélicos, com o qual nunca se identificou.[35]

# 16. O império universal

Edir Macedo deu o primeiro passo para construir seu império empresarial com a instalação da modesta cantina no primeiro templo no bairro da Abolição, em 1977, gerenciada pelo cunhado Múcio Crivella.[1] Dali em diante, ele não parou de investir.

A necessidade de "ganhar almas" e propagar a fé pelos quatro cantos do Brasil foi uma justificativa real e convincente para que o bispo passasse a adquirir veículos de comunicação pelo país: TVs, rádios e jornais. Expandiu o seu reino, sem limites.

Em mais de quarenta anos de atuação, o exército religioso de Macedo ergueu um conglomerado de proporções grandiosas. Contempla uma gama de empresas, nos mais diferentes ramos. Segundo uma lista divulgada pelo ex-bispo da Universal Alfredo Paulo, o grupo reúne 97 empresas, incluindo as emissoras de rádio e TV. Nomes de pessoas ligadas à igreja foram detectados ainda em outras firmas registradas em juntas comerciais ou citadas em processos judiciais e reportagens publicadas na imprensa.[2] Macedo tem em seu nome a TV Record, e é sócio da empresa B.A. Empreendimentos e Participações Ltda, controlada pela emissora. A empresa B.A., por sua vez, é dona de 49% das ações do Banco Renner.

Nas outras companhias do grupo, aparecem como sócios 113 pessoas, entre bispos, pastores, obreiros e familiares do líder da Universal. Essas empresas chegaram a gerar 22 mil empregos diretos e 60 mil indiretos. E aí não estão incluídos os líderes religiosos (bispos e pastores) que recebem uma "ajuda de custo" pela obra voluntária.[3]

Os fiéis não têm informação precisa sobre o destino de suas ofertas. Sabem da existência dos empreendimentos, mas em geral não imaginam a extensão dos vultosos negócios e o poderio financeiro de sua igreja. Os líderes da Universal argumentam ser necessária a aquisição de bens e propriedades para a manutenção de seu projeto religioso.

O bispo adotou como estratégia a diversificação dos negócios. Além das emissoras, ele conta com jornais, banco, seguradora, financeira e administradora de cartões de crédito. Outros nichos passaram a ser explorados: hospital, clínica médica, operadora de plano de saúde, empresas de logística em transporte, segurança patrimonial, mão de obra especializada e empresas de água e refrigerantes. O grupo chegou a ter uma empresa de táxi-aéreo, a Alliance Jet. Vendida em 2015, faturava 500 mil reais ao mês.

Edir Macedo exibiu como um trunfo a posse da Record — a TV com o segundo maior faturamento no Brasil, com 29 emissoras próprias e 79 afiliadas. Após a aquisição da emissora, montou sua sonhada rede nacional, encorpada com a inclusão da Record News (ex-Rede Mulher) e da Rede Família de Comunicação (canal por satélite e web). O grupo mantém ainda a Rede Aleluia — com 68 rádios espalhadas pelo país —,[4] o portal R7; a Unipro Editora e o jornal *Correio do Povo* (Porto Alegre). Vinculadas diretamente à igreja, estão a *Folha Universal* e a IURD TV (web).

Se a Record está a anos-luz da Globo, seu faturamento não é nada desprezível. Muito ao contrário. Em 2017, a emissora faturou 1,8 bilhão de reais.[5] Um ano antes, ela havia registrado o maior lucro líquido de sua história: 227,3 milhões, quase quatro vezes o resultado do ano anterior.[6] Enquanto cultivava o sonho de ultrapassar a Globo — pretensão que parece ter deixado de lado, ao menos por um tempo —, a TV de Edir Macedo chegou ao segundo lugar na audiência. Depois perdeu terreno para o SBT de Silvio Santos. Em 2018, do total de aparelhos ligados durante todo o dia, o SBT alcançou 15%, e a Record, 13,9%. As duas se digladiaram, enquanto a Band teve escassos 3,2%, e a Globo flanou, liderando folgadamente, com 35,9%.[7]

A força da Record não pode ser subestimada. Seu sinal chega a mais de 120 países. Edir Macedo, em 2007, estimou o valor de sua emissora em 2 bilhões de dólares.[8] Ronaldo Didini, atualmente prestador de serviços na área de comunicação — graças principalmente à experiência acumulada no período em que esteve na Universal e na Record —, arrisca seu valor atual em 3 bilhões de dólares.

A revista norte-americana *Forbes*, porém, sugeriu números mais modestos, ao calcular o patrimônio do bispo em 1,1 bilhão de dólares. Na lista dos mais ricos do mundo em 2015, Edir Macedo e família apareceram na 1638ª posição — o último entre os 48 bilionários brasileiros citados. Com praticamente a mesma fortuna, em 2013 ele foi apontado pela *Forbes* como o pastor evangélico mais rico do Brasil. O bispo, de lá para cá, perdeu posições no ranking. Não pela diminuição de seu patrimônio, mas devido ao aumento da fortuna de outros concorrentes.[9]

A Universal contestou os números apresentados pela *Forbes*. Qualificou como "mentirosa" a informação sobre a riqueza de Macedo, pois estaria baseada "em velhas mentiras publicadas na imprensa". Segundo a igreja, o único bem de Macedo era a Record, da qual não recebe salários, não tem retirada de lucros e nunca recebeu um centavo da empresa. "Não vive dessas atividades, mas é dependente do seu próprio trabalho como pastor evangélico", afirmou, em nota, a instituição. De acordo com a Universal, Macedo doou à igreja seus imóveis, todos "adquiridos com seus próprios recursos de direitos autorais" (referentes à venda de livros).[10]

Para a *Forbes*, a maior parte da fortuna de Macedo teve origem na Record. A revista observou que não havia ficado claro como o bispo conseguira o financiamento para a compra da emissora e, segundo relatórios do Ministério Público do Brasil, ele teria usado os recursos da igreja. É fato que a Record, valioso patrimônio de Macedo, contou com um substancial e nada desprezível suporte, a partir de 1989: a injeção de recursos da Universal, via compra de horário nas madrugadas para a exibição de programas religiosos. A emissora, na visão de concorrentes, não compete em condições de igualdade, pois recebe recursos de uma instituição imune a impostos. Em 2016, a igreja pagou 575 milhões de reais para ocupar o espaço da programação nas madrugadas. No ano anterior, 535 milhões. Em 2013, outros 500 milhões.[11] Esses valores giraram em torno de 30% do faturamento da rede.

A única ligação entre a igreja e a Record, argumenta Edir Macedo, é sua participação majoritária na sociedade da empresa. O que evidentemente não é pouca coisa. Mas isso não autorizaria a transmissão gratuita dos programas da

Universal, explica o bispo, pois a igreja e a Record são pessoas jurídicas diferentes, com patrimônio distintos. "Não podendo ter a confusão patrimonial de bens nem de pessoas, pois, se tal mistura existisse, seria considerado um ilícito, [...] contrário à lei", justificou. "Como a Igreja Universal trabalha de forma totalmente lícita, é necessário atender o que a legislação determina de modo que temos de ter um contrato. Precisamos ter um contrato de locação com a Rede Record, pagarmos os preços de mercado pela transmissão da programação, contabilizarmos tudo isso", afirmou.[12] O debate se dá em torno dos valores pagos. Para alguns, seriam superestimados. A Record não detalha os termos de seu contrato com a igreja, alegando existir uma cláusula de confidencialidade.

Somas polpudas também vão para concorrentes: ao alugar horários na programação de outras emissoras, a Universal é um dos maiores anunciantes privados do país. Até 2018, dispunha de uma verba de 800 milhões de reais para investir em mídia televisiva — cerca de 500 milhões de reais para a Record, o restante dividido entre Bandeirantes, Canal 21 (também grupo Band), RedeTV!, CNT e TV Gazeta de São Paulo. Ao final do ano, reduziu 120 milhões de reais em investimentos. Não mexeu no montante destinado à Record, e renegociou os valores com as outras emissoras. Somente com o Canal 21 — que dá traço na audiência — a Universal gastava cerca de 10 milhões de reais mensais. O contrato foi firmado em 2013. Macedo havia apresentado uma proposta irrecusável para tirar do ar o concorrente Valdemiro Santiago, da Igreja Mundial do Poder de Deus, que lhe tomava fiéis.[13] Das cinco principais redes de TV do Brasil, ao menos duas — Band e RedeTV! — não teriam condições de sobreviver sem o dinheiro da Universal e outras igrejas evangélicas. "Se eu não vender horário para igreja, quebro", admitiu Marcelo de Carvalho, sócio e vice-presidente da RedeTV!.[14]

Provedora, a Universal alimenta sua cadeia de empresas. Entre elas, 41 têm participação societária umas nas outras, tramando uma teia de firmas interligadas. Só para ficar num exemplo, a Record é sócia da B.A. Empreendimentos e Participações, Rádio 99 FM, Rádio e Televisão Capital, Sistema Sul de Comunicação (SSC), TV Record do Rio de Janeiro Ltda e Televisão Sociedade Ltda.

Recorrendo umas às outras, as empresas se retroalimentam. A Record contrata firmas do grupo para cuidar dos serviços de segurança, transporte, fornecimento de água mineral e produção de programas. O banco oferece empréstimos aos funcionários; a operadora de plano de saúde, o convênio médico. Os lucros não saem do conglomerado.

A B.A. Empreendimentos, vinculada à Record, que atua como um braço financeiro da emissora, comprou as ações do Banco Renner, instituição sediada em Porto Alegre (RS). Macedo fez essa nova investida no mercado financeiro depois de perder o Banco de Crédito Metropolitano — por determinação do Banco Central, transformado em uma financeira e, depois, em uma factoring.

A aquisição das ações do Banco Renner, fechada em 2009, só foi confirmada quatro anos mais tarde, graças a um decreto da presidenta da República, Dilma Rousseff. Por terem residência no exterior à época, os sócios Edir Macedo e Ester Eunice Bezerra entraram no negócio como investidores estrangeiros. Dilma precisou, então, aprovar a participação.[15]

A família Renner continua como controladora do banco, e o bispo deseja aumentar seu quinhão. A família comandava a rede varejista com sua marca, vendida em 1998 à companhia americana JCPenney, e repassada anos depois a um grupo de investidores.[16] Desde o final de 2017, Macedo tenta se tornar o sócio majoritário do banco, mas encontra resistência em pareceres da área técnica do Banco Central.[17] Em 2009, Macedo havia adquirido apenas 40% das ações. Quatro anos depois, seu percentual chegou a 49%, após novo acerto entre as partes. O banco passou a oferecer empréstimos, leasings e financiamentos de veículos a cerca de 5 mil funcionários e fornecedores da TV Record.[18]

Turbinado pelo poderio do bispo, agora o banco Renner se aventura em nova seara. Em março de 2019, anunciou o patrocínio de dois dos maiores times de futebol do país, o Cruzeiro Esporte Clube, de Belo Horizonte, e o Clube Athletico Paranaense, de Curitiba, por meio do banco digital Digi+. O Cruzeiro receberá 11 milhões de reais fixos ao ano, além de bônus por cumprimento de metas. O Athletico contará com um valor fixo, mais incentivos, mas as cifras não foram reveladas. Dois meses depois, o Digi+ tornou-se também o patrocinador do Fortaleza, da capital cearense, e, em outubro, agregou o Sport, de Recife.[19] Mesmo antes de adquirir a participação no banco, Macedo havia feito investimentos importantes no Rio Grande do Sul. Em 2007, seu grupo adquiriu a TV Guaíba, as rádios Guaíba AM e FM e o jornal *Correio do Povo*. As emissoras compõem hoje a Record Sul. Foram pagos 100 milhões de reais pelo pacote.[20]

Já que se deu bem cuidando da salvação de almas, o bispo passou a se preocupar com a salvação dos corpos, oferecendo serviços médico-hospitalares. Fez disso nova fonte de renda — a Universal controla a operadora de plano de saúde Life Empresarial. Bispos e pastores também utilizam seu convênio médico.

O desejo de Macedo é transformar a Life numa gigante do setor. No mercado desde 2002, a empresa, dirigida pela médica e fiel da Universal Eunice Harue Higuchi, possuía 32,6 mil beneficiários.[21] A operadora pretende contar com uma rede nacional de hospitais,[22] sendo o primeiro deles inaugurado em São Paulo, em 2015, no terreno onde funcionava a antiga sede da Record, próximo do aeroporto de Congonhas. Seguindo a estratégia de aproximar a Universal de elementos e símbolos do judaísmo, Macedo deu o nome ao hospital de Moriah — a colina rochosa onde o rei Salomão construiu o templo para Deus e Abraão ofereceu o sacrifício de seu filho, Isaque.

Os investimentos na construção do Moriah totalizaram 105 milhões de reais. A meta é faturar 500 milhões ao ano.[23] Inicialmente com 52 leitos e cinco salas cirúrgicas, o hospital tem como foco as cirurgias nas áreas de cardiologia, ortopedia e neurologia, e mira pacientes do exterior em busca de tratamento no Brasil. Seus serviços são oferecidos a empresários, políticos, médicos e líderes influentes de países africanos como Angola, Moçambique e África do Sul — onde a igreja de Macedo está presente —, para que venham se tratar no Brasil.[24]

No organograma do grupo Universal, uma velha conhecida é a empresa Unimetro, que ressurgiu com nova roupagem. Em 2015, mudou seu nome para Gruppar Empreendimentos Ltda. Cinco anos antes, havia incorporado a Cremo. A nova empresa é sócia da Life, que tem participação no Hospital Moriah.

O projeto de autossustentação do grupo Universal contempla empresas de vigilância como a Centurião Segurança Patrimonial, com atuação em São Paulo, Rio, Paraná e Distrito Federal, e a Armada Real, da Bahia.[25] A Centurião tem como sócios, entre outros, o bispo Adilson Higino da Silva e o presidente da Rede Record, Luiz Cláudio da Silva Costa, que também aparece no quadro societário da Armada Real.

Responsável pela segurança dos templos e de firmas do grupo, a Centurião ainda atua na área de limpeza. Tem como um de seus focos a prestação de serviços ao setor público. Em São Paulo, manteve contratos com as secretarias estaduais de Administração Penitenciária e de Planejamento e Gestão, a Procuradoria Geral do Estado, a Fundação Pró-Sangue Hemocentro e o Instituto de Terras de São Paulo (Itesp). Entre 2015 e 2017, a empresa recebeu do governo de São Paulo, pelos cinco contratos, 3,4 milhões de reais.[26] Por um período de três anos, são valores considerados módicos no serviço público.

No grupo Universal, chama a atenção a presença de familiares de Edir Macedo no comando de empresas. Seu sobrinho Bruno da Costa Bezerra é sócio da Pryslla Logística em Transportes, da New Vision Produções, BP Produtora e Comunicação e Platinum Consultoria Empresarial. Comanda ainda a BZP Entretenimentos, com foco em gestão e instalação de equipamentos esportivos. Jovem e praticante de esportes, Bezerra é piloto de kart nas horas vagas. Na emissora da Barra da Funda, colegas avaliam que o rapaz tem muito mais aptidão para o automobilismo do que para a TV.[27] Bruno se casou com a jornalista Juliana Rios, uma das apresentadoras do programa *Esporte Fantástico*, da TV Record.[28]

A Pryslla e a New Vision, comandadas por Bruno, são exemplares na forma de atuação das empresas do grupo. Ambas passaram a executar funções terceirizadas pela Record. A Pryslla é responsável pela locação de veículos para a emissora. Conta com uma vastíssima e generosa oferta de serviços. Suas vans, seus automóveis executivos e carros de passeio são usados por artistas, jornalistas e convidados de programas. A empresa oferece carros blindados, se necessário. Especializou-se no atendimento a emissoras de TV e passou a atender também outras redes, como Bandeirantes e SBT, além de produtoras.[29]

A New Vision foi contratada para a produção de programas da Record. Cuidou, entre outros, da atração comandada por Xuxa. Fornece mão de obra, aluga equipamentos e cuida de parte dos cenários. O trabalho da produtora na emissora era criticado por entidades sindicais, por configurar terceirização da atividade principal da empresa, considerada ilegal. É quando a companhia, em vez de executar os serviços diretamente com seus empregados, contrata outra para realizá-los.[30] A empresa se anuncia como uma produtora de alto padrão, mas em seu portfólio no site apresentava apenas quatro vídeos, todos de cerimônias de casamento.[31]

No clã dos Macedo, não só o piloto de kart se destaca. Um primo de Edir Macedo, Mauro Macedo, também é o responsável pela empresa MC Editora Gospel. Em 2013, em virtude de uma briga com o ex-sócio e bispo Marcelo Pires — que o acusara de falsidade ideológica na Justiça —, Edir havia decidido fechar a gravadora Line Records e transferir os artistas de seu cast para a editora do primo.[32]

Celso, o pai de Bruno Bezerra e irmão mais próximo do bispo, aparece como proprietário das empresas CBP Transportes Rodoviários, Águas e Refrigerantes Menorah e Souvenirs do Templo. Nesta última, a loja de objetos religiosos estrategicamente instalada ao lado do Templo de Salomão, o irmão tem como parceira a filha Ana Paula da Costa Bezerra. Na companhia Águas e Refrigerantes Menorah — menção a um dos principais ícones judaicos, o candelabro de sete pontas —, a sócia é sua mulher, Eliana da Costa Bezerra. A empresa é dona da marca fantasia Água da Vida. Atua no comércio atacado de bebidas em geral e possui uma fonte de água no município de Simão Pereira (MG), onde está sediada, próximo à divisa com o Rio de Janeiro. A água é captada e tratada na cidade mineira e, daí, distribuída. A Água da Vida era ofertada a privilegiados visitantes da TV Record.[33]

A fonte da Menorah está localizada numa área histórica, a estrada União e Indústria, a primeira pavimentada no Brasil A inauguração da via coube ao imperador d. Pedro II, em 23 de junho de 1861. Liga Petrópolis a Juiz de Fora. Entre os municípios servidos pela estrada está Simão Pereira, para onde os Macedo se mudaram após a primeira passagem pelo Rio de Janeiro. Eugênia Macedo Bezerra, a dona Geninha, mãe do bispo, e alguns de seus irmãos trabalharam numa propriedade ali.[34]

Símbolo da vida e purificação, a água — relacionada ao batismo na religião cristã e às inúmeras passagens bíblicas sobre milagres no rio Jordão, onde Jesus teria sido batizado — gerou novas oportunidades ao clã. Mas também um problema. O terreno onde se localiza a mina de água mineral pertencia formalmente a outro irmão do bispo, Eraldo Macedo Bezerra, morto em 2006 vítima de um câncer, e encontra-se em disputa judicial. Ex-deputado estadual pelo Rio e então suplente de senador do atual prefeito Marcelo Crivella, Eraldo teve um filho de um relacionamento extraconjugal.[35]

Júnior Corrêa Bezerra, agora adulto, não foi reconhecido. Sua mãe recorreu à Justiça em busca do pagamento de pensão alimentícia. Júnior disse nunca ter recebido um centavo. Em 2004, pediu a penhora dos bens do pai, entre eles o terreno da mina da Menorah. Nove anos depois, a juíza Mônica Barbosa dos Santos, da comarca de Matias Barbosa, cidade vizinha a Simão Pereira, extinguiu a ação, e o rapaz entrou com recurso.[36]

Além dos negócios com irmãos, primos e sobrinhos, Edir Macedo delegou poderes a religiosos. Boa parte das empresas do grupo está sob a responsabilidade de uma nova safra de bispos, menos conhecidos. Empresas importantes ficaram sob o comando de novos líderes que conquistaram prestígio internamente, mas não sonham com postos mais altos na instituição. Entre esses religiosos estão o bispo Jadson Santos, sócio da operadora de planos de saúde Life, da Rede Moriah Saúde, da Unipro Editora e da Clínica Monte Sinai, além de uma emissora de TV e três rádios. O bispo Adilson Silva está à frente da Centurião e tem participações na Abundante Corretora de Seguros, na Clínica Monte Sinai, e em mais oito emissoras de rádio e TV. Wagner Negrão, também bispo, aparece como sócio da Abundante, Monte Sinai, Rede Família de Comunicação e seis outras emissoras de rádio e TV. Silva e Negrão tiveram ainda participação na empresa de táxi-aéreo Alliance Jet.

Macedo não para de investir. Em 2016, lançou a Univer, sua versão evangélica da Netflix — a "Netflix de Deus", como passou a ser chamada. É uma plataforma de vídeo por assinatura, por meio de streaming, para oferecer conteúdo aos fiéis da igreja e cristãos em geral. Desde desenhos e filmes bíblicos, séries cristãs, palestras motivacionais sobre sucesso no amor e nos negócios, reprises de atrações da Record e transmissões ao vivo de cultos e eventos especiais no Templo de Salomão. Só não estão disponíveis na Univer os filmes produzidos pela Record e pela Universal que foram licenciados pela Netflix real — a pioneira de streaming de vídeo, com quase 150 milhões de assinantes no mundo. Estão nessa situação as produções bíblicas originais da Record, entre elas a novela *Os Dez Mandamentos* e a cinebiografia de Edir Macedo *Nada a perder*, lançada em março de 2018.[37]

Produções como essas se tornariam importantes fontes de recursos, assim como os livros de Macedo. As vendas de suas obras e de ingressos em cinemas alcançaram marcas astronômicas. A trilogia biográfica *Nada a perder* incluiu Macedo na seleta lista de autores brasileiros mais vendidos —[38] entre o início de 2012 e abril de 2019, ele vendeu 4 milhões de livros, superando um dos expoentes do movimento Renovação Carismática Católica, o padre Marcelo Rossi, que escreveu *Metanoia*[39] e comanda as missas dominicais transmitidas pela TV Globo.[40] Faturou no período 89 milhões de reais.[41]

Funcionários de grandes lojas revelaram que quantidades gigantescas de livros eram compradas por líderes da própria igreja.[42] Eles os adquiriam em livrarias — em vez de diretamente na editora — justamente para engordar os dados de venda e manter os livros nas listas. Os exemplares teriam sido distribuídos a fiéis que engrossavam as filas de autógrafos, durante concorridos lançamentos no Brasil e no exterior. Imagens de livrarias abarrotadas nas capitais brasileiras e em várias partes do mundo foram incansavelmente exibidas nos noticiários da TV Record e no jornal *Folha Universal*.

Dependendo da região, a estratégia podia mudar. Alfredo Paulo contou ter recebido orientação do colega Romualdo Panceiro, em 2012, quando atuava pela igreja na Venezuela, a retirar dinheiro das ofertas e distribuir entre obreiros e jovens para que comprassem exemplares de *Nada a perder*.[43] Alçado da condição de simples evangelista no Grajaú, subúrbio do Rio, nos anos 1980, a responsável pela igreja em países como Portugal e Venezuela, o hoje ex-bispo não tinha sido preparado para tal missão, ao contrário de Panceiro, já um expert em vendas nos Estados Unidos, tendo alcançado a formidável marca de 120 mil cópias. "Ele me explicou: você tira o dinheiro das doações, entrega aos regionais [pastores representantes de áreas] e eles distribuem aos obreiros e jovens. Assim foi feito", revelou. "É muito fácil mandar fazer 1 milhão de livros e depois vender para a sua própria igreja."[44]

A compra de livros pela própria Universal foi comprovada na Justiça. A IURD adquiriu da Editora Larousse (atualmente Lafonte) 100 mil cópias da primeira biografia de Macedo, *O bispo*, ao custo de 1,4 milhão de reais. Depois, o líder da Universal moveu ação judicial para cobrar da editora 936 mil reais referentes a direitos autorais. A Lafonte alegou que a quantia devida havia sido deduzida do valor que a igreja pagara pelos 100 mil exemplares comprados. O bispo ganhou a causa na Justiça, em primeira instância.[45] Em sites voltados a evangélicos, ele foi comparado ao pastor americano Mark Driscoll, da igreja Mars Hill, de Seattle. Com visual de cantor de rock e autor de livros que se tornaram best-sellers, Driscoll foi acusado de pagar uma empresa para comprar milhares de exemplares de uma de suas obras, *Real Marrige*. Driscoll teve o livro na lista dos mais vendidos, mas perdeu o posto de pastor em sua igreja.[46]

Macedo, como outros bispos, ainda recebe direitos por músicas religiosas executadas nas rádios do grupo ou em cultos exibidos na TV. É oficialmente autor de canções como "Solidão", "Estou contigo", "Fôlego da vida" e "Abre meus olhos, senhor", as quatro em parceria com o cantor gospel e guitarrista Renato Suhett. Ex-músico da noite em Niterói (RJ), Suhett acompanhou em estúdio e em shows astros como Djavan, Tim Maia, José Augusto e Waldick Soriano. Fez os hinos religiosos "Homem de Deus" e "Amigo" em homenagem ao antigo líder — com quem romperia em 1995, ocasionando algumas idas e vindas à igreja. Um dos criadores da Line Records, a gravadora da igreja,[47] Suhett chegou a ser apontado pela revista *Billboard* como o maior nome da música cristã da América Latina.

Outros religiosos da Universal faturaram com a venda de discos. Marcelo Crivella, por exemplo, ganhou 4,5 milhões de reais com royalties por seus sucessos, entre 2003 e 2010, segundo a imprensa.[48] O pagamento de direitos autorais é visto pelo ex-seguidor Alfredo Paulo como uma forma de transferência de recursos da igreja. "Os bispos escrevem livro ou fazem música. E vendem para quem? Essas composições, claro, são as mais tocadas nas rádios da igreja. Com os direitos autorais, se dá origem a dinheiro", criticou o ex-bispo da Universal.[49]

As séries bíblicas e a cinebiografia de Edir Macedo se revelaram um novo filão, com recordes de público. A novela da Record *Os Dez Mandamentos* — dirigida por Alexandre Avancini e detentora de marcas de até 28 pontos no Ibope em 2016 — foi transformada em filme com a maior bilheteria nacional até então. A superprodução, que relata a história de Moisés e a libertação do povo hebreu, alcançou os 11,3 milhões de ingressos vendidos em 1100 salas de cinemas espalhadas pelo Brasil, arrecadando 114 milhões de reais em nove meses.[50]

O filme estreou com sessões esgotadas mas lugares vagos nas salas. Segundo dezenas de relatos, pastores e obreiros adquiriam os ingressos e distribuíam aos fiéis, o que a Universal sempre negou.[51] Três milhões foram vendidos antecipadamente. Em Recife, um único comprador, supostamente ligado à igreja, comprou 22 mil ingressos.

Dois anos depois, chegava às telas a cinebiografia *Nada a perder*, novamente com Alexandre Avancini na direção e o ator Petrônio Gontijo no papel de Edir Macedo. Com um orçamento de 40 milhões de reais, a produção teve patrocínio de grandes empresas como Riachuelo, Cielo, MRV Engenharia, Faculdade das Américas e o grupo Garnero. O empresário Flávio Rocha, dono da Riachuelo, é filiado ao Republicanos, o partido comandado pela Universal, e pretendia concorrer à Presidência da República em 2018, quando foi lançado o filme. Desistiu três meses antes da disputa.[52]

*Nada a perder* reuniu sessenta atores e 6 mil figurantes. Foram utilizados mil carros antigos, em mais de cem locações; a trilha sonora foi gravada por uma orquestra com sessenta músicos.⁵³ O roteiro ficou a cargo do americano Stephen Lindsey, o mesmo do açucarado *Sempre ao seu lado*, estrelado por Richard Gere, sobre a convivência entre um professor universitário e um cão japonês da raça akita. Lindsey não tinha a menor ideia de quem era Edir Macedo até sua agente receber um telefonema de emissários da Record convocando-o para tal missão.⁵⁴

O americano escreveu uma história edificante sobre o menino de Rio das Flores vítima de bullying na infância, incapaz de subir em uma árvore mas predestinado a galgar montanhas. Fervoroso religioso na juventude que rejeitava a imagem do Cristo morto, ele buscava incansavelmente a cura da irmã — atacada por uma asma incurável — e recusava a diversão e a vida livre proposta pela primeira namorada. O jovem contestava o conservador e preconceituoso líder de sua igreja, contrário à presença de mendigos nos cultos, concluindo que não estava no lugar certo para "salvar almas". Assumiria essa missão daí em diante, enfrentando a resistência do cunhado, R. R. Soares, mostrado em situações em que procura conter a ascensão de Macedo. À frente da ascendente Igreja Universal do Reino de Deus, o protagonista passa a ser vítima de ardilosas conspirações perpetradas por um bispo católico, um juiz e um poderoso e influente político com trânsito nos altos escalões de Brasília. O cerco aumenta após a compra da TV Record. Perseguido, vai parar na cadeia, que deixa depois de onze dias, graças ao clamor popular.

Exibido em 1108 salas, o primeiro *Nada a perder* arrecadou em apenas um mês 108 milhões de reais —⁵⁵ superou rapidamente *Os Dez Mandamentos* e deixou bem mais atrás os antigos campeões em arrecadação, como *Tropa de elite 2*. Com mais de 12 milhões de ingressos vendidos, reacendeu a polêmica sobre as sessões esgotadas e salas vazias ou apenas parcialmente ocupadas.⁵⁶ Uma exibidora, a Kinoplex, confirmou à imprensa ter vendido pacotes de ingressos para pastores e grupos da igreja.⁵⁷

Dessa vez a estratégia para turbinar o longa incluiu a distribuição de ingressos para alunos de escolas públicas. Estudantes da Escola Estadual Maria José, na Bela Vista, região central de São Paulo, receberam de uma suposta ONG um convite irrecusável: ida ao cinema, para assistir a um filme sobre "superação", com direito a pipoca e refrigerante. Ao chegarem, alunos e professores ficaram surpresos. Só ali descobriram se tratar da cinebiografia de Edir Macedo, reclamou o professor de artes Marcelo Prudente. Outras escolas foram atraídas com propostas semelhantes. No município de Mogi das Cruzes, na Grande São Paulo, ingressos foram distribuídos nas escolas da rede estadual. A Universal afirmou não ser responsável pela ação de voluntários que proporcionavam o acesso ao filme ao "maior número de pessoas possível".[58] O filme foi levado a pontos distantes do país, como aldeias indígenas e comunidades ribeirinhas da Amazônia, por meio de um projeto da Universal chamado Cinema Solidário.[59]

Ações de marketing de guerrilha foram acionadas para o filme estourar nas redes sociais. Perfis com características de automatização impulsionaram no Twitter a hashtag #EstreiaNadaAPerder, que ficou entre os assuntos mais comentados. Resenhas elogiosas inundaram o site americano IMDb, o maior banco de dados sobre cinema na internet. *Nada a perder* conseguiu um feito raríssimo: avaliado poucos dias depois da estreia por 15 mil internautas, abocanhou unicamente notas 10. Seria um dos filmes mais bem votados da história, ao lado de *O poderoso chefão* (1972) e *Um sonho de liberdade* (1994), os mais populares no ranking. O site recebeu denúncias de que as notas teriam sido dadas por robôs e haveria resenhas falsas entre os elogios.[60]

A Universal tachou a imprensa de "rancorosa e preconceituosa". Acusou repórteres de espalhar fake news para diminuir a importância da bilheteria. Para a igreja de Macedo, a "fábrica de notícias falsas" começou a operar antes da estreia, com a intenção de boicotar o filme. Fotografias de cadeiras vazias, por exemplo, não seriam provas da compra de ingressos pela igreja, diziam bispos e pastores.[61] A igreja alegou que espíritas impulsionaram filmes como *Chico Xavier*, dirigido por Daniel Filho, e *Nosso lar*, de Wagner de Assis, enquanto católicos elogiavam *Aparecida: O milagre*, de Tizuka Yamasaki, três longas lançados em 2010, voltados ao público religioso. O apoio a esses filmes não rendeu notícia, reclamavam os líderes da Universal. *Aparecida*, porém, não correspondeu às expectativas de público. *Chico Xavier* teve boa estreia — com 590 mil espectadores —, e *Nosso lar* chegou a ser a maior bilheteria nacional em 2010 — com 4,1 milhões de ingressos vendidos —, mas esses números estão muito abaixo dos conquistados pelas megaproduções da Universal. *Nosso lar*, por exemplo, foi exibido em quatrocentas salas — número três vezes menor que o dos concorrentes evangélicos.[62]

A segunda parte de *Nada a perder*, lançada em 15 de agosto de 2019, mostrou Edir Macedo envolvido em episódios polêmicos como o vídeo em que ensinava pastores a arrancar dinheiro dos fiéis e o chute na imagem de Nossa

Senhora Aparecida.[63] Irrompiam na tela, novamente, representantes da hierarquia católica, juízes e políticos mancomunados que perseguiriam o bispo.[64] Ao final do filme, o próprio Edir Macedo aparece para mandar um recado provocador: "Eu gosto que falem mal de mim. É o combustível de minha fé". Com o *Nada perder 2*, mais uma vez salas de cinemas do país tiveram ingressos esgotados e muitos lugares vazios.[65] Exibido em 835 salas no Brasil, em menos de um mês, se tornou o filme nacional com maior bilheteria no ano, com 6,1 milhões de ingressos e uma renda de 50,2 milhões de reais. Mas com números muito distantes de seu precursor.[66]

Sócio de banco e controlador de rádios, TVs e outras dezenas de empresas — além dos rendimentos com direitos autorais —, Edir Macedo ainda surpreende com formas prosaicas de arrecadação. Uma de suas últimas tacadas foi o lançamento de um pote de mel, "o melhor encontrado até hoje em todo o mundo", com um "sabor celestial", um maná, como anunciou em um vídeo, tornado público em maio de 2019, em sua pioneira incursão como garoto-propaganda de um produto de consumo popular.[67] O mel — produzido na fazenda Nova Canaã, um projeto social no interior da Bahia, idealizado por Marcelo Crivella —, pode ser adquirido em qualquer templo da Universal. Por vinte reais, o fiel leva um pote de 250 ml do "puro mel".[68] Se a Água da Vida é um símbolo da purificação, o mel está associado a fartura e prosperidade, e, é bom lembrar, seu fermentado alcoólico, o hidromel, era a bebida dos deuses do Olimpo.

Macedo recebe ainda um salário. Nos anos 1990, embolsava da igreja um contracheque de 8 mil dólares mensais.[69] Embora visitasse Portugal apenas duas vezes por ano, obtinha da igreja local um salário de 12 mil euros mensais, segundo Alfredo Paulo, bispo responsável pela igreja no país entre 2002 e 2009:[70] "Isso era só em Portugal. Se levantarem as contas da igreja lá, vão confirmar". Macedo justificava esse rendimento pela realização de palestras.

O bispo tem avião e amplos apartamentos à sua disposição. Em sua biografia, ele afirmou possuir um Falcon 2000EX Easy. Em 2013, adquiriu um jato bimotor particular modelo Bombardier Global Express XRS, estimado em 90 milhões de reais. Com capacidade para dezenove passageiros e autonomia de voo para 11,3 mil quilômetros, a aeronave permite viagens diretas de Nova York a Tóquio, ou do Brasil à Ásia, com uma escala.[71] Na Collins Avenue, na região de Sunny Isles Beach, em Miami, o bispo e sua mulher são proprietários de um apartamento de 569 metros quadrados no moderno edifício Porsche Design Tower, com elevador automatizado para carros. Os moradores podem estacionar seus veículos ao lado de salas de ginástica e de cinema com equipamentos de última geração e piscinas privativas nas varandas. A residência está avaliada em 35 milhões de reais.[72]

O próprio Edir Macedo alertou sobre a necessidade de não confundir a Universal com as empresas do grupo, como a Record. Mas dá margem a discussões sobre o que é patrimônio da igreja, do bispo e de sua família. Para o filósofo e teólogo Odêmio Antonio Ferrari, essa conjunção acabou legitimada por uma mercantilização dos serviços religiosos e um alto custo do trabalho de evangelização, incentivado pela teologia da prosperidade. "Tudo é justificado pelas necessidades operacionais da instituição e o bom sentido dado à ligação entre dinheiro e religião", disse Ferrari. O estudioso lembra que, para o bispo, assim como o sangue está para o corpo humano, o dinheiro está para a obra de Deus. Ele pode ser usado para o bem ou para o mal, e Macedo está convencido de que o coloca a serviço da obra de Deus.[73]

Em entrevista à emissora TVI de Portugal, no início de 2019, o ex-bispo Alfredo Paulo afirmou que Macedo, antes de adquirir o imóvel na Porsche Design Tower, teria comprado outro apartamento na mesma Collins Avenue, em Miami, por mais de 4 milhões de euros. O suposto negócio teria sido fechado em 2008 e as despesas de condomínio pagas com o dinheiro de uma conta da igreja em Portugal, em nome de Alfredo, então representante da Universal no país e seu subordinado. Dessa conta abastecida com transferências de supostas gratificações, entre 2004 e 2009, o casal Macedo Bezerra teria gasto mais de 1 milhão de euros via cartão de crédito.[74] Alfredo Paulo era oficialmente o beneficiário, mas a movimentação cabia a Macedo. Em 2009, o líder máximo da Universal utilizou o cartão de crédito da conta para pagar mais de 73 mil euros em despesas de condomínio, de acordo com a reportagem da TVI.[75]

Os extratos bancários do cartão comprovariam gastos com bens de luxo, como joias e roupas caras, mostrava a emissora. Na tradicional e sofisticada joalheria portuguesa David Rosas, Macedo teria gasto em novembro de 2004, em um único dia, 12 930 euros; Ester fez compras no valor de 3 mil euros na loja da grife italiana Valentino, em agosto de 2007, e gastou outros 11 mil euros com souvenirs e bordados num passeio à ilha da Madeira, em abril de 2008, segundo a reportagem. A Universal arrecada no país 42 milhões de euros livres de impostos e conta com benefícios fiscais. Por essa razão, o Ministério Público português passou a apurar a denúncia de desvio de finalidade dos recursos obtidos pela instituição.[76]

Porta de entrada para a Europa e África, Portugal é um país estratégico para os planos de expansão de Edir Macedo. O idioma pesou a favor, pois facilitou a pregação de pastores recrutados no Brasil. Foi o local onde a igreja mais se expandiu, até 1999, atraindo imigrantes brasileiros e africanos. Depois estagnou. No mesmo período em que chegou a Portugal, em 1989, a Universal se instalava e tentava crescer em países como os Estados Unidos, México, Argentina e Chile. Veio a obter sucesso no continente africano, sobretudo em Angola, Moçambique e África do Sul.[77]

Em Portugal, país predominantemente católico, no início os neopentecostais brasileiros encontraram forte resistência, inclusive com protestos e incidentes. Mas a Universal foi se estabelecendo aos poucos. O primeiro templo em toda a Europa foi montado num antigo armazém de trezentos metros quadrados e chão de cimento irregular, na estrada da Luz, no bairro de Benfica, em Lisboa. Até o início da década de 1990, essa área — que dá acesso ao estádio do famoso clube de futebol — era uma região de quintas (propriedades rurais). O corretor que alugara o imóvel havia sido o próprio fiador da igreja. Na inauguração, 150 simplórias cadeiras de plástico foram espalhadas no salão. Apareceram vinte pessoas. O então pastor Paulo Roberto Guimarães comandava a pregação e seu auxiliar acompanhava os cânticos com um órgão. O rapaz, vindo do Brasil, comia e dormia no antigo armazém, sem roupa de cama, enquanto Guimarães estava instalado num apartamento na luxuosa região das Laranjeiras. Em três meses a Universal conseguiu alugar espaço em uma rádio. Quatro anos depois, contava com um programa na sic, cinco emissoras de rádio (Placard, Miramar, Audisintra, Lis e Nossa) e mais de cinquenta locais para a realização de seus cultos.

Nem Edir Macedo imaginava conseguir um horário na sic — a primeira tv privada de Portugal. Considerava a negociação quase impossível. As tratativas foram encaminhadas pelo então pastor da igreja Ronaldo Didini, que estava no país naquele momento. A igreja pagou, segundo o ex-colaborador, 220 mil euros — em valores corrigidos — por trinta minutos na telinha após o encerramento da programação normal, à meia-noite, e mais trinta minutos pela manhã, antes de a emissora entrar no ar. Pela primeira vez, uma igreja — sem ser a hegemônica católica — conseguia desfrutar de espaço exclusivo na TV portuguesa. Até 1992, Portugal tinha apenas duas TVs, ambas estatais. Com a aquisição, a Universal deslanchou.[78]

Para abrir as portas no país, a igreja contou com a ajuda de um ídolo português no Brasil: o cantor popular Roberto Leal.[79] O artista apresentou ao pastor Paulo Roberto Guimarães empresários e agentes imobiliários, e chegou a ser sócio de uma rádio do grupo, até romper com a igreja — a Universal começava a ser criticada e o cantor, em uma entrevista à imprensa portuguesa, não a defendeu. Leal, que recebeu do governo de Portugal oficialmente o título de embaixador da cultura portuguesa no Brasil, evitava ligar sua imagem aos neopentecostais brasileiros para não ficar mal com seus patrícios católicos.[80] Queria o bônus, mas não o ônus, reclamaram membros da igreja.

A Universal anunciava ter chegado a Portugal para combater os males provocados por séculos de dominação católica. E criticava os prejuízos supostamente causados ao povo português em razão da entrada na Comunidade Econômica Europeia, três anos antes. Seus líderes viam nessa decisão "uma mão diabólica", opondo-se à proposta de "um só poder político, um só poder religioso e um só poder financeiro no mundo inteiro". Seria o fim, pregavam os pastores.[81]

Para atuar no país, Macedo necessitava de um registro na Aliança Evangélica Portuguesa, mas o grupo se opôs à entrada da Universal. "Temos preocupações com essa igreja. Não sabemos a que se destina o dinheiro dos fiéis, por absoluta falta de transparência", atacou o então presidente da Aliança, José Dias Braz. Macedo não recuou. Barrado no clube, decidiu fundar sua própria confraria: a Federação das Igrejas Evangélicas Portuguesas. Montou a sede em frente à concorrente, num prédio na avenida Conselheiro Barjona de Freitas, em Benfica.[82]

Em 1992, a Universal comprou por 15 milhões de dólares o tradicional Cinema Império, com sua arquitetura imponente no centro da cidade, construído na década de 1950, e transformou-o na sede da instituição.[83] Três anos depois, mais uma cartada ousada: Edir Macedo pagou 6,5 milhões de dólares por uma das mais tradicionais casas de espetáculo de Portugal, o Coliseu do Porto. Dois meses antes ele havia adquirido um dos templos britânicos do rock, a Brixton Academy, em Londres. A compra do Coliseu gerou uma onda de protestos no país. O cantor e compositor português Pedro Abrunhosa, parceiro de palco e de gravações com brasileiros famosos, como Caetano Veloso, Ivete Sangalo e Ney Matogrosso, chegou a se algemar às portas do prédio. Artistas, empresários e moradores criaram a Associação dos Amigos do Coliseu do Porto e iniciaram uma campanha para impedir sua venda. Após pareceres contrários da Câmara Municipal do Porto e da Secretaria de Estado da Cultura, o negócio foi desfeito. A empresa proprietária, uma companhia de seguros, devolveu o dinheiro a Macedo,[84] que protestou: "Fechamos o negócio, pagamos, mas não levamos. Nunca imaginei que a lei, um contrato e documentos assinados por instituições tão sérias e respeitadas não valessem nada".[85]

Uma nova batalha começou quando a igreja decidiu criar um partido político — o Partido da Gente — para disputar as eleições legislativas no país, em 1995. Irromperam novos protestos, seguidos de perto pela imprensa. Depois de intermináveis debates, o partido foi legalizado, mas não prosperou — disputou uma única eleição e não conseguiu eleger um único deputado.[86]

A Universal portuguesa, no início, atacava vigorosamente a Igreja católica. Em seus veículos de comunicação, exibia denúncias de abuso sexual praticados por sacerdotes católicos e casos como o de um padre que tentara enforcar um colega. Um bispo da igreja de Macedo chegou a chamar a hóstia católica de "biscoito" e o purgatório de "um lugar com muitas pulgas". A cúpula da Igreja católica reagiu duramente.[87] As reações coincidiram com o chute na santa, que repercutiu no país. Os protestos aumentaram em Lisboa e outras cidades portuguesas, templos da Universal chegaram a ser ameaçados de depredação. "Houve uma perseguição explícita contra a igreja. Membros da Igreja Universal eram atacados, ofendidos nas ruas. Foi um momento de grande atribulação", contou Macedo, em sua biografia. "Ocorreu um levante contra nós, típico da época da Inquisição."[88]

Os problemas não se encerraram aí. Em janeiro de 1996, dois ex-funcionários de uma rádio da Universal em Lisboa, Gustavo Rosa e José Martins, lançaram o livro *Igreja Universal do Reino de Deus: Tentáculos de um polvo monstruoso para a tomada do poder*, com denúncias de que a igreja teria utilizado laranjas para a compra de emissoras em Portugal e enviara remessas de dinheiro a Madri para trocar por dólares. Revelava também que Macedo comprara uma cobertura por 250 mil contos, cerca de 1,3 milhão de euros, na aprazível vila litorânea de Cascais.

Depois de uma sucessão de polêmicas, a imagem da instituição ficou abalada[89] e a igreja reviu suas ações e estratégias em Portugal. Líderes da igreja passaram a abrir templos pelo interior, evitando usar o nome Universal e se autodenominando centros de ajuda espiritual, como estratégia para se diferenciar e contornar a rejeição. Duas novas denominações foram criadas sob o comando de líderes da própria Universal: a Iglesia Cristiana del Espíritu Santo — sediada na Espanha e sob a liderança de Paulo Roberto Guimarães —, e a Igreja Vida Nova, no Porto, a cargo de Marcelo Pires.[90]

A Universal superou as dificuldades e hoje está presente em cerca de cem cidades espalhadas pelo país. Mantém nove grandes templos com o nome IURD nas regiões maiores e centrais, e outros 121 centros de ajuda espiritual.[91] Reúne, segundo os números oficiais, 100 mil fiéis portugueses, 2,5 mil obreiros, duzentos pastores e bispos e cem funcionários administrativos. De Portugal, a TV Record passou a operar em toda a Europa.[92]

O bispo e sua igreja viveram uma fase de certa calmaria a partir dos anos 2000 — tanto no Brasil como em Portugal —, se comparada à turbulenta década anterior, período em que mais cresceu e colecionou inimigos. No início do século XXI, a igreja mudou de tática, como o esmorecimento dos ataques a adversários, entre outros. Ela enfrentou os desdobramentos de investigações anteriores, além de problemas pontuais, porém hoje voltou a experimentar momentos conturbados. Responsável pela instituição em Portugal e até há pouco o número dois em todo o mundo, o bispo Romualdo Panceiro rompeu com Edir Macedo, que chegara a apontá-lo como seu sucessor. Em sua biografia, Macedo anunciou: "Se eu morrer hoje, o Romualdo assume tudo. E tenho certeza de que os demais bispos irão respeitá-lo como me respeitam hoje. A Igreja Universal não é um trabalho pessoal, mas uma obra espiritual".[93]

Panceiro tem um histórico parecido com o de outros líderes da igreja — ex-cortador de cana, foi viciado em drogas. "Eu passava os finais de semana me drogando. Meu pai era louco. Eu não tinha o que comer. Não havia futuro para mim", contou. "Ele é o maior milagre da Igreja Universal", comemorava Macedo.[94] A relação entre os dois, contudo, estremeceu. Macedo recuou na ideia de alçá-lo ao posto de líder máximo da igreja no futuro, e passou a dar espaço e visibilidade ao bispo e genro Renato Cardoso, casado com a filha Cristiane. Um entrevero entre Macedo e Panceiro foi registrado em 2009, segundo ex-membros da igreja, quando ambos estavam na Califórnia, nos Estados Unidos. A igreja negou.

Panceiro abandonou suas funções em Portugal em 2018. Não deu explicações sobre sua saída. Em um vídeo,[95] Macedo confirmou o desligamento e chamou o ex-aliado de Sambalá — o personagem da Bíblia considerado traidor, que se opôs à obra de reconstrução do muro de Jerusalém. Em outro momento, disse que o antigo amigo estava "no inferno". Em um culto no Rio de Janeiro, em 19 de maio de 2019,[96] atacou-o novamente, bem como a outro ex-bispo da igreja, João Leite. Disse que eram "pastores apagados" e estavam "vivendo em pecado" e "na rua da amargura". Leite, segundo Macedo, cometia pecados havia quatro anos, tendo casos "com secretárias, inclusive aqui [na igreja no Rio]". Panceiro repetiria o mesmo comportamento inadequado "com mulheres da rua, [...] profissionais, garotas de programa".

Se saía um "bispo problema", chegava outro. Alfredo Paulo retornava ao país que deixara em 2009, quatro anos antes de se desligar da Universal. E fazia de Portugal seu quartel-general na cruzada contra Macedo. Paulo é a versão na era digital do pastor Carlos Magno, o deflagrador da avalanche de denúncias públicas contra a igreja no início dos anos 1990. O ex-bispo bombardeia seu desafeto por meio das redes sociais. Todas as informações que recebe de antigos companheiros da igreja — e de outros ainda na ativa —, ele espalha imediatamente nas redes. Tem 73 mil seguidores em seu canal no YouTube, 12 mil em uma de suas páginas no Facebook, e 8 mil em outra.[97] Usa o Instagram e um canal de transmissão no WhatsApp. Está a anos-luz de youtubers como o comediante e escritor Felipe Neto, com 30 milhões de seguidores, mas aglutina grande número de ex-fiéis da Universal. E faz escola: vários pastores dissidentes começam a seguir seus passos, lançando vídeos semelhantes na internet. Em suas lives e gravações, o ex-aliado usa um infalível bordão: "Estamos aqui com mais um vídeo para denunciar a hipocrisia da cúpula da Igreja Universal, principalmente na pessoa do bispo Edir Macedo".

Em 2016, Alfredo Paulo acusou a Universal de ter mantido um esquema ilegal para operar milhões de dólares no exterior.[98] Segundo ele, havia uma rota de remessas da África para a Europa, para manter a igreja e a Rede Record no continente europeu. Grandes somas recolhidas em templos de Angola saíam do país sem ser contabilizadas e eram levadas para a África do Sul, de carro. "Pastores [...] escondiam o dinheiro no carro, no pneu, no estepe, nas portas", revelou o ex-bispo. Daí, seguiriam para a Europa, no jatinho do próprio Edir Macedo. "Ele chegava em Portugal e eu ia pegá-lo no aeroporto. Eu que ia pegar o dinheiro, ficava lá em casa", disse.

Em Portugal, os dólares não declarados eram trocados por euros e entravam nas contas da Universal como se fossem dízimos obtidos no país, segundo Alfredo Paulo. Da campanha da Fogueira Santa, em Angola, viriam 13 milhões de dólares ao ano, dos quais entre 5 milhões e 6 milhões iam para Portugal, duas vezes por ano. A Record da Europa seria beneficiada também com 500 mil euros, todo mês, dizia o ex-bispo. "Sabia que era ilegal porque era escondido. Mas, na concepção da igreja, aquilo vale porque estaríamos fazendo algo para desenvolver a obra de Deus. O bispo Macedo já falou várias vezes em reunião de pastores que, para a obra de Deus, vale até gol de mão", disse Alfredo Paulo.[99]

A Universal tem movido processos por calúnia e difamação contra o ex-bispo, que perdeu uma disputa, em primeira instância. A juíza Raquel de Oliveira, da 6ª Vara Cível do Rio de Janeiro, considerou seu comportamento "abusivo e excessivo" e determinou que não só pedisse desculpas por meio das redes sociais, como pagasse multas no valor de 1,8 milhão de reais.[100] A Universal disse confiar que a Justiça revelará mais uma vez "onde está a verdade" e punirá o ex-seguidor por "manchar a imagem" da igreja. A instituição também tem recorrido à Justiça para retirar das redes sociais vídeos com críticas e denúncias. Ao reivindicar direitos autorais, tem conseguido êxito em casos de exibição de imagens produzidas pela Universal e pela TV Record.

Então morador da comunidade do Morro da Formiga, na Tijuca, bairro da Zona Norte carioca, Alfredo Paulo ingressou na Igreja Universal em 1981, aos dezesseis anos. Virou evangelista, depois pastor e finalmente bispo. Rodou por São Paulo, Brasília, Minas Gerais, Paraná, Rio Grande do Sul, Venezuela, Peru, Guatemala e Portugal. Foi afastado de seu cargo na igreja em 2013, após trair a mulher. Acabou rebaixado de posto, passou a exercer funções administrativas. Por meio de políticos ligados à Universal, recebeu um cargo na prefeitura de Duque de Caxias, na Baixada Fluminense. Admitiu ter sido "funcionário fantasma"; ficou dois meses e saiu. Abandonou definitivamente a igreja. Foi para Portugal e abriu sua própria denominação — a Igreja Cristã do Recomeço. Ex-

-colegas da Universal, segundo ele, distribuíram folhetos acusando-o de envolvimento com alcoolismo, pornografia e prostituição, e os fiéis deixaram de frequentar sua igreja. De volta ao Brasil, montou um templo da sua denominação em Campo Grande, na Zona Oeste do Rio. Relatou ter recebido ameaças de morte. Após um período no Rio, embarcou de volta para Portugal.

Alfredo Paulo foi uma das fontes de uma série de reportagens da emissora portuguesa TVI sobre uma suposta rede ilegal de adoções mantida pela Universal. As duas filhas de Macedo, Cristiane e Viviane, e outros bispos e pastores teriam adotado crianças sem seguir os procedimentos corretos determinados pela Justiça, conforme a denúncia. O Ministério Público português, ao final de uma investigação, concluiu que eventuais crimes estavam prescritos e não seriam necessárias novas averiguações.[101] O MP não apontou possíveis responsáveis por atos ilegais. Avaliou que dois casos de adoção citados eram "suscetíveis de integrar a prática dos crimes de tráfico de pessoas e de falsidade de testemunho", desde que os fatos efetivamente tenham se passado como descritos na denúncia. Por outro lado, contestou afirmações de pais biológicos de crianças adotadas. Duas mães diziam não ter sido informadas sobre os processos de adoção, mas o MP de Portugal informou que tinham, de fato, assinado os documentos apresentados. Uma delas retirou as acusações feitas anteriormente.[102] As duas mulheres acabaram processadas pelo Departamento de Investigação e Ação Penal português (DIAP).[103] Uma das mães acusou uma jornalista da TVI de tê-la subornado, segundo uma reportagem da Record.[104] A Universal conseguiu do Supremo Tribunal Administrativo de Portugal um direito de resposta na emissora portuguesa.[105]

De acordo com as reportagens da TVI, em um abrigo mantido pela igreja — inicialmente em Camarate, no conselho de Loures, e depois na avenida Gago Coutinho, em Lisboa —, mães em dificuldades deixavam seus filhos sob cuidados, com a intenção de reavê-los quando superassem problemas financeiros e familiares. Algumas disseram ter sido proibidas de visitar os filhos. Crianças teriam sido adotadas por familiares de Macedo e outros líderes da igreja, sem o conhecimento e o consentimento de seus familiares, dizia a reportagem. As mães eram descritas, quase sempre, como viciadas em drogas, soropositivas e vítimas de violência doméstica. As jornalistas Alexandra Borges e Judite França disseram ter investigado o caso durante sete meses para produzir a série *O Segredo dos Deuses*, que causou grande repercussão em Portugal. A primeira reportagem foi ao ar em dezembro de 2017. Durante um ano e meio foram exibidos dezesseis episódios, que geraram outras reportagens e debates sobre o tema.[106]

Edir Macedo, à época, recomendava a prática da vasectomia em geral, e uma política de adoção entre os bispos e pastores.[107] Sua filha Cristiane, casada com Renato Cardoso, não conseguia engravidar; ela e a irmã Viviane, casada com Júlio Freitas, optaram pela adoção, no que foram seguidas por outros religiosos.[108] O próprio Macedo e sua mulher, Ester, quiseram adotar uma criança. Por causa da idade, uma restrição existente em Portugal, seu desejo não pôde ser atendido.[109]

O primeiro programa da TVI exibiu o reencontro de uma das mães com uma cuidadora que trabalhou na casa de acolhimento, que dizia saber como algumas crianças haviam sido levadas para fora do país. A mãe, com a identidade preservada, apareceu aos prantos: "Este meu filho foi-me tirado e ele não andava. [...] Eu nunca vi este meu filho dar um passo", lamentava. A criança à qual ela se referia era o bebê Fábio, de nove meses, levado para o lar em 1995, ao lado dos irmãos Vera, de três anos, e Luís, dois, após a mãe ser denunciada à Segurança Social por deixá-los em casa sozinhos, enquanto trabalhava. Viviane, que morava nos Estados Unidos, acabou adotando Vera e Luís, e Fábio, o mais novo, foi entregue a Romualdo Panceiro, no Brasil.

O Tribunal de Família e de Menores atribuiu a guarda das três crianças a uma portuguesa, Maria Alice Andrade Katz, secretária de Edir Macedo. Quando as crianças precisavam se apresentar aos tribunais portugueses, Fábio viajava do Brasil e os três irmãos se reuniam antes na casa de Alice, nos Estados Unidos. Quatro anos depois da adoção, o casal Panceiro entregou Fábio a Alice. O menino teve uma adolescência conturbada, fugiu de casa. Aos vinte anos voltou a ter contato com Panceiro, que o apresentava em Portugal — segundo a TVI — como um exemplo de sucesso na reabilitação. Passou a receber um salário da igreja. Em 2015, foi encontrado morto num quarto de hotel em Nova York. A mãe adotiva viajou para reconhecer o corpo. Disse que ele morreu de overdose. A Universal e a família Panceiro negaram. Informaram que o jovem morreu em consequência de um ataque cardíaco.[110]

No final de 1996, teria chegado às mãos de Cristiane, filha de Macedo, uma fotografia do pequeno Luís Filipe, de três anos, considerado por todos no lar como um "bebê Cerelac" — em Portugal, o mesmo que "bebê Johnson" no Brasil (Cerelac é uma marca de cereal instantâneo produzida pela Nestlé). "Era um bebê que toda a gente queria. Era lindo, de olho azul, loirinho, muito mimoso, muito dengoso", contou a jovem Rita,[111] à época criança do lar da IURD.[112] Luís Filipe tinha um irmão, Pedro Alexandre, de seis anos. A mãe dos meninos, Clara,[113] era vítima de violência doméstica. O marido, usuário de drogas, mantinha-a presa, amarrada com cordas. Obrigava-a a se drogar e se prostituir. Ela enfim conseguiu fugir de casa. Enquanto passava por um tratamento de desintoxicação, deixou os filhos com sua mãe, que os entregou ao abrigo, sem seu consentimento. Três meses depois, Cristiane teria levado Luís Filipe para Londres. Os irmãos foram separados. Pedro acabou adotado pela diretora do lar, Jaqueline Duran, e seu marido, o bispo Sidney Marques.[114]

As investigações trouxeram à tona outras supostas adoções consideradas polêmicas. O Blog do Pannunzio, do jornalista brasileiro Fabio Pannunzio, afirmou que o próprio Edir Macedo teria registrado como filho natural um bebê que recebeu da mãe biológica, em 1985, enquanto celebrava um culto no templo da Universal na Abolição, no Rio. Com o nenê no colo e um caixote de madeira na mão, a mãe irrompeu no salão da igreja, segundo contou Macedo em sua biografia.[115] E dirigiu-se ao púlpito para entregar a criança. Rosemere Pires da Silva, dona de casa, moradora de Bangu, no subúrbio do Rio de Janeiro, decidira entregar o bebê por não ter condições financeiras para criá-lo. Pouco tempo depois de ter dado à luz, fora agredida pelo companheiro e enxotada de casa com o recém-nascido.[116] Com hematomas no corpo, sem dinheiro, lembrou-se de ter ouvido no rádio, meses antes, Macedo falar de seu desejo de ganhar um filho. O bispo fizera o pedido em duas Fogueiras Santas. Ela então decidiu procurá-lo. Juntou as poucas peças de roupa da criança e depois de várias caronas chegou ao templo da Abolição. Falou a um obreiro que gostaria de dar seu filho a Macedo. O homem transmitiu o recado a Ester, a mulher do bispo. "Imediatamente, ela mandou me chamar. Eu fui lá. [...] Entreguei meu filho nas mãos dela. Mas isso eu fiz com o coração partindo, chorando muito. Eu estava desesperada", relembra a mãe.[117]

Ester pegou a criança das mãos de Rosemere e declarou: "Acabamos de ganhar o nosso filho aqui na igreja". O bispo pediu para ela subir ao altar com a criança. Pegou o bebê nos braços e o ergueu: "Nasceu agora o Moysés da Igreja Universal".[118] O nome escolhido pela mãe biológica era Clayton. No templo, fiéis se emocionaram; alguns choraram de pena da mãe. Macedo e Ester saíram com o bebê em direção ao escritório da igreja. Rosemere esperou, nos fundos do templo. Imaginava que pudessem devolver a criança. Foi embora arrasada, mas esperançosa de que o filho teria uma vida melhor.

Na suposta certidão de nascimento exibida pelo blog e pela TVI, consta que, em 4 de dezembro de 1985, Edir Macedo compareceu ao 11º Cartório de Registro Civil do Rio de Janeiro, em Pilares, e declarou o nascimento de Moysés Rangel Bezerra, bebê do sexo masculino, filho do declarante e de sua mulher, Ester Rangel Bezerra, ocorrido à 0h25 do dia 14 de novembro de 1985, no Hospital Padre Olivério Kraemer, no Rio de Janeiro. Os pais biológicos da criança, Cornélio Tavares de Melo e Rosemere Pires da Silva, aparecem como testemunhas. A mãe disse acreditar que assinava os papéis de adoção da criança.[119]

O caso de Moysés seria um exemplo do que se convencionou chamar de "adoção à brasileira" — os pais entregam seu bebê a terceiros e estes registram a criança como filho próprio, sem passar pelo processo judicial de adoção. O artigo 242 do Código Penal brasileiro considera crime "dar parto alheio como próprio; registrar como seu o filho de outrem; ocultar recém-nascido ou substituí-lo, suprimindo ou alterando direito inerente ao estado civil". A pena é de dois a seis anos de prisão.[120] O crime, porém, já estaria prescrito.

De longe, sempre segundo a série televisiva, Rosemere acompanhou todos os passos do filho. Ao completar nove anos, o menino demonstrou interesse em conhecer a mãe verdadeira. Ao saber que ela morava em uma favela, pediu a Macedo para lhe dar uma casa. Foi atendido. Rosemere ganhou nova habitação, modesta, no bairro de Santa Cruz. A Universal negou ter feito tal doação. Confirmou, porém, ter contratado Rosemere como cozinheira, entre agosto de 2001 e maio de 2009.[121] Antes desse período, a mãe biológica de Moysés também teria trabalhado como faxineira na igreja durante doze anos. Ela tem evitado falar. Reclama ser procurada por muitas pessoas "que perguntam muito, mas não me ajudam". Diz continuar vivendo com dificuldades.

Cantor evangélico bissexto, em 2008 o jovem Moysés despontou interpretando músicas das trilhas sonoras das novelas *Os mutantes* e *Chamas da vida*, da TV Record, com uma identidade secreta: Mikefoxx. Em um de seus CDs, gravou uma versão gospel de um hit do grupo de rock Aerosmith. O filho caçula e o único adotivo de Macedo atuava em uma banda nos Estados Unidos, com o nome Mikefoxx.[122] Anos depois ele passou a dar expediente na TV Record, no Brasil, ostentando no crachá o cargo de "assessor da vice-presidência executiva".[123] Na emissora, se envolveu em uma confusão. Em setembro de 2019, foi condenado por danos morais, pelo juiz Marcelo Augusto Oliveira, da 41ª Vara Cível de São Paulo, ao ser acusado de xingar e humilhar uma massagista que prestava serviços à TV Record. O juiz determinou o pagamento de 40 mil reais à profissional.[124]

De acordo com o Blog do Pannunzio, do jornalista Fabio Pannunzio,[125] a exemplo do caso de Moysés, a saída de Portugal do menino Fábio para viver com o bispo Romualdo Panceiro foi mais um exemplo de "adoção à brasileira". Em 28 de maio de 1998, um cartório em Biritiba-Mirim, na Grande São Paulo, registrou Fábio como se fosse filho natural de Panceiro e sua mulher, com o nome oficial de Felipe Barbosa Panceiro. O menino teria nascido, conforme o seu registro, às 22h30 do dia 15 de dezembro de 1994 — quatro anos antes —, na avenida Reinaldo Benedito de Melo, 37, em Biritiba-Mirim. O endereço era de um templo da Igreja Universal.[126]

As contestadas adoções geraram acusações até de rapto e tráfico de crianças em Portugal, o que não foi comprovado. As adoções — se tiveram um processo viciado ou não, ou com possíveis erros — foram legitimadas pelo Tribunal de Família de Lisboa e do Instituto da Segurança Social. Portanto, não seriam ilegais. A Universal considerou as denúncias frutos de "uma campanha difamatória e mentirosa".[127] Num comunicado, afirmou que a série da TVI se baseava num depoimento falso do ex-bispo Alfredo Paulo, "expulso da igreja por conduta imprópria", e anunciou que encaminharia ações judiciais contra a emissora.[128] A Universal move processo contra a TVI por danos morais e materiais.[129] A igreja diz que a Justiça desmentiu Alfredo Paulo e seus aliados que, "movidos pela intolerância e desejo de denegrir a imagem da Universal, se prestaram a uma atitude questionável, criminosa e mentirosa". A TV Record exibiu uma longa reportagem com duros ataques à emissora portuguesa.[130]

Em um vídeo, Vera e Luís, adotados por Viviane, negaram irregularidades na adoção. "Não fomos raptados. [...] Fomos adotados de uma forma legal [...] e vivemos até os nossos vinte anos com essa família nos Estados Unidos. E nós somos cidadãos portugueses e americanos e saímos dessa casa para viver a nossa vida. E fomos acolhidos por uma família que nos ama e vivemos muito bem com eles", garantiu Luís. A irmã Vera disse se sentir "lesada", pelas consequências das revelações nas reportagens.[131]

O então diretor adjunto da Polícia Judiciária portuguesa, Pedro do Carmo, considerou o caso "uma matéria desconhecida", pois até o momento da exibição das reportagens nenhuma entidade ou autoridade havia feito qualquer denúncia. Carmo considerava que os supostos crimes estavam prescritos — ilícitos graves como sequestro de crianças ou associação criminosa têm um prazo máximo de vinte anos para serem investigados, explicou.[132]

Um outro problema fora detectado: a casa de acolhimento não estava licenciada nem cumpria alguns requisitos exigidos pelo Instituto da Segurança Social. Um grupo de mães criou um movimento em protesto contra as adoções, com concentrações e vigílias em cinco cidades do país — Lisboa, Porto, Coimbra, Faro, Beja e Leiria. Uma petição pública foi encaminhada ao Parlamento pedindo a formação de uma comissão independente para apurar as denúncias. Artistas e personalidades portuguesas participaram da campanha "Não Adoto este Silêncio", contra as adoções.

Diante da decisão do Ministério Público de arquivar o processo, em maio de 2019, advogados dos pais biológicos das crianças contestaram a decisão. A TVI reagiu, citando novas denúncias de adoção supostamente irregulares. Para a jornalista Alexandra Borges, os fatos narrados pelas mães biológicas são verdadeiros "e a investigação jornalística não prescreve".[133]

A Universal venceu o primeiro round dessa batalha jurídica. Com a prescrição, a questão das adoções está encerrada para a Justiça. Diante dessa decisão, a TVI entende que o Ministério Público apontou a extinção da punibilidade, mas viu no caso crimes de "tráfico de pessoas, associação criminosa e corrupção".[134] Para a Universal, em contrapartida, o mesmo relatório do MP comprova que a série O Segredo dos Deuses se constituiu, para a Justiça, numa "peça de ficção", recheada de denúncias falsas.[135] O Ministério Público português, no entanto, ainda não se manifestou a respeito das denúncias feitas pela TVI sobre supostos desvios de ofertas da igreja para custear despesas pessoais de Macedo e sua mulher.[136] Em 2019, completam-se trinta anos da chegada da igreja a Portugal. De acordo com a Lei da Liberdade Religiosa, de 2001, a Universal passa a ser considerada uma igreja radicada no país. Assim, pode obter mais benefícios. Entre outras vantagens, terá autorização para celebrar casamentos com efeitos civis.[137] Irá se fortalecer ainda mais em um reduto do catolicismo. O bispo Edir Macedo, nesse caso, tem pouco a perder. E tudo a ganhar.

# 17. O poder da fé

Macedo queria mais que a expansão de um império midiático e empresarial. A pujança de seus empreendimentos e a força dos templos espalhados pelo Brasil e pelo mundo somente conduziriam sua igreja a um novo patamar de poder se estivessem aliados à representação política, como ele mesmo dizia a auxiliares próximos.[1] A obtenção de poder político, e do prestígio decorrente, passou a ser a meta inequívoca do bispo desde meados dos anos 1980, quando a Universal lançou seus primeiros candidatos ao Legislativo. Silvio Santos revelou, imediatamente após a venda da Record, que um dos planos secretos de Macedo, com a emissora sob seu comando, era eleger uma bancada de vinte deputados na Câmara.[2]

A partir daquele momento, a organização iria ajudar gradativamente na consolidação de uma bancada evangélica no Congresso. Com deputados eleitos e uma base política capaz de transferir votos, a igreja também negociava apoios a cargos majoritários.

Foi assim com Fernando Collor, em 1989, e com Fernando Henrique Cardoso, em 1994 e 1998. Nessas três eleições presidenciais, contra um mesmo adversário, Luiz Inácio Lula da Silva, a opção se apresentava com um evidente viés ideológico — a preferência por candidatos mais conservadores no campo moral e menos críticos às mazelas do capitalismo.

Mas Macedo tinha ambições maiores. Uma de suas principais cartadas, no fim dos anos 1990, foi forjar aquele que seria o principal líder político de sua igreja, o sobrinho Marcelo Crivella, filho de sua irmã Eris. Próximo ao tio desde a adolescência, Crivella começou a construir sua imagem para assumir o protagonismo dos principais momentos da Universal na política eleitoral. Frequentador da igreja desde o início, na Abolição, em 1977, o sobrinho cursou a Escola de Oficiais da Reserva do Exército, no Rio, e depois engenharia civil na Faculdade de Barra do Piraí, no interior fluminense. Formado engenheiro em 1984, no ano seguinte passou a ser o responsável pela construção dos templos da Universal. Assinou o projeto da Catedral da Fé, na avenida Dom Hélder Câmara (antiga Suburbana), em Del Castillo, no Rio, com capacidade para 15 mil pessoas.[3]

Em 1986, Crivella virou pastor. Filho único, alto, loiro e de olhos verdes, nascido no Leblon e criado na Gávea, bairros nobres do Rio de Janeiro, Crivella tinha um perfil considerado sofisticado — ao contrário do tio, homem simples vindo do interior fluminense. De família católica, começou a frequentar cultos da Igreja Metodista aos sete anos, levado por uma vizinha. Mais tarde entraria para a Igreja de Nova Vida, como fizera o tio no início da carreira religiosa.

Aos dezessete anos, e ainda surfista eventual nas ondas do Leblon, conheceu sua mulher, Sylvia Jane Hodge, neta de missionários ingleses. Era "todo torneado", contou Sylvia, hoje escritora de livros de autoajuda, com quatro trabalhos publicados.[4] A presença do sobrinho do bispo na igreja atraiu fiéis de outros segmentos sociais.[5] "Nossa igreja sempre foi malvista. O bispo Crivella ajuda a mudar essa imagem porque ele é mais doce", dizia o então bispo Rodrigues, ex-coordenador político da igreja.[6]

Visto como ferramenta importante no desafio de ampliar e diversificar o rebanho, e desde cedo apontado como possível sucessor de Macedo, Crivella mudou-se com a família para a África do Sul em 1991, com a tarefa de melhorar seu desempenho como pastor e, de quebra, concluir um mestrado em engenharia na Universidade de Pretória.[7] Lá iria auxiliar o bispo Honorilton Gonçalves no esforço de evangelização da população negra e pobre vítima das políticas segregacionistas e excludentes do apartheid — o primeiro templo no país foi aberto na estigmatizada comunidade de Soweto em 1993, logo antes do fim do regime racista. "Nós vamos [aonde] há sofrimento. Crescemos mais nos países pobres, onde sobra gente sofrendo", declarou.[8]

Crivella atuou como missionário na África do Sul e em outros dezessete países africanos. Ajudou a expandir a igreja também na Índia e nas Filipinas. Foi promovido a bispo em 1994. Ainda na África, iniciou a carreira de cantor gospel.[9] Até 2014, havia lançado dez discos pela Line Records, da Universal, e oito por outras gravadoras.[10] Em 1999, na esteira do sucesso de padres cantores, como Marcelo Rossi, da Renovação Carismática Católica, assinou contrato com a Sony e lançou um novo disco, transformando-se num astro pop evangélico. Seu CD *O mensageiro da solidariedade* vendeu mais de 1,5 milhão de cópias.[11]

Um ano antes, a Universal criara o Projeto Nordeste, uma "cruzada evangélica" para entregar cestas básicas às vítimas da estiagem no sertão. Por meio da Associação Beneficente Cristã (ABC), a igreja arrecadou 2161 toneladas de alimentos.[12] Como parte do programa, um ano depois, inspirada nos kibutzim israelenses, teve início uma experiência de plantações com tecnologia de irrigação na fazenda Nova Canaã, em Irecê, cidade de cerca de 70 mil habitantes no centro-norte baiano. Crivella se integrou ao projeto e descobriu um filão que ajudaria a alavancar sua trajetória. A fazenda era do Instituto Ressoar, ligado à TV Record,[13] e foi adquirida com recursos de direitos autorais de CDs do bispo cantor. Outros 300 mil reais foram arrecadados após uma participação de Crivella no programa *Show do Milhão*, de Silvio Santos, no SBT. O projeto inicial da Nova Canaã era uma fazenda autossustentável, que expandiria seu sistema de irrigação para outras propriedades.[14]

Crivella era apresentado como o engenheiro responsável pela iniciativa. Entusiasta dos kibutzim, conheceu a experiência em visita a Israel, no início dos anos 1990. Encantou-se com as técnicas de irrigação que fazem vingar a agricultura no deserto — das mais avançadas no mundo —,[15] e, mais tarde, resolveu replicar a experiência no sertão baiano. O trabalho na Nova Canaã foi apresentado como um modelo de reforma agrária para livrar Irecê da fome e da miséria.[16] A Universal descreveu o projeto como um "verdadeiro oásis no meio do território da seca".[17]

Ao conhecer o município, Marcelo Crivella declarou ter se deparado com um território arrasado pela miséria, com um quadro pior que os países africanos, como Quênia, Malaui, Zâmbia, Lesoto e Suazilândia, por onde passara anos antes.[18] Produtores rurais e empresários da região contestaram esse cenário. Afirmaram que a região sempre fora um polo agrícola e Crivella teria carregado nas tintas. Irecê, afinal, havia sido conhecida como a capital brasileira do feijão, nos anos 1970, até uma praga arrasar a lavoura. Quando da primeira visita do bispo cantor, a região já era uma das maiores produtoras de cenoura, cebola e beterraba irrigadas no país.[19] O projeto na área agrícola apontado como exemplo de reforma agrária, alertavam produtores rurais, também não era tão inovador. Os agricultores já usavam métodos semelhantes de irrigação pelo menos vinte anos antes da chegada do projeto da Universal. Assim, a experiência ousada e inovadora, na verdade, não teria saído do papel.[20] Na época da implantação do projeto agrícola, uma equipe da *Folha de S.Paulo* visitou a região, mas não conseguiu permissão para entrar na fazenda. De uma área vizinha, o repórter disse não ter visto plantações no local. Jornalistas da região também disseram ter sido negados todos os pedidos de entrevistas e reportagens sobre a fazenda.[21]

No início dos anos 2000, o foco do projeto mudou e a Fazenda Nova Canaã passou a ser uma escola, com aulas em período integral para seiscentos alunos, da pré-escola ao ensino médio, além de atividades culturais, artísticas e esportivas. À época, o diretor operacional da fazenda, pastor Leonardo Santos, explicou que o projeto havia nascido com o propósito de desenvolver a irrigação, mas mudou a partir da constatação de que a maior carência local era a educação.[22] "Nós temos mais de seiscentas crianças. Elas são buscadas em suas casas — casas, não, nos seus buracos, nos seus lugares ermos, difíceis de chegar —, nós as buscamos lá com o ônibus da igreja. Essas crianças vêm para essa fazenda e lá tomam banho, escovam os dentes, porque isso não tem na casa delas", enalteceu, tempos depois, Edir Macedo.[23]

Independentemente da polêmica, a missão de combater a fome cristalizou-se como mote eleitoral de Crivella a partir de 2002, quando ele concorreu pela primeira vez a um cargo público. Na disputa à vaga ao Senado, usou o slogan "Se deu certo no sertão, vai dar certo no Rio".[24] Naquele ano, a Universal deu uma guinada ideológica histórica. Depois de apoiar os adversários do PT em três campanhas presidenciais seguidas, a igreja aderia à candidatura de Luiz Inácio Lula da Silva, apesar de até então tê-lo atacado duramente.

A igreja começara a mudar sua postura em relação ao PT aos poucos, quatro anos antes. Em uma entrevista, o então coordenador político da Universal, bispo Carlos Rodrigues, admitiu que a instituição errara ao comparar Lula ao diabo. A cúpula percebia que pastores e fiéis se aproximavam do partido nas periferias e em rincões Brasil afora, geralmente áreas mais pobres. Esses seguidores reclamavam do tratamento dispensado à legenda. Decidida a priorizar sua estratégia de crescimento, a igreja reavaliou sua posição. "Não importa o regime político [...]. Não dá mais para ter essa posição contra o Lula ou contra quem quer que seja", observava Rodrigues, candidato naquele momento a deputado federal, em sua primeira eleição. Colocava em prática o pragmatismo político defendido por Macedo.[25] A aproximação com o PT também contava com a intermediação do criminalista Márcio Thomaz Bastos, amigo de Lula e defensor do bispo no episódio de sua prisão, em 1992.[26]

Assim, na eleição de 2002, o PL, partido pelo qual Rodrigues era deputado — e hospedeiro de parte expressiva da base parlamentar da Universal —, ajudaria Lula a resolver um problema para compor sua chapa, numa transferência partidária avalizada por Macedo. Antes mesmo de fechar as coligações, o petista escolhera como vice o senador mineiro José Alencar. No entanto, o PMDB, ao qual ele era filiado, dava sinais de que apoiaria a candidatura de José Serra (PSDB), em continuidade ao projeto do governo Fernando Henrique Cardoso, como de fato aconteceu.[27] Lula insistiu na presença de Alencar. Tinha vários motivos. Após três derrotas consecutivas, o candidato apresentou, em sua "Carta ao povo brasileiro",[28] um discurso mais moderado, com a intenção de acalmar o mercado de capitais. Sinalizava que não haveria mudanças bruscas na condução da economia. Para reforçar essa nova imagem, nada melhor que ter a seu lado um empresário bem-sucedido, um dos maiores industriais do país.[29] No fim das contas, Alencar acabou se filiando ao PL.

Oficialmente, a Universal se dizia neutra na disputa presidencial. No primeiro turno, parte do PL e da igreja no Rio apoiou a candidatura do evangélico Anthony Garotinho, membro de um ramo da Igreja Presbiteriana.[30] Com diversos deputados federais, estaduais e vereadores eleitos pelo país nas duas décadas anteriores, pela primeira vez a Universal lançava um candidato a cargo majoritário com chances reais de vitória na disputa: Marcelo Crivella. Capitalizando o "projeto modelo" de combate à fome e à miséria no sertão,[31] naquele ano Crivella foi eleito para a segunda vaga ao Senado, pelo Rio de Janeiro, com 3,2 milhões de votos. A primeira ficou com o ex-deputado e depois governador Sérgio Cabral. O sobrinho de Macedo superou nomes como o pastor Manoel Ferreira (PPB), presidente vitalício da Convenção Nacional das Assembleias de Deus do Brasil — Ministério de Madureira, e o calejado ex-governador Leonel Brizola (PDT).

Com a vitória de Lula para a Presidência, a Universal mais uma vez estava próxima do poder. Para a igreja, o advogado Márcio Thomaz Bastos como ministro da Justiça poderia sinalizar um bom trânsito com o governo. No segundo ano da gestão petista, veio à tona o caso Waldomiro Diniz. O então subchefe de Assuntos Parlamentares da Casa Civil, comandada pelo ministro José Dirceu, foi acusado de cobrar propina do bicheiro Carlinhos Cachoeira — quando Diniz era presidente da estatal Loterj, no Rio de Janeiro. Responsável por sua indicação ao cargo no governo carioca, o bispo Rodrigues acabou arrastado para o centro do escândalo.[32] As denúncias se referiam a fatos anteriores, mas abalaram o governo, em função do posto de Diniz, o principal implicado no escândalo.

Investigações de outros casos de corrupção avançaram a partir de 2004. Rodrigues foi denunciado e mais tarde acabou preso por seu envolvimento no caso da Máfia das Ambulâncias, irregularidades ocorridas entre 1998 e 2002, no governo anterior, quando o tucano José Serra era o ministro da Saúde.[33] O mais grave viria em seguida. O bispo e um outro religioso da Universal, o então deputado Wanderval Santos (PL-SP), foram citados no escândalo do "mensalão". O governo petista era acusado de pagar propina a congressistas de sua base para conseguir a aprovação de projetos. O motorista de Santos sacara 150 mil reais das contas do empresário Marcos Valério Fernandes de Souza, considerado o operador financeiro do esquema. O deputado foi convocado para depor na Comissão de Ética da Câmara, já na condição de pastor dissidente, e disse que seu funcionário teria cumprido ordens de Rodrigues. E criticou o bispo e ex--colega por demorar a assumir a responsabilidade pelo episódio.[34] Ameaçado de cassação, Santos acabou absolvido pela Câmara dos Deputados.[35] Rodrigues, em contrapartida, seria preso em 2006, na Operação Sanguessuga, que investigou o caso das ambulâncias, e voltaria à cadeia em 2013, condenado no "mensalão". As denúncias e as prisões destruíram sua carreira política e também abalaram a reputação do PL.

O presidente Lula, apesar do escândalo, mantinha aprovação popular ao concorrer à reeleição, em 2006 — novamente em parceria com José Alencar. Precisava, porém, reconstruir sua coligação para participar do pleito, dado o desgaste do PL. A Universal, mais uma vez, se prontificou a ajudar Lula a encontrar uma solução. O vice-presidente Alencar, católico, desembarcou do PL e seguiu o grupo de Macedo no projeto de criação de um novo partido. Com tempo escasso para o trâmite burocrático exigido pela legislação eleitoral, a opção foi usar uma legenda já em formação, o Partido Municipalista Renovador, PMR, para constituir o novo partido.[36] O PMR conseguiu seu registro definitivo em setembro de 2005 graças à participação da Universal na coleta das assinaturas mínimas necessárias. Com a filiação em massa de aliados, os seguidores do bispo se consolidaram no poder dentro da nova agremiação e mudaram o nome para Partido Republicano Brasileiro, PRB, um mês depois.

Alencar disputaria a reeleição ao lado de Lula e a parceria no poder seria renovada por mais quatro anos.[37] A solidez da coligação com o presidente petista inspirou Marcelo Crivella a disputar o governo do Rio de Janeiro em 2006. Ele acabou em terceiro lugar e voltou a Brasília para cumprir a segunda metade de seu mandato de senador.

Mesmo com a derrota na disputa ao governo fluminense, a igreja ganhou força política. Foi então que Edir Macedo decidiu apresentar oficialmente seu projeto de poder. Em 2008, às vésperas das eleições municipais, foi um dos autores do livro *Plano de poder: Deus, os cristãos e a política*,[38] para divulgar as posições da Universal. Mais do que apresentar propostas, a obra destaca a importância de os fiéis participarem do poder e influenciar nas decisões. Anuncia que Deus tem um plano político para os seguidores da Universal e os evangélicos aliados de Macedo: governar o Brasil.[39] Fala de "um grande projeto de nação elaborado e pretendido pelo próprio Deus", que teria sido sonhado para os hebreus — um povo semita monoteísta da Antiguidade. E declara: os cristãos precisam ter clara a sua responsabilidade nesse desígnio.[40]

No livro, Macedo projeta uma visão estadista de Deus, ao propor a formação de uma grande nação. E divide a política em dois grupos: "Existem os agentes do mal, que são aqueles que fazem oposição acirrada em vários sentidos — inclusive, ou principalmente, na política — aos representantes do bem".[41] Por fim, conclama os fiéis: "Tudo é uma questão de engajamento, consenso e mobilização dos evangélicos. Nunca, em nenhum tempo da história do evangelho no Brasil, foi tão oportuno como agora chamá-los de forma incisiva a participar da política nacional". E ainda: "A potencialidade numérica dos evangélicos como eleitores pode decidir qualquer pleito eletivo, tanto no Legislativo quanto no Executivo, em qualquer que seja o escalão, municipal, estadual ou federal".[42]

Antes de publicar o livro, Macedo já colocava em prática o projeto de fortalecimento político de sua instituição. Além das questões morais ressaltadas no discurso, muitas das preocupações da Universal e dos demais grupos organizados na bancada evangélica no Congresso estão relacionadas às atividades das igrejas e de outras organizações ligadas ao trabalho religioso. Envolvem, entre outros pontos, benefícios fiscais, apoio a comunidades terapêuticas confessionais, isenções e anistias a multas por violação a leis de controle do barulho. São temas caros à atuação de seus parlamentares.[43]

Na eleição presidencial de 2010, a Universal apoiou o PT novamente, apesar de não ter alguém do partido como vice. Na chapa encabeçada por Dilma Rousseff, o posto de vice coube a Michel Temer, então deputado e presidente nacional do PMDB. Edir Macedo entrou diretamente na campanha da petista, que tinha como principal adversário o tucano José Serra. Poucos dias antes do primeiro turno, o bispo defendeu publicamente a candidata num momento em que ela perdia pontos nas pesquisas devido a comentários espalhados nas redes sociais de que era a favor do aborto e do casamento de homossexuais. Uma frase que lhe atribuíram causava polêmica: "Nem mesmo Cristo me tira essa vitória". Em seu blog, Macedo garantiu tratar-se de uma mentira.[44] "Quem pensa que está prestando algum serviço ao Reino de Deus, espalhando uma informação sem ter certeza de sua veracidade, na verdade, está fazendo o jogo do diabo", atacou. "Pessoas mal-intencionadas têm procurado confundir muitos cidadãos com mentiras mal elaboradas, a fim de atrapalhar o trabalho sério de alguns candidatos."

No segundo turno, ao rebater críticas à petista, Macedo chegou a bater boca com Silas Malafaia, apoiador de Serra e líder neopentecostal ligado à Assembleia de Deus Vitória em Cristo, com intensa atividade nas redes sociais e junto à bancada evangélica. Macedo chamou o pastor de "falso profeta". Malafaia, em contrapartida, disse que o bispo era o "único pastor do mundo a favor do aborto". Também se acusaram mutuamente de terem vendido seus apoios.[45] Nessa mesma eleição, Marcelo Crivella conseguiu reeleger-se senador. Como estratégia para crescer na Câmara, o PRB lançava candidatos de outras igrejas evangélicas, além de artistas, entre eles o cantor Sérgio Reis, e apresentadores de programas populares da TV Record, como Celso Russomanno. Ambos foram eleitos por São Paulo com expressiva votação.

Com Dilma vitoriosa, Crivella obteve a pasta da Pesca e da Aquicultura, dois anos depois.[46] A escolha atendeu a uma demanda do PRB, à época com dez deputados, e foi vista como uma forma de acalmar a bancada evangélica, sequiosa por espaço no Executivo. Também primeiro representante da Universal a ocupar um cargo no primeiro escalão do governo federal, o sobrinho do bispo permaneceu no posto até 2014, quando se desincompatibilizou para concorrer de novo ao governo do Rio. Mais uma vez, sem sucesso. Eduardo Lopes, pastor, apresentador de programas da TV Universal e suplente de Crivella no Senado, o substituiu no Ministério da Pesca até o final do primeiro mandato de Dilma. Crivella chegou a ter os bens bloqueados pela Justiça, devido a uma ação de improbidade administrativa que apurava irregularidades num contrato para a instalação de vidraças, películas reflexivas e placas acrílicas no prédio do Ministério da Pesca. Segundo o Ministério Público Federal, teria havido sobrepreço na obra, de 411 mil reais. Crivella foi absolvido ao final do processo. Cinquenta dias depois, a Justiça determinou o desbloqueio de seus bens. O desembargador Ney de Barros Bello Filho alegou "ausência de indícios" de ato irregular.[47]

Reeleita em 2014, com o apoio do PRB, Dilma Rousseff reservaria um lugar mais nobre aos aliados da igreja: o Ministério dos Esportes. Além de um orçamento bem mais robusto — a previsão para 2015 era de 2,6 bilhões de reais, enquanto o da Pesca era de 254,6 milhões de reais —,[48] a pasta dos Esportes tinha considerável visibilidade, inclusive em razão dos preparativos para as Olimpíadas no Rio de Janeiro, no ano seguinte. Houve resistências, mas a presidente bancou a indicação do PRB: o ministério ficou com o deputado federal e pastor George Hilton. O problema com ele, porém, não era tanto sua vinculação com a Universal, e sim seu passado nebuloso. Em 2005, Hilton fora flagrado no aeroporto da Pampulha, em Belo Horizonte, com onze caixas contendo um total de 600 mil reais em espécie — em valores da época —,[49] dinheiro proveniente de doações de fiéis do sul de Minas Gerais, segundo ele. Então deputado estadual pelo PFL, acabou expulso do partido em razão do escândalo. Hilton não chegou a responder a processo, pois o delegado federal Domingos Pereira dos Reis não registrou a ocorrência, impedindo qualquer possibilidade de apuração da origem do dinheiro.[50]

A despeito das concessões que fez, e já muito debilitada politicamente, Dilma não conseguiu conter a insurgência de aliados capitaneada pelo então presidente da Câmara dos Deputados, Eduardo Cunha (PMDB-RJ), eleito para o importante cargo sem o apoio do governo. O chamado "Centrão", largamente acusado de fisiologismo, foi responsável pela ascensão de Cunha. Mais tarde, o deputado seria cassado e preso por corrupção na Operação Lava Jato, acusado de cobrar propina para facilitar a exploração de petróleo, pela Petrobras, em um campo no Benim, na África.[51] A bancada evangélica era uma das forças do Centrão, e muito próxima de Cunha. Também evangélico, o deputado era frequentador, havia anos, dos cultos da Igreja Sara Nossa Terra. Quando ocupava a presidência da Câmara, migrou para a Assembleia de Deus Madureira.

Já estavam dadas as cartas para que a Igreja Universal selasse o desembarque formal do governo Dilma. Com os crescentes sinais de enfraquecimento do governo e os constantes protestos nas ruas, Cunha foi o grande artífice do processo de impeachment, articulado com a ajuda do Centrão e, em especial, da bancada evangélica. O PRB e Macedo logo captaram o sinal dos tempos e passaram a trabalhar pela destituição de Dilma.[52] O presidente do partido, bispo Marcos Pereira, escreveu um artigo no site da igreja pedindo a cabeça da presidente e defendendo um "processo de limpeza" na política.[53]

Com a queda de Dilma e a ascensão de seu vice, o PRB e a Universal galgaram mais um degrau na Esplanada dos Ministérios. Conquistaram um posto de maior destaque, na área econômica: o líder do PRB, Marcos Pereira, bispo licenciado e vice-presidente da Rede Record entre 2003 e 2009, foi nomeado para comandar o Ministério da Indústria, Comércio Exterior e Serviços.[54] Ficou dois anos no cargo: pediu demissão em janeiro de 2018, após ter o nome citado na Operação Lava Jato. Segundo depoimentos de Marcelo Odebrecht, ex-presidente e acionista da empreiteira que leva seu nome e de mais dois executivos, Pereira teria recebido 7 milhões de reais do caixa dois da empresa — em dinheiro vivo — para a campanha de 2014.[55] E também o empresário Joesley Batista, do grupo JBS, declarou ter pago 4,2 milhões de reais ao ex-ministro pela liberação de um empréstimo de 2,7 bilhões de reais na Caixa Econômica Federal. Uma vice-presidência do banco tinha sido indicada pelo PRB. A última parcela paga pela JBS, de 700 mil reais, teria sido entregue pessoalmente por Joesley — segundo relato do empresário em sua delação premiada —, no dia 24 de março de 2017, na casa do então ministro.[56] Pereira, que antes pregara a "limpeza" política, acabou tisnado por ela. Ele negou as acusações, admitindo apenas ter pedido à Odebrecht doação para a campanha de Crivella a governador, no Rio, em 2014.[57] O caso referente à empreiteira está no STF, que deve definir se os autos serão encaminhados à Justiça Federal ou à Justiça Eleitoral.[58] O processo de Joesley, investigado pelo Ministério Público Federal do Distrito Federal, corre sigiloso.[59]

O impeachment presidencial e as investigações da Lava Jato já haviam tido um peso preponderante nas eleições municipais de 2016. No Rio de Janeiro esse peso se fez notar mais fortemente — as denúncias atingiram o então principal líder político do estado, o ex-governador Sérgio Cabral (PMDB), e vários de seus aliados políticos, entre os quais o sucessor no governo, Luiz Fernando Pezão. Cabral seria preso sob suspeita de desviar mais de 200 milhões de reais em contratos públicos durante sua gestão. Foi condenado a 183 anos de reclusão.[60] Esse quadro favoreceu Marcelo Crivella, que acabou sendo eleito prefeito em disputa no segundo turno com o deputado estadual Marcelo Freixo (PSOL), político de esquerda que havia se notabilizado pelo combate às milícias.[61] Pela primeira vez um religioso da Universal chegava ao comando de uma das principais cidades do país.

Desde o início a administração de Crivella foi marcada por polêmicas. Primeiro, foi o corte de verbas ao Carnaval, uma das principais datas turísticas do Rio, que chega a reunir 1,5 milhão de turistas e 6 milhões de foliões.[62] O prefeito evangélico, esquivo à folia, foi alvo de protestos dos carnavalescos, por não dar o devido apoio à festa.

Crivella também foi acusado de favorecer fiéis. Em julho de 2018, ele promoveu um controverso "Café da Comunhão" — reunião fechada com 250 pastores evangélicos e pré-candidatos a deputado pelo PRB. Ali, segundo áudios do encontro obtidos pelo jornal *O Globo*, o prefeito ofereceu facilidades aos pastores e seguidores da Igreja Universal, como a possibilidade de furar a fila do Sistema Único de Saúde para cirurgias de catarata, varizes e vasectomia, além de outros favores.[63]

Na época, o tempo de espera por uma consulta para casos de catarata chegava a oito meses.[64] No evento — conforme as gravações —, o prefeito apresentou aos pastores a assessora Márcia da Rosa Pereira Nunes e afirmou que os fiéis poderiam procurá-la para resolver qualquer problema. O Ministério Público Estadual encaminhou uma ação civil pública por improbidade administrativa contra Crivella,[65] que negou os favorecimentos. Segundo a prefeitura, o objetivo do encontro foi prestar contas e divulgar serviços importantes para a população. Outras reuniões semelhantes com diversos setores da sociedade já teriam sido realizadas. De acordo com a administração, 65% das pessoas na fila de cirurgia de catarata haviam sido chamadas, em dois meses, para a primeira consulta.[66]

As críticas causaram imenso desgaste a Crivella. Em 2018, foram protocolados no Legislativo três pedidos de abertura de processo para sua destituição, todos sem sucesso.[67] Em abril de 2019, a Câmara Municipal do Rio aprovou a solicitação de impeachment, mas por outro motivo: a acusação de que o prefeito prorrogara, sem licitação, uma concessão para agências de publicidade divulgarem anúncios em 34 locais públicos, como pontos de ônibus e relógios de rua. Essa autorização era de 1999. Segundo a denúncia, o contrato previa a exploração das áreas por vinte anos e não havia cláusula permitindo a renovação. As empresas também teriam deixado de pagar quase 30 milhões de reais em obrigações e multas.[68] Em junho do mesmo ano, o processo foi arquivado. Sobre as denúncias de favorecimento a fiéis, a Câmara, por meio da chamada "CPI da Márcia", também concluiu, passados nove meses, não haver provas contra o prefeito. Para os vereadores, as ofertas de Crivella "ficaram só nas promessas".[69]

Se num primeiro momento o sobrinho de Macedo fora beneficiado pelos efeitos da Lava Jato no Rio, que varreu da cena poderosos clãs políticos, mais tarde ele também acabaria atingido por denúncias. Segundo um delator, Mauro Macedo, apontado como ex-tesoureiro de Crivella — embora não tenha exercido o cargo oficialmente —, recebera, em campanhas eleitorais entre 2010 e 2012, 450 mil reais não contabilizados da Fetranspor, a entidade sindical das concessionárias de transporte público do Rio.[70] A acusação trouxe à baila outro membro da família Macedo, até então pouco conhecido: Mauro é primo de Edir. Ele foi citado em um depoimento ao Ministério Público Federal, no Rio, por Edimar Moreira Dantas, ex-funcionário do doleiro Álvaro José Novis, acusado de operar o esquema de propinas e doações não declaradas da Fetranspor. Mauro Macedo exerceu cargos em Brasília no gabinete de Crivella no Senado, entre 2003 e 2011, e na liderança do extinto PL, partido pelo qual o político se elegeu pela primeira vez. Mas não na prefeitura carioca.[71] Sobre a acusação, o MPF do Rio informou não existirem investigações na esfera federal contra Crivella.

Desde os anos 1990, Mauro Macedo, católico não praticante — como grande parcela dos brasileiros —, é considerado um administrador da confiança do líder máximo da Universal. Baixo, calvo, fala mansa e pausada, é um homem de bastidores, quase não aparece.[72] Dirigiu empresas ligadas à igreja, como a gráfica Universal e a gravadora Line Records, e gerenciou a construção do Templo da Fé, em Del Castilho, no Rio. Teria conseguido reduzir os custos da construção em 30%.[73] Fez uma reestruturação na Line Records num momento em que a empresa era deficitária. Quando Edir Macedo decidiu fechar a gravadora, transferiu os artistas para a MC Editora Gospel, empresa na qual apareceu como proprietário. O bispo costumava recorrer ao primo em situações de crise. Ou quando desconfiava de fraudes ou desvios na gestão de algum negócio. Nos anos 1990, Mauro Macedo teria sido um dos encarregados da igreja a intermediar contatos com doleiros da casa de câmbio Diskline — da qual a Universal era cliente —, de acordo com o relato de um dos sócios, em um processo para apurar crimes de evasão de divisas e lavagem de dinheiro.[74] Filiado ao PRB, o primo era visto frequentemente no gabinete de Crivella, mesmo sem posto na administração. Durante a campanha, despachava em um escritório no centro do Rio.[75]

Outra denúncia causaria embaraços ao prefeito, dessa vez quando da delação de Sérgio Cabral, na 7ª Vara Federal Criminal do Rio de Janeiro. Segundo o ex-governador, Crivella teria recebido 1,5 milhão de dólares para apoiar a candidatura de Eduardo Paes (PMDB) a prefeito, no segundo turno da eleição de 2008,[76] montante que teria sido dado pelo empresário Eike Batista. "É mais uma grande mentira plantada para tentar desestruturar a minha gestão e minhas convicções como homem público. Jamais conseguirão manchar a minha honra", rebateu Crivella. Citado em duas delações como suposto beneficiário de dinheiro para campanhas, ele não foi investigado ou indiciado nesses casos.

Gafes e afirmações desastrosas também chamaram a atenção na gestão de Crivella. Em meio à polêmica com os carnavalescos por causa do corte de verbas, em janeiro de 2019, disse que as escolas de samba deveriam retratá-lo como um herói.[77] Quatro meses depois, ao comentar a queda pela quarta vez de um trecho da ciclovia Tim Maia, que liga a Zona Sul à Zona Oeste carioca — cuja construção e administração é de responsabilidade da prefeitura —, disse que ela deveria se chamar Vasco da Gama, pois vive caindo. O comentário fazia menção aos três rebaixamentos do time de futebol da cidade no campeonato brasileiro de futebol, em 2008, 2013 e 2015. Em um dos desabamentos, duas pessoas morreram. Para amenizar o desgaste junto a torcedores, assinou depois a cessão de terreno para o Vasco construir um CT.[78] Ele já havia manifestado um humor inconveniente, um ano antes, diante de outra tragédia: a morte de quatro pessoas durante fortes chuvas na capital carioca. Crivella brincou, ao dizer que São Paulo também tinha enchentes e os paulistanos iriam ganhar um programa novo, o "Balsa Família".[79] O lance mais barulhento do governo de Crivella também não teve graça: a caça de exemplares do gibi *Vingadores: A cruzada das crianças*, em setembro de 2019.

Cansado dos desgastes, o prefeito chegou a lamentar ter enveredado pela vida política, seguindo a recomendação — ou uma ordem, na verdade — do tio bispo. Preparado para se lançar às feras, na arena política, após sua experiência no projeto da fazenda Nova Canaã, mostrou-se apreensivo. Em discurso para pastores e suas esposas, na Igreja Batista de Lagoinha, em Belo Horizonte, em abril de 2011,[80] queixou-se de sua opção: "Confesso que, naquele instante, fiquei triste. Aceitei porque, na igreja, você não tem opção. [...] Você vai, tem que ir. Lembro que, naquele dia, fiz uma oração. Eu disse o seguinte: 'Meu Deus, eu não tiraria um filho do altar para a política'". Ressalvou, no entanto, ter percebido após a primeira eleição seu "equívoco" e "a importância da nova missão". Garantiu que um dia o Brasil iria "eleger um presidente evangélico".[81]

Há tempos Crivella se apresenta como bispo licenciado. Alheio às decisões da Universal, não tem ingerência no dia a dia da instituição. Em sua campanha à prefeitura, em 2016, mal se notava a presença da igreja, à exceção de bispos e pastores políticos — vereadores, deputados e dirigentes do PRB. Fiéis e correligionários eram orientados a desvincular a imagem do candidato da relação com a igreja.

O sobrinho de Macedo foi o nome da Universal que mais alcançou projeção, depois do tio. Foi aquele que teve mais destaque na política, ao conquistar a vaga no Senado e os cargos de ministro e prefeito do Rio. Mas não somou pontos suficientes para se tornar o número um na linha sucessória da igreja. Para muitos, não teria a volúpia do poder desejada pelo tio. Inteligente, ambicioso, é considerado uma figura afável, ao contrário de Macedo, que em geral transmite tensão, dizem ex-colaboradores. Crivella se dá bem com outros bispos e pastores, inclusive é respeitado e elogiado por dissidentes. Na campanha à prefeitura, visitou o templo do apóstolo Valdemiro Santiago, ex-companheiro da Universal, líder da concorrente Igreja Mundial do Poder de Deus e desafeto do tio. Santiago o recebeu com honras e orientou seus pastores e fiéis no Rio a votar no candidato do PRB.[82]

Mesmo tendo se afastado da carreira musical, Crivella continuou cantando. Na última campanha, costumava cancelar a agenda à noite, sem maiores explicações aos dirigentes do partido. Dispensando a companhia de assessores e seguranças, ia cantar hinos de louvor em modestos templos da Universal em bairros do subúrbio do Rio, como Madureira e Campo Grande. Na posse de sua primeira secretária de Cultura, Nilcemar Nogueira, neta do sambista Cartola, surpreendeu a plateia ao cantar um clássico do cultuado compositor carioca, "As rosas não falam". Foi acompanhado pelo público.[83]

No evento na Igreja Batista de Lagoinha, em Belo Horizonte, elogiou o "inesquecível e grande presidente Lula". Quando presidente, no auge de sua popularidade internacional, Lula era visto por Crivella como um exemplo de que o Brasil e os brasileiros poderiam conquistar "as últimas fronteiras [para a fé cristã]", ilustradas por Índia, China e países árabes. A aproximação do governo petista com o Irã também foi comemorada, pois poderia facilitar a entrada da igreja no país. Crivella dizia querer falar de Jesus aos muçulmanos. Então senador, pediu uma carta de apresentação a Lula para se aproximar de presidentes de países nos quais a igreja enfrentava dificuldades para entrar. O petista as escreveu, à mão, e lhe entregou. Assim, a Universal se instalou em Zâmbia, na África — onde seus pastores haviam sido expulsos — e em Barbados, na América Central.[84]

Depois da cassação do mandato de Dilma Rousseff e da prisão do ex-presidente Lula, em abril de 2018, o espectro ideológico crispou-se. Alinhada ao governo Temer, a Universal não via como apoiar Lula na eleição daquele ano. O petista, preso, liderava as pesquisas de intenções de votos, mas suas chances de conseguir confirmar a candidatura eram remotas. A igreja ainda rejeitava ferrenhamente a figura de seu substituto, Fernando Haddad, confirmado mais tarde. A gratidão a Lula foi esquecida.

Quando titular da pasta da Educação na gestão petista, Haddad já havia provocado a ira de Macedo ao resistir à ideia de a Universal criar uma universidade própria. Após essa recusa, segundo assessores, o ministro passou a receber críticas de evangélicos por, supostamente, ser o responsável pelo lançamento de um "kit gay" nas escolas, termo pejorativo para se referir ao programa Escola sem Homofobia, na verdade uma iniciativa do Legislativo. A Comissão de Direitos Humanos da Câmara dos Deputados havia encomendado o projeto ao Ministério da Educação, em 2004, um ano antes de Haddad assumir o cargo.[85] Mas o petista acabou ficando na linha de frente da batalha quando surgiu a polêmica. As dificuldades com a construção do Templo de Salomão também indispuseram Macedo contra Haddad, quando este era prefeito de São Paulo.

Haddad exigiu o pagamento de contrapartidas aos cofres públicos por conta de irregularidades na obra e pelo fato de a monumental construção ser erguida em uma área destinada a moradias para a população de baixa renda.[86]

O aval para o grupo de Macedo ter sua faculdade veio somente em novembro de 2018, sob o governo Temer. O Ministério da Educação autorizou a criação da Fundação Republicana Brasileira, ligada ao PRB. É a primeira entidade vinculada a um partido a ter permissão para gerir uma faculdade credenciada pelo MEC.[87] O primeiro curso aprovado foi o de ciência política. A proposta do PRB foi apresentada formalmente em 2013, depois da saída de Haddad do ministério.[88]

Na eleição de 2018, a Universal optou, no início da campanha, pela candidatura do ex-governador de São Paulo Geraldo Alckmin (PSDB).[89] Às vésperas do primeiro turno, no entanto, o tucano dava sinais claros de que não decolaria. O capitão reformado Jair Bolsonaro passava a liderar a disputa depois da confirmação de que Lula não poderia ser candidato, devido à sua condenação no caso do triplex no Guarujá. Foi o próprio Edir Macedo quem anunciou então, nos últimos dias de setembro, que a igreja e o PRB apoiariam o candidato do PSL.[90]

A Universal foi uma das últimas igrejas pentecostais a embarcar na campanha de Bolsonaro, mas era dona de um trunfo que os aliados de primeira hora não tinham: uma rede de televisão de alcance nacional. A celebração da união ocorreu na noite do último debate presidencial do primeiro turno. Bolsonaro alegou problemas médicos para não comparecer ao confronto, pois se recuperava de um ataque à faca sofrido em Juiz de Fora (MG), no início de setembro. No mesmo horário do debate da Globo, Bolsonaro apareceu em uma longa e amena entrevista na Record.[91] O PT recorreu à Justiça Eleitoral, sob a alegação de que a emissora favorecera o candidato ao lhe dar tratamento privilegiado. Bolsonaro ainda falaria ao programa *Domingo Espetacular*, da Record, antes do segundo turno, e sua primeira entrevista depois de eleito também seria para a TV de Macedo.[92]

Ao relegar a Rede Globo, principal emissora do país em audiência, a um segundo plano, Bolsonaro agradava ao aliado de última hora, Edir Macedo, e à parte expressiva de seu eleitorado. Bolsonaristas tachavam a Globo de "comunista" por suas telenovelas tratarem de temas como homossexualidade, transgêneros e famílias não tradicionais. O próprio presidente se referiu à emissora carioca como "inimiga", em fevereiro de 2019, em conversa privada com o então ministro-chefe da Secretaria Geral, Gustavo Bebianno.[93] As conversas foram vazadas para a imprensa quando Bebianno deixou o cargo, após se desentender com o presidente.

Adversário de Bolsonaro na acirrada e agressiva disputa eleitoral, Haddad ainda entrou em atrito diretamente com Edir Macedo durante o pleito. Na porta da basílica de Nossa Senhora, em Aparecida (SP), no dia do feriado dedicado à santa, o petista disse que a candidatura de Jair Bolsonaro era "um casamento do neoliberalismo desalmado" — representado pelas ideias do economista Paulo Guedes — com o "fundamentalismo charlatão" de Macedo. "Sabe o que está por trás dessa aliança? Em latim chama '*auri sacra fames*'. Fome de dinheiro. Só pensam em dinheiro", disparou. O líder da Universal entrou com processos cível e criminal contra o candidato por conta das alegações. Haddad foi condenado em primeira instância pelo juiz Marco Antonio Muscari, da 6ª Vara Cível de São Paulo, a pagar uma indenização de 79 mil reais ao bispo, e recorreu da decisão.[94]

Com Bolsonaro no Planalto, Edir Macedo e outros líderes evangélicos começam a colher os frutos. Em agosto de 2019, o presidente defendeu medidas a serem incluídas no projeto de reforma tributária do governo para beneficiar as igrejas, procurando facilitar-lhes as prestações de contas.[95] Líderes da bancada evangélica pedem, entre outras reivindicações, o fim da obrigatoriedade de retenção de imposto de renda sobre pagamentos feitos a pastores. Embora as arrecadações das igrejas sejam isentas de tributos, as instituições precisam cumprir determinados requisitos, sob pena de autuação e multas.[96]

Apesar do discurso de austeridade da equipe econômica, os números no primeiro trimestre de 2019 mostram que os gastos em publicidade do governo de Jair Bolsonaro cresceram 63% em relação ao mesmo período do ano anterior. E a TV do bispo passou a ser beneficiada, levando a maior fatia do bolo, de acordo com os números da Secretaria Especial de Comunicação Social (Secom).[97]

Na busca por votos, Bolsonaro anunciou que evitaria repasses aos meios de comunicação tradicionais e que privilegiaria as redes sociais. Segundo levantamento feito pelo UOL, porém, gastou 75,5 milhões de reais de despesas com publicidade no primeiro trimestre de 2019, contra 44,5 milhões do governo Temer, no mesmo período, em 2018. Do montante, a Record levou 10,3 milhões de reais; o SBT 7,3 milhões, e a Globo, 7,1 milhões.

Em 2018, o quadro era bem diferente. No primeiro trimestre, a Globo estava bem à frente no faturamento com publicidade do governo federal, com 5,9 milhões de reais; a Record vinha em segundo, com meros 1,3 milhão de reais, e o sbt, 1,1 milhão de reais.[98] Esses números se referem aos gastos da Secom, não englobam os dos outros ministérios. O governo alegou que as despesas com propaganda já haviam sido programadas pela gestão Temer. Apesar de o levantamento ter sido feito com base em dados da Secretaria Especial de Comunicação, vinculada ao Palácio do Planalto, o presidente Jair Bolsonaro considerou a notícia "mais uma fake news da *Folha de S.Paulo*".[99]

A tv Record deu sinais de que pretende manter essa relação frutífera com o governo Bolsonaro. O afastamento do apresentador Paulo Henrique Amorim do programa *Domingo Espetacular* foi atribuído às posições políticas do jornalista, ferrenho opositor do presidente.[100] Segundo se comentava nos bastidores, a emissora já havia recebido pressões para afastá-lo, mas vinha resistindo. Com mais de cinquenta anos de carreira e passagens pelos principais meios de comunicação do país, Amorim era uma das principais estrelas do jornalismo da Record. O *Domingo Espetacular* era uma espécie de revista eletrônica havia catorze anos. Amorim ainda mantinha um popular site político, o Conversa Afiada, identificado com posições de esquerda. Posto na "geladeira", o jornalista — magoado, segundo amigos — morreu menos de um mês depois, aos 76 anos, de um infarto fulminante.[101]

Surgiram também especulações de que, para azeitar ainda mais o relacionamento com o presidente, Edir Macedo poderia estar de algum modo envolvido com o lançamento da cnn Brasil — um novo canal de notícias no país, com nome de credibilidade internacional. A marca foi licenciada pela americana Turner para uma nova empresa comandada pelo jornalista Douglas Tavolaro, ex-vice-presidente de Jornalismo do grupo Record, e pelo empresário Rubens Menin, dono da mrv Engenharia.[102] Fiel da Igreja Universal e bastante próximo de Macedo, Tavolaro é coautor das quatro biografias do bispo e produtor executivo do filme *Nada a perder*. Nada indicava que houvesse rompido com a igreja e o antigo líder. Para sucedê-lo na Record, foi indicado um profissional de sua total confiança: Antonio Guerreiro, seu professor na época de estudante, no curso de jornalismo na Faculdade Cásper Líbero.[103]

Antes de criar a Record News, em 2007, Macedo havia sondado a cnn para uma eventual parceria. Anos depois, tentou novamente, outra vez sem sucesso, segundo o blog Notícias da tv.[104] Tavolaro negou um possível envolvimento de

Macedo no projeto. "As teses se multiplicam com um nível de invenção incrível. Não existe nada disso", respondeu, garantindo que seu ciclo na Record havia terminado. A CNN Brasil, segundo ele, será uma emissora de jornalismo com a única missão de levar ao público "informação com qualidade, imparcialidade e correção, e pluralidade de opiniões".[105]

Em razão de Edir Macedo e o empresário Rubens Menin serem próximos de Jair Bolsonaro e apoiarem seu governo, difundiram-se no mercado jornalístico teses — sem comprovação — de que a CNN Brasil estaria sendo criada como uma versão tupiniquim da norte-americana Fox News, o canal conservador que dá sustentação a Donald Trump.[106] Para os bolsonaristas, a aliança seria uma forma de se contrapor à Rede Globo. O filho do presidente da República, Eduardo Bolsonaro, havia defendido a necessidade de um órgão de imprensa conservador no Brasil. Com a criação de uma nova rede, seria possível diminuir o poder da Globo e acabar com a hegemonia da GloboNews no jornalismo da TV paga.[107] Menin, também fundador do Banco Inter, é um entusiasta de primeira hora de Bolsonaro, embora negue o alinhamento.[108] Por acaso, sua empresa, a MRV, é também uma das patrocinadoras da cinebiografia de Macedo, *Nada a perder 1* e *Nada a perder 2*.[109] Causou surpresa, no entanto, um alardeado racha da CNN/ MRV com a TV Record. A emissora do bispo exibiu três reportagens, entre os dias 20 e 23 de setembro de 2019, denunciando ações de clientes que teriam sido lesados pela empreiteira de Menin e apontando problemas em prédios erguidos pela MRV no programa Minha Casa Minha Vida, no Paraná.[110] Menin atribuiu o ataque ao fato de a CNN ter tirado da emissora do bispo o apresentador Reinaldo Gottino.[111] Mas, no meio televisivo e entre evangélicos, há quem tenha visto uma disputa de bastidores pelo comando da CNN, levando-se em conta, segundo essa tese, que Douglas Tavolaro ainda estaria ligado a Edir Macedo.

A linha editorial da CNN americana não é automaticamente reproduzida por empresas que licenciam a marca em outros países. Na Turquia, a emissora pertencia ao grupo Dogan Media. Foi comprada em 2018 pelo conglomerado Demiroren, alinhado ao governo autoritário de Recep Tayyip Erdoğan. Erdoğan era crítico às posições da CNN local. Após a aquisição, o canal passou a ter um viés governista.[112] Essa postura da emissora reforçou as especulações. Em lua de mel com o governo, Edir Macedo tem recebido outros mimos do bolsonarismo: a embaixada do Brasil em Buenos Aires postou em sua página no Facebook, em outubro de 2019, um texto para divulgar a cinebiografia do bispo, *Nada a perder 2*. O filme também foi citado em uma newsletter cultural produzida pela embaixada.[113]

Independentemente das especulações, Macedo tem motivos para comemorar a boa relação com o governo. Enquanto aguarda novas oportunidades, dedica-se a outro assunto controverso: o futuro de sua igreja, tema que o preocupa há uma década. Em 2007, Macedo anunciou o bispo Romualdo Panceiro como seu substituto e, dois anos depois, surgiram rumores sobre a sua saúde e os primeiros sinais de divergências entre ele e o antigo aliado.[114] Panceiro, segundo revelações de ex-integrantes da Universal à revista *Carta Capital*, teria assumido o controle dos bens da instituição, com uma procuração passada por Macedo. Ele não ouvia nem recebia mais ordens do líder, garantiam ex-colegas. Panceiro negou e chegou a processar a publicação. Apesar das rusgas, continuou na igreja, acertando com Macedo um posto no exterior. Mais tarde, romperiam em definitivo.

As divergências se explicitavam enquanto Macedo, de acordo com fontes refutadas pela Universal, convalescia de um transplante de pâncreas nos Estados Unidos. A cirurgia é recomendada a pacientes com diabetes tipo 1 — caso em que o pâncreas produz pouca ou nenhuma insulina e não consegue utilizar o açúcar no sangue para gerar energia.[115] Fotografias à época mostravam Macedo magro e abatido. A Universal garantia serem "completamente infundadas" as informações a respeito do transplante.[116]

A diabetes de Edir Macedo, detectada havia muito tempo, conforme ex-integrantes da igreja, agravara-se em 1991, após o conturbado momento da compra da Record. A imprensa questionava a transação e criticava o bispo, que passou a apresentar hipertensão. O pastor Ronaldo Didini acompanhou Macedo duas vezes em consultas, em sua casa, na Chácara Flora, com o cardiologista Miguel Moretti, do Instituto do Coração do Hospital das Clínicas de São Paulo (InCor). O bispo passou a viver à base de dieta, com uma alimentação equilibrada.[117]

Em seu blog pessoal, Macedo também contestou as notícias sobre sua saúde. Disse que, uma semana antes das revelações, esteve em uma inauguração na catedral do Brooklyn, em Nova York; em um encontro com 10 mil pessoas em Natal, no Rio Grande do Norte; e em uma reunião com bispos e pastores na África do Sul. Os participantes desses eventos, assegurou, "são testemunhas oculares da minha disposição e saúde". E desabafou: "Será que um doente ou enfermo teria condições físicas de realizar tantas reuniões em três continentes num espaço de cinco dias apenas, com seis horas de fuso horário? Acredito que o ódio deles contra nós tem sido tão grande que perderam o senso de responsabilidade e credibilidade para com seus próprios leitores". Em telejornais e programas da TV Record, criticou a imprensa e se considerou vítima de uma "campanha preconceituosa".[118]

Três anos depois, a discussão sobre a saúde do bispo ressurgia nas redes sociais. A médica Eunice Harue Higuchi, diretora da Life Empresarial Saúde, desmentiu rumores no programa *Palavra Amiga*, na IURD TV, e assegurou que a saúde de Macedo estava "dentro da normalidade", com peso e altura compatíveis com a idade, e que não falaria da pressão arterial porque "todo mundo [ficaria] com inveja". Eunice, fiel da Universal e formada pela Universidade de São Paulo, passara a atender Edir Macedo e a dar dicas sobre saúde em sites da igreja.

O bispo da Universal Adilson Silva apontou um responsável pelos "boatos" sobre a saúde de Macedo: o apóstolo Valdemiro Santiago, o líder da Igreja Mundial do Poder de Deus. Silva exibiu, também na IURD TV, um vídeo no qual o apóstolo e ex-aliado de Macedo dizia que o demônio estava "comendo o fígado" de integrantes da "igreja das fogueirinhas" — uma alusão à Fogueira Santa de Israel, a campanha organizada pela Universal para incentivar os fiéis a realizarem sacrifícios. "Eu estou falando para quem? Estou falando para a igreja da fogueirinha, da Record, que fica perseguindo, falando besteira, um monte de abobrinha. Estou falando para aqueles doentes que estão desenganados, com o demônio comendo o fígado deles, o pâncreas. E não tomam juízo", provocava Santiago, durante um culto exibido na TV. Nas redes sociais, seguidores da Universal criticaram o apóstolo e passaram a divulgar o mesmo vídeo, mas com o título: "Valdemiro falando que bispo Macedo está com câncer".[119] Depois desse quiproquó, não se falou mais publicamente sobre a saúde de Macedo.

Cria da Universal, Santiago esteve no mesmo púlpito de Macedo por longos dezoito anos. O apóstolo "boiadeiro" — assim chamado por causa do chapéu de vaqueiro — ousou, com o ligeiro crescimento de sua igreja, atrapalhar o caminho da Universal, enveredando por uma disputa de espaço. Passou a atacar o antigo chefe em seus cultos, no que foi rapidamente contido. Macedo ordenou um bombardeio ao ex-aliado em sua rede de TV. No dia 18 de março de 2012, o programa *Domingo Espetacular* mostrou uma longa reportagem que denunciava que o apóstolo comprara fazendas no valor de 50 milhões de reais e mais de

1500 cabeças de gado no Mato Grosso, com dinheiro da Igreja Mundial. Somente uma dessas propriedades, no município de Santo Antônio do Lerverger, o portão de entrada para o pantanal mato-grossense, custara 29 milhões de reais, pagos à vista. Ele também teria adquirido mansão e apartamento de luxo em condomínios sofisticados, enquanto deixava de pagar o aluguel dos mais de cinquenta prédios em que seus templos estavam instalados. Santiago negou: a fazenda foi comprada pela igreja, era bem menor do que a mostrada na TV e estava sendo paga em prestações, afirmava. E desafiou Macedo a ir à TV exibir suas contas, enquanto ele mostraria as dele.[120]

Após o torpedo avassalador, Santiago saiu de cena. Com o líder da Mundial abatido e o cunhado e missionário R. R. Soares, da Internacional da Graça, sem constituir ameaça — pois preferiu crescer moderadamente, ficando quieto no seu canto —, Macedo tem hoje um único temor: que Romualdo Panceiro decida abrir uma igreja própria.

Internamente, a sucessão na Universal continua em pauta. A partir de 2014, integrantes da denominação começaram a dizer, intramuros, que Macedo preparava o bispo e genro Renato Cardoso para comandá-la, ao lado da filha Cristiane, quando precisasse se afastar devido à idade. Moysés, seu filho adotivo, nunca exerceu funções religiosas, e não teria o perfil para tal missão. A filha mais nova, Viviane, e o marido, Júlio Freitas, continuavam no exterior. A opção lógica seria Cardoso. Depois de Macedo, atualmente é o homem forte da igreja.

Cardoso ingressou na Universal em 1985, aos treze anos. Quatro anos depois já era pastor. Para continuar no ministério, terminou um noivado com uma fiel oito anos mais velha — seguindo as recomendações da igreja. Cristiane o conheceu numa manifestação evangélica, em meio à multidão. Ouvira falar do rapaz com jeito de galã teen, que pouco lembrava um pastor. Logo se apaixonou. Ele tinha dezoito anos, ela, dezesseis. Casaram-se em 1991, após dez meses de namoro. Foram morar em Nova York, depois na Cidade do Cabo e em Londres. Ajudaram na implantação e no crescimento da igreja no exterior. Viveram vinte anos fora do Brasil.[121] Cardoso, por essa razão, é visto com reservas por bispos e pastores mais antigos, pois não teria "ralado" e "amassado barro" no dia a dia para ajudar a erguer a igreja.[122]

Em 1996, a fim de agradar o genro do bispo, a Universal apoiou a candidatura de seu pai, Celso Cardoso, a vereador em São Paulo, pelo PPB do ex-prefeito Paulo Maluf. Cardoso pai teve 28 mil votos na primeira eleição, e 27 mil num segundo mandato (2000-4).[123] Marcelo Cardoso, irmão do herdeiro e também bispo, é vice-presidente administrativo da Record e CEO da Record Internacional. Foi entronizado na emissora como uma espécie de fiscal, para acompanhar processos e procedimentos, e alertar o irmão e o próprio Macedo sobre eventuais irregularidades. Com ascendência sobre os demais vice-presidentes da emissora — responsáveis por áreas como programação e jornalismo —, e com maior poder em suas funções do que o próprio presidente da Record, Marcelo está sendo preparado, segundo se comenta nos bastidores, para ser o comandante da emissora no futuro, ao lado do irmão e herdeiro.[124] Jovem e arrojado, Renato também ganhou fama de bom administrador ao se revelar intransigente na contenção de gastos.[125] Diz estar sempre focado no trabalho, em período integral. Críticos de sua atuação afirmam que ele "não é amigo de ninguém" e, apesar da imagem de bom-moço, é "duro" e "implacável" com os subordinados.

Renato e Cristiane admitiram ter tido um relacionamento conturbado nos primeiros doze anos de casados.[126] As dificuldades em casa influíram na escolha de um nicho de atuação: o aconselhamento familiar e matrimonial. Renato fez um curso sobre o tema em Nova York[127] e virou especialista em dicas para casais. Passou a dar conselhos, ao lado da mulher, no site e em blogs da igreja.

O casal, não à toa, está em evidência nos meios de comunicação do grupo. Os dois apresentam os programas *The Love School — A Escola do Amor* e *Minuto do Casamento*, ambos com conselhos para casais aflitos e angustiados. Apareceram em programas de variedades como o *Hoje em Dia*, que tem entre os apresentadores a ex-modelo Ana Hickmann, e no talk-show *Programa do Porchat*, do humorista Fábio Porchat.[128] Lançaram uma revista mensal, *A Escola do Amor*, e são a atração principal da "Terapia do Amor", nas noites de quinta-feira, no Templo de Salomão — onde também residem, num apartamento logo abaixo da residência de Edir Macedo.[129] Onipresente, toda madrugada Renato Cardoso está no programa de orações e bênçãos *Inteligência e Fé*.

Seguindo os passos de Edir Macedo, o casal passou a escrever livros sobre relacionamentos. Com público fiel e cativo, as publicações tinham tudo para se tornar best-sellers, e foi o que aconteceu: a dupla assinou a autoria de *Casamento blindado*, que teve 2,5 milhões de exemplares vendidos, e *Namoro blindado*, com mais de 500 mil livros vendidos. Cristiane ainda lançou *A mulher V: Moderna à moda antiga* e *Melhor que comprar sapatos*, cada um deles com 1 milhão de cópias contabilizadas.[130]

Cristiane é a líder do movimento Godllywood, um projeto para a formação das mulheres da igreja, da infância à fase adulta. A iniciativa, pensada e planejada para ser comandada pela filha do bispo, ajudou a aumentar a fama, o prestígio e o poder do casal. O Godllywood, segundo o site da igreja, é um movimento que "levanta a bandeira da santidade ao Senhor". É voltado às mulheres "que não estão preocupadas com status, mas sim em fazer a vontade de Deus acima de tudo". As interessadas não precisam fazer parte da igreja. Orientações e tarefas são transmitidas por posts e lives na internet.[131] O Godllywood estabelece normas de conduta, dá orientações e sugere "desafios", dedicados a Deus, para as crianças, adolescentes, esposas, noivas, obreiras, evangelistas e frequentadoras da igreja.

O movimento surgiu com o objetivo de se contrapor aos valores e comportamentos difundidos pela produção cinematográfica de Hollywood. Para a Universal, ideias propagadas pela meca do cinema, estimulando a imagem da mulher moderna, livre e independente, seriam nocivas à formação de suas fiéis. No site do movimento, ressalta-se a necessidade de as seguidoras se prepararem para se tornar "mulheres exemplares", "avessas às influências e imposições hollywoodianas", e capazes de apresentar "exemplo positivo em casa, no trabalho e na escola".[132] Nas redes sociais, ex-integrantes da igreja revelaram que jovens do grupo teriam sido recrutadas para se casar com pastores. A seleção fora feita por meio de fotografias de corpo inteiro enviadas aos religiosos. Contos de fadas, de fato, pareciam se concretizar da noite para o dia. Casos como o da obreira Raquel, 31 anos — relatado no blog de Cristiane —, casada com um pastor de 36 graças às informações que a blogueira passou ao religioso. Ele se interessou pela moça e a levou para viver com ele em Houston, no Texas (EUA), onde morava e atuava a serviço da igreja. "Ela conheceu o pastor, se apaixonou e casou-se em um mês. Eles nunca estiveram tão felizes", comemorou Cristiane.[133] Os homens também tiveram a sua versão do Godllywood, o IntelliMen, comandado por Renato Cardoso. O programa visa preparar "homens inteligentes [...] conectados à realidade dos novos tempos". Segundo o manifesto do movimento, disponível na internet, o IntelliMen busca formar "homens melhores de 8 a 88 anos", exigindo de seus integrantes "humildade" e disposição "[para] nunca [...] fugir dos desafios".[134]

Graças a esses projetos e ao aumento da visibilidade, Renato e Cristiane viram seu prestígio na igreja crescer. Jovens, procurando passar uma imagem de sucesso profissional e beleza física, tornaram-se um casal popstar. Serão herdeiros de uma legião de fiéis, além de fortuna e influência política. Popular na TV e nas redes sociais com suas receitas amorosas, o casal também atrai não seguidores da Universal. O discurso do jovem bispo é recheado de mensagens de autoajuda e incentivos ao empreendedorismo. Com a experiência trazida da Europa e dos Estados Unidos, ele agregou ares de modernidade à igreja, sobressaindo de antigos pregadores e dirigentes, com métodos convencionais e ultrapassados. Atento às novas exigências, ele sugere uma renovação no modelo de gestão.[135]

O herdeiro, contudo, se deparou com um obstáculo: a dificuldade para se impor diante dos antigos líderes da Universal. O afastamento de Romualdo Panceiro, o ex-número dois, foi atribuído ao amplo espaço dado por Macedo ao genro. O novato e o veterano, por isso, teriam tido entreveros e bate-bocas. Há quem diga que chegaram a trocar sopapos, embora não haja qualquer comprovação disso. Panceiro e outros bispos da "velha guarda", como Paulo Roberto Guimarães, ex-líder no México e em Portugal; Honorilton Gonçalves, o outrora homem forte da Record; e Clodomir Santos, responsável pela igreja no Brasil até 2017 e ex-apresentador do programa religioso da Record *Fala que Eu Te Escuto*, acumulam mais experiência, autoridade e liderança na igreja. Se fosse levada em conta uma fria "meritocracia" — termo da moda apregoado também dentro da instituição —, os bispos "históricos" figurariam na linha de sucessão.

A exemplo do que ocorre na política, Cardoso já procura apagar marcas do passado. Em setembro de 2018, ele foi apontado como o responsável pelo fim da atração das madrugadas *Fala que Eu Te Escuto*, da Record. O programa, sucessor do *25ª Hora* e exibido havia mais de vinte anos, atraía insones de todos os matizes religiosos e ideológicos. Uma das principais fontes de informação sobre o pensamento e as ações da Universal, *Fala que Eu Te Escuto* promovia longos e intermináveis debates sobre temas diversos, e era visto por políticos, jornalistas e estudiosos de religião, e não só fiéis da igreja. Apresentado ao vivo, em várias oportunidades o programa foi vítima de trotes; memes nas redes sociais ajudavam a alavancar a audiência. Foi substituído, coincidentemente, pela atração *Inteligência e Fé*, do herdeiro Renato Cardoso.

Para evitar possíveis ingerências na Record, o ex-homem forte da emissora, bispo Honorilton Gonçalves, foi afastado sob a alegação de queda de audiência, gastos excessivos e críticas de outros religiosos.[136] Primeiro foi exilado na Bahia; depois, acabou transferido para Moçambique, na África. Como bispo licenciado, teria se distanciado dos princípios doutrinários, diziam seus opositores. Sob sua gestão como diretor artístico e de programação, porém, a Record viveu seus melhores momentos: chegou a investir 300 milhões de reais na construção de um complexo de estúdios, o RecNov — a versão macediana do Projac —, contratou profissionais caros e badalados da TV Globo e comprou direitos exclusivos de grandes eventos, como as Olimpíadas de Londres.[137]

A transferência de Gonçalves não foi um fato isolado, integrava um projeto mais amplo: afastar outros líderes da igreja e deixar o terreno livre para Renato Cardoso. Panceiro já estava no exterior, bem como Paulo Roberto Guimarães — um dos religiosos com maior ascendência sobre os bispos e pastores —, hoje responsável pela igreja na Espanha. Clodomir Santos, que comandava o *Fala que Eu Te Escuto*, também foi enviado aos Estados Unidos, onde passou a atuar sob as rédeas do bispo Júlio Freitas, o outro genro de Macedo, casado com a filha mais nova, Viviane. Enquanto incensava Renato, o líder máximo da Universal tirava de cena no Brasil eventuais pretendentes ao posto de cacique. Outros bispos também acumulam peso e prestígio, mas ocupam funções políticas ou administrativas, sem exercer postos de liderança na igreja. É o caso de Marcelo Crivella, o prefeito do Rio; de Marcos Pereira, o primeiro vice-presidente da Câmara dos Deputados e líder do Republicanos (nome que o PRB passou a adotar recentemente); e Marcus Vinícius Vieira, filho do ex-deputado Laprovita Vieira e CEO da Record no Brasil. Estes não devem interferir nas ações de Renato Cardoso.

Aos "históricos", couberam fatias da igreja em áreas importantes ao redor do mundo. A intenção é que essas lideranças expressivas enviadas ao exterior se contentem com o naco de poder oferecido, sem criar problemas. Com o bispo Renato Cardoso à frente de seu império, Macedo garantirá o poder central nas mãos da família. Cardoso assume, na expressão utilizada por um ex-bispo, com a "porteira fechada", sem riscos ou ameaças. Novos líderes e colaboradores fiéis assumirão postos estratégicos no centro do poder. Na hipótese de um eventual cisma, Macedo manterá o controle da igreja no Brasil, e o comando da Record e das empresas do grupo. Mandará em tudo até quando sua saúde permitir. Quando não estiver mais à frente, eventuais opositores à liderança de Renato Cardoso poderão pleitear — e tentar manter —, no máximo, seus próprios feudos.

Macedo dizia que seu sonho era viver em um lugar onde pudesse descansar, usufruir da natureza e ser uma referência para as novas gerações. Pensava em se instalar em algum ponto isolado, ser consultado pela igreja apenas em casos de decisões estratégicas. No mesmo local, morariam os líderes "históricos" da igreja, não mais na ativa.[138] Os fatos, ao longo da trajetória de Macedo, indicam outro caminho. O bispo encontrou e preparou o herdeiro de seu império, um membro da família. Não se sabe se encontrou o sucessor espiritual. O personagem polêmico, contestado e combatido — o único brasileiro a controlar uma igreja, uma rede de TV, um partido político e a sociedade em um banco —, evitou dizer se já havia chegado aonde pretendia. "Essa informação eu não posso dar."[139] Macedo afirmou que nenhum de seus bens preciosos, como a TV Record e o Templo de Salomão, o faz mais realizado do que ter tido a oportunidade de "conhecer a Deus".[140] A respeito de suas propriedades, disse que todas pertencem à igreja.[141] Prometeu que, ao morrer, vai deixá-las para a Universal. "Ela ficará com a minha parte."[142]

Na pequena Rio das Flores (RJ), Edir Macedo ("Didi") nasceu e viveu até os seis anos de idade. A família de sua mãe, Eugênia Macedo, tinha raízes na região. O pai, Henrique Bezerra, era alagoano.

Recém-chegado de Alagoas, Henrique Bezerra encontrou trabalho na fazenda Forquilha, histórica propriedade de 1805 que pertenceu à família de Carlos Lacerda, em Rio das Flores. O casal Bezerra Macedo e seus filhos residiram ali durante parte da infância de Didi.

Edir Macedo despontou como pregador evangélico no coreto do Jardim do Méier, no Rio. O futuro bispo e líder máximo da Universal, no início, falava para plateias minúsculas. Ainda não era pastor. Pregava como membro da Cruzada do Caminho Eterno, que fundou com o seu cunhado R. R. Soares e outros egressos da Igreja de Nova Vida.

Em 1980, três anos depois de sua fundação numa funerária desativada, a IURD se mudou para o número 7702 da antiga avenida Suburbana (atual Dom Hélder Câmara), no bairro da Abolição, Zona Norte do Rio de Janeiro. O amplo galpão, que pertencera a uma fábrica de móveis, foi o primeiro imóvel próprio da Universal. O templo da Abolição, ainda ativo, abrigou a primeira sede nacional da igreja.

Seguindo a estratégia de adquirir galpões, armazéns e cinemas, a Universal comprou o decadente Cine Roxy, no Brás, para instalar sua sede paulistana. O prédio de 1940 mais tarde foi demolido para a construção de um templo moderno. O local é vizinho do Templo de Salomão, na avenida Celso Garcia.

Sede da TV Record em São Paulo, no bairro da Barra Funda. A emissora, que atualmente disputa o segundo lugar de audiência com o SBT, foi adquirida por Edir Macedo em 1989, numa transação polêmica por envolver recursos vindos de fiéis da Igreja Universal, por meio de empréstimos ao bispo.

No final dos anos 1980, a IURD já se espalhava por todo o Brasil e lotava estádios de futebol. Nesta foto de outubro de 1990, pastores rezam no palanque armado no Maracanã durante um culto com mais de 100 mil pessoas.

Culto da IURD no Vale do Anhangabaú, pelo Movimento Brasil 2000 — Futuro sem Fome, em maio de 1995. Depois de enfrentar problemas judiciais que afetaram sua imagem, a igreja criou a Associação Beneficente Cristã (ABC), seu braço filantrópico.

Templo da IURD em Nampula, Moçambique. A expansão africana da igreja começou pelos países de língua portuguesa.

Como estratégia para contornar a rejeição em Portugal depois de uma sucessão de polêmicas, nos anos 1990, a igreja passou a abrir templos no interior do país, evitando usar o nome Universal e se autodenominando centros de ajuda espiritual.

A IURD se expandiu na Europa e nos Estados Unidos principalmente entre imigrantes. Em 1995, a Universal comprou o histórico Finsbury Park Astoria, em Londres. No teatro, inaugurado em 1930, apresentaram-se lendas da música como Frank Sinatra, Beatles, Jimi Hendrix, The Who e David Bowie.

A liturgia dos cultos da Universal inclui "sessões de descarrego". Nesta foto de 2007, fiéis de um templo em Botafogo, no Rio, participam de um desses rituais para afastar o demônio e outros espíritos malignos. Ao mesmo tempo que combatia os cultos afro-brasileiros, a Universal absorvia elementos dessas religiões.

Inaugurado em 2014 com a presença das autoridades máximas da República, o Templo de Salomão, no bairro paulistano do Brás, é uma réplica do templo original em Jerusalém. Seus números são superlativos: 98 mil metros quadrados de área construída, capacidade para 10 mil pessoas e custo de 680 milhões de reais. O bispo e sua família atualmente residem na cobertura do prédio.

# Agradecimentos

Este trabalho não teria sido possível sem a colaboração fundamental de dezenas de pessoas. A ajuda inestimável de uma delas, a grande fotógrafa Regina Vilela, foi determinante, principalmente nos momentos de dificuldade. Regina contribuiu imensamente na pesquisa, checagens e armazenamento de informações. A colaboração do competente amigo Leonardo Fuhrmann, sempre por perto, foi imprescindível no levantamento de informações e na produção de textos de vários capítulos, principalmente sobre a atuação política da igreja.

Os amigos Lino Rodrigues, repórter, e Fábio Tura, advogado, ajudaram a vasculhar as empresas e os processos relacionados a Edir Macedo nos tribunais. O compadre e repórter Chico Silva visitou o Templo de Salomão, no Brás, e colheu elementos para mostrarmos a imponência da obra de Edir Macedo. Trouxe também boas histórias de Rio das Flores, a partir de relatos de familiares de Edir Macedo, para ajudar a entender melhor a personalidade do ilustre personagem nascido na pequena cidade da região serrana fluminense. Os craques e experientes Chico Ornellas, Eugênio Araújo e Roberto Bascchera leram os primeiros e incipientes textos, até então um trabalho jornalístico sem grandes pretensões e ainda sem a menor cara e jeito de algo parecido com um livro. Raimundo Nóbrega avaliaria outros escritos, mais tarde, com sugestões precisas.

Bia Mantovani cuidou inicialmente das pesquisas. Mariana Vilela, Luciana

Nascimento Oliveira, Simone Alauk e Vivian Jordão se encarregaram das transcrições de longas e intermináveis entrevistas gravadas durante quatro anos de trabalho. Foi importantíssima também para o trabalho a ajuda de amigos e colegas como Willian Novaes, Elvira Lobato, Jaciara Santos, Rosane Santana, Inês Garçoni, Ramiro Alves (in memoriam), Alexandre Arruda, Claudio Leal, Chico Alves, Spencer Vaz, Eduardo Cruz, Manoel Godoy, Felipe Gil, Rogério Machado, Umberto Malavolta, Simone Rodrigues, Jayme Brener, Edson Tomaz de Lima Filho, André Vargas, Priscilla Arroyo e Julia Malavolta.

Foram ainda fundamentais os depoimentos e as horas dedicadas, em longas conversas, pelos estudiosos e pesquisadores Leonildo Silveira Campos e Ricardo Mariano, especialistas no tema em análise. É imprescindível reconhecer o trabalho — citado neste livro —, das jornalistas Kássia Caldeira (então no *Jornal da Tarde*), Elenilce Bottari (*O Globo*) e Elvira Lobato (*Folha de S.Paulo*), responsáveis por importantes reportagens publicadas em seus veículos de comunicação, a partir dos anos 1990.

Agradeço também imensamente ao Luiz Schwarcz, pela aposta no projeto, ao Matinas Suzuki, pela confiança e apoio, ao Otávio Marques da Costa, pelas orientações imprescindíveis, à Maria Emília Bender, por garantir maior fluidez e objetividade ao texto, eliminando imprecisões, à coordenação da Lucila Lombardi, à precisão nas checagens do Érico Melo, à dedicação da Erica Fujito e da Cintia Lublanski e, enfim, a atenção de toda a equipe da Companhia das Letras.

Obrigado aos mais de setenta entrevistados — vários deles com o nome mantido no anonimato, a pedidos — e a todos os amigos que sempre estiveram ao lado. Entre eles, Zyun Masuda, Celso Gromatsky, Maria Lígia Pagenotto, Antonio Lúcio Assiz, Paulo Cavalcanti, Edvaldo Santana, Akira Yamasaki, Francisco Eduardo, Alceu Castilho, Esther Martins, Railda Herrero e Inácio França. Agradeço ainda ao apoio e incentivo de figuras marcantes para a minha trajetória, como, entre muitos, o Hélio Campos Mello, Joel Santos Guimarães, Tirreno Dasambiagio, Darwin Valente, Chico Ornellas, Vanice Assaz, Fernando Cézar de Oliveira, Jorge Beraldo, Geraldo Rodrigues do Nascimento, Wilson Esteves (Boca), Geraldo Castro, Cida Martins e Américo Araújo, além de todos os meus familiares.

# Notas

PRÓLOGO [pp. 9-19]

1. Relato do ex-pastor da Igreja Universal Ronaldo Didini ao autor, em 2 ago. 2018. Didini deixou a instituição em 1997, depois de ser afastado de programas de televisão e removido para o exterior, como punição por ter apoiado um colega, o então bispo Sérgio Von Helde, no episódio — dois anos antes — do chute na imagem de Nossa Senhora Aparecida. Diz ter decidido sair por vontade própria e que o bispo Edir Macedo chegou a lhe oferecer o comando da Record Internacional, para que continuasse na instituição.

2. Morris Kachani, "Fanático e muito rico", *Veja*, 6 dez. 1995; Leonildo Silveira Campos, *Teatro, templo e mercado: Organização e marketing de um empreendimento neopentecostal*. Petrópolis: Vozes, 1997; e relato do ex-pastor da Universal Ronaldo Didini ao autor, em 23 ago. 2019.

3. Coríntios, livro 2, capítulo 12, versículo 9; e "Transformando fraquezas em forças", Blog de Edir Macedo. Disponível em: <blogs.universal.org/bispomacedo>, 7 nov. 2013. Acesso em: 12 jul. 2019.

4. Edir Macedo e sua esposa, Ester Bezerra, possuem 49% do Banco Renner.

5. *Conexão Repórter*, do SBT, entrevista a Roberto Cabrini, 27 abr. 2015.

6. Morris Kachani, "Fanático e muito rico", op. cit.

7. Caio Fábio, *Confissões do pastor*. Rio de Janeiro: Record, 1997, p. 298.

8. Relato do ex-pastor da Universal Ronaldo Didini ao autor, em 10 fev. 2016.

9. Expressão de Diana Nogueira de Oliveira Lima, em "'Trabalho', 'mudança de vida' e 'prosperidade' entre fiéis da Igreja Universal do Reino de Deus", *Religião e Sociedade*, Rio de Janeiro, v. 27, n. 1, pp. 132-55, jul. 2007.

10. Edir Macedo, *Nos passos de Jesus*. Rio de Janeiro: Unipro, 2005, p. 68.

11. Entrevista de Amarílio Macedo ao autor, em 29 jan. 2018.

12. Edir Macedo, *Nos passos de Jesus*, op. cit., p. 64.

13. Diana Nogueira de Oliveira Lima, "'Trabalho', 'mudança de vida' e 'prosperidade' entre fiéis da Igreja Universal do Reino de Deus", op. cit.

14. Relatos de ex-colaboradores, alguns concedidos sob a condição de anonimato.

15. Fábio Guibu e Paulo Mota, "Ex-aliado acusa Macedo de usar dinheiro do tráfico", *Folha de S.Paulo*, 17 set. 1995.

16. Perfil baseado em relatos de vários ex-auxiliares do bispo Edir Macedo. Alguns depoimentos foram concedidos sob a condição de anonimato.

17. Kássia Caldeira, "'Tenho medo dele', diz o ex-seguidor", *Jornal da Tarde*, 2 abr. 1991.

18. Relato do ex-pastor da Universal Ronaldo Didini ao autor, em 10 fev. 2016.

19. Leonildo Silveira Campos, *Teatro, templo e mercado*, op. cit.

20. Relato do ex-pastor da Universal Ronaldo Didini ao autor, em 10 fev. 2016.

21. Ibid.

22. Morris Kachani, "Fanático e muito rico", *Veja*, 6 dez. 1995.

23. Ibid.

24. "A fé nos milhões", *Veja*, 17 out. 1990; e *Conexão Repórter*, do SBT, entrevista a Roberto Cabrini, 27 abr. 2015.

25. Relato do ex-pastor da Igreja Universal Carlos Magno de Miranda na reportagem "'Tenho medo dele', diz o ex-seguidor", Kássia Caldeira, *Jornal da Tarde*, 2 abr. 1991.

26. Leonildo Silveira Campos, "Cultura, liderança e recrutamento em organizações religiosas: O caso da Igreja Universal do Reino de Deus", *Organizações em Contexto*, São Paulo, v. 2, n. 3, pp. 102-38, 2006.

27. Declaração do sobrinho de Edir Macedo, Marcelo Crivella, bispo e atual prefeito do Rio de Janeiro, em entrevista realizada por profissionais da TV Record e incluída em material para a produção de um trabalho jornalístico sobre os sessenta anos da emissora, não publicado. Este autor teve acesso a parte de entrevistas realizadas com familiares de Macedo, disponível em arquivo, no período em que trabalhou na TV Record, entre 2011 e 2013.

28. Morris Kachani, "Fanático e muito rico", op. cit.

29. Depoimento de J. Cabral, teólogo e ghost-writer de Edir Macedo, no artigo de Leonildo Silveira Campos, "Cultura, liderança e recrutamento em organizações religiosas", op. cit., p. 119; e *Teatro, templo e mercado*, op. cit.

30. *Conexão Repórter*, do SBT, entrevista a Roberto Cabrini, 27 abr. 2015.

31. Entrevistas do ex-pastor da Igreja Universal Ronaldo Didini ao autor, em 10 fev. 2016 e 2 ago. 2018.

32. J. A. Dias Lopes, "O dinheiro é um bem", *Veja*, 14 nov. 1990.

33. Ibid.

34. Entrevistas do ex-pastor da Igreja Universal Ronaldo Didini ao autor, em 10 fev. 2016 e 2 ago. 2018.

35. Ibid.

36. Paulo Sérgio Marqueiro e Heloísa Vilela, "Lucro certo no reino da Igreja Universal" e "Se quisesse ganhar dinheiro, seria político", *O Globo*, 29 abr. 1990; e Leonildo Silveira Campos, *Teatro, templo e mercado*, op. cit.

37. Leonildo Silveira Campos, *Teatro, templo e mercado*, op. cit.

38. *Conexão Repórter*, do SBT, entrevista a Roberto Cabrini, 27 abr. 2015.

39. Paulo Peixoto, "Católico, Alencar entra no partido da Igreja Universal", *Folha de S. Paulo*, 30 set. 2005; e relato do ex-pastor da Universal Ronaldo Didini ao autor, em 23 ago. 2019.

40. "PRB elege 30 deputados federais, um senador e aumenta bancada estadual para 42", site do partido Republicanos, 7 out. 2018.

41. Ricardo Mariano e Dirceu André Gerardi, "Eleições presidenciais na América Latina em 2018 e ativismo político de evangélicos conservadores", *Revista USP*, São Paulo, n. 120, pp. 61-76, jan.-mar. 2019; e Bruno Abbud, "Como Bolsonaro se tornou o candidato dos evangélicos", *Época*, 6 out. 2018.

42. "Edir Macedo declara apoio a Bolsonaro", *O Estado de S. Paulo*, 30 set. 2018.

43. Ricardo Mariano e Dirceu André Gerardi, "Eleições presidenciais na América Latina em 2018 e ativismo político de evangélicos conservadores", op. cit.

44. Ibid.

45. Lamia Oualalou, "Los evangélicos y el hermano Bolsonaro", *Nueva Sociedad*, Buenos Aires, n. 280, pp. 68-77, mar.-abr. 2019; Bernardo Mello e Thiago Prado, "Bolsonaro atende a pedido de evangélicos e afrouxará obrigações fiscais de igrejas", *O Globo*, 9 jul. 2019; e "OAB: isenção fiscal para igreja deve ser monitorada por Fisco", Bernardo Mello, *Época*, 10 jul. 2019.

46. "Edir Macedo pede que Deus 'remova' quem se opõe a Bolsonaro", *Veja*, 21 maio 2019.

47. Sérgio Dávila e Leandro Colon, "Bolsonaro diz que Doria é 'ejaculação precoce' e não tem chance em 2022", *Folha de S.Paulo*, 4 set. 2019.

48. TV Universal, 1 set. 2019; Paula Soprana, "Bolsonaro é abençoado no Templo de Salomão, e bispo fala em 'inferno da mídia'", *Folha de S.Paulo*, 2 set. 2019; "Depois de ser abençoado por Macedo, Bolsonaro vai à casa de Silvio Santos", *Fórum*, 1 set. 2019.

49. Gustavo Uribe e Ricardo Della Coletta, "Bolsonaro intensifica contato com evangélicos para conter reprovação", *Folha de S.Paulo*, 6 set. 2019.

50. Felipe Frazão, Teo Cury e Rafael Moraes Moura, "Bolsonaro reitera nome 'terrivelmente evangélico' para o STF", *O Estado de S. Paulo*, 10 jul. 2019.

51. Gustavo Uribe e Ricardo Della Coletta, "Bolsonaro intensifica contato com evangélicos para conter reprovação", op. cit.

52. Paulo Sérgio Marqueiro, "'Sexta-feira da cura' mata um no Maracanã", *O Globo*, 14 abr. 1990.

53. Gilberto Nascimento, "Teologia de resultados", *IstoÉ*, 14 dez. 1994.

54. Id., "Edir Macedo ensina: Como arrancar dinheiro em nome de Deus", *IstoÉ*, 27 dez. 1995. Obs: A publicação chegou às bancas na manhã do dia 22 dez. 1995, uma sexta-feira. A norma das revistas semanais era publicar na capa a data da quarta-feira seguinte, no caso, 27 dez. 1995. A TV Globo exibiu as imagens na noite do dia 22.

55. Id., "Bispo em xeque", *IstoÉ*, 25 out. 1995.

56. Id., "Edir Macedo ensina: Como arrancar dinheiro em nome de Deus", op. cit.

57. Denúncia do procurador federal Silvio Luís Martins de Oliveira, encaminhada à 2ª Vara Criminal Federal de São Paulo, 1 set. 2011; Elvira Lobato, "Record tem firmas em paraísos fiscais", *Folha de S.Paulo*, 18 jul. 1999; e Id., *Instinto de repórter*. São Paulo: Publifolha, 2005, p. 181; Gilberto Nascimento, "Lavanderia conhecida", *Correio Braziliense*, 1 out. 2006; Daniel Santini, "Casa de câmbio de SP tem ex-sócios denunciados por crime financeiro", G1, 24 out. 2006; Rubens

Valente, "IURD fez remessa clandestina, diz relatório", *Folha de S.Paulo*, 25 out. 2009; Mario Cesar Carvalho, "EUA investigam Universal por remessas de R$ 420 mi", *Folha de S.Paulo*, 24 ago. 2010; e Bruno Tavares e Marcelo Godoy, "Doleiros dizem que Igreja Universal enviou R$ 400 milhões ao exterior", *O Estado de S. Paulo*, 28 abr. 2010.

58. A revista *Tempo e Presença* era editada pelo Centro Ecumênico de Documentação e Informação (CEDI), entidade criada por religiosos protestantes e depois também integrada por católicos.

59. Edir Macedo, "O segredo da Universal", *Folha de S.Paulo*, 9 jul. 2017; Anna Virginia Balloussier, "Igreja Universal faz 40 anos e realiza sonho de alcançar classe média alta", *Folha de S. Paulo*, 9 jul. 2017.

60. Censo IBGE 2010.

61. Ibid.

62. J. A. Dias Lopes, "O dinheiro é um bem", op. cit.


1. RIO DAS FLORES: A CIDADE ESQUECIDA [pp. 21-8]

1. Estimativa do IBGE, em 2017.

2. Douglas Tavolaro, *O bispo: A história revelada de Edir Macedo*. São Paulo: Larousse do Brasil, 2007, pp. 56-7 e 59; *Conexão Repórter*, do SBT, entrevista a Roberto Cabrini, 27 abr. 2015; e entrevista de Amarílio Macedo ao repórter Chico Silva, para a produção deste livro, em 29 jan. 2018.

3. A marchinha foi composta por Pedro Caetano e Claudionor Cruz. *Dicionário Cravo Albin de música popular brasileira*, verbete "Pedro Caetano".

4. Douglas Tavolaro, *O bispo*, op. cit., p. 56.

5. Na época, as famílias eram bastante numerosas: cada mulher brasileira tinha em média 6,2 filhos.

6. Entrevista de Amarílio Macedo a Chico Silva, para a produção deste livro.

7. Informação de Eris Crivella em material de arquivo para a produção de trabalho jornalístico sobre os sessenta anos da TV Record.

8. Douglas Tavolaro, *O bispo*, op. cit., p. 59.

9. Ibid.

10. Entrevista de Moacyr Marins Macedo ao repórter Chico Silva, em 28 jan. 2018.

11. Douglas Tavolaro, *O bispo*, p. 59.

12. *Conexão Repórter*, do SBT, entrevista a Roberto Cabrini, 27 abr. 2015.

13. Douglas Tavolaro, *O bispo*, op. cit, p. 60.

14. Entrevista do jornalista José Trajano ao autor, em 24 maio 2018. Trajano escreveu *Procurando Mônica: O maior caso de amor de Rio das Flores* (São Paulo: Paralela, 2014), e passou parte da infância na cidade.

15. Entrevista de Amarílio Macedo a Chico Silva, para a produção deste livro.

16. Douglas Tavolaro, *O bispo*, op. cit., p. 56.

17. Entrevista de Amarílio Macedo a Chico Silva, para a produção deste livro.

18. Informação de Eris Crivella em material de arquivo para a produção de trabalho jornalístico sobre os sessenta anos da TV Record.

19. Douglas Tavolaro, *O bispo*, op. cit., p. 55.
20. Site do STF, verbete sobre Sebastião Lacerda.
21. "Inventário das fazendas do Vale do Paraíba fluminense", produzido pelo Instituto Estadual do Patrimônio Cultural do Rio de Janeiro, órgão da Secretária de Estado da Cultura fluminense.
22. Entrevista de José Trajano ao autor, em 24 maio 2018.
23. Douglas Tavolaro, *O bispo*, op. cit.
24. Entrevista de Moacyr Marins Macedo a Chico Silva para a produção deste livro, em 28 jan. 2018.
25. Entrevista de Amarílio Macedo a Chico Silva, para a produção deste livro.
26. Ibid.
27. Informação de Eris Crivella em material de arquivo para a produção de trabalho jornalístico sobre os sessenta anos da TV Record.
28. Entrevista de Amarílio Macedo, para a produção deste livro.
29. Douglas Tavolaro, *O bispo*, op. cit.
30. *Conexão Repórter*, do SBT, entrevista a Roberto Cabrini, 27 abr. 2015.
31. Informação de Eris Crivella em material de arquivo para a produção do trabalho jornalístico sobre os sessenta anos da TV Record.
32. *Conexão Repórter*, do SBT, entrevista a Roberto Cabrini, 27 abr. 2015.
33. Edir Macedo, *Nada a perder: Momentos de convicção que mudaram a minha vida*. São Paulo: Planeta, 2012, v. 1.
34. Fernando Jorge, *As lutas, a glória e o martírio de Santos Dumont*. Rio de Janeiro: HarperCollins Brasil, 2018.
35. Esse trabalho só começou a ser oferecido pelo IBGE a partir do censo demográfico de 2000.
36. Morris Kachani, "Fanático e muito rico", op. cit.
37. Douglas Tavolaro, *O bispo*, op. cit., p. 60.
38. Ibid.
39. Ibid., p. 59.
40. *Conexão Repórter*, do SBT, entrevista a Roberto Cabrini, 27 abr. 2015.
41. Informação de Eris Crivella em material de arquivo para a produção do trabalho jornalístico sobre os sessenta anos da TV Record.
42. Ibid.
43. Ibid.
44. *Conexão Repórter*, do SBT, entrevista a Roberto Cabrini, 27 abr. 2015.
45. Alexandre Medeiros, "E assim Didi chegou ao reino dos céus", *Jornal do Brasil*, 22 out. 1995.
46. Informação de Marcelo Crivella em material de arquivo para a produção de trabalho jornalístico sobre os sessenta anos da TV Record.
47. Informação de Eris Crivella em material de arquivo para a produção de trabalho jornalístico sobre os sessenta anos da TV Record.
48. Ibid.
49. Edir Macedo, *Nada a perder*, op. cit., v. 1, pp. 82-3.
50. Informação de Marcelo Crivella em material de arquivo para a produção de trabalho jornalístico sobre os sessenta anos da TV Record.

51. Edir Macedo, *Nada a perder*, op. cit., v. 1, p. 105; Douglas Tavolaro, *O bispo*, op. cit., p. 80; Morris Kachani, "Fanático e muito rico", op. cit.

52. Edir Macedo, *Nada a perder*, op. cit., v. 1, p. 105.

## 2. O DESPERTAR DA FÉ [pp. 29-44]

1. Morto em 13 de novembro de 1993.
2. Informação de Marcelo Crivella em material de arquivo para a produção do trabalho jornalístico sobre os sessenta anos da TV Record.
3. Edir Macedo, *Nada a perder*, op. cit., v. 1, p. 78.
4. Site oficial da Igreja de Nova Vida e Ricardo Mariano, *Neopentecostais: Sociologia do novo pentecostalismo no Brasil*. São Paulo: Loyola, 1999, pp. 51-2.
5. Alexandre de Santi e Maurício Brum, "Como os programas evangélicos ganharam as rádios e TVs do Brasil", *Superinteressante*, 16 mar. 2017.
6. Site da Igreja de Nova Vida.
7. Wagner Carelli, "Bispo Edir diz que fortuna é obra de Deus", *Folha de S.Paulo*, 20 jun. 1991.
8. Edir Macedo, *Nada a perder*, op. cit., v. 1, p. 64.
9. Ricardo Mariano, *Neopentecostais*, op. cit., p. 54.
10. Edir Macedo, *Nada a perder*, op. cit., v. 1, pp. 91, 117 e 119.
11. Wagner Carelli, "Bispo Edir diz que fortuna é obra de Deus", op. cit.
12. Edir Macedo, *Nada a perder*, op. cit., v. 1, p. 67.
13. Wagner Carelli, "Bispo Edir diz que fortuna é obra de Deus", op. cit.
14. Edir Macedo, *Nada a perder*, op. cit., v. 1, p. 74.
15. Wagner Carelli, "Bispo Edir diz que fortuna é obra de Deus", op. cit.
16. Ibid.
17. Douglas Tavolaro, *O bispo*, op. cit., p. 87.
18. Ester Bezerra, *A dama da fé*. São Paulo: Planeta, 2015, p. 17.
19. Ibid., p. 19.
20. Paulo Ricardo Barbosa de Lima, "A imensa força dos evangélicos: Um potencial incompreendido", 2017, Portal Disparada. Acesso em: 19 set. 2019.
21. Ibid., p. 47.
22. Douglas Tavolaro, *O bispo*, op. cit., pp. 87-8.
23. Ester Bezerra, *A dama da fé*, op. cit., p. 61.
24. Ibid., p. 34.
25. Ibid., p. 35.
26. Alexandre Medeiros, "E assim Didi chegou ao reino dos céus", op. cit.
27. Ester Bezerra, *A dama da fé*, op. cit., pp. 59 e 61-2.
28. Douglas Tavolaro, *O bispo*, op. cit., pp. 89-90.
29. Ester Bezerra, *A dama da fé*, op. cit., p. 67; Biografia de Cristiane Cardoso em Pensador, diponível em: <www.pensador.com>.

30. Informação de Marcelo Crivella em material de arquivo para a produção de trabalho jornalístico sobre os sessenta anos da TV Record.

31. Censo IBGE 2010.

32. Informação de Eris Crivella em material de arquivo para a produção de trabalho jornalístico sobre os sessenta anos da TV Record.

33. Cláudia Trevisan, "Fiel pagou início no rádio", *Folha de S.Paulo*, 17 set. 1995.

34. Entrevista de Ronaldo Didini ao autor, em 3 jul. 2018.

35. Relato de Edir Macedo, segundo Caio Fábio D'Araújo, no livro *Confissões do pastor* (op. cit., p. 298).

36. Entrevista de Leonildo Silveira Campos, ex-professor dos programas de pós-graduação em Ciências da Religião das universidades Mackenzie e Metodista, ao autor, em 23 jul. 2016.

37. Entrevista de Ronaldo Didini ao autor, em 12 fev. 2016.

38. Caio Fábio, *Confissões do pastor*, op. cit., p. 298.

39. Edir Macedo, *Nada a perder*, op. cit., v. 1, p 167.

40. Site do médico Drauzio Varella.

41. Ester Bezerra, *A dama da fé*, op. cit., p. 83.

42. Edir Macedo, *Nada a perder*, op. cit., v. 1, p. 175.

43. *Conexão Repórter*, do SBT, entrevista a Roberto Cabrini, 26 abr. 2015.

44. Douglas Tavolaro, *O bispo*, op. cit., p. 97.

45. *Conexão Repórter*, do SBT, entrevista a Roberto Cabrini, 26 abr. 2015.

46. Ricardo Mariano, *Neopentecostais*, op. cit., p. 55.

47. Edir Macedo, *Nada a perder*, op. cit., v. 1, p. 164.

48. Cláudia Trevisan, "Fiel pagou início no rádio", op. cit.

49. Biografia de Edir Macedo no blog da Igreja Universal. Disponível em: <https://blogs.universal.org/bispomacedo/biografia/>.

50. Edir Macedo, *Nada a perder*, op. cit., v. 1, pp. 195-6.

51. Ibid., p. 187.

52. Ibid., pp. 223-4.

53. Ibid.

54. Douglas Tavolaro, *O bispo*, op. cit., p. 112.

55. Afirmação de Ronaldo Didini ao autor, em 16 set. 2019.

56. Edir Macedo, *Nada a perder*, op. cit., v. 1, pp. 221-2.

57. Ata da Assembleia Geral Ordinária da Igreja Universal do Reino de Deus.

58. Cartório da 3ª Vara Cível — Registro Civil das Pessoas Jurídicas, av. Franklin Roosevelt, 126, Rio de Janeiro.

59. Ata da Assembleia Geral Ordinária da Igreja Universal do Reino de Deus, de 1º de novembro de 1977.

60. Alderi Souza de Matos, "Breve história do protestantismo no Brasil", *Vox Faifae: Revista de Teologia da Faculdade FASSEB*, Goiânia, v. 3, n. 1, 2011. O autor é teólogo e historiador oficial da Igreja Presbiteriana do Brasil, doutor pela Universidade de Boston.

61. Ibid.

62. Jaquelini de Souza, *A primeira igreja protestante do Brasil: Igreja Reformada Potiguara (1625-1692)*. São Paulo: Mackenzie, 2013.

63. Site da Igreja Evangélica Congregacional do Brasil, disponível em: <http://www.iecb.org.br/>; e Lidice Meyer Pinto Ribeiro, "O protestantismo brasileiro: Objeto em estudo", *Revista USP*, São Paulo, v. 73, pp. 117-29, 2007. Ribeiro é antropóloga e professora da Universidade Presbiteriana Mackenzie.

64. O cisma entre os católicos romanos e ortodoxos aconteceu no século XI.

65. Especial Quinhentos Anos da Reforma Protestante, Deutsche Welle.

66. Alderi Souza de Matos, "O movimento pentecostal: Reflexões a propósito do seu primeiro centenário", *Fides Reformata*, São Paulo, v. 11, n. 2, pp. 23-50, 2006.

67. Daniel Conegero, "O que é o batismo com Espírito Santo? Qual é o seu significado?", site Estilo Adoração, disponível em: <estiloadoracao.com>.

68. Ibid.

69. Entrevista de Ricardo Mariano, sociólogo e professor da USP, ao autor, em 29 jul. 2018.

70. "História CCB: A biografia de Luigi Francescon", disponível em: <http://www.blogdomario.com/2009/02/historia-ccb-biografia-de-luigi.html>, acesso em: 12 jul. 2019; e Alderi Souza de Matos, "O movimento pentecostal", op. cit.

71. Emílio Conde, *História das Assembleias de Deus no Brasil*. Rio de Janeiro: Casa Publicadora das Assembleias de Deus, 1960. Portal CPADNews e Alderi Souza de Matos, "O movimento pentecostal", op. cit.

72. Ultimato Online. Disponível em: <https://www.ultimato.com.br/>.

73. Ibid.

74. Paul Freston, *Protestantismo e política no Brasil: Da Constituinte ao impeachment*, IFCH-Unicamp, tese de doutorado em ciências sociais, 1993, e Ricardo Mariano, *Neopentecostais*, op. cit., p. 28.

75. Ricardo Mariano, *Neopentecostais*, op. cit., pp. 28-9.

76. Ibid., p. 29.

77. Ibid., p. 33.

78. Entrevista de Ronaldo Didini ao autor, em 29 fev. 2016; site da Igreja de Nova Vida; e Alderi Souza de Matos, "O movimento pentecostal", op. cit.

79. Leonildo Silveira Campos, *Teatro, templo e mercado*, op. cit.

80. Alderi Souza de Matos, "O movimento pentecostal", op. cit.

81. Ricardo Mariano, *Neopentecostais*, op. cit., pp. 44 e 59.

82. Entrevista de Ricardo Mariano ao autor, em 13 maio 2016.

83. Entrevista de Ricardo Mariano ao autor, em 29 jul. 2018.

84. *Conexão Repórter*, do SBT, entrevista a Roberto Cabrini, 26 abr. 2015.

85. Rhema Brasil, escola religiosa, ligada à Kenneth Hagin Ministries.

86. Fernando Molica, "Conheça o pensamento de Edir Macedo", *Folha de S.Paulo*, 17 set. 1995.

87. Leonildo Silveira Campos, *Teatro, templo e mercado*, op. cit.

88. O IBGE registra, no Censo de 2010, 123 milhões de católicos e 42,2 milhões de evangélicos.

89. Previsão de José Eustáquio Diniz Alves, pesquisador da Escola Nacional de Ciências Estatísticas do IBGE, em "A transição religiosa no Brasil: 1872-2050", artigo publicado por EcoDe-

bate, 25 jul. 2016. Disponível em: <https://www.ecodebate.com.br/2016/07/25/a-transicao-religiosa-no-brasil-1872-2050-artigo-de-jose-eustaquio-diniz-alves/>. Acesso em: 12 jul. 2019.

90. O IBGE classifica os protestantes tradicionais como evangélicos de missão.
91. Edir Macedo, *Nada a perder: Meus desafios diante do impossível*. São Paulo: Planeta, 2013, v. 2, pp. 62 e 64.
92. Entrevista de Ronaldo Didini ao autor em 12 fev. 2016.
93. Informação de Marcelo Crivella em material de arquivo para a produção de trabalho jornalístico sobre os sessenta anos da TV Record.
94. Informação de Eris Crivella em material de arquivo para a produção de trabalho jornalístico sobre os sessenta anos da TV Record.
95. Fernando Molica, "Macedo trabalhou na Loterj durante 15 anos", *Folha de S.Paulo*, 17 set. 1995.
96. Informação de Eris Crivella em material de arquivo para a produção de trabalho jornalístico sobre os sessenta anos da TV Record.
97. Informação de Alba Maria da Costa em material de arquivo para a produção de trabalho jornalístico sobre os sessenta anos da TV Record.
98. Blog Amigos da Universal, 30 jul. 2011. Disponível em: <http://amigosdauniversal.blogspot.com/2011/07/>.
99. Informação de Eris Crivella em material de arquivo para a produção do trabalho jornalístico sobre os sessenta anos da TV Record.
100. Edir Macedo, *Nada a perder*, op. cit., v. 2, pp. 25.
101. Ibid., pp. 26 e 63.
102. Douglas Tavolaro, *O bispo*, op. cit., pp. 125-6.

## 3. A ASCENSÃO [pp. 45-65]

1. Douglas Tavolaro, *O bispo*, op. cit., p. 119.
2. Ibid., pp. 120-1.
3. Ibid., pp. 117-8.
4. Edir Macedo, *Nada a perder*, op. cit., v. 2, pp. 83-4.
5. Informação de Marcelo Crivella em material de arquivo para a produção do trabalho jornalístico sobre os sessenta anos da TV Record.
6. Morris Kachani, "Fanático e muito rico", op. cit.
7. Douglas Tavolaro, *O bispo*, op. cit., p. 117.
8. Edir Macedo, *Nada a perder*, op. cit., v. 2, p. 21.
9. Entrevista de Ronaldo Didini ao autor, set. 2017.
10. "O dinheiro é um bem", entrevista a J. A. Dias Lopes, *Veja*, 14 nov. 1990.
11. Magali do Nascimento Cunha, "O conceito de religiosidade midiática como atualização do conceito de igreja eletrônica em tempos de cultura gospel", texto apresentado no XXV Congresso Brasileiro de Ciências da Comunicação, Salvador, 1-5 set. 2002.
12. Vivianne Cohen e Rodrigo Cardoso, "Pastor eletrônico", op. cit.
13. Ricardo Mariano, *Neopentecostais*, op. cit., p. 43.

14. Entrevista de Ronaldo Didini ao autor, em 11 fev. 2016.
15. Edir Macedo, *Nada a perder*, op. cit., v. 2, pp. 25-6.
16. Entrevista de Ronaldo Didini ao autor, em 11 fev. 2016.
17. Informação do ex-deputado Laprovita Vieira em material de arquivo para a produção de trabalho jornalístico sobre os sessenta anos da TV Record.
18. Edir Macedo, *Nada a perder*, op. cit., v. 2, p. 26.
19. Entrevista de Ronaldo Didini ao autor, em 11 fev. 2016.
20. Falas de Edir Macedo em cultos e em programas de rádio, tal como ocorriam nos anos 1980, segundo reprodução de Ronaldo Didini.
21. Entrevista de Ronaldo Didini ao autor, em 11 fev. 2016.
22. Site da Igreja Internacional da Graça de Deus.
23. Site da Igreja de Nova Vida do Rio de Janeiro, e Alexandre de Santi e Maurício Brum, "Como os programas evangélicos ganharam as rádios e TVs do Brasil", op. cit.
24. Edir Macedo, *Nada a perder*, op. cit., v. 2, p. 27.
25. Entrevista do professor de ciências da religião Leonildo Silveira Campos ao autor, em 3 set. 2018.
26. Edir Macedo, *Nada a perder*, op. cit., v. 2, p. 27.
27. Ibid.
28. Site Tudo sobre TV. Disponível em: <http://www.tudosobretv.com.br/histortv/tv80.htm>.
29. Informações relatadas em ata da reunião do Presbitério Nacional da Universal de 23 de julho de 1979, em reunião convocada por Edir Macedo, na condição de subsecretário-geral.
30. Ricardo Mariano, *Neopentecostais*, op. cit., p. 56.
31. Relato feito pelo missionário R. R. Soares a Ronaldo Didini.
32. Ibid.
33. Douglas Tavolaro, *O bispo*, op. cit., p. 115, e Edir Macedo, *Nada a perder*, op. cit., v. 1, pp. 215-7.
34. CPDOC-FGV — verbete Roberto Augusto Lopes; e Ricardo Mariano, *Neopentecostais*, op. cit., p. 56.
35. Fernando Molica, "Macedo trabalhou na Loterj durante 15 anos", op. cit.
36. Entrevista de Leonildo Silveira Campos ao autor, em 23 maio 2016.
37. "Religião x erotismo: Marido impede mulher de assistir culto em cinema que exibe sexo", *Jornal do Brasil*, 30 mar. 1988.
38. Ricardo Mariano, *Neopentecostais*, op. cit., pp. 64-5.
39. Gilberto Nascimento, "Teologia de resultados", *IstoÉ*, 14 dez. 1994.
40. Ricardo Mariano, *Neopentecostais*, op. cit., p. 59.
41. Pesquisa Novo Nascimento, Instituto de Estudos da Religião (Iser), feita na região do Grande Rio, em 1994. Rubem Cesar Fernandes et al. *Novo nascimento: Os evangélicos em casa, na igreja e na política*. Rio de Janeiro: Mauad, 1998.
42. Fala do ex-pastor Mário Justino, na reportagem "Eu tentei matar Edir Macedo", Flavia Sekles, *Jornal do Brasil*, 12 nov. 1995.
43. Leonildo Silveira Campos, *Teatro, templo e mercado*, op. cit.
44. Mário Justino, *Nos bastidores do reino: A vida secreta na Igreja Universal do Reino de Deus*. São Paulo: Geração, 1995, pp. 29-30.

45. Ricardo Mariano, *Neopentecostais*, op. cit., pp. 64 e 66.

46. Informação de Ronaldo Didini ao autor. O MEC também informou não ter registros dessa instituição.

47. Diálogo relatado por J. Cabral ao professor de ciências da religião e ex-colega Leonildo Silveira Campos.

48. Ricardo Mariano, *Neopentecostais*, op. cit., p. 63.

49. Diálogo relatado por J. Cabral ao professor de ciências da religião e ex-colega Leonildo Silveira Campos.

50. Edir Macedo, *A libertação da teologia*. Rio de Janeiro: Universal Produções, [s.d.], pp. 21 e 138; e Ricardo Mariano, *Neopentecostais*, op. cit., p. 63.

51. Entrevistas do professor de ciências da religião Leonildo Silveira Campos, em 2013, e de Ronaldo Didini, ao autor, em 24 set. 2018.

52. Livros publicados pela Universal Produções (Unipro), editora da igreja.

53. Ricardo Mariano, *Neopentecostais*, op. cit., p. 63.

54. Edir Macedo, *Nada a perder*, op. cit., v. 2, p. 84; nota publicada na *Folha Universal*, jornal da Igreja Universal do Reino de Deus, 17 dez. 1995; e Leonildo Silveira Campos, *Teatro, templo e mercado*, op. cit.

55. O pastor J. Cabral morreu de câncer em julho de 2002, alguns meses depois de retornar à Igreja Metodista. Segundo Leonildo Silveira Campos, ele se queixava de ter sido abandonado pela Universal.

56. Ricardo Mariano, *Neopentecostais*, op. cit., p. 61.

57. Ibid.; Sérgio Rangel, "Universal impõe vasectomia, diz ex-pastor", *Folha de S.Paulo*, 1 jan. 1996; "Ex-pastores acusam Universal de obrigar a fazer vasectomia", Agência Estado, 22 abr. 2000; "Universal é condenada a pagar R$ 100 mil a ex-pastor que fez vasectomia", UOL, 20 out. 2014; "Igreja Universal é investigada por suspeita de obrigar pastores a fazer vasectomia", coluna de Mônica Bergamo, *Folha de S.Paulo*, 19 ago. 2016; "Filhas do Edir Macedo nunca deram à luz e vasectomia dos pastores", depoimento do ex-pastor Lucas Paulo, YouTube, acesso em: 5 abr. 2017.

58. Entrevista de Carlos Magno de Miranda a Kássia Caldeira, do *Jornal da Tarde*, 16 jan. 1991.

59. Entrevista de Ronaldo Didini ao autor, em 31 jul. 2018.

60. Mário Justino, *Os bastidores do reino*, op. cit., pp. 41, 43, 46 e 60.

61. Ibid., pp. 29-30.

62. Douglas Tavolaro, *O bispo*, op. cit., pp. 116-7.

63. Rio de Janeiro: Universal Produções, 1994.

64. Ricardo Mariano, *Neopentecostais*, op. cit., p. 57.

65. Ester Bezerra, *A dama da fé*, op. cit., pp. 124-6; e Edir Macedo, *Nada a perder: Do coreto ao Templo de Salomão: A fé que transforma*. São Paulo: Planeta, 2014, v. 3, pp. 29-30.

66. Edir Macedo, *Nada a perder*, op. cit., v. 3, pp. 27-8.

67. Ricardo Mariano, *Neopentecostais*, op. cit., p. 57.

68. Edir Macedo, *Nada a perder*, op. cit., v. 3, pp. 33-4.

69. Paul Freston, "A Igreja Universal do Reino de Deus na Europa", *Lusotopie*, Paris, v. 1, n. 2, pp. 387-8, 1999, e Manuel Silva, "A Brazilian Church Comes to New York", *Pneuma*, Springfield, v. 13, n. 2, pp. 161-5, 1999.

70. Edir Macedo, *Nada a perder*, op. cit., v. 3, pp. 33 e 38-9.
71. Ibid., p. 33; e Mário Justino, *Os bastidores do reino*, op. cit., pp. 103-4.
72. "Escândalos abalam o televangelismo", *Folha de S.Paulo*, 18 set. 1989.
73. "Morre a controvertida Tammy Faye, ex-mulher de Jim Bakker", *O Estado de S. Paulo*, 22 jul. 2007.
74. "Escândalos abalam o televangelismo", op. cit.
75. Documentário *Mission Congo*, 2013, de Lara Zizic e David Turner.
76. Edir Macedo, *Nada a perder*, op. cit., v. 3, p. 33.
77. Mário Justino, *Os bastidores do reino*, op. cit., pp. 103-4.
78. Depoimento de Edir Macedo à Polícia Federal de São Paulo, em 15 out. 1991.
79. Ariovaldo Ramos e Nilza Valéria Zacarias, "Candidatos em nome de Deus", *Le Monde Diplomatique Brasil*, 1 set. 2010; Fábio Lacerda, *Pentecostalismo, eleições e representação política no Brasil contemporâneo*, FFLCH-USP, 2017 (tese de doutorado em ciência política); e Leonildo Silveira Campos, "Os políticos de Cristo: Uma análise do comportamento político de protestantes históricos e pentecostais no Brasil", em Joanildo A. Burity, Maria das Dores Campos Machado (Orgs.). *Os votos de Deus: Evangélicos, política e eleições no Brasil*. Recife: Fundação Joaquim Nabuco; Massangana, 2005, pp. 29-87.
80. Denise Madueño, "Bancada evangélica começou com um boato", *Folha de S.Paulo*, 17 set. 1995, e Valdir Pedde e Everton Rodrigo Santos, "A inserção dos pentecostais na política: Uma ameaça à democracia?", *História Unisinos*, São Leopoldo, v. 13, n. 3, pp. 284-96, set.-dez. 2009.
81. Site da Câmara dos Deputados.
82. Ruben Berta, "Família de Marcelo Crivella completa 30 anos na política", *O Globo*, 6 nov. 2016.
83. Entrevista de Ronaldo Didini ao autor, em 3 ago. 2018.
84. Ibid.
85. Kássia Caldeira, "O funcionário vira bispo. E chega ao poder", *Jornal da Tarde*, 2 abr. 1991; Ricardo Mariano, *Neopentecostais*, op. cit., p. 56.
86. CPDOC-FGV, verbete Roberto Augusto Lopes.
87. Entrevista de Ronaldo Didini ao autor, em 11 fev. 2016, e depoimento de Carlos Magno à Superintendência da Polícia Federal de Pernambuco, em 29 maio 1991.
88. IBGE.
89. Reginaldo Prandi, "O Brasil com axé: Candomblé e umbanda no mercado religioso", *Estudos Avançados*, São Paulo, v. 18, n. 52, pp. 223-38, set.-dez. 2004.
90. Entrevista do sociólogo Ricardo Mariano ao autor, em 13 maio 2016.
91. "Juíza suspende venda de livro do bispo Edir Macedo", Agência Folha, 10 nov. 2005.
92. "TRF libera circulação de livro de Edir Macedo", Expresso da Notícia, Jusbrasil, 27 set. 2006.
93. Leonildo Silveira Campos, *Teatro, templo e mercado*, op. cit.
94. Nasi e Hédio Silva Jr., "Ódio religioso solapa a democracia", *Folha de S.Paulo*, 7 jan. 2018.
95. Leonildo Silveira Campos, *Teatro, templo e mercado*, op. cit.
96. Ibid.

97. Walter Falceta Jr., "Igreja Universal inova marketing religioso", *O Estado de S. Paulo*, 13 jan. 1992.

98. Gilberto Marangoni, "Anos 1980, década perdida ou ganha?", *Desafios do Desenvolvimento — Ipea*, Brasília, v. 9, n. 72, 15 jun. 2012.

99. Entrevistas de Ronaldo Didini e do padre e teólogo Manoel José Godoy, diretor do Centro Bíblico-Teológico-Pastoral do Celam (Conselho Episcopal Latino-Americano), ao autor.

100. "João Paulo II conheceu 20 capitais brasileiras", *Folha de S.Paulo*, 2 abr. 2005.

101. Leonildo Silveira Campos, *Teatro, templo e mercado*, op. cit., p. 75.

102. Paulo Sérgio Marqueiro, "'Sexta-feira da cura' mata um no Maracanã", op. cit.

103. Ibid.

104. "Igreja Universal leva 170 mil ao Maracanã", *O Globo*, 18 abr. 1992.

105. "'Bispo' arrecada 1 bilhão no Maracanã", *Jornal do Brasil*, 18 abr. 1992.

106. CPDOC-FGV.

107. Gilberto Marangoni, "Anos 1980, década perdida ou ganha?", op. cit.

108. Leonildo Silveira Campos, *Teatro, templo e mercado*, op. cit.

109. Citação da revista *IstoÉ Senhor*, 22 nov. 1989, reproduzida em Ricardo Mariano, *Neopentecostais*, op. cit., p. 170.

110. Ricardo Mariano, *Neopentecostais*, op. cit., p. 170.

111. Leonildo Silveira Campos, *Teatro, templo e mercado*, op. cit.

112. Grigore Valeriu, *Deus é justo: A história real do homem que venceu na Justiça a Igreja Universal*. São Paulo: Ideia & Ação, 2009, pp. 103 e 107.

113. Mário Justino, *Os bastidores do reino*, op. cit., pp. 50 e 52.

114. Ibid., pp. 53-5.

115. Pesquisa Novo Nascimento, Instituto de Estudos da Religião (Iser), feita na região do Grande Rio, em 1994. Rubem Cesar Fernandes et al. *Novo nascimento*, op. cit.; Ricardo Mariano, *Neopentecostais*, op. cit., p. 170.

116. "O dinheiro é um bem", entrevista a J. A. Dias Lopes, op. cit.

117. *Documento Especial*, programa da Rede Manchete, exibido em 1989 e disponível no YouTube.

118. "O dinheiro é um bem", entrevista a J. A. Dias Lopes, op. cit.

119. Ibid.

120. Diretor do Centro Bíblico-Teológico-Pastoral do Celam (Conselho Episcopal Latino-Americano).

121. Evangelho de João, capítulo 18, versículo 36.

122. Livro 2 de Coríntios, capítulo 8, versículo 9.


4. A TV QUE CAIU DO CÉU [pp. 66-81]

1. Entrevista de Osvaldo Sanches ao autor, em 4 maio 2016.

2. Ex-prefeito biônico da capital paulistana, nomeado pelo regime militar no final dos anos 1960. Mais tarde, em 1979, indicado para o governo pela Arena (Aliança Renovadora Nacional), partido que representava o governo na época e deu origem ao PDS (Partido Democrático Social).

3. Entrevista de Ronaldo Didini ao autor, em 10 fev. 2016.
4. Ibid.
5. Entrevista de Ronaldo Didini ao autor, em 10 fev. 2016.
6. Entrevista de Osvaldo Sanches ao autor, em 4 maio 2016.
7. Ibid.
8. Ibid.
9. João Jorge Saad morreu em 1999.
10. Tom Cardoso e Roberto Rockmann, *O Marechal da Vitória: Uma história de rádio, TV e futebol*. São Paulo: A Girafa, 2005, pp. 127 e 139; e A. A. de Carvalho (Tuta). *Ninguém faz sucesso sozinho*. São Paulo: Escrituras, 2009, p. 69.
11. Tom Cardoso e Roberto Rockmann, *O Marechal da Vitória*, op. cit., p. 276.
12. "Incêndios destroem estúdios e central técnica da TV Record", site Record 60, R7, 26 set. 2013; e Júlio Maria, "O que vive na memória do sr. Paulinho não cabe só em livros", *Jornal da Tarde*, 15 jan. 2007.
13. Júlio Maria, "O que vive na memória do sr. Paulinho não cabe só em livros", op. cit.
14. Arlindo Silva, *A fantástica história de Silvio Santos*. São Paulo: Seoman, 2017, p. 58.
15. Morto em 2017.
16. Kelly Mantovani, "Economista que ajudou a expandir a Record", *Folha de S.Paulo*, 9 mar. 2017.
17. Arlindo Silva, *A fantástica história de Silvio Santos*, op. cit., pp. 57-9.
18. A. A. de Carvalho (Tuta). *Ninguém faz sucesso sozinho*, op. cit., pp. 251-3.
19. Ibid.
20. Ibid., p. 254.
21. Tom Cardoso e Roberto Rockmann, *O Marechal da Vitória*, op. cit., p. 337.
22. Elvira Lobato, "Grupo SS tinha dois canais em São Paulo", *Folha de S.Paulo*, 10 nov. 1989.
23. Associação Brasileira de Televisão por Assinatura. Disponível em: <http://www.abta.org.br/historico.asp>.
24. Valério Cruz Brittos, *Capitalismo contemporâneo, mercado brasileiro de televisão por assinatura e expansão transnacional*, Universidade Federal da Bahia, Salvador, 2001, tese (doutorado em comunicação).
25. Orestes Quércia morreu em 2010.
26. Entrevista de Dermeval Gonçalves a Gilberto Nascimento e Felipe Gil, em 2013, para o trabalho jornalístico sobre os sessenta anos da TV Record.
27. Depoimento do empresário Álvaro Almeida à Superintendência da Polícia Federal em São Paulo, em 26 ago. 1991.
28. Kássia Caldeira, "Uma campanha para comprar a Record", *Jornal da Tarde*, 4 abr. 1991; depoimentos de Bebetto Haddad, Silvio Santos e Paulo Machado de Carvalho Filho à Superintendência da Polícia Federal em São Paulo, em 10 mar. 1992, 6 set. 1991 e 14 ago. 1991, respectivamente.
29. Entrevista de Laprovita Vieira para o trabalho jornalístico sobre os sessenta anos da Record, em 2013.
30. Júlio Maria, "O que vive na memória do sr. Paulinho não cabe só em livros", op. cit.
31. Entrevista de Ronaldo Didini ao autor, em 10 fev. 2016.
32. Flávio Ricco, "Record inova e transforma um vice-presidente em CEO", UOL, 10 dez. 2015.

33. Entrevista de Laprovita Vieira para o trabalho jornalístico sobre os sessenta anos da TV Record, em 2013.
34. Vandeck Santiago, "Governo Collor protegeu Macedo, diz pastor", *Folha de S.Paulo*, 27 dez. 1995.
35. Kássia Caldeira, "Uma campanha para comprar a Record", op. cit.
36. CPDOC-FGV.
37. Ibid.
38. Entrevista de Ronaldo Didini ao autor, em 10 abr. 2016.
39. Entrevista de Ronaldo Didini ao autor, em 20 abril 2016.
40. Depoimento do advogado Ailton Trevisan ao Ministério Público Federal de São Paulo, em 19 ago. 1991.
41. Entre 2011 e 2012.

5. A DÍVIDA E O SUSTO [pp. 82-96]

1. Depoimentos dos empresários Silvio Santos e Paulo Machado de Carvalho Filho à Polícia Federal, e do advogado e ex-dirigente da Record Ailton Trevisan, ao Ministério Público Federal de São Paulo, em 1991.
2. Kássia Caldeira, "Uma campanha para comprar a Record", op. cit., e depoimento de Ailton Trevisan ao Ministério Público Federal de São Paulo, em 19 ago. 1991.
3. Depoimentos dos empresários Silvio Santos e Paulo Machado de Carvalho Filho à Polícia Federal, e do advogado e ex-dirigente da Record Ailton Trevisan ao Ministério Público Federal de São Paulo, em 1991.
4. Kássia Caldeira, "Uma campanha para comprar a Record", op. cit.; Denúncia do procurador federal Silvio Luís Martins de Oliveira, oferecida à 2ª Vara Criminal Federal de São Paulo, 1 set. 2011; Ação cível número 97.00164497, na 3ª Vara Federal de São Paulo, para apurar a compra da TV Record (arquivada em 6 mar. 2015); J. A. Dias Lopes, "O dinheiro é um bem", op. cit.; entrevista de Ronaldo Didini ao autor, em 10 fev. 2016; Instrumento particular de declaração de Waldir Abrão, firmado no dia 18 de novembro de 2009 no escritório Marzagão, Amaral & Leal Advogados, em São Paulo, e lavrado no Cartório do 14º Tabelião de Notas de São Paulo; Ricardo Mariano, *Neopentecostais*, op, cit., pp. 66-7; Leonildo Silveira Campos, *Teatro, templo e mercado*, op. cit; Elvira Lobato, "Receita faz 'superdevassa' na Universal", *Folha de S.Paulo*, 15 ago. 1996: Gilberto Nascimento, "A TV que caiu do céu", *IstoÉ*, 15 jul. 1998; Kássia Caldeira, "A Igreja Universal e os dólares da Colômbia", *Jornal da Tarde*, 5 abr. 1991; "Pastor confirma à polícia acusações contra Edir Macedo", *O Estado de S. Paulo*, 30 ago. 1991; Elenilce Bottari, "O milagre da Universal: A compra da TV Record", *O Globo*, 4 fev. 1996; "Rastro do dinheiro leva à Igreja Universal e a Macedo", *O Globo*, 3 mar. 1996; Alberto Luchetti, "Record vira TV Reino de Deus", *O Estado de S.Paulo*, 11 nov. 1989; Mário Serapicos, "Empresário da igreja de Correa compra a TV Record de Silvio Santos", *Jornal da Tarde*, 11 nov. 1989.
5. Justiça Federal de São Paulo — 3ª Vara Cível Federal — Processo número 97.0016449-7, Depoimento de Edir Macedo Bezerra.
6. Relato de Ronaldo Didini ao autor, em 24 ago. 2017.

7. Depoimento de Ailton Trevisan ao Ministério Público Federal, em 19 ago. 1991.

8. Kássia Caldeira, "Uma campanha para comprar a Record", op. cit.

9. Gilberto Nascimento, "Ação entre amigos", *IstoÉ*, 3 jan. 1996, com colaboração de Eliane Trindade e Hélio Contreiras.

10. Depoimento do advogado Ailton Trevisan ao Ministério Público Federal, em 19 ago. 1991.

11. Entrevista de Dermeval Gonçalves a Gilberto Nascimento e Felipe Gil, em 2013.

12. Gilberto Nascimento, "Ação entre amigos", op. cit; Fábio Guibu, "Collor viabilizou compra da Record, diz pastor", *Folha de S.Paulo*, 30 dez. 1995; Vandeck Santiago, "Governo Collor protegeu Macedo, diz pastor", *Folha de S.Paulo*, 27 dez. 1995; "Pastor diz como foi reunião com Collor", *Jornal da Tarde*, 30 dez. 1995; Luciana Leão, "Magno diz que Collor é sócio do 'bispo'", *Jornal do Brasil*, 30 dez. 1995; "Ex-bispo da Universal revela bastidores e condena falsos ensinamentos", Blog O Grande Diálogo, 5 jun. 2012.

13. Entrevista de Carlos Magno ao autor, à época, e confirmada pelo executivo da TV Record Dermeval Gonçalves; e Gilberto Nascimento, "Ação entre amigos", op. cit.

14. Gilberto Nascimento, "Ação entre amigos", op. cit; Fábio Guibu, "Collor viabilizou compra da Record, diz pastor", op. cit.; Vandeck Santiago, "Governo Collor protegeu Macedo, diz pastor", op. cit.; "Pastor diz como foi reunião com Collor", op. cit.; Luciana Leão, "Magno diz que Collor é sócio do bispo", op. cit.; "Ex-bispo da Universal revela bastidores e condena falsos ensinamentos", op. cit.

15. Depoimento de Edir Macedo à Polícia Federal de São Paulo, em 15 out. 1991.

16. Depoimento do advogado Ailton Trevisan ao Ministério Público Federal, em 19 ago. 1991.

17. Douglas Tavolaro, *O bispo*, op. cit., p. 159.

18. Ibid., p. 155.

19. Júlio Maria, "O que vive na memória do sr. Paulinho não cabe só em livros", op. cit.

20. Marcelo Crivella virou proprietário, oficialmente, da TV Record Franca, ao lado da mulher, Sylvia Jane Hodge Crivella.

21. Entrevista de Ronaldo Didini para o trabalho jornalístico sobre os sessenta anos da TV Record, em 2013.

22. Ibid.

23. Entrevista de Rubem Didini, ex-diretor financeiro da TV Record, ao autor, em 2 out. 2018.

24. Entrevista de Ronaldo Didini ao autor, em 2 ago. 2018.

25. Entrevista de Ronaldo Didini para o trabalho jornalístico sobre os 60 anos da TV Record, em 2013.

26. CPDOC-FGV.

27. Entrevista de Ronaldo Didini ao autor, em 10 fev. 2016.

28. Brenda Fucuta, "Record quer subir com ajuda do Reino de Deus", *O Estado de S. Paulo*, 15 abr. 1990.

29. Ibid.

30. Relato de Ronaldo Didini para a produção do trabalho jornalístico sobre os sessenta anos da TV Record, em 2013.

31. Depoimento de Dermeval Gonçalves a Gilberto Nascimento e Felipe Gil para a produção do trabalho jornalístico sobre os sessenta anos da TV Record, em 2013.
32. Douglas Tavolaro, *O bispo*, op. cit., p. 182.
33. Entrevista de Guga de Oliveira ao autor, em 2 ago. 2017. O diretor de TV faleceu aos 77 anos, após uma parada cardiorrespiratória, no dia 14 de outubro de 2018.
34. Entrevista de Ronaldo Didini ao autor, em 10 fev. 2016.
35. Ibid.
36. Douglas Tavolaro, *O bispo*, op. cit., pp. 163-4.
37. Entrevista a Gilberto Nascimento e Felipe Gil para o trabalho jornalístico sobre os sessenta anos da TV Record.
38. Relato de Ronaldo Didini ao autor, em 16 out. 2016.
39. Entrevistas de Ronaldo Didini, em 16 out. 2016, e Guga de Oliveira ao autor, em 2 ago. 2017.
40. Entrevista de Guga de Oliveira ao autor, em 2 ago. 2017.
41. Ibid.
42. Entrevista de Ronaldo Didini ao autor, em 10 fev. 2010.
43. Acervo *Folha de S.Paulo*, e entrevista de Ronaldo Didini ao autor, em 30 abr. 2018.
44. Hélio Ansaldo morreu em 1997.
45. Antônio de Oliveira Godinho morreu em 1992.
46. Ferreira Neto morreu em 2002.
47. Entrevistas de Ronaldo Didini, em 27 nov. 2016, e de Arnaldo Faria de Sá, em 22 jun. 2017, ao autor.
48. Tom Cardoso e Roberto Rockmann, *O Marechal da Vitória*, op. cit., p. 352.
49. Murilo Antunes Alves morreu em 2010.
50. Jorge Boaventura morreu em 2005.
51. Entrevista de Ronaldo Didini ao autor, em 29 fev. 2016.
52. O *Record em Notícias* saiu do ar em 1996.
53. Luís Fernando Mercadante morreu em 2012.
54. Rubens Ewald Filho morreu em 19 de junho de 2019.
55. Brenda Fucuta, "Record quer subir com ajuda do Reino de Deus", op. cit.
56. Ibid.
57. Eduardo Lafon morreu em 2000.
58. Entrevista de Ronaldo Didini para a produção do trabalho jornalístico sobre os sessenta anos da TV Record, em 2013.
59. "Um empresário que ninguém quer lembrar", *IstoÉ Dinheiro*, 14 abr. 2004.
60. Calim Eid morreu em 1999.
61. Entrevista de Ronaldo Didini para a produção do trabalho jornalístico sobre os sessenta anos da Record, em 2013.
62. Kássia Caldeira, "Uma história de estranhas coincidências", *Jornal da Tarde*, 3 abr. 1991.
63. Memória *Roda Viva*, TV Cultura, 19 nov. 1990.
64. Douglas Tavolaro, *O bispo*, op. cit., p. 159.
65. Entrevista de Ronaldo Didini ao autor, em 11 fev. 2016.

## 6. O CALVÁRIO DO BISPO [pp. 97-110]

1. Entrevista do ex-delegado Darci Sassi ao autor, em 22 ago. 2018.
2. Fausto Macedo, "Edir Macedo vai à polícia e nega denúncias", *Jornal da Tarde*, 21 nov. 1990.
3. Afonso Lau, "Seita vira caso de polícia no Rio", *O Estado de S. Paulo*, 2 abr. 1989, e Kássia Caldeira, "Uma campanha para comprar a Record", op. cit.
4. "Polícia invade templo Universal no Brás", *O Estado de S. Paulo*, 25 nov. 1989.
5. Ibid.
6. Fausto Macedo, "Polícia caça Edir Macedo, empresário da fé", *Jornal da Tarde*, 30 out. 1990.
7. Id., "Edir Macedo vai à polícia e nega denúncias", *Jornal da Tarde*, 21 nov. 1990.
8. "'Bispo' Macedo está na cadeia", *Jornal da Tarde*, 25 maio 1992; e Mário Simas Filho, "Edir Macedo é preso e passa noite na cadeia", *Folha de S.Paulo*, 25 maio 1992.
9. Rodolfo Spínola, "Magno abandona a igreja de Edir Macedo: 'Ele foi desleal'", *Jornal da Tarde*, 30 nov. 1990.
10. Kássia Caldeira, "'Bispo' vai para os EUA. Para não depor?", *Jornal da Tarde*, 8 abr. 1991.
11. Entrevista de Laprovita Vieira a Gilberto Nascimento, em 2013, para a produção do trabalho jornalístico sobre os sessenta anos da TV Record.
12. Douglas Tavolaro, *O bispo*, op. cit., p. 189.
13. *Conexão Repórter*, do SBT, entrevista a Roberto Cabrini, 26 abr. 2015.
14. Ricardo Mariano, *Neopentecostais*, op. cit., p. 80; e *Feira Hoje*, 14 fev. 1984.
15. Entrevista de Ronaldo Didini ao autor, em 14 out. 2018.
16. Fausto Macedo, "Edir Macedo vai à polícia e nega denúncias", *Jornal da Tarde*, 21 nov. 1990.
17. Kássia Caldeira, "A Igreja Universal e os dólares da Colômbia", op. cit.; *Jornal Nacional*, TV Globo, dez. 1995; "Pastor confirma à polícia acusações contra Edir Macedo", op. cit.; Claudio Renato, "Ex-pastor liga Universal a narcotráfico", *O Estado de S. Paulo*, 31 dez. 1995; Fábio Guibu e Paulo Mota, "Ex-aliado acusa Macedo de usar dinheiro do tráfico", op. cit.; Claudio Renato e Roberta Jansen, "Nova denúncia liga Universal ao narcotráfico", *O Estado de S. Paulo*, 28 dez. 1995; Vandeck Santiago, "Governo Collor protegeu Macedo, diz pastor", op. cit.; Joel Santos Guimarães, "Macedo sob suspeita na Colômbia", *Jornal da Tarde*, 4 jan. 1996; Kássia Caldeira, "Documentos provam ida de pastores a Bogotá", *O Estado de S. Paulo*, 4 jan. 1996.
18. Fábio Guibu e Paulo Mota, "Ex-aliado acusa Macedo de usar dinheiro do tráfico", op. cit.
19. *Jornal Nacional*, TV Globo, dez. 1995.
20. Kássia Caldeira, "A Igreja Universal e os dólares da Colômbia", op. cit.; Kássia Caldeira, "Documentos provam ida de pastores a Bogotá", op. cit.
21. Ibid.
22. Transcrição de entrevista de Carlos Magno de Miranda à jornalista Kássia Caldeira, do *Jornal da Tarde*, em 16 jan. 1991, entregue à Justiça.
23. Kássia Caldeira, "'Tenho medo dele', diz o ex-seguidor", *Jornal da Tarde*, 2 abr. 1991; Gilberto Nascimento, "O tesouro do bispo", *IstoÉ*, 27 dez. 1995; Fábio Guibu e Paulo Mota, "Ex-aliado acusa Macedo de usar dinheiro do tráfico", op. cit; e depoimento do pastor Carlos Magno de Miranda à Superintendência Regional da Polícia Federal de Recife, em 29 maio 1991.

24. Essa corretora, segundo Carlos Magno, tinha o empresário Alberto Haddad como sócio. À PF, Haddad afirmou que a instituição financeira, naquela época, existiu apenas no papel.
25. "Pastor confirma à polícia acusações contra Edir Macedo", op. cit.
26. Gilberto Nascimento, "Bispo em xeque", *IstoÉ*, 25 out. 1995; informações fornecidas pela Polícia Federal, à época; e entrevista de Carlos Magno de Miranda a Gilberto Nascimento, em dez. 1995.
27. Despacho do ministro do STF, Carlos Velloso, em 25 jun. 2003, em inquérito para apuração de possível prática de crimes na venda da TV Record. O Ministério Público concluiu, segundo o despacho, que o procedimento para investigação de crime de falso testemunho atribuído a Carlos Magno de Miranda era de competência da Justiça Federal de Pernambuco, onde o fato teria ocorrido. O site do Tribunal de Justiça de Pernambuco registra apenas um recebimento de autos, referente a Carlos Magno de Miranda, em 18 ago. 2003. Esse processo, físico, tem o número 0020740-12.1992.8.17.0001, na 1ª Vara Criminal da Capital. Não há mais informações.
28. Fábio Guibu e Paulo Mota, "Ex-aliado acusa Macedo de usar dinheiro do tráfico", op. cit.; e Vandeck Santiago, "Governo Collor protegeu Macedo, diz pastor", op. cit.
29. Claudio Renato e Roberta Jansen, "Nova denúncia liga Universal ao narcotráfico", *O Estado de S. Paulo*, 28 dez. 1995.
30. A ação sobre a compra da TV Record foi arquivada em 6 de março de 2015.
31. Depoimento do pastor Carlos Magno de Miranda à Superintendência Regional da Polícia Federal de Recife, em 29 maio 1991.
32. Depoimento de Edir Macedo à Delegacia de Polícia Fazendária da Superintendência Regional da Polícia Federal de São Paulo, em 15 out. 1991.
33. Ibid.
34. Paulo Mota, "Ex-líder foi indiciado em cinco inquéritos", *Folha de S.Paulo*, 28 dez. 1995, e transcrição de entrevista à jornalista Kássia Caldeira.
35. Ibid.
36. Rodolfo Spínola, "Magno abandona a igreja de Edir Macedo: 'Ele foi desleal'", op. cit.
37. Entrevista de Ronaldo Didini ao autor, em 10 fev. 2016.
38. Ibid.
39. Entrevista do padre e teólogo Manoel José Godoy, diretor do Centro Bíblico-Teológico-Pastoral do Celam (Conselho Episcopal Latino-Americano).
40. Paul Freston, *Protestantismo e política no Brasil*, op. cit.; e Ricardo Mariano, *Neopentecostais*, op. cit., p. 70.
41. Site da Renovação Carismática Católica. Disponível em: <rccbrasil.org.br>.
42. D. Eugênio Sales morreu em 2012.
43. Roberto Marinho morreu em 2003.
44. José Carlos Martinez morreu em outubro de 2003.
45. Douglas Tavolaro, *O bispo*, op. cit., pp. 171-2; entrevista de Ronaldo Didini ao autor, em 10 fev. 2016.
46. "Grupo do PR quer comprar TV Record", *Folha de S.Paulo*, 19 ago. 1991.
47. Diálogos reproduzidos por Ronaldo Didini, em entrevista ao autor em 10 fev. 2016.
48. Douglas Tavolaro, *O bispo*, op. cit., pp. 171-3.
49. Ibid., p. 171.

50. Kássia Caldeira, "Só Collor pode legalizar posse da Record", *Jornal da Tarde*, 2 abr. 1991.
51. "Juiz determina prisão do pastor Edir Macedo", *O Estado de S. Paulo*, 12 out. 1991.
52. Grigore Valeriu, *Deus é justo*, op. cit., p. 128.
53. Ibid., pp. 132 e 134.
54. "Apresentação surpreende polícia", *Jornal do Brasil*, 16 out. 1991.
55. "'Bispo' Macedo é preso, depõe por 12 horas e é liberado", *Jornal do Brasil*, 16 out. 1991.
56. Bartolomeu Rodrigues e Rosa Costa, "CPI interrompeu investigações", *O Estado de S. Paulo*, 31 dez. 1995.
57. "O dinheiro é um bem", entrevista a J. A. Dias Lopes, *Veja*, 14 nov. 1990.
58. Mais tarde, Honorilton Gonçalves voltou para comandar a TV Record.
59. Edir Macedo, *Nada a perder*, op. cit., v. 3, pp. 46-7, e entrevista de Ronaldo Didini ao autor, em 8 set. 2019.

7. MACEDO VAI ÀS COMPRAS [pp. 111-20]

1. Gilberto Nascimento, "No reino do dinheiro", *IstoÉ*, 31 jan. 1996; Ricardo Mariano, *Neopentecostais*, op. cit., p. 67. Documento de alteração contratual da New Tur foi reproduzido parcialmente na reportagem de *IstoÉ*.
2. Gilberto Nascimento, "No reino do dinheiro", *IstoÉ*, 31 jan. 1996.
3. Entrevista de Antônio Canova ao autor, em 9 dez. 2016.
4. Elenilce Bottari, "O milagre da Universal: A compra da TV Record", *O Globo*, 4 fev. 1996; "Rastro do dinheiro leva à Igreja Universal e a Macedo", *O Globo*, 3 mar. 1996.
5. Múcio Ataíde morreu em 2010.
6. Nilson Fanini morreu em 2009.
7. Entrevista de Antônio Canova ao autor, em 9 dez. 2016.
8. Ibid.
9. Ibid.
10. Ibid.
11. Depoimento de José Antônio Alves Xavier à Superintendência Regional da Polícia Federal do Rio de Janeiro, em 14 ago. 2000, e Elvira Lobato, "TV foi paga em espécie, diz testemunha", *Folha de S.Paulo*, 12 jul. 2005.
12. Instrumento particular de declaração de Waldir Abrão, firmado no dia 18 de novembro de 2009 no escritório Marzagão, Amaral & Leal Advogados, em São Paulo, e lavrado no Cartório do 14º Tabelião de Notas de São Paulo; e informações reunidas em inquérito enviado ao Supremo Tribunal Federal (STF).
13. Ibid.
14. Ibid.
15. Ibid.
16. Ibid.
17. Entrevista de Ronaldo Didini ao autor, em 2 ago. 2018.
18. Relato de Ronaldo Didini ao autor, em 20 out. 2019.
19. Ricardo Mariano, *Neopentecostais*, op. cit., p. 64.

20. Elvira Lobato, "Sobrinho de Macedo seria controlador de empresa", *Folha de S.Paulo*, 18 jul. 1999; Elvira Lobato, "Record tem firmas em paraísos fiscais", op. cit; Elvira Lobato, "PF investigará empresas da Universal", *Folha de S.Paulo*, 10 ago. 1999; Vânia Cristino, "Banco da Universal tem sócio em paraíso fiscal", *O Estado de S. Paulo*, 29 dez. 1995; Instrumento particular de declaração de Waldir Abrão, firmado no dia 18 de novembro de 2009, no escritório Marzagão, Amaral & Leal Advogados, em São Paulo, e lavrado no Cartório do 14º Tabelião de Notas de São Paulo; e relatório de análise da Procuradoria da República do Distrito Federal sobre movimentações financeiras identificadas nas bases de dados do chamado "Caso Banestado" relacionadas a parlamentares integrantes da Igreja Universal do Reino de Deus: Marcelo Crivella (então senador do PL-RJ), e deputado João Batista Ramos da Silva (então PFL-SP), em 15 jul. 2005.

21. Instrumento particular de declaração de Waldir Abrão, firmado no dia 18 de novembro de 2009 no escritório Marzagão, Amaral & Leal Advogados, em São Paulo, e lavrado no Cartório do 14º Tabelião de Notas de São Paulo.

22. Ibid.

23. Elvira Lobato, "TV foi paga em espécie, diz testemunha", op. cit.

24. Elenilce Bottari, "Da classe média baixa ao clube dos donos de TV", *O Globo*, 4 fev. 1996; id., "O milagre da Universal: A compra da TV Record", op. cit.

25. Id., "Da classe média baixa ao clube dos donos de TV", op. cit.

26. Id., "O milagre da Universal: A compra da TV Record", op. cit.

27. Depoimento de José Antônio Alves Xavier à Superintendência Regional da Polícia Federal do Rio de Janeiro, em 14 ago. 2000.

28. Ibid.

29. Ibid.; e Beatriz Coelho Silva, "Comerciante diz ter sido usado na compra da TV Record e vai à Justiça contra Igreja Universal", Agência Estado, 31 mar. 2000.

30. Depoimento de José Antônio Alves Xavier à Superintendência Regional da Polícia Federal do Rio de Janeiro, em 14 ago. 2000.

31. Elenilce Bottari, "Da classe média baixa ao clube dos donos de TV", op. cit.

32. Id., "Ministério Público consegue quebra de sigilo bancário de 'laranjas' de Macedo", *O Globo*, 6 fev. 1996; "Da classe média baixa ao clube dos donos de TV", op. cit.

33. Depoimento de José Antônio Alves Xavier à Superintendência Regional da Polícia Federal do Rio de Janeiro, em 14 ago. 2000.

34. Carter Anderson, "Laranja confessa negociata da Igreja Universal", *O Globo*, 29 mar. 2000.

35. Elenilce Bottari, "O milagre da Universal: A compra da TV Record", op. cit.; e Bernardino Furtado, "Enredamento de empresas mascara o papel do 'bispo'", *O Globo*, 6 fev. 1996.

36. Carter Anderson, "Laranja confessa negociata da Igreja Universal", op. cit.

37. Elenilce Bottari, "O milagre da Universal: A compra da TV Record", op. cit.

38. Id., "Da classe média baixa ao clube dos donos de TV", op. cit.

39. Id., "Ministério Público consegue quebra de sigilo bancário de 'laranjas' de Macedo", op. cit.

## 8. O MÁRTIR [pp. 121-31]

1. Pedro Collor morreu em 1994.

2. "'Bispo' Macedo está na cadeia", *Jornal da Tarde*, 25 maio 1992.

3. Douglas Tavolaro, *O bispo*, op. cit., p. 32.
4. Mário Simas Filho, "Edir Macedo é preso e passa noite na cadeia", op. cit.
5. "'Bispo' Macedo está na cadeia", op. cit.
6. Ibid.
7. Douglas Tavolaro, *O bispo*, op. cit., p. 43.
8. Mário Simas Filho, "Edir Macedo é preso e passa noite na cadeia", op. cit.; e "'Bispo' Macedo está na cadeia", op. cit.
9. Entrevista de Ronaldo Didini ao autor, em 10 fev. 2016.
10. Douglas Tavolaro, *O bispo*, op. cit., p. 37.
11. Fala de Edir Macedo, em diálogo na prisão com Ronaldo Didini, e reproduzido pelo ex-pastor da Universal, em entrevista ao autor em 10 fev. 2016.
12. Entrevista de Ronaldo Didini ao autor, em 10 fev. 2016.
13. Depoimento de Luiz Inácio Lula da Silva veiculado na TV Record à época.
14. Entrevistas do ex-delegado Darci Sassi, em 31 jan. 2017 e de Ronaldo Didini, em 10 fev. 2016, ao autor.
15. Fausto Macedo, "A Justiça decidiu: Bispo fica preso", *Jornal da Tarde*, 26 maio 1992; entrevista do ex-delegado Darci Sassi ao autor, em 31 jan. 2017; e entrevista de Ronaldo Didini ao autor, em 10 fev. 2016.
16. Fausto Macedo, "A Justiça decidiu: Bispo fica preso", op. cit.
17. Entrevista do ex-delegado Darci Sassi ao autor, em 31 jan. 2017.
18. Fausto Macedo, "A Justiça decidiu: Bispo fica preso", op. cit.; e "'Bispo' Macedo está na cadeia", op. cit.
19. "Negociador enfrenta presos sem gritar", *Folha de S.Paulo*, 2 abr. 1995. Em 31 de outubro de 2018, Josecyr Cuoco também foi denunciado pelo Ministério Público Federal de São Paulo por envolvimento na morte do militante político Olavo Hanssen, em 1970.
20. Entrevista de Darci Sassi ao autor, em 31 jan. 2017.
21. Douglas Tavolaro, *O bispo*, op. cit., p. 22.
22. Entrevista de Ronaldo Didini ao autor, em 10 fev. 2016.
23. Entrevistas de Ronaldo Didini, em 10 fev. 2016, e do ex-deputado federal Arnaldo Faria de Sá, em 22 jun. 2017, ao autor.
24. Mensagem divulgada aos fiéis pela TV Record, após a prisão; e Douglas Tavolaro, *O bispo*, op. cit., p. 26.
25. *Conexão Repórter*, do SBT, entrevista a Roberto Cabrini, 26 abr. 2015.
26. Diálogos reproduzidos a partir de relatos de Ronaldo Didini ao autor, em 20 abr. 2016.
27. Ibid.
28. Ibid.
29. Ibid.
30. Márcio Thomaz Bastos morreu em 2014.
31. Relato de Ronaldo Didini, em entrevista ao autor em 10 fev. 2016.
32. Luiz Maklouf Carvalho, "Pão e glória", *piauí*, n. 39, dez. 2009.
33. Fausto Macedo, "Bispo ganha a liberdade", *Jornal da Tarde*, 5 jun. 1992.

## 9. O CONTRAPONTO [pp. 132-9]

1. Douglas Tavolaro, *O bispo*, op. cit., pp. 174 e 176.
2. Depoimento de Fernando Collor em material de arquivo para a produção de trabalho jornalístico sobre os sessenta anos da TV Record.
3. Douglas Tavolaro, *O bispo*, op. cit., p. 176.
4. Entrevista de Ronaldo Didini ao autor, em 2 ago. 2018.
5. Gilberto Nascimento, "Teologia de resultados", op. cit; "Universal nos Presídios: Há mais de três décadas levando o Evangelho aos encarcerados", disponível em: <Universal.org>; Raimunda Célia Torres, *A trajetória da assistência na Igreja Universal do Reino de Deus (IURD): Configurações e significados — um olhar sobre a Associação Beneficente Cristã (ABC) do Rio de Janeiro*, UFJF, Juiz de Fora, 2007, tese (doutorado em ciência da religião); Felipe Athayde Lins de Melo e Camila Nunes Dias, "Ainda sobre o curioso mundo religioso das prisões brasileiras", Justificando, 26 mar. 2018.
6. Raimunda Célia Torres, *A trajetória da assistência na Igreja Universal do Reino de Deus (IURD)*, op. cit.
7. Felipe Athayde Lins de Melo e Camila Nunes Dias, "Ainda sobre o curioso mundo religioso das prisões brasileiras", op. cit.
8. "Universal nos Presídios", op. cit.
9. "Documentos mostram vínculo com a Universal", *Folha de S.Paulo*, 11 out. 2009. Nos informes sobre sua atuação na área social, a Igreja Universal não tem feito mais menções à antiga Sociedade Pestalozzi, transformada depois na Associação Brasileira de Assistência e Desenvolvimento Social.
10. Raimunda Célia Torres, *A trajetória da assistência na Igreja Universal do Reino de Deus (IURD)*, op. cit.
11. Herbert José de Sousa, Biografias, UOL Educação.
12. Disponível em: <abiaids.org.br>.
13. Henfil e Chico Mário morreram em 1988, e Herbert de Sousa, o Betinho, em 9 de agosto de 1997.
14. Ricardo Mariano, *Neopentecostais*, op. cit., p. 60.
15. Leonildo Silveira Campos, *Teatro, templo e mercado*, op. cit.
16. Ibid.
17. Morto em 2017.
18. CPDOC-FGV.
19. Entrevista de Ronaldo Didini ao autor, em 2 ago. 2018.
20. Fábio Farah, "O general de Mercadante", *IstoÉ Gente*, 20 jan. 2003.
21. Morto em 2018.
22. Gilberto Nascimento, "Guerra santa", *IstoÉ*, 29 jun. 1994; Gilberto Nascimento e Jayme Brener, "Maria vai à guerra", *IstoÉ*, 25 out. 1995; e Gustavo Krieger, "Fundo Social de Emergência paga diferença do 13º salário de FHC", *Folha de S.Paulo*, 5 jul. 1995.
23. Raimunda Célia Torres, *A trajetória da assistência na Igreja Universal do Reino de Deus (IURD)*, op. cit.

24. Cláudia Trevisan, "Igreja Universal adota marketing social", *Folha de S.Paulo*, 15 abr. 1995.
25. Ricardo Mariano, *Neopentecostais*, op. cit., p. 92.
26. Entrevista de Ronaldo Didini ao autor, em 2 ago. 2018.
27. Clóvis Rossi, "Lula e fhc mantêm distância na pesquisa", *Folha de S.Paulo*, 27 maio 1994.
28. Cláudia Trevisan, "Bispo Macedo faz campanha anti-Lula", *Folha de S.Paulo*, 8 ago. 1994.
29. Gilberto Nascimento, "Guerra santa", op. cit.
30. Entrevista de Ronaldo Didini ao autor, em 10 fev. 2016.
31. Gilberto Nascimento, "Guerra santa", op. cit.
32. Entrevista de Ronaldo Didini ao autor, em 11 fev. 2016.
33. Paulo Peixoto, "Edir Macedo prega aborto legal em mg", *Folha de S.Paulo*, 6 out. 1997; e Mário Magalhães e Letícia Kfuri, "Líder da Universal prega aborto legal", *Folha de S.Paulo*, 31 out. 1999.
34. Cláudia Trevisan, "fhc terá o dobro do tempo de Lula na tv", *Folha de S.Paulo*, 9 maio 1994; e Bruno Góes, "Mentores do Plano Real falam sobre o legado de Fernando Henrique Cardoso", *O Globo*, 18 jun. 2011.
35. Entrevista de Ronaldo Didini ao autor, em 11 fev. 2016.
36. Leonildo Silveira Campos, *Teatro, templo e mercado*, op. cit.
37. George Alonso, "Igreja católica é desgraça do 3º mundo, diz bispo", *Folha de S.Paulo*, 17 abr. 1995.
38. Elenilce Bottari e Edgar Arruda, "Nilo ajudou Betinho a receber doação de bicheiro", *O Globo*, 6 abr. 1994, e Morris Kachani, "Fanático e muito rico", op. cit.

## 10. BISPO ENFRENTA DEUS [pp. 140-63]

1. Ricardo Mariano, *Neopentecostais*, op. cit., p. 81.
2. Celso Fonseca e Gilberto Nascimento, "Guerra sem tréguas", *IstoÉ*, 13 set. 1995.
3. Ibid.
4. Dias Gomes morreu em 1999.
5. Celso Fonseca e Gilberto Nascimento, "Guerra sem tréguas", op. cit.
6. Ricardo Mariano, *Neopentecostais*, op. cit., p. 81.
7. Porto Alegre: Tchê, 1987.
8. Celso Fonseca e Gilberto Nascimento, "Guerra sem tréguas", op. cit.; e "Globo e Edir Macedo travam disputa no ar", *Folha de S.Paulo*, 3 set. 1995.
9. Fernando Molica, "Livro *Decadência* usa frases de bispo", *Folha de S.Paulo*, 9 set. 1995.
10. *Decadência, ou O procurador de Jesus Cristo*. São Paulo: Bertrand Brasil, 1995.
11. Site da abl.
12. Memória *Roda Viva*, tv Cultura, 12 jun. 1995, transcrição feita pelo site da Agência Fapesp.
13. Memória Globo, site oficial da emissora, de história e personalidades.
14. "Escritor diz que é coincidência", *Folha de S.Paulo*, 9 set. 1995.
15. Celso Fonseca e Gilberto Nascimento, "Guerra sem tréguas", op. cit.

16. "Globo e Edir Macedo travam disputa no ar", op. cit.
17. Memória Globo.
18. Celso Fonseca e Gilberto Nascimento, "Guerra sem tréguas", op. cit.
19. "Contribuição de Roberto Marinho para a comunicação e a cultura foi inestimável, diz Lula", Agência Brasil, 7 ago. 2003.
20. "A batalha de Deus", *Folha de S.Paulo*, 8 set. 1995.
21. Painel do Leitor, *Folha de S.Paulo*, 14 set. 1995; e "Estamos aguardando", *Folha de S. Paulo*, 13 out. 1995.
22. Celso Fonseca e Gilberto Nascimento, "Guerra sem tréguas", op. cit.
23. Site da Câmara dos Deputados.
24. Entrevista de Ronaldo Didini ao autor, em 12 fev. 2016.
25. Ibid.
26. Ibid.; entrevista do padre e teólogo Manoel José Godoy, diretor do Centro Bíblico-Teológico-Pastoral do Celam (Conselho Episcopal Latino-Americano), ao autor, em 24 nov. 2018; "Alberto Rivera: Ex-jesuíta", site do Centro Apologético Cristão de Pesquisas (CACP); e "A (verdadeira) história de Alberto Rivera", Veritatis Splendor.
27. *Jornal Nacional*, TV Globo, 13 out. 1995.
28. Nelson de Sá, "Chutes e insultos", *Folha de S.Paulo*, 13 out. 1995.
29. Leonildo Silveira Campos, *Teatro, templo e mercado*, op. cit.
30. Ricardo Feltrin, "Pastor chutou imagem da Santa em 1995 e causou revolta no país", UOL, 11 set. 2017. Reportagem sobre o assunto foi publicada na *Folha da Tarde* e também na *Folha de S.Paulo* — "Evangélicos atacam culto a Nossa Senhora", em 13 out. 1995.
31. D. Aloísio Lorscheider morreu em 2007.
32. D. Paulo Evaristo Arns morreu em 2016.
33. Renato Krausz, "Para d. Paulo, foi provocação", *Folha da Tarde*, 13 out. 1995.
34. D. Lucas Moreira Neves morreu em 2002.
35. José Maria Mayrink, "CNBB será mais rigorosa com Igreja Universal", *Jornal do Brasil*, 17 out. 1995.
36. Gilberto Nascimento e Jayme Brener, "Maria vai à guerra", op. cit.
37. Carlos Eduardo Alves, "Igrejas querem fixar diferenças de evangélicos", *Folha de S. Paulo*, 22 out. 1995.
38. Gilberto Nascimento e Jayme Brener, "Maria vai à guerra", op. cit.
39. "A mãe de Deus", *IstoÉ*, 25 out. 1995; e "Homenagem à nossa Generalíssima", *Catolicismo*, n. 814, out. 2018.
40. Site oficial do Santuário Nacional de Aparecida.
41. Ibid.
42. Gilberto Nascimento e Jayme Brener, "Maria vai à guerra", op. cit.; "Templo da Igreja Universal é apedrejado", *Jornal do Brasil*, 16 out. 1995; "Templo sofre novo ataque", *Jornal do Brasil*, 17 out. 1995; e Elvira Lobato, "Agressão à padroeira gera reação em favelas", *Folha de S. Paulo*, 22 out. 1995.
43. "Cardoso não aceita ataque à padroeira", *Jornal do Brasil*, 14 out. 1995.
44. "Delegado abre inquérito", *Jornal do Brasil*, 17 out. 1995; e "Aberta sindicância contra Record", *O Globo*, 17 out. 1995.

45. Gilberto Nascimento e Jayme Brener, "Maria vai à guerra", op. cit.; e Fernando de Barros e Silva, "Bispo errou ao expor prática interna na TV", *Folha de S.Paulo*, 18 out. 1995.

46. Gilberto Nascimento e Jayme Brener, "Maria vai à guerra", op. cit.; e Elvira Lobato, "Líder umbandista teme confronto com 'derramamento de sangue'", *Folha de S.Paulo*, 22 out. 1995.

47. Entrevista de Ronaldo Didini ao autor, em 12 fev. 2016.

48. Leonildo Silveira Campos, *Teatro, templo e mercado*, op. cit.

49. Gilberto Nascimento e Jayme Brener, "Maria vai à guerra", op. cit.; "Universal discute agressão", *Folha de S.Paulo*, 13 out. 1995, e "Igreja Universal apoia Von Helde", *O Globo*, 14 out. 1995.

50. Cláudia Trevisan, "Universal pode repreender 'radical' Von Helde", *Folha de S.Paulo*, 14 out. 1995.

51. Id., "Agressor de santa recua de desculpa", *Folha de S.Paulo*, 17 out. 1995; e "Didini apoia agressão e é desautorizado", *Folha de S.Paulo*, 16 out. 1995.

52. Relato de Ricardo Arruda, ex-presidente do Banco de Crédito Metropolitano, ao autor, em 26 set. 2019.

53. Cláudia Trevisan, "Edir Macedo pede perdão aos católicos", *Folha de S.Paulo*, 16 out. 1995.

54. "CNBB recusa espaço da TV do 'bispo'", *Jornal do Brasil*, 25 out. 1995.

55. Entrevista de Ronaldo Didini ao autor, em 12 fev. 2016.

56. Douglas Tavolaro, *O bispo*, op. cit., pp. 196-7.

57. *Conexão Repórter*, do SBT, entrevista a Roberto Cabrini, 26 abr. 2015.

58. Morris Kachani, "Fanático e muito rico", op. cit.

59. Afirmações de Edir Macedo, segundo Ronaldo Didini, em entrevista ao autor em 29 mar. 2016.

60. Entrevista de Ronaldo Didini ao autor, em 15 nov. 2018.

61. Gilberto Nascimento, "Foi Deus quem chutou a santa", *IstoÉ*, 31 jan. 1996.

62. Entrevista de Ronaldo Didini ao autor, em 12 fev. 2016.

63. Italo Nogueira, "Música de Crivella ironiza reação a chute em santa", *Folha de S.Paulo*, 19 out. 2016.

64. "TJ confirma condenação de bispo da Universal que chutou imagem", *Diário do Grande ABC*, 10 nov. 1999.

65. Rio de Janeiro: Universal Produções, 1999.

66. Douglas Tavolaro, *O bispo*, op. cit., pp. 195 e 197.

67. Gilberto Nascimento, "O bispo do chute voltou", *Brasil Econômico*, 20 ago. 2014.

68. Ibid.

69. São Paulo: Eclésia, 2014.

70. Gilberto Nascimento, "Proposta indecente", *IstoÉ*, 27 dez. 1995; Marcelo Rubens Paiva e Xico Sá, "Lobista diz que tentou comprar direitos autorais para a Universal", *Folha de S.Paulo*, 12 jan. 1996; e "No reino do dinheiro", *IstoÉ*, 31 jan. 1996.

71. Ibid.

72. Ibid.

73. Mário Justino, *Nos bastidores do reino*, op. cit., pp. 42, 46, 49, 51 e 55.

74. Gilberto Dimenstein, "Ex-pastor conta sua vida do púlpito ao lixo", *Folha de S.Paulo*, 12 nov. 1995; Flavia Sekles, "Eu tentei matar Edir Macedo", op. cit.; e Mário Justino, *Nos bastidores do reino*, op. cit., p. 132.

75. Cláudia Trevisan, "Cúpula da igreja nega acusações", *Folha de S.Paulo*, 12 nov. 1995.

76. Xico Sá, "eua concedem asilo político a ex-pastor", op. cit.

77. Gilberto Nascimento, "Bispo em xeque", op. cit.

78. Priscyla Costa, "Edir Macedo não consegue tirar vídeo do YouTube", Consultor Jurídico, 24 jun. 2007; "Edir Macedo afirma: Ou dá tudo ou você desce, em vídeo", Dailymotion, 27 abr. 2018; "Denúncia: Edir Macedo no 'ou dá ou desce'", Vou Seguir com Graça, YouTube, 14 mar. 2011; "Bispo Edir Macedo ensinando como roubar os fiéis", YouTube, 13 ago. 2009; "O fundador da iurd e o dinheiro: 'Ou dá ou desce'", Observador, YouTube, 27 dez. 2017. Vídeos acessados em 3 out. 2019.

79. Ibid.

80. Gilberto Nascimento, "Edir Macedo ensina: Como arrancar dinheiro em nome de Deus", *IstoÉ*, 27 dez. 1995. (Obs.: a revista chegou às bancas na sexta-feira dia 22, mas trazia na capa a data da quarta-feira seguinte — uma praxe das publicações semanais).

81. Ibid.

82. Ibid.

83. "Nota exibida na Globo é de us$ 1, não de us$ 100", *Folha de S.Paulo*, 30 dez. 1995; e "Globo admite que errou ao dizer que pastor exibiu nota de us$ 100", *Folha de S.Paulo*, 1 jan. 1996.

84. Roberto Bazanini, "A filosofia não é filosofismo", *Comunicação & Inovação*, São Caetano do Sul, v. 1, n. 2, p. 21, 2001; *Globo e Universal — Tudo a ver: A disputa mercadológica pelo controle do imaginário popular, ofensiva e contraofensiva retórica*, puc-sp, tese (doutorado em comunicação e semiótica), 1998; e entrevista de Leonildo Silveira Campos ao autor, em 2013.

85. *Conexão Repórter*, do sbt, entrevista a Roberto Cabrini, 27 abr. 2015.

86. Gilberto Nascimento, "Ação entre amigos", *IstoÉ*, 3 jan. 1996; Fabio Guibu, "Pastor dissidente da Universal é indiciado em Pernambuco", *Folha de S.Paulo*, 9 mar. 1996; Processo 0000098-36-1996.8.17.0370 — 1ª Vara Criminal da Comarca do Cabo de Santo Agostinho — Termo circunstanciado, arquivado em 2016.

87. Gilberto Nascimento, "Ação entre amigos", op. cit.

88. Leonildo Silveira Campos, *Teatro, templo e mercado*, op. cit., p. 88.

89. Entrevista de Laprovita Vieira ao autor, em 2013, para o trabalho jornalístico sobre os sessenta anos da tv Record.

90. Informação de Ronaldo Didini ao autor, em 29 mar. 2016.

91. Aziz Filho, "Revista diz que Motta mediou trégua", *Folha de S.Paulo*, 1 mar. 1996; Claudio Renato, "Programa da Record ataca fh e Maciel", *O Estado de S. Paulo*, 4 jan. 1996; e "Motta ameaça punir tvs por 'guerra santa'", *Folha de S.Paulo*, 9 jan. 1996.

92. Ana Maria Mandim, "Universal tem nova estratégia contra críticas", *Folha de S.Paulo*, 5 jan. 1996.

## 11. A CAÇA AO TESOURO [pp. 164-73]

1. Gilberto Nascimento, "Ação entre amigos", op. cit.; e Liliana Lavoratti, "Receita cobra 5 anos de ir da Universal", *Folha de S.Paulo*, 30 dez. 1995.

2. Elvira Lobato, "Receita faz 'superdevassa' na Universal", op. cit.

3. Entrevista de Ronaldo Didini ao autor, em 22 jun. 2019; e site da Assembleia Legislativa de São Paulo.

4. Chico Otávio e Cláudio Renato, "pf pede à Interpol para investigar Universal", *O Estado de S. Paulo*, 5 jan. 1996, e Sônia Cristina Silva, "Interpol investigará Universal em oito países", *O Estado de S. Paulo*, 6 jan. 1996.

5. "Empresas ligadas a Edir podem ter sigilo bancário quebrado", *O Estado de S. Paulo*, 5 jan. 1996.

6. Gilberto Nascimento, "No Reino do Dinheiro", *IstoÉ*, 31 jan. 1996.

7. "Pastores pretendem reunir 1 milhão em atos hoje no País", *O Estado de S. Paulo*, 6 jan. 1996.

8. Claudio Renato, "Deputado diz que ex-pastor fez chantagem com vídeo de Macedo", *O Estado de S. Paulo*, 6 jan. 1996.

9. "Motta ameaça punir tvs por 'guerra santa'", op. cit.

10. Elvira Lobato, "Receita faz 'superdevassa' na Universal", op. cit.

11. Gilberto Nascimento, "Ação entre amigos", op. cit.

12. Luís Costa Pinto e Marco Antônio Moreira, "Motta legaliza tv irregular de 'bispo'", *O Globo*, 13 ago. 1996.

13. Elvira Lobato, "Receita faz 'superdevassa' na Universal", op. cit.

14. Luís Costa Pinto e Marco Antônio Moreira, "Motta legaliza tv irregular de bispo", op. cit.

15. Entrevista de Ronaldo Didini ao autor, em 29 dez. 2018.

16. Luís Costa Pinto e Marco Antônio Moreira, "Motta legaliza tv irregular de bispo", op. cit.

17. Ricardo Feltrin, "Igreja Universal retira seu apoio a Rossi", *Folha de S.Paulo*, 25 mar. 1996.

18. Entrevista de Ronaldo Didini ao autor, em 10 fev. 2016; e Luís Costa Pinto e Marco Antônio Moreira, "Motta legaliza tv irregular de bispo", op. cit.

19. Entrevista de Ronaldo Didini ao autor, em 10 fev. 2016.

20. Morris Kachani, "Fanático e muito rico", op. cit.

21. Entrevistas de Ronaldo Didini ao autor, em 10 fev. 2016 e 8 jan. 2019, e Morris Kachani, "Fanático e muito rico", op. cit.

22. Fernando Rodrigues e Denise Chrispim Marin, "Receita cobra R$ 98,360 milhões da Universal", *Folha de S.Paulo*, 6 jul. 1997.

23. Ibid.

24. "Julgamento foi idôneo", *Folha de S.Paulo*, 24 maio 2000.

25. Mônica Bergamo, "Batendo o martelo", *Folha de S.Paulo*, 28 jan. 2019; Maeli Prado, "Procuradoria pode propor ação de cobrança de impostos contra Universal, decide Justiça", *Folha de S.Paulo*, 28 jan. 2019; Gabriela Coelho, "mpf tem legitimidade para questionar cobrança tributária, diz trf-1", Consultor Jurídico, 28 jan. 2019; e "A Universal deve à Receita Federal?", Universal: Mitos e Verdades, disponível em: <universal.org>. Acesso em: 3 fev. 2019.

26. Celso Fonseca e Gilberto Nascimento, "O pastor é pop", *IstoÉ*, 4 out. 1995.

27. Entrevista de Ronaldo Didini ao autor, em 10 fev. 2016.

28. Celso Fonseca e Gilberto Nascimento, "O pastor é pop", op. cit.; Eduardo Oinegue,

"Só levei 100.000", *Veja*, 20 ago. 1997; e entrevista de Ronaldo Didini ao autor, em 8 jan. 2019 e 26 ago. 2019.

29. Celso Fonseca e Gilberto Nascimento, "O pastor é pop", op. cit.

30. Ibid.; Eduardo Oinegue, "Só levei 100.000", op. cit.; e entrevista de Ronaldo Didini ao autor, em 8 jan. 2019.

31. Entrevistas de Ronaldo Didini ao autor, em 10 fev. 2016 e 29 dez. 2018.

32. Ibid.

33. Entrevistas de Ronaldo Didini ao autor, em 10 fev. 2016 e 29 dez. 2018; e Eduardo Oinegue, "Só levei 100.000", op. cit.

## 12. NAS TEIAS DA JUSTIÇA [pp. 174-94]

1. Douglas Tavolaro, *O bispo*, op. cit., p. 204.

2. Denúncia do procurador federal Silvio Luís Martins de Oliveira, oferecida à 2ª Vara Criminal Federal de São Paulo, 1 set. 2011.

3. Ibid.; "MPF/SP denuncia Edir Macedo e mais três por lavagem de dinheiro e evasão de divisas", Ministério Público Federal/SP Notícias, 12 set. 2011.

4. Entrevista do procurador Silvio Luís Martins de Oliveira ao autor, em 29 ago. 2019; Flávio Ferreira, "Justiça deixa prescrever ação contra Edir Macedo pronta para julgamento", *Folha de S.Paulo*, 19 out. 2019.

5. Flávio Ferreira, "Justiça deixa prescrever ação contra Edir Macedo pronta para julgamento", *Folha de S.Paulo*, 19 out. 2019.

6. Denúncia do procurador federal Silvio Luís Martins de Oliveira, oferecida à 2ª Vara Criminal Federal de São Paulo, 1 set. 2011; e Tribunal Regional Federal da 3ª Região — Apelação criminal 00075066920124036181 — Inteiro teor — relator desembargador André Nekatschalow, publicado em 11 nov. 2014.

7. Denúncia do procurador federal Silvio Luís Martins de Oliveira, oferecida à 2ª Vara Criminal Federal de São Paulo, 1 set. 2011.

8. Ibid.; "MPF/SP denuncia Edir Macedo e mais três por lavagem de dinheiro e evasão de divisas", op. cit.

9. Denúncia do procurador federal Silvio Luís Martins de Oliveira, oferecida à 2ª Vara Criminal Federal de São Paulo, 1 set. 2011.

10. Ibid.

11. Ibid.; Tribunal Regional Federal da 3ª Região — Apelação criminal 000750669201 24036181 — Inteiro teor — relator desembargador André Nekatschalow, publicado em 11 nov. 2014, e declaração de Waldir Abrão registrada no Cartório do 14º Tabelião de Notas de São Paulo, em 18 nov. 2009.

12. Denúncia do procurador federal Silvio Luís Martins de Oliveira, oferecida à 2ª Vara Criminal Federal de São Paulo, 1 set. 2011.

13. Ibid.

14. Ibid.; e Tribunal Regional Federal da 3ª Região — Apelação criminal 0007506692 0124036181 — Inteiro teor — relator desembargador André Nekatschalow, publicado em 11 nov.

2014; relatório de análise da Procuradoria da República do Distrito Federal sobre movimentações financeiras identificadas nas bases de dados do chamado "Caso Banestado", relacionadas a parlamentares integrantes da Igreja Universal do Reino de Deus: Marcelo Crivella (então senador do PL-RJ), e deputado João Batista Ramos da Silva (então PFL-SP), em 15 jul. 2005.

15. Manifestação do então procurador-geral da República, Claudio Fonteles, em inquérito remetido ao STF para apurar a responsabilidade penal dos diretores das empresas Investholding e Cableinvest, em 4 maio 2004; relatório de análise da Procuradoria da República do Distrito Federal sobre movimentações financeiras identificadas nas bases de dados do chamado "Caso Banestado", relacionadas a parlamentares integrantes da Igreja Universal do Reino de Deus: Marcelo Crivella (então senador do PL-RJ), e deputado João Batista Ramos da Silva (então PFL-SP), em 15 jul. 2005; Elvira Lobato, "Record tem firmas em paraísos fiscais", op. cit.; "Sobrinho de Macedo seria controlador de empresa", op. cit.; "Fonteles pede a quebra de sigilo da Igreja Universal", *Folha de S.Paulo*, 13 maio 2005; e Gilberto Nascimento, "As contas secretas da Igreja Universal", *IstoÉ*, 25 maio 2005.

16. Rubens Valente, "Polícia liga Universal a doleiros do Banestado", *Folha de S.Paulo*, 21 set. 2009.

17. Portal do Supremo Tribunal Federal, Inquérito 1903, São Paulo. Disponível em: <portal.stf.jus.br/processos>.

18. Gilberto Nascimento e Eduardo Hollanda, "Ministério Público unifica investigação" e "É tudo mentira", *IstoÉ*, 1 jun. 2005; Rubens Valente, "Para Crivella, assunto está 'vencido'", *Folha de S.Paulo*, 21 set. 2009.

19. Mario Cesar Carvalho, "Justiça anula provas contra Igreja Universal", *Folha de S.Paulo*, 25 ago. 2010.

20. Denúncia do procurador federal Silvio Luís Martins de Oliveira, oferecida à 2ª Vara Criminal Federal de São Paulo, 1 set. 2011.

21. Ibid.

22. Ibid.

23. Ibid.

24. "Chefe da Igreja Universal afastado por adultério", *O País* (Angola), 17 fev. 2018.

25. Denúncia do procurador federal Silvio Luís Martins de Oliveira, oferecida à 2ª Vara Criminal Federal de São Paulo, 1 set. 2011; Adauri Antunes Barbosa, Flavio Freire, Ricardo Galhardo e Soraya Aggege, "Empresas de fachada compraram TVs", *O Globo*, 11 ago. 2009.

26. Denúncia do procurador federal Silvio Luís Martins de Oliveira, oferecida à 2ª Vara Criminal Federal de São Paulo, 1 set. 2011.

27. Elvira Lobato, "Record pretende pressionar a Globo", *Folha de S.Paulo*, 20 jul. 1999.

28. Id., "Deputado nega ter feito negociação", *Folha de S.Paulo*, 18 jul. 1999.

29. Id., "Plano de Igreja Universal gera disputa judicial com ex-bispos", *Folha de S.Paulo*, 15 dez. 2007; Nelito Fernandes, "Novas suspeitas contra o bispo", *Época*, 4 jan. 2008.

30. Reinaldo Azevedo, "Justiça manda prosseguir denúncia de crime contra Edir Macedo", Blog de Reinaldo Azevedo, *Veja*, 22 set. 2017.

31. Wálter Nunes, "O bispo se complica", *Época*, 15 fev. 2008; "Edir Macedo é absolvido da acusação de falsidade ideológica em venda de TV em SC", UOL, 26 nov. 2013; "Edir Macedo será julgado por falsidade ideológica em venda de TV em SC", O Estado, 26 nov. 2013; e Leticia Faria,

"Bispo Macedo explica à Justiça Federal compra da TV Record de Xanxerê", Tudo sobre Xanxerê, 23 ago. 2013.

32. O inquérito policial do caso João Batista tinha o número 2007.61.81.005723-9, em trâmite inicialmente na 6ª Vara Criminal Federal de São Paulo.

33. Ronald Freitas, Ricardo Amorim e Matheus Machado, "No país do dinheiro vivo", *Época*, 20 fev. 2009.

34. Ibid.

35. Ibid.

36. CPDOC-FGV.

37. Depoimento ao site da Igreja Universal. Disponível em: <Universal40anos.com>.

38. CPDOC-FGV.

39. Denúncia do procurador federal Silvio Luís Martins de Oliveira, oferecida à 2ª Vara Criminal Federal de São Paulo, 1 set. 2011.

40. Gilberto Nascimento, "O calvário do bispo", *IstoÉ*, 15 jan. 1997.

41. Ibid.

42. Denúncia do procurador federal Silvio Luís Martins de Oliveira, oferecida à 2ª Vara Criminal Federal de São Paulo, 1 set. 2011.

43. Gilberto Nascimento, "O calvário do bispo", op. cit. A revista *IstoÉ* publicou parte de uma relação com os valores aplicados em nome de religiosos e empresas do grupo.

44. Ibid.; Elenilce Bottari, "Record: 'laranja' passou cotas para pastor", *O Globo*, 8 fev. 1996.

45. Gilberto Nascimento, "O calvário do bispo", op. cit.

46. Elvira Lobato, "Crivella é condenado a pagar R$ 1,5 milhão", *Folha de S.Paulo*, 7 dez. 2007.

47. Denúncia do procurador federal Silvio Luís Martins de Oliveira, oferecida à 2ª Vara Criminal Federal de São Paulo, 1 set. 2011; "Coaf detectou movimentações financeiras 'atípicas' da Igreja Universal, diz MP", G1, 12 ago. 2009; e "Empresas estariam desviando dinheiro da Universal", *Jornal Nacional*, TV Globo, 18 ago. 2009.

48. Denúncia do procurador federal Silvio Luís Martins de Oliveira, oferecida à 2ª Vara Criminal Federal de São Paulo, 1 set. 2011.

49. Ibid.

50. Mario Cesar Carvalho, "EUA investigam Universal por remessas de R$ 420 mi", *Folha de S.Paulo*, 24 ago. 2010; e Bruno Tavares e Marcelo Godoy, "Doleiros dizem que Igreja Universal enviou R$ 400 milhões ao exterior", *O Estado de S. Paulo*, 28 abr. 2010; relatório de análise da Procuradoria da República do Distrito Federal sobre movimentações financeiras identificadas nas bases de dados do chamado "Caso Banestado", relacionadas a parlamentares integrantes da Igreja Universal do Reino de Deus: Marcelo Crivella (então senador do PL-RJ), e deputado João Batista Ramos da Silva (então PFL-SP), em 15 jul. 2005.

51. Rubens Valente, "IURD fez remessa clandestina, diz relatório", *Folha de S.Paulo*, 25 out. 2009; e "Justiça Federal condena 47 doleiros por evasão e lavagem de dinheiro", Consultor Jurídico, 8 jun. 2014; relatório de análise da Procuradoria da República do Distrito Federal sobre movimentações financeiras identificadas nas bases de dados do chamado "Caso Banestado", relacionadas a parlamentares integrantes da Igreja Universal do Reino de Deus: Marcelo Crivella (então senador do PL-RJ), e deputado João Batista Ramos da Silva (então PFL-SP), em 15 jul. 2005.

52. Denúncia do procurador federal Silvio Luís Martins de Oliveira, oferecida à 2ª Vara Criminal Federal de São Paulo, 1 set. 2011.

53. Processo 2006.61.81.008742-2 — Ação Penal na 2ª Vara Criminal Federal de São Paulo — Crimes contra o sistema financeiro, acusados Marcelo Birmarcker e outros; Denúncia recebida na 2ª Vara Criminal Federal de Curitiba (Processo número 2005.7000034285-3), pelo então juiz Sergio Moro; relatório de análise da Procuradoria da República do Distrito Federal sobre movimentações financeiras identificadas nas bases de dados do chamado "Caso Banestado", relacionadas a parlamentares integrantes da Igreja Universal do Reino de Deus: Marcelo Crivella (então senador do PL-RJ), e deputado João Batista Ramos da Silva (então PFL-SP), em 15 jul. 2005; Rubens Valente, "IURD fez remessa clandestina, diz relatório", *Folha de S.Paulo*, 25 out. 2009; "Justiça Federal condena 47 doleiros por evasão e lavagem de dinheiro", Consultor Jurídico, 8 jun. 2014; Rubens Valente, "Polícia liga Universal a doleiros do Banestado", op. cit.; Gilberto Nascimento, "Disque-Lavanderia", *Carta Capital*, 9 nov. 2009; Walter Nunes, "USA versus Igreja Universal", *Época*, 13 nov. 2009; Mario Cesar Carvalho, "EUA investigam Universal por remessas de R$ 420 mi", op. cit.; denúncia do procurador federal Silvio Luís Martins de Oliveira, oferecida à 2ª Vara Criminal Federal de São Paulo, 1 set. 2011. Eduardo Gonçalves e Luís Lima, "Doleiros estão entre os maiores devedores da União", *Veja*, 24 out. 2015.

54. Ibid.

55. Ibid.

56. Ibid.

57. Rubens Valente, "Polícia liga Universal a doleiros do Banestado", *Folha de S.Paulo*, 21 set. 2009; "IURD fez remessa clandestina, diz relatório", op. cit.; e denúncia do procurador federal Silvio Luís Martins de Oliveira, oferecida à 2ª Vara Criminal Federal de São Paulo, 1 set. 2011; relatório de análise da Procuradoria da República do Distrito Federal sobre movimentações financeiras identificadas nas bases de dados do chamado "Caso Banestado", relacionadas a parlamentares integrantes da Igreja Universal do Reino de Deus: Marcelo Crivella (então senador do PL-RJ), e deputado João Batista Ramos da Silva (então PFL-SP), em 15 jul. 2005.

58. Ibid.

59. Processo 2006.61.81.008742-2 — Ação Penal na 2ª Vara Criminal Federal de São Paulo — Crimes contra o sistema financeiro, acusados Marcelo Birmarcker e outros; Denúncia recebida na 2ª Vara Criminal Federal de Curitiba (Processo número 2005.7000034285-3), pelo então juiz Sergio Moro; relatório de análise da Procuradoria da República do Distrito Federal sobre movimentações financeiras identificadas nas bases de dados do chamado "Caso Banestado", relacionadas a parlamentares integrantes da Igreja Universal do Reino de Deus: Marcelo Crivella (então senador do PL-RJ), e deputado João Batista Ramos da Silva (então PFL-SP), em 15 jul. 2005.

60. Denúncia do procurador federal Silvio Luís Martins de Oliveira, oferecida à 2ª Vara Criminal Federal de São Paulo, 1 set. 2011.

61. Ibid.; e informações repassadas ao autor por ex-funcionário da Diskline.

62. Eduardo Gonçalves e Luís Lima, "Doleiros estão entre os maiores devedores da União", *Veja*, 24 out. 2015.

63. Recurso extraordinário com agravo 913797 São Paulo, relator ministro Dias Toffoli, 21 mar. 2018, site do Supremo Tribunal Federal; e agravo em recurso especial 540808, São Paulo, relator ministro Ericson Maranho, 22 abr. 2015, site do Superior Tribunal de Justiça.

64. Ibid.

65. Habeas corpus número 0038794-85.2011.4.03.0000/SP, impetrado no Tribunal Regional Federal da 3ª Região, em favor de Edir Macedo Bezerra, contra decisão da 2ª Vara Federal Criminal de São Paulo.

66. Danilo Angrimani, "MP denuncia Edir Macedo por importação irregular", *Jornal da Tarde*, 13 jun. 2000; e "Edir Macedo e diretores da Record são processados por importação fraudulenta", Globo Online, 14 fev. 2006.

67. Wálter Nunes, "O bispo se complica", op. cit.; e "Carta do advogado ao bispo Edir Macedo", Blog de Edir Macedo, 12 ago. 2009.

68. Douglas Tavolaro, *O bispo*, op. cit., p. 203.

## 13. SOMBRAS E MISTÉRIO [pp. 195-214]

1. Carlos Terra e Marion Terra, *Lucas Terra: Traído pela obediência*. Salvador: Empresa Gráfica da Bahia, 2016.

2. Denúncia do promotor de Justiça Davi Gallo Barouh, encaminhada à 2ª Vara do Tribunal do Júri de Salvador, em 7 jan. 2008; entrevista de Carlos Terra ao autor, em 25 dez. 2017; Carlos Terra e Marion Terra, *Lucas Terra*, op. cit.; Jaciara Santos, "O caso Lucas (4ª parte)", *Correio da Bahia*, 6 jul. 2013; "Adolescência interrompida", *Correio da Bahia*, 4 maio 2008; e "Pastores suspeitos de matar Lucas Terra vão a júri popular, diz advogado", G1, 10 set. 2015.

3. "Os crimes que marcaram os últimos 40 anos na Bahia", *Correio da Bahia*, 15 jan. 2019.

4. Entrevista de Carlos Terra e Marion Terra ao autor, em 25 dez. 2017; e Carlos Terra e Marion Terra, *Lucas Terra*, op. cit., pp. 13 e 19.

5. Denúncia do promotor de Justiça Davi Gallo Barouh, encaminhada à 2ª Vara do Tribunal do Júri de Salvador, em 7 jan. 2008.

6. Programa *Linha Direta*, apresentado por Domingos Meirelles, TV Globo, 30 nov. 2006; Jaciara Santos, "O caso Lucas (4ª parte)", op. cit; denúncia do promotor de Justiça Davi Gallo Barouh, encaminhada à 2ª Vara do Tribunal do Júri de Salvador, em 7 jan. 2008; entrevista de Carlos Terra ao autor, em 25 dez. 2017; Carlos Terra e Marion Terra, *Lucas Terra*, op. cit.

7. Carlos Terra e Marion Terra, *Lucas Terra*, op. cit., p. 20.

8. Denúncia do promotor de Justiça Davi Gallo Barouh, encaminhada à 2ª Vara do Tribunal do Júri de Salvador, em 7 jan. 2008; e programa *Linha Direta*, TV Globo, 30 nov. 2006.

9. Ibid.

10. Entrevista de Carlos Terra ao autor, em 25 dez. 2017; e programa *Linha Direta*, TV Globo, 30 nov. 2006.

11. Denúncia do promotor de Justiça Davi Gallo Barouh, encaminhada à 2ª Vara do Tribunal do Júri de Salvador, em 7 jan. 2008.

12. Tatiana Maria Dourado, "Pastores suspeitos de matar Lucas Terra não vão a júri popular na Bahia", G1, 27 nov. 2013.

13. Yasmin Garrido, "Lucas Terra: PGR vai recorrer de ato do STF que anulou última decisão do processo", *Correio da Bahia*, 22 nov. 2018.

14. Luiz Francisco, "Igreja Universal é condenada a pagar indenização de R$ 1 milhão", *Folha de S.Paulo*, 14 mar. 2007.

15. Ação civil — dano moral. Superior Tribunal de Justiça — Recurso especial: REsp 974965 BA 2007/0192045-8.

16. Depoimento de Carlos Terra, no cemitério onde estão os restos mortais do filho Lucas, em 25 dez. 2017; YouTube ("Revolta de um pai — Caso Lucas Terra — 01"). Disponível em: <https://www.youtube.com/watch?v=_fdmxwXw5tg>. Acesso em: 27 set. 2019.

17. Comentário de Carlos Terra reproduzido no programa *Linha Direta*, TV Globo, 30 nov. 2006.

18. Vinícius Nascimento, "Pai de Lucas Terra é sepultado ao lado do filho; história será contada em livro", *Correio da Bahia*, 22 fev. 2019; "'Ele foi vencido pela impunidade', diz viúva de Carlos Terra", *Correio da Bahia*, 22 fev. 2019.

19. "Pastores suspeitos de matar Lucas Terra vão a júri popular, decide STF", UOL, 18 set. 2019. Até o dia 27 set. 2019, a data do julgamento não havia sido marcada.

20. Partido Social Liberal.

21. "Deputado do PSL foi assassinado com 19 tiros", *O Estado de S. Paulo*, 24 jan. 2003; "Saiba quem é Valdeci de Paiva, deputado federal assassinado", Folha Online, 24 jan. 2003; e "Deputado assassinado com 15 tiros", *O Estado do Paraná*, 25 jan. 2003.

22. Depoimento do servidor público Jorge Luiz Dias à CPI dos Bingos, no Senado, em 21 set. 2005.

23. Depoimento do ex-deputado federal e ex-bispo da Universal, bispo Carlos Alberto Rodrigues Pinto à CPI dos Bingos, no Senado, em 21 set. 2005.

24. "Carlos Rodrigues nega ter mandado matar o deputado Valdeci Paiva", Agência Senado, 21 set. 2005.

25. Depoimento do bispo Carlos Rodrigues à CPI dos Bingos, no Senado, em 21 set. 2005.

26. Depoimento do servidor público Jorge Luiz Dias à CPI dos Bingos, no Senado, em 21 set. 2005.

27. Depoimento do bispo Carlos Rodrigues à CPI dos Bingos, no Senado, em 21 set. 2005.

28. Depoimento do servidor público Jorge Luiz Dias à CPI dos Bingos, no Senado, em 21 set. 2005; e blog Descobrindo a América, do jornalista Raphael Gomide, 26 ago. 2005.

29. Ibid.

30. "TJ do Rio mantém decisão da Alerj de cassar Marcos Abrahão", Consultor Jurídico, 10 maio 2004; e Maurício Thuswohl, "Investigação na Loterj leva Universal a 'cassar' bispo", Carta Maior, 3 mar. 2004.

31. "Presos deixaram delegacia para matar deputado", Agência Estado, 7 fev. 2003.

32. Nota da assessoria de imprensa do Tribunal de Justiça do Estado do Rio de Janeiro, em 10 jul. 2014. Processo número 0026583-66.2013.8.19.0000; e ação penal — procedimento ordinário número 0026583-66.2013.8.19.0000 — Poder Judiciário do Estado do Rio de Janeiro.

33. Depoimento do servidor público Jorge Luiz Dias à CPI dos Bingos, no Senado, em 21 set. 2005.

34. Alan Gripp, "Ex-bispo é acusado de tomar dinheiro na Alerj", *O Globo*, 22 set. 2005.

35. Depoimento da então deputada estadual Cidinha Campos (PDT), do Rio de Janeiro

(não reeleita nas eleições de 2018), à CPI dos Bingos, no Senado, em 13 set. 2005; e "Como o nome de sete mortos foi parar nas CPIs", Congresso em Foco, 13 set. 2005.

36. Depoimento da então deputada estadual Cidinha Campos (PDT), do Rio de Janeiro, à CPI dos Bingos, no Senado, em 13 set. 2005.

37. Depoimento do servidor público Jorge Luiz Dias à CPI dos Bingos, no Senado, em 21 set. 2005.

38. Morto em 2010.

39. Depoimento da então deputada estadual Cidinha Campos (PDT), do Rio de Janeiro, à CPI dos Bingos, no Senado, em 13 set. 2005.

40. Andrei Meireles e Gustavo Krieger, "Bicho na campanha", *Época*, 16 fev. 2004.

41. "No Rio, Waldomiro tinha trânsito livre no PT e no grupo de Garotinho", *Folha de S.Paulo*, 14 fev. 2004; Catia Seabra, "Crise agora é Universal", *O Globo*, 20 fev. 2004; Maurício Thuswohl, "Investigação na Loterj leva Universal a 'cassar' bispo", op. cit.; e depoimento do servidor público Jorge Luiz Dias à CPI dos Bingos, no Senado, em 21 set. 2005.

42. Juliana Castro, "Justiça do Rio condena Waldomiro Diniz e Cachoeira por corrupção", *O Globo*, 1 mar. 2012.

43. Depoimento da então deputada estadual Cidinha Campos (PDT), do Rio de Janeiro, à CPI dos Bingos, no Senado, em 13 set. 2005.

44. Depoimento do servidor público Jorge Luiz Dias à CPI dos Bingos, no Senado, em 21 set. de 2005; Alexandre Arruda e Raphael Gomide, "Deputado ameaçado de cassação denuncia esquema de corrupção envolvendo Bispo Rodrigues e a Loterj", *O Dia*, 22 maio 2003; Maurício Thuswohl, "Investigação na Loterj leva Universal a 'cassar' bispo", op. cit.; e Alan Gripp, "Ex-'bispo' é acusado de tomar dinheiro na Alerj", *O Globo*, 22 set. 2005.

45. Depoimento do servidor público Jorge Luiz Dias à CPI dos Bingos, no Senado, em 21 set. de 2005.

46. Ibid.

47. Catia Seabra, "Crise agora é Universal", op. cit.

48. Depoimento do bispo Carlos Rodrigues à CPI dos Bingos, no Senado, em 21 set. 2005.

49. Tribunal de Justiça do Rio de Janeiro, 2ª Câmara Criminal. Apelação número 01919/2006. Apelante: Jorge Luiz Dias. Apelado: Carlos Alberto Rodrigues Pinto. Relatora: desembargadora Kátia Maria Amaral Jangutta. 1 ago. 2006.

50. Catia Seabra, "Crise agora é Universal", op. cit.; e Nelson de Sá, "Amém", *Folha de S.Paulo*, 20 fev. 2004.

51. Catia Seabra, "Crise agora é Universal", op. cit.

52. Depoimento do bispo Rodrigues à CPI dos Bingos, no Senado, em 21 set. 2005.

53. Ministério Público Federal — IPL número 225/2006; Marcelo Rocha e Lúcio Vaz, "Quadrilha das ambulâncias", *Correio Braziliense*, 5 maio 2006; "Operação Sanguessuga prende bispo Rodrigues", Congresso em Foco, 4 maio 2006; e biografia de Carlos Rodrigues no CPDOC-FGV.

54. Raphael Gomide, "Afastado da política, ex-bispo Rodrigues retoma atividades na rádio da Universal", *Folha de S.Paulo*, 3 fev. 2009.

55. "Bispo Rodrigues deixa a cadeia e começa a cumprir prisão domiciliar", G1, 23 set. 2014.

56. Maurício Thuswohl, "Investigação na Loterj leva Universal a 'cassar' bispo", op. cit.

57. Elvira Lobato, "Universal chega aos 30 anos com império empresarial", *Folha de S.Paulo*, 15 dez. 2007.

58. Depoimento do bispo Rodrigues à CPI dos Bingos, no Senado, em 21 set. 2005.

59. Raphael Gomide, "Afastado da política, ex-bispo Rodrigues retoma atividades na rádio da Universal", op. cit.

60. Ibid.

61. "Vereador do PFL é morto no Rio de Janeiro", Terra, 6 jul. 2004; "Câmara do Rio decreta luto oficial por três dias", Terra, 7 jul. 2004; e Talita Figueiredo, "Polícia continua sem pistas dos assassinos de vereador no Rio", *Folha de S.Paulo*, 7 jul. 2004.

62. Elenilce Bottari, "Da classe média baixa ao clube dos donos de TV", op. cit.

63. "Vereador do PFL é morto no Rio de Janeiro", Terra, 6 jul. 2004; "Câmara do Rio decreta luto oficial por três dias", Terra, 7 jul. 2004; e Talita Figueiredo, "Polícia continua sem pistas dos assassinos de vereador no Rio", *Folha de S.Paulo*, 7 jul. 2004.

64. Maria das Dores Campos Machado, *Política e religião: A participação dos evangélicos nas eleições*. Rio de Janeiro: Ed. FGV, 2006.

65. "Vereador do PFL é morto no Rio de Janeiro", op. cit.; e "Câmara do Rio decreta luto oficial por três dias", op. cit.

66. Maria das Dores Campos Machado, *Política e religião*, op. cit.

67. "Vereador temia a violência", *O Dia*, 8 jul. 2004.

68. Câmara Municipal do Rio de Janeiro.

69. "Duas hipóteses para a morte de vereador evangélico do Rio", *O Estado de S. Paulo*, 7 jul. 2004.

70. "Vereador temia a violência", *O Dia*, op. cit.

71. Rubens Valente, "Ex-vereador morre depois de denunciar Universal", *Folha de S.Paulo*, 18 dez. 2009; e "Morte de ex-vereador que disse ter sido laranja da Igreja Universal é investigada no Rio", *O Globo*, 19 dez. 2009.

72. Rubens Valente, "Ex-vereador morre depois de denunciar Universal", op. cit.; e instrumento particular de declaração de Waldir Abrão, firmado no dia 18 de novembro de 2009 no escritório Marzagão, Amaral & Leal Advogados, em São Paulo, e lavrado no Cartório do 14º Tabelião de Notas de São Paulo.

73. Instrumento particular de declaração de Waldir Abrão, firmado no dia 18 de novembro de 2009 no escritório Marzagão, Amaral & Leal Advogados, em São Paulo, e lavrado no Cartório do 14º Tabelião de Notas de São Paulo.

74. Rubens Valente, "Ex-vereador morre depois de denunciar Universal", op. cit.

75. Morto em 1994.

76. Instrumento particular de declaração de Waldir Abrão, firmado no dia 18 de novembro de 2009 no escritório Marzagão, Amaral & Leal Advogados, em São Paulo, e lavrado no Cartório do 14º Tabelião de Notas de São Paulo.

77. Ibid.

78. "Morte de ex-vereador que disse ter sido laranja da Igreja Universal é investigada no Rio", *O Globo*, 19 dez. 2009.

## 14. O IMPÉRIO DA FÉ [pp. 215-37]

1. Números do Censo IBGE 2000 e 2010.
2. Gilberto Nascimento, "Disputa no reino de Deus", *Carta Capital*, 3 set. 2008; Juliana Castro e Alessandra Duarte, "Igreja Universal perde adeptos, e Poder de Deus ganha", *O Globo*, 29 jun. 2012; e "Pesquisador afirma que Igreja Universal está perdendo fiéis para seus clones", IHU On-Line, ago. 2012.
3. Mônica Bergamo, "Bispo Macedo celebra 40 anos da Igreja Universal no subúrbio do Rio", *Folha de S.Paulo*, 8 jul. 2017; e Anna Virginia Balloussier, "Igreja Universal faz 40 anos e realiza sonho de alcançar classe média alta", op. cit.
4. Entrevista do sociólogo Ricardo Mariano ao autor, em 13 maio 2016.
5. Douglas Tavolaro, *O bispo*, op. cit., p. 243; e informação fornecida pelo advogado de Edir Macedo, Arthur Lavigne, em habeas corpus impetrado em 2011 (número 003879485. 2011.4.03.0000/SP — Tribunal Federal da 3ª Região), em ação por crimes de lavagem de valores, evasão de divisas e formação de quadrilha.
6. Edir Macedo, "O segredo da Universal", *Folha de S.Paulo*, 9 jul. 2017; e Anna Virginia Balloussier, "Igreja Universal faz 40 anos e realiza sonho de alcançar classe média alta", op. cit.
7. Celso Ming, "Empreendedorismo e fé", *O Estado de S. Paulo*, 26 nov. 2016; e "Igreja Universal completa 40 anos e propõe uma visão de mundo empreendedora para o país", IHU On-Line, 24 jul. 2017.
8. Anna Virginia Balloussier, "Igreja Universal faz 40 anos e realiza sonho de alcançar classe média alta", op. cit.
9. Entrevista de Ronaldo Didini ao autor, em 10 fev. 2016.
10. "Igreja Universal está entre as cinco instituições de maior prestígio do país, diz Datafolha", R7, 18 mar. 2015; "Imprensa e redes sociais são as instituições de maior prestígio, diz Datafolha", *Folha de S.Paulo*, 18 mar. 2015.
11. Ibid.
12. Edir Macedo, "O segredo da Universal", op. cit.; e "A Gente da Comunidade alcança mais de 55 mil pessoas em todo o país", site da Igreja Universal, 26 fev. 2019.
13. Mário Simas Filho, "O céu e o inferno não são folclore", *IstoÉ*, 28 nov. 2012.
14. Leonildo Silveira Campos, *Teatro, templo e mercado*, op. cit.; e entrevista do padre e teólogo Manoel José Godoy, diretor do Centro Bíblico-Teológico-Pastoral do Celam (Conselho Episcopal Latino-Americano).
15. Douglas Tavolaro, *O bispo*, op. cit., p. 230; Daniel Castro, "Corrupção é perdoável com arrependimento, diz bispo", *Folha de S.Paulo*, 13 out. 2007; Paulo Peixoto, "Edir Macedo prega aborto legal em MG", op. cit.; e Mário Magalhães e Letícia Kfuri, "Líder da Universal prega aborto legal", op. cit.
16. Douglas Tavolaro, *O bispo*, op. cit., p. 225.
17. Ivan Martínez-Vargas, "Justiça do Trabalho condena Igreja Universal por esterilização de pastores", *Folha de S.Paulo*, 9 jun. 2019; "Universal pagou vasectomia, dizem ex-pastores", *Folha de S.Paulo*, 11 jun. 2019.
18. Douglas Tavolaro, *O bispo*, op. cit., p. 224.
19. São Paulo: Salvat, 2016.

20. Bruno Molinero e Ivan Finotti, "Prefeito do Rio manda fiscais à caça de livro com beijo gay na Bienal", *Folha de S.Paulo*, 7 set. 2019; Leonardo Sanchez, "Editoras reagem a ato de censura promovido por Crivella na Bienal do Livro", *Folha de S.Paulo*, 6 set. 2019; Anna Virginia Balloussier, Bruno Molinero e Clara Balbi, "Em nova decisão, Justiça do Rio autoriza prefeitura a censurar obra com tema LGBT", *Folha de S.Paulo*, 7 set. 2019; e Bruno Molinero, "Após censura, obras com tema LGBT puxam vendas na Bienal", *Folha de S.Paulo*, 8 set. 2019.

21. Daniela Lima, "Questão de nicho", coluna Painel, *Folha de S.Paulo*, 9 set. 2019.

22. Ricardo Feltrin, "Gays também são bem-vindos à Universal, diz bispo Macedo", UOL, 1 set. 2015.

23. Ibid.

24. Anna Virginia Balloussier, "Se Crivella censura beijo gay, o tio Edir Macedo já fez falas pró-LGBT", *Folha de S.Paulo*, 6 set. 2019.

25. "O Bispo responde: Dúvida sobre sexo oral", Blog de Edir Macedo, site da Igreja Universal, 17 fev. 2009; Vanderlúcio Souza, "Sobre o sexo oral, diz Edir Macedo: Se não dói na consciência, é porque não é pecado", O Povo Online, 13 jan. 2012; e "Site afirma que sexo oral é pecado se for seguido de orgasmo", A Gazeta Online, 13 jan. 2012.

26. Jorge Antonio Barros, "Bispo Macedo e o casamento", coluna do Ancelmo Gois, *O Globo*, 26 jul. 2012; Reinaldo Azevedo, "Edir Macedo, racismo e misoginia: Cadê os ministros da Igualdade Racial e das Mulheres?", *Veja*, 16 jul. 2012; "Bispo Macedo não recomenda casamento entre pessoas de raças diferentes", *O Dia*, 18 ago. 2014; Tiago Chagas, "Bispo Edir Macedo afirma que não é recomendado se casar com pessoas de 'raças diferentes' ou mulheres mais velhas", Gospel Mais, 15 jul. 2012. O texto original, o artigo "Homem de Deus quanto à idade e à raça", publicada no site da Universal, não está mais disponível na internet.

27. Ibid.

28. Ibid.

29. Leonildo Silveira Campos, *Teatro, templo e mercado*, op. cit.

30. "Papa Francisco defende maior presença da mulher na igreja", iG, 17 nov. 2018; "Papa Francisco ressalta indispensável contribuição da mulher na sociedade", site da Conferência Nacional dos Bispos do Brasil (CNBB), 8 mar. 2016; e "Mulheres nunca serão padres na Igreja católica", Reuters, 2 nov. 2016; e Rodrigo Cardoso, "A força das pastoras", *IstoÉ*, 20 set. 2013.

31. 1890-1944.

32. Rodrigo Cardoso, "A força das pastoras", op. cit.; Leonildo Silveira Campos, *Teatro, templo e mercado*, op. cit.; e site oficial da Igreja Nacional do Senhor Jesus Cristo (Insejec).

33. Informações relatadas por Leonildo Silveira Campos no livro *Teatro, templo e mercado*, com base em artigo publicado na *Folha Universal*, 2 abr. 1996.

34. Leonildo Silveira Campos, *Teatro, templo e mercado*, op. cit.

35. Informação do ex-pastor da Universal Ronaldo Didini, dada ao autor, 9 fev. 2019.

36. Rodrigo Cardoso, "A força das pastoras", op. cit.

37. Leonildo Silveira Campos, *Teatro, templo e mercado*, op. cit.

38. "Pastora do Japão", Blog Universal, 22 dez. 2013; e Edir Macedo, *Nada a perder*, op. cit., v. 2, p. 146.

39. Edição de 10 jul. 1994.

40. Leonildo Silveira Campos, *Teatro, templo e mercado*, op. cit.

41. Ibid.

42. Moção número 6209/2008, deputado Jodenir Soares, Assembleia Legislativa do Rio de Janeiro, 2 abr. 2008; Leonildo Silveira Campos, *Teatro, templo e mercado*, op. cit.; e *Folha Universal*, 10 jul. 1994.

43. Leonildo Silveira Campos, *Teatro, templo e mercado*, op. cit.

44. Marcos Valadão Ridolfi (Nasi) e Hédio Silva Jr., "Ódio religioso solapa a democracia", *Folha de S.Paulo*, 7 jan. 2018; Gustavo Fioratti, "Axé, irmão", *Folha de S.Paulo*, 16 jul. 2019; "Record é condenada a exibir programas de religiões de matriz africana em horário nobre", Congresso em Foco, 9 abr. 2018; Ação civil pública 0034549-11.2004.403.6100 — Partes Ministério Público Federal, Instituto Nacional de Tradição e Cultura Afro-Brasileira (Intecab) e Centro de Estudos das Relações de Trabalho e Desigualdade (Ceert) versus Rádio e Televisão Record S/A, Rede Mulher de Televisão Ltda e União Federal; Transmissão pela IURD TV, disponível em: <https://youtu.be/PN6AxJxJnSs>, 11 jan. 2012, extraído do site Notícias Cristãs; Tiago Chagas, "Bispo Macedo exorciza gay em programa de TV e gera protestos da comunidade homossexual", Gospel Mais, 8 jan. 2012; Anna Virginia Balloussier, "Guia de intolerância aponta para disseminação de ataques de cunho religioso", *Folha de S.Paulo*, 15 set. 2019; "Justiça condena Record a exibir programas de religiões africanas", *Folha de S.Paulo*, 31 jan. 2019; Felipe Aquino, "Encosto e descarrego", site Cleófas, 2 fev. 2011; Mariana Oliveira, "Record faz acordo depois de ser condenada por ofender religiões afro-brasileiras", Consultor Jurídico, 23 jan. 2019.

45. José Guilherme C. Magnani, "Doença mental e cura na umbanda", *Teoria & Pesquisa*, São Carlos, n. 40-41, pp. 5-23, jan.-jul. 2002.

46. "Record é condenada a exibir programas de religiões de matriz africana em horário nobre", Congresso em Foco, 9 abr. 2018; e ação civil pública 0034549-11.2004.403.6100 — Partes Ministério Público Federal, Instituto Nacional de Tradição e Cultura Afro-Brasileira (Intecab) e Centro de Estudos das Relações de Trabalho e Desigualdade (CEERT) versus Rádio e Televisão Record S/A, Rede Mulher de Televisão Ltda e União Federal.

47. Transmissão pela IURD TV, disponível em: <https://youtu.be/PN6AxJxJnSs>, 11 jan. 2012, extraído do site Notícias Cristãs; e "Bispo Macedo exorciza gay em programa de TV e gera protestos da comunidade homossexual", Gospel Mais, 8 jan. 2012.

48. Transmissão pela IURD TV, disponível em: <https://youtu.be/PN6AxJxJnSs>, 11 jan. 2012, extraído do site Notícias Cristãs, disponível em: <https://www.noticiascristas.com/>; e "Bispo Macedo exorciza gay em programa de TV e gera protestos da comunidade homossexual", op. cit.

49. Mariana Oliveira, "Record faz acordo depois de ser condenada por ofender religiões afro-brasileiras", Consultor Jurídico, 23 jan. 2019; "Justiça condena Record a exibir programas de religiões africanas", *Folha de S.Paulo*, 31 jan. 2019.

50. Rafaela Dias e Kelly Lopes, "Adeptos do candomblé visitam Templo de Salomão", *Folha Universal*, 13 a 19 maio 2018.

51. "Igreja Universal estimula discriminação contra cultos afro-brasileiros", Universal: Mitos e Verdades, 7 nov. 2017.

52. Tiago Chagas, "Bispo Edir Macedo fala sobre libertação e diz que 'a maioria dos pastores é endemoniado'", Gospel Mais, 13 mar. 2013. "A maioria dos pastores é endemoniado", site do Centro Apologético Cristão de Pesquisas — Ministério Apologético (CACP), 16 maio 2013 (acesso em 22 out. 2019).

53. Ibid.

54. Ibid.

55. Anna Virginia Ballousier, "Vídeo da Universal mostra ataques a outras igrejas e chama Aparecida de 'desgraçada'", *Folha de S.Paulo*, 12 mar. 2019; e Otávio Augusto, "Culto na Universal tem xingamento a santa católica: 'Desgraçada'", Metrópoles, 11 mar. 2019.

56. Ibid.

57. Pedro Willmersdorf, "Pastor é criticado por chamar carros de fiéis de 'porcaria' e pedir que doem à igreja", *Extra*, 13 jun. 2016.

58. Segundo o Ministério Público de São Paulo, o processo segue em segredo na Justiça.

59. "Universal repudia atitude do bispo Rogério Formigoni", site da Igreja Universal. Disponível em: <Universal.org>, 10 mar. 2019.

60. Ibid.

61. Tiago Chagas, "Bispo Edir Macedo fala sobre libertação e diz que 'a maioria dos pastores é endemoniado'", op. cit.

62. Nota da Igreja Universal divulgada em 15 set. 2019. Rogério Formigoni não é mais bispo da Universal, site da Igreja Universal, disponível em: <universal.org>, 30 out. 2019.

63. Diálogos reproduzidos a partir de relatos de Ronaldo Didini ao autor, em 10 fev. 2016.

64. Caio Fábio, *Confissões do pastor*, op. cit., p. 298.

65. Ibid.

66. Ibid.

67. Fernando Molica e Cláudia Trevisan, "Evangélicos criticam Universal", *Folha de S.Paulo*, 21 set. 1995.

68. "Pastor 'tem vergonha' de dossiê Cayman", *Folha de S.Paulo*, 15 out. 1999; "Pedido de habeas corpus foi aceito e Caio Fábio deixa a Papuda", JM Notícia, 28 maio 2017.

69. Livro de Marcos, capítulo 9, versículo 40.

70. Leonildo Silveira Campos, *Teatro, templo e mercado*, op. cit.; e entrevista de Leonildo Silveira Campos ao autor, em 23 jul. 2016.

71. Entrevista da jornalista Elvira Lobato ao autor, em 2 set. 2016; Elvira Lobato, "Universal moveu 111 ações contra reportagem sem contestar dados", *Folha de S.Paulo*, 9 jul. 2017; "Elvira Lobato relata investigações sobre a Igreja Universal em livro", Folha Online, 30 ago. 2017; e entrevista da advogada Taís Gasparian ao autor, em 26 fev. 2019.

72. Chico Otávio, "Justiça rejeita ação orquestrada da Universal", *O Globo*, 22 jan. 2009; Lauro Jardim, "Globo vence 60ª ação contra Universal", *Veja*, 31 mar. 2008.

73. "RCTV é exemplo para juiz livrar Globo de indenizar evangélica", Consultor Jurídico, 27 jun. 2007.

74. Edir Macedo, *Nada a perder*, op. cit., v. 2, pp. 229-30.

75. Ibid., v. 3, p. 83.

76. Entrevista de Ronaldo Didini ao autor, em 10 fev. 2016.

77. Entrevista de Leonildo Silveira Campos ao autor, em 23 jul. 2016.

78. Marta Francisca Topel, "A inusitada incorporação do judaísmo em vertentes cristãs brasileiras: Algumas reflexões", *Revista Brasileira de História das Religiões*, Maringá, v. 4, n. 10, pp. 34-50, maio 2011. A autora é antropóloga, professora e pesquisadora do Programa de Pós-Graduação em Estudos Judaicos e Árabes (USP); Yan Boechat, "Evangélicos influenciam projeto de

Bolsonaro de mudar embaixada de Israel", *Valor Econômico*, 14 dez. 2018; e entrevista do cientista da religião Leonildo Silveira Campos ao autor, em 23 jul. 2016.

79. David Shalom, "Rabinos criticam uso de símbolos judaicos no Templo de Salomão", iG, 8 set. 2014; e Inácio Araújo, "Com *Os Dez Mandamentos*, Universal prova emular judaísmo", *Folha de S.Paulo*, 11 abr. 2016.

80. Edir Macedo, *Nada a perder*, op. cit., v. 3, p. 222.

81. Ibid., p. 72.

82. Depoimento de Ronaldo Didini ao autor, em 8 maio 2019; e "Bispo da IURD explica a importância de entregar dinheiro 'como sacrifício'", Gospel Prime, 19 jun. 2013.

83. Depoimento de Ronaldo Didini ao autor, em 31 mar. 2019.

84. Entrevista do cientista da religião Leonildo Silveira Campos ao autor, em 23 jul. 2016.

85. Edir Macedo, *Nada a perder*, op. cit., v. 3, p. 72.

86. "Ex premiê israelense Ehud Olmert é preso por corrupção", *Folha de S.Paulo*, 15 fev. 2016; e "Ex-premiê israelense Ehud Olmert deixa a prisão após 1 ano e 4 meses", G1, 2 jul. 2017.

87. "Ex-presidente de Israel recebe libertação antecipada após 5 anos preso por estupro", G1, 18 dez. 2016.

88. Edir Marcedo, *Nada a perder*, op. cit., v. 3, p. 72.

89. 1 Reis 6, 1.

## 15. UMA OBRA PARA FICAR [pp. 238-48]

1. Giba Bergamim Jr., "Doação de terreno de R$ 38 milhões 'salva' Templo de Salomão em São Paulo", *Folha de S.Paulo*, 20 out. 2016.

2. Edir Macedo, *Nada a perder*, op. cit., v. 3, p. 222.

3. Site Megacurioso.

4. "Conheça os maiores templos do mundo", UOL, 31 jul. 2014; disponível em: <infoescola.com/cristianismo/basílica-de-são-pedro>; e <viagemitalia.com/curiosidades-basilica-sao-pedro>.

5. Site da Igreja Universal/Templo de Salomão.

6. Gustavo Uribe e José Marques, "Inauguração de tempo da Igreja Universal reuniu petistas e tucanos", *Folha de S.Paulo*, 1 ago. 2014.

7. David Shalom, "Rabinos criticam uso de símbolos judaicos no Templo de Salomão", op. cit.

8. Capítulo 6, versículo 1.

9. Lei, Profetas e Escritos.

10. "Construção de réplica do templo do rei Salomão começa no centro de São Paulo", *Domingo Espetacular*, TV Record, 12 set. 2010.

11. "Templo de Salomão", *O Estado de S. Paulo*, Acervo Estadão, 30 set. 2015.

12. São Paulo: Benvirá, 2008.

13. Miguel Urbano Rodrigues, "*Como foi inventado o povo judeu*: Um livro importante de Shlomo Sand", Brasil de Fato, 14 jan. 2013; e entrevista de Leonildo Silveira Campos ao autor, em 23 jul. 2016.

14. "Pedras importadas pela Igreja Universal têm imunidade tributária", Consultor Jurídico, 15 jun. 2014.

15. Site da Igreja Universal/Templo de Salomão.
16. "Gugu visita o Templo de Salomão e revela detalhes internos da obra", Record TV e R7, 23 abr. 2015.
17. Martin Asser, "Por dentro da mesquita de Al-Aqsa", BBC Brasil, 21 mar. 2002.
18. Mônica Bergamo, "Templo da Igreja Universal já recebeu mais de 10 milhões de visitantes", *Folha de S.Paulo*, 31 jan. 2017.
19. João Batista Jr., "Edir Macedo e família se mudam para a cobertura do Templo de Salomão", *Veja São Paulo*, 2 ago. 2014.
20. Pedro Zambarda de Araujo, "Exclusivo: Como é o apartamento de Edir Macedo no Tempo de Salomão", Diário do Centro do Mundo, 7 ago. 2014.
21. Ibid.
22. Ibid.
23. Edison Veiga, "Lar, doce lar... E não vou sair ou mudar", Paulistices — Blogs do Estadão, 8 out. 2016.
24. Christina Roquette Lopreato, *O espírito da revolta: A greve geral anarquista de 1917*. São Paulo: Annablume; Fapesp, 2000.
25. Rogério Pagnan e Eduardo Geraque, "Universal burlou licença de templo, diz parecer", *Folha de S.Paulo*, 30 jul. 2014.
26. Evandro Spinelli e Rogério Pagnan, "Enquanto aprovava edifícios, diretor adquiriu 106 imóveis", *Folha de S.Paulo*, 14 maio 2012.
27. Diego Zanchetta e Victor Vieira, "MP investiga se terra contaminada na USP Leste veio de obras do Templo de Salomão", *O Estado de S. Paulo*, 1 ago. 2014.
28. Fernando Haddad, "Vivi na pele o que aprendi nos livros", *piauí*, n. 129, jun. 2017.
29. David Shalom, "Rabinos criticam uso de símbolos judaicos no Templo de Salomão", op. cit.
30. Ibid.
31. "Igreja Universal completa 40 anos e propõe uma visão de mundo empreendedora para o país", op. cit.; Anna Virginia Balloussier, "Igreja Universal faz 40 anos e realiza sonho de alcançar classe média alta", op. cit; e site Eu Sou a Universal, disponível em: <www.eusouauniversal.com/depoimentos>.
32. Mônica Bergamo, "De família", *Folha de S.Paulo*, 29 jan. 2018; e Leonardo Lichote, "Zeca Veloso, o filho de Caetano que vem à luz", *O Globo*, 20 dez. 2017.
33. Morris Kachani e Artur Voltolini, "Tudo a declarar", *Serafina, Folha de S.Paulo*, 30 jan. 2011.
34. Ibid.
35. Júlio Maria, "Caetano: 'O que há é uma grande tensão na sociedade, sobretudo entre os jovens'", *O Estado de S. Paulo*, 25 out. 2017; "Caetano Veloso: 'Eu queria ter mais talento'", *O Estado de S. Paulo*, 11 nov. 2016.

16. O IMPÉRIO UNIVERSAL [pp. 249-75]

1. Múcio Crivella morreu em 1993. Informação de material de arquivo para o trabalho jornalístico sobre os sessenta anos da TV Record e da reportagem "Família de Marcelo Crivella completa 30 anos na política", op. cit.

2. Informações de juntas comerciais, Receita Federal e site da TV Record; Elvira Lobato, "Universal chega aos 30 anos com império empresarial", op. cit.; Elvira Lobato, "Igreja controla maior parte de TVs do país", *Folha de S.Paulo*, 15 dez. 2007; Elvira Lobato, "Record tem firmas em paraísos fiscais", op. cit.; Vânia Cristino, "Banco da Universal tem sócio em paraíso fiscal", op. cit.; Chico Otávio, "Bispo controla 'holding' com interesse em diversas áreas", *O Estado de S. Paulo*, 29 dez. 1995. "Empresas secretas do bispo Macedo e cúpula da IURD (parte 1), canal do ex-bispo Alfredo Paulo no YouTube, disponível em: <https://www.youtube.com/watch?v=lcsdA81ylQI&feature=youtu.be>, 23 dez. 2016, acesso em: 11 out. 2019: "Empresas secretas do Bispo Macedo e cúpula da IURD (parte 2), canal do ex-bispo Alfredo Paulo no YouTube, disponível em: <https://www.youtube.com/watch?v=mPuJnsT6Hmo&feature=youtu.be>, publicado em 26 dez. 2016, acesso em: 11 out. 2019; "Empresas secretas do Bispo Macedo e cúpula da IURD (parte 3), canal do ex-bispo Alfredo Paulo no YouTube, disponível em: <https://www.youtube.com/watch?v=r8HPIkgsK1M&feature=youtu.be>, publicado em 29 dez. 2016, acesso em: 11 out. 2019: "Empresas secretas do Bispo Macedo e cúpula da IURD (parte 4), canal do ex-bispo Alfredo Paulo no YouTube, disponível em: <https://www.youtube.com/watch?v=D5FqLQsq1rE&feature=youtu.be>, publicado em 2 jan. 2017, acesso em: 11 out. 2019; "Comunicado importante do bispo Alfredo Paulo", página do Facebook de Alfredo Paulo, em 3 jan. 2017; "Atendendo ao desafio do sr. Renato Cardoso, segue mais uma lista", canal do ex-bispo Alfredo Paulo no YouTube, em 2 ago. 2019, acesso em: 11 out. 2019.

3. O último número disponível sobre funcionários do grupo consta da biografia *O bispo*, de Douglas Tavolaro (op. cit., p. 238), de 2007. Depois dessa publicação, a TV Record, por exemplo, demitiu mais de 2 mil empregados.

4. Informações de juntas comerciais, site da TV Record; site da Rede Aleluia; Elvira Lobato, "Universal chega aos 30 anos com império empresarial", op. cit.; e Ricardo Feltrin, "Igreja Universal vende empresa de táxi-aéreo", UOL TV e Famosos, 10 jan. 2015.

5. O faturamento da Rede Globo, em 2017, foi de 9,7 bilhões de reais, e o SBT ficou com 998 milhões de reais.

6. Daniel Castro, "Lucro do SBT cresce quase 500% após demissão de 200 funcionários", Notícias da TV, UOL, 16 maio 2018; e Daniel Castro, "Após demitir 2.000 e terceirizar novela, Record tem o maior lucro da história", Notícias da TV, UOL, 22 mar. 2017.

7. Painel Nacional de TV (PNT) do Kantar Ibope Media; Cristina Padiglione, "SBT foi a rede que mais cresceu e menos investiu em 2018, em relação a Globo e Record", Telepadi, *Folha de S.Paulo*, 4 jan. 2019.

8. Douglas Tavolaro, *O bispo*, op. cit., p. 161.

9. "Edir Macedo and Family", *Forbes*, 3 fev. 2015; Tatiana Vaz, "Quem são os ex-bilionários do Brasil, incluindo Edir Macedo", *Exame*, 13 set. 2016; Anderson Antunes, "Brazilian Billionaire Bishop Edir Macedo Is Now a Banker, Too", *Forbes*, 22 jul. 2013; "The Richest Pastors in Brazil", *Forbes*, 17 jan. 2013; e "Com fortuna de R$ 2 bilhões, Edir Macedo é o pastor evangélico mais rico do Brasil, diz revista", UOL, 18 jan. 2013.

10. "Em nota, Universal diz que vai à Justiça por inclusão de Edir Macedo em lista da *Forbes*", Portal Imprensa, 5 mar. 2013; e Mário Simas Filho, "O céu e o inferno não são folclore", op. cit.

11. Ricardo Feltrin, "Por madrugadas, Igreja Universal pagará este ano à Record R$ 575 milhões", UOL, 24 dez. 2016.

12. "O Bispo responde: A ligação entre a Igreja e a Record", Blog Universal, 8 ago. 2009.

13. Daniel Castro e Rui Dantas, "Igreja Universal corta R$ 120 milhões da verba de TV e ameaça emissoras", Notícias da TV, UOL, 3 set. 2018.

14. Flávio Ricco, "Triste realidade", UOL, 3 fev. 2017; e Maurício Stycer, "'Se eu não vender horário para igreja, quebro', diz sócio da RedeTV!", UOL, 10 mar. 2017.

15. Tatiana Vaz, "Edir Macedo compra 49% do Banco Renner", *Exame*, 8 jul. 2013.

16. Ibid.; Fabíola Moura, Paula Sambo e Christiana Sciaudone, "Dispensada pela JCPenney, Renner se valoriza 3.300%", *Exame/Bloomberg*, 13 set. 2017.

17. Lauro Jardim, "Quero ser banqueiro", *O Globo*, 1 abr. 2018.

18. "Grupo Record adquire 40% do Banco Renner", *Valor Econômico*, 23 out. 2009; e Daniel Castro, "Após demitir 2.000 e terceirizar novela, Record tem o maior lucro da história", op. cit. A TV Record tinha 10 mil funcionários, mas 2 mil foram demitidos entre 2014 e 2015.

19. "Banco Renner será o novo patrocinador do Cruzeiro e anúncio será feito na quarta", *Gazeta Esportiva*, 3 mar. 2019; Lauro Jardim, "Athletico PR tem novo patrocinador", *O Globo*, 12 mar. 2019; "Fortaleza assina com Digi+ e se une a Athletico-PR e Cruzeiro", *Máquina do Esporte*, 31 maio 2019; "Sport segue 'tendência' e fecha patrocínio máster com Digimais", *Máquina do Esporte, UOL*, 18 out. 2019.

20. Elvira Lobato, "Universal chega aos 30 anos com império empresarial", op. cit.

21. Dados da Agência Nacional de Saúde, dezembro de 2017.

22. "Coluna do Ricardo Boechat", *IstoÉ*, 4 out. 2010.

23. "Hospital Moriah, do grupo da Igreja Universal, é inaugurado em SP", Saúde Bussiness, 13 abr. 2015.

24. "Hospital Moriah inicia programa internacional de acolhimento", Saúde Bussiness, 13 abr. 2015.

25. Elvira Lobato e Aguirre Talento, "Cúpula da Universal investe em negócios de segurança privada", *Folha de S.Paulo*, 4 dez. 2011.

26. Siafem — Sistema Integrado de Administração Financeira para Estados e Municípios.

27. Daniel Castro, "Sobrinho de Edir Macedo vai ganhar dinheiro com programa de Xuxa", Notícias da TV, UOL, 15 jul. 2015.

28. Ibid.

29. Ibid.

30. Henrique Correia, "Terceirização na atividade-fim: Julgamento do STF de 30/8/18", Migalhas, 5 set. 2018.

31. Daniel Castro, "Sobrinho de Edir Macedo vai ganhar dinheiro com programa de Xuxa", op. cit.

32. Lauro Jardim, "Rival retaliado", *Veja*, 16 jan. 2013.

33. Daniel Castro, "Sobrinho de Edir Macedo vai ganhar dinheiro com programa de Xuxa", op. cit.

34. Informações de familiares em Rio das Flores.

35. Entrevista de Júnior Corrêa Bezerra ao repórter Chico Silva, para a produção deste livro, em 17 fev. 2018; entrevista ao autor do advogado de Júnior Corrêa Bezerra, Salatiel Rodrigues Batista Filho, em 10 set. 2019 e 18 set. 2019; entrevistas de Amarílio Macedo ao repórter Chico Silva, para a produção deste livro, em 29 jan. 2018, e de Moacyr Marins Macedo, em 28 jan. 2018 e 15 ago. 2019.

36. Entrevista de Júnior Corrêa Bezerra ao repórter Chico Silva, para a produção deste livro, em 17 fev. 2018; entrevista ao autor do advogado de Júnior Corrêa Bezerra, Salatiel Rodrigues Batista Filho, em 10 set. 2019 e 18 set. 2019.

37. "'Netflix de Deus': Universal lança plataforma de vídeos", *Exame*, 10 maio 2016; e "Edir Macedo lança Univer — a Netflix da Universal", *Veja*, 10 maio 2016.

38. Rio de Janeiro: Sextante, 2016.

39. Rio de Janeiro: Principium, 2018.

40. Sistema GfK Entertainment; e "Augusto Cury, o brasileiro que mais vende livros no país", *IstoÉ*/Estadão Conteúdo, 6 jan. 2018.

41. Dados do sistema GfK Entertainment.

42. Lauro Jardim, "Macedo: Estratégia de vendas", *Veja*, 26 nov. 2014.

43. "A farsa dos *Dez Mandamentos*" e "Lavagem de dinheiro na igreja", vídeos exibidos em seu canal no YouTube; acessos, respectivamente, em: 9 abr. 2017 e 10 mar. 2017.

44. Entrevista de Alfredo Paulo ao autor, em 4 set. 2016; e "A farsa dos *Dez Mandamentos*" e "Lavagem de dinheiro na igreja", vídeos exibidos em seu canal no YouTube; acessados, respectivamente, em: 9 abr. 2017 e 10 mar. 2017.

45. Tribunal de Justiça do Estado de São Paulo — Edir Macedo × Editora Lafonte — 0161157-56.2012.8.26.0100 (583.002012.161157) — Procedimento comum/direito autoral — Reqte: Edir Macedo Bezerra — Recebido em 25 jun. 2012 — 1ª Vara Cível.

46. Tiago Chagas, "*Nada a perder*: Igreja Universal estaria comprando livros do bispo Macedo e distribuindo a fiéis, diz jornalista", Gospel Mais, 27 nov. 2014; e "Mark Driscoll é acusado de desviar verbas e transformar Mars Hill em seita", Gospel Prime, 6 ago. 2014.

47. "Polêmico bispo Renato Suhett, ex-braço direito de Edir Macedo abre o jogo sobre a Igreja Universal: 'Fui usado, tentaram me enterrar vivo'", Gospel Mais, 4 jan. 2011.

48. Fábio Brisolla, "Patrimônio de Crivella aumentou 410% em relação à eleição de 2008", *O Globo*, 11 jul. 2010.

49. Entrevista de Alfredo Paulo ao autor, em 4 set. 2016.

50. Luísa Melo, "Os 10 filmes de maior bilheteria no Brasil no 1º trimestre", *Exame*, 13 set. 2016; e "*Os Dez Mandamentos, o filme* se torna o mais assistido da história do Brasil", TV Record, 12 abr. 2016.

51. Felipe Branco Cruz e Renata Nogueira, "*Os Dez Mandamentos* estreia com lugares vagos em sessões esgotadas", UOL, 28 jan. 2016; Luiz Carlos Merten, "Nas salas visitadas pelo *Estado* no fim de semana, pouca gente via *Os Dez Mandamentos*", *O Estado de S. Paulo*, 1 fev. 2016; "Universal pede dinheiro a fiéis para lotar cinemas de *Os Dez Mandamentos*", Notícias da TV, UOL, 18 jan. 2016; Felipe Branco Cruz, "No Recife, único comprador adquire 22 mil ingressos de *Os Dez Mandamentos*", UOL, 19 jan. 2016; Gabriela Sá Pessoa, "Mentirás", *Folha de S.Paulo*, 11 abr. 2016; e Roberto Sadovski, "*Os Dez Mandamentos*: O filme mais visto é também o menos falado da história", UOL, 12 abr. 2016.

52. Anna Virginia Balloussier, "Filiado ao PRB, Flávio Rocha financiou obra do bispo Edir", *Folha de S.Paulo*, 29 mar. 2018; e Gustavo Schmitt e Luís Lima, "Flávio Rocha desiste de candidatura pelo PRB: 'Jogamos a toalha'", *O Globo*, 13 jul. 2018.

53. "*Nada a perder* tem a maior bilheteria do ranking geral de 2018", TV Record, 27 dez.

2018; e Juliana Domingos de Lima, "*Nada a perder* e os recordes de bilheteria do cinema evangélico", Nexo Jornal, 10 abr. 2018.

54. Anna Virginia Balloussier, "*Nada a perder* é chapa-branca como um comercial de alvejante", *Folha de S.Paulo*, 1 abr. 2018; e "Filme *Sempre ao seu lado* é exibido quarta-feira em Paraty", G1, 23 out. 2016.

55. "Só *Vingadores: Guerra infinita* derruba Edir Macedo da bilheteria", *Veja*, 30 abr. 2018.

56. Anna Virginia Balloussier, "Filme de Edir Macedo, que estreia em 1/3 das salas, nega ter inflado pré-venda", *Folha de S.Paulo*, 29 mar. 2018; "Sessões de *Nada a perder* têm muitos lugares vagos no dia da estreia", *O Estado de S. Paulo*, 29 mar. 2018; "Filme de Edir Macedo, *Nada a perder* tem bilheteria inflada", *Folha de S.Paulo*, 3 abr. 2018.

57. Juliana Domingos de Lima, "*Nada a perder* e os recordes de bilheteria do cinema evangélico", op. cit.

58. Anna Virginia Balloussier e Guilherme Genestreti, "Campanha para inflar bilheteria de obra sobre Edir Macedo inclui escola pública", *Folha de S.Paulo*, 15 maio 2018.

59. "*Nada a perder* tem a maior bilheteria do ranking geral de 2018", TV Record, op. cit.

60. Maurício Stycer, "Após denúncia, site americano apaga resenhas elogiosas a *Nada a perder*", UOL, 8 abr. 2018; e Marco Grillo e Thiago Prado, "Exército no entorno dos perfis ligados à Universal", *O Globo*, 1 abr. 2018.

61. "Toda a verdade sobre *Nada a perder*", *Folha Universal*, 13 maio 2018.

62. Juliana Domingos de Lima, "*Nada a perder* e os recordes de bilheteria do cinema evangélico", op. cit.; "*Nosso lar* é o filme nacional mais visto em 2010", iG, 5 out. 2010; e "Estreia de *Chico Xavier* supera recorde de *Se eu fosse você 2*", G1, 5 abr. 2010.

63. "*Nada a perder 2* ameniza polêmicas e retrata perseguição a Edir Macedo e evangélicos", UOL, 16 ago. 2019.

64. Anna Virginia Balloussier, "Filme teria tudo a ganhar com um Edir Macedo menos glorificado", *Folha de S.Paulo*, 20 ago. 2019.

65. Leonardo Sanchez e Sandro Macedo, "*Nada a perder 2* tem público inflado com ingressos doados pela Igreja Universal a fiéis", *Folha de S.Paulo*, 20 ago. 2019; Renato Marafon, "*Nada a perder 2* estreia em mais que o dobro de salas que *Era uma vez em Hollywood*", Cine Pop, 17 ago. 2019.

66. Marta Szpacenkopf, "*Nada a Perder 2* é o lançamento de 2019 com maior bilheteria, mas já o público…", coluna de Lauro Jardim, *O Globo*, 11 set. 2019.

67. Vídeo de Edir Macedo divulgado por Alfredo Paulo em suas redes sociais, em 13 maio 2019; e "Godllywood, venda de mel e mais um bispo antigo fora", vídeo de Alfredo Paulo no YouTube, em 14 maio 2019.

68. Ibid.

69. *Conexão Repórter*, do SBT, entrevista a Roberto Cabrini, 27 abr. 2015; e Morris Kachani, "Fanático e muito rico", op. cit.

70. Entrevista de Alfredo Paulo ao autor, em 4 set. 2016; e "Lavagem de dinheiro na igreja", vídeo exibido em seu canal no YouTube, acesso em: 10 mar. 2017.

71. Douglas Tavolaro, *O bispo*, op. cit., p. 68; Mônica Bergamo, "Asa própria", *Folha de S. Paulo*, 16 ago. 2009; João Sandrini, "Os jatos que seduziram os milionários brasileiros", *Exame*, 12 out. 2010; "The Richest Pastors in Brazil", *Forbes*, op. cit.; e "Com fortuna de R$ 2 bilhões, Edir Macedo é o pastor evangélico mais rico do Brasil, diz revista", UOL, op. cit.

72. Miami-Dade Property Appraiser, disponível em: <https://www8.miamidade.gov/Apps/PA/propertysearch/#/>; Alessandra Monnerat e Caio Sartori, "Uma verdadeira, outra falsa: Mensagens sobre imóveis de Edir Macedo circulam no WhatsApp", *O Estado de S. Paulo*, 19 jul. 2018; "Fundador da IURD gastou dinheiro da igreja em bens de luxo", TVI (Portugal), 5 fev. 2019; "Fé e dinheiro: Uma combinação explosiva", *Veja*, 19 ago. 2009; Desiree Avila, "Porsche Design Tower abriga 2% dos bilionários do mundo", Jomi Flórida, Jornal Online do Mercado Imobiliário da Flórida, 21 nov. 2017; "Brasileiros pagam até 121 milhões no prédio da Porsche em Miami", *Qual Imóvel*, 22 mar. 2019.

73. "Saiba por que a Igreja Universal do Reino de Deus comprou a TV Record", Folha Online, 9 nov. 2009; e Odêmio Antonio Ferrari, *Bispo S/A: A Igreja Universal do Reino de Deus e o exercício do poder*. Embu das Artes: Ave-Maria, 2009.

74. "Fundador da IURD gastou dinheiro da igreja em bens de luxo", op. cit.

75. Ibid.

76. "Fundador da IURD gastou dinheiro da igreja em bens de luxo", op. cit.; e "Fé e dinheiro: Uma combinação explosiva", *Veja*, op. cit.

77. Entrevista de Ronaldo Didini ao autor, em 7 jun. 2019.

78. Edir Macedo, *Nada a perder*, op. cit., v. 3, pp. 43-4; entrevista de Ronaldo Didini ao autor, em 10 fev. 2016; Gustavo Rosa e José Martins, *Igreja Universal do Reino de Deus: Tentáculos de um polvo monstruoso para a tomada do poder*. Lisboa: Hugin, 1996, pp. 22-3; e Raquel Lito, "O império da IURD", *Correio da Manhã*, Lisboa, 4 maio 2006.

79. Roberto Leal morreu no dia 15 de setembro de 2019.

80. Thales Menezes, "Com sua música, Roberto Leal dava conforto a quem tinha saudades de casa", *Folha de S.Paulo*, 15 set. 2019; e Gustavo Rosa e José Martins, *Igreja Universal do Reino de Deus*, op. cit., p. 44.

81. Leonildo Silveira Campos, *Teatro, templo e mercado*, op. cit, citando o artigo "Apesar das perseguições a IURD cresce em Portugal", *Folha Universal*, 19 mar. 1995.

82. Edir Macedo, *Nada a perder*, op. cit., v. 3, p. 46; e "Multinacional da fé", *Veja*, 19 abr. 1995.

83. Sandra Cohen, "Igreja de Macedo compra cinema por US$ 15 milhões", *O Globo*, 16 nov. 1992.

84. Cristina Durán, "Templo de Edir Macedo irrita portugueses", *Jornal da Tarde*, 2 ago. 1995; "Edir Macedo compra casa de shows no Porto", *Folha de S.Paulo*, 2 ago. 1995; e Helena Teixeira da Silva, "O que seria das pessoas sem o Coliseu do Porto?", *Jornal de Notícias*, Lisboa, 4 mar. 2005.

85. Edir Macedo, *Nada a perder*, op. cit., v. 3, p. 47.

86. Gustavo Rosa e José Martins, *Igreja Universal do Reino de Deus*, op. cit., p. 62.

87. Claudia Wolff Swatowiski, "Igreja Universal em Portugal: Tentativas de superação de um estigma", *Intratextos*, Rio de Janeiro, n. 1 (especial), pp. 169-92, 2010.

88. Edir Macedo, *Nada a perder*, op. cit., v. 3, p. 47.

89. Claudia Wolff Swatowiski, "Igreja Universal em Portugal", op. cit.

90. Entrevista de Ronaldo Didini ao autor, em 10 fev. 2016; e Gustavo Rosa e José Martins, *Igreja Universal do Reino de Deus*, op. cit, p. 54.

91. Site da Igreja Universal em Portugal. Disponível em: <www.igrejauniversal.pt/moradas/>.

92. Raquel Lito, "O império da IURD", op. cit.; e Edir Macedo, *Nada a perder*, op. cit., v. 3, p. 44.

93. Douglas Tavolaro, *O bispo*, op. cit., p. 259.

94. Ibid., p. 258.

95. Divulgado por Alfredo Paulo, em 30 nov. 2018, em seu canal no YouTube.

96. Vídeo exibido no site da revista *Veja*, em 21 de maio de 2019, ao lado da reportagem "Edir Macedo pede que Deus 'remova' quem se opõe a Bolsonaro".

97. Números do dia 15 de outubro de 2019.

98. Marina Dias, "Universal mantinha esquema ilegal no exterior, diz ex-bispo", *Folha de S.Paulo*, 15 ago. 2016; e entrevista de Alfredo Paulo ao autor, em 4 set. 2016.

99. Marina Dias, "Universal mantinha esquema ilegal no exterior, diz ex-bispo", op. cit.

100. "Justiça condena Alfredo Paulo a pagar R$ 1,8 mi por calúnias contra a Universal", site da Igreja Universal, 6 jun. 2018.

101. Inquérito da Procuradoria da República da Comarca de Lisboa, Departamento de Investigação e Acção Penal — 9ª Secção de Lisboa, Secção Distrital, concluído em 10 maio 2019; "A verdade sobre TVI de Portugal e a IURD", canal do ex-bispo Alfredo Paulo no YouTube, 14 out. 2019, disponível em: <https://www.youtube.com/watch?v=k3mfoIg6jsY&t=38s>.

102. Inquérito da Procuradoria da República da Comarca de Lisboa, Departamento de Investigação e Acção Penal — 9ª Secção de Lisboa, Secção Distrital, concluído em 10 maio 2019.

103. "DIAP abre processos-crime contra duas mães que testemunham em reportagem sobre adoções ilegais da IURD", *Sapo*, 29 jun. 2019.

104. "Igreja Universal terá direito de resposta em canal de TV de Portugal", *Jornal da Record*, TV Record, 8 out. 2019.

105. Ibid. Até meados de outubro de 2019, o direito de resposta da Igreja Universal ainda não tinha sido levado ao ar na TVI.

106. *O Segredo dos Deuses*, TVI (Portugal), primeiro episódio, 11 dez. 2017.

107. Edir Macedo, *Nada a perder*, op. cit., v. 3, p. 193.

108. *O Segredo dos Deuses*, TVI (Portugal), primeiro episódio, 11 dez. 2017.

109. Inquérito da Procuradoria da República da Comarca de Lisboa, Departamento de Investigação e Acção Penal — 9ª Secção de Lisboa, Secção Distrital, concluído em 10 maio 2019.

110. *O Segredo dos Deuses*, TVI (Portugal), sexto episódio, 17 dez. 2017.

111. Nome fictício.

112. *O Segredo dos Deuses*, TVI (Portugal), sétimo episódio, 18 dez. 2017.

113. Nome fictício.

114. *O Segredo dos Deuses*, TVI (Portugal), sexto episódio, 17 dez. 2017.

115. Douglas Tavolaro, *O bispo*, op. cit., p. 93; e Edir Macedo, *Nada a perder*, op. cit., v. 3, pp. 194-5.

116. Fabio Pannunzio, "Edir Macedo fraudou o registro do próprio filho adotivo", Blog do Pannunzio, 27 abr. 2018.

117. *O Segredo dos Deuses*, TVI (Portugal), 13º episódio, 28 abr. 2018.

118. Douglas Tavolaro, *O bispo*, op. cit, p. 94.

119. *O Segredo dos Deuses*, TVI (Portugal), 13º episódio, 28 abr. 2018, e Fabio Pannunzio, "Edir Macedo fraudou registro do próprio filho adotivo", op. cit.

120. Fabio Pannunzio, "Edir Macedo fraudou registro do próprio filho adotivo", op. cit.

121. Ibid.

122. Daniel Castro, "Em sigilo, filho de Edir Macedo canta rock em novela da Record", *Folha de S.Paulo*, 12 out. 2008.

123. Lauro Jardim, "O filho do bispo", *Veja*, 4 maio 2013.

124. Felipe Sakamoto, "Filho de Edir Macedo é condenado a indenizar massagista por danos morais", Jota, 17 set. 2019.

125. Fabio Pannunzio, "Bispo Romualdo Panceiro, da IURD, falsificou documento de criança portuguesa que queria ter como filho", Blog do Pannunzio, 16 fev. 2018.

126. Ibid.

127. "Igreja brasileira nega acusações de tráfico de crianças portuguesas", *Público*, Lisboa, 12 dez. 2017.

128. "IURD: Dezenas de processos contra a TVI", Sol (Portugal), 19 dez. 2017.

129. "Igreja Universal terá direito de resposta em canal de TV de Portugal", *Jornal da Record*, TV Record, 8 out. 2019. Até meados de outubro de 2019, o direito de resposta da Igreja Universal ainda não tinha sido levado ao ar na TVI.

130. "MP de Portugal arquiva inquérito contra a Igreja Universal", R7, 18 maio 2019; "Ministério Público de Portugal arquiva inquérito contra Igreja Universal", JM Notícia (Portugal), 19 maio 2019; "Ministério Público arquiva inquérito à adoção ilegal de crianças pela IURD", Agência Lusa, 18 maio 2019; "Investigação desmente reportagens portuguesas contra Igreja Universal", *Domingo Espetacular*, TV Record, 26 maio 2019.

131. Depoimento de Vera e Luís, divulgado no canal da Igreja Universal no YouTube, em 11 dez. 2017.

132. Rute Coelho, "Crimes de adoções ilegais pela IURD investigadas pela TVI prescreveram", *Diário de Notícias* (Portugal), 12 dez. 2017.

133. "Descobertos dezenas de novos nomes de crianças adotadas por bispos e membros da IURD", TVI, 4 jun. 2019.

134. Alexandra Borges, "Descobertos dezenas de novos nomes de crianças adotadas por bispos e membros da IURD", TVI24, 4 jun. 2019; "Verdade sobre TVI de Portugal e a IURD", canal do ex-bispo Alfredo Paulo no YouTube, 14 out. 2019, disponível em: <https://www.youtube.com/watch?v=k3mfoIg6jsY&t=38s>.

135. "Igreja Universal terá direito de resposta em canal de TV de Portugal", *Jornal da Record*, TV Record, 8 out. 2019.

136. "Verdade sobre TVI de Portugal e a IURD", op. cit.

137. "Evangélicos ganham influência", Sol (Portugal), 6 dez. 2015.

## 17. O PODER DA FÉ [pp. 276-302]

1. Relato do ex-pastor da Universal Ronaldo Didini ao autor, em 2 ago. 2018.

2. Depoimento de Silvio Santos à Polícia Federal de São Paulo, em 26 set. 1991.

3. Fernanda da Escóssia, "Bispo-cantor Marcelo Crivella é a principal atração da noite", *Folha de S.Paulo*, 29 out. 1999.

4. Lucas Vettorazzo e Luiza Franco, "Mulher de Crivella quer fazer trabalho social e já comparou gays a 'terríveis ondas'", *Folha de S.Paulo*, 6 nov. 2016.

5. Roberta Paixão, "O sucessor de Edir Macedo", *Veja*, 3 nov. 1999.
6. Ibid.
7. FGV-CPDOC, verbete Marcelo Crivella.
8. Roberta Paixão, "O sucessor de Edir Macedo", op. cit.
9. FGV-CPDOC, verbete Marcelo Crivella.
10. Marcelo Crivella, Discografia. Disponível em: <marcelocrivella.com.br>. Acesso em: 30 jun. 2016.
11. Fernanda da Escóssia "Bispo-cantor Marcelo Crivella é a principal atração da noite", op. cit.; e site do Projeto Nordeste, disponível em: <fazendacanaa.wordpress.com/projeto-nordeste>.
12. Cláudia Trevisan, "Seca ajuda Universal a crescer no Nordeste", *Folha de S.Paulo*, 7 jun. 1998.
13. Lucas Vettorazzo, "Propaganda de campanha, projeto de igreja na BA teve exageros de Crivella", *Folha de S.Paulo*, 1 jan. 2017.
14. Site do Projeto Nova Canaã, disponível em: <www.projetonovacanaa.com.br/nossa-historia>; e Lucas Vettorazzo, "Propaganda de campanha, projeto de igreja na BA teve exageros de Crivella", op. cit.
15. Relato do ex-pastor da Universal Ronaldo Didini ao autor, em 26 ago. 2019.
16. Lucas Vettorazzo, "Propaganda de campanha, projeto de igreja na BA teve exageros de Crivella", op. cit.
17. "Fazenda Nova Canaã ajuda população no sertão baiano", R7, 26 maio 2013.
18. Lucas Vettorazzo, "Propaganda de campanha, projeto de igreja na BA teve exageros de Crivella", op. cit.
19. Ibid.; e dossiê produzido por produtores rurais, comerciantes e moradores, entregue à imprensa.
20. Ibid.
21. O autor recebeu declarações assinadas de dois radialistas da região de Irecê, Eraldo Rodrigues Maciel e Joazio Bastos, com relatos de que seus pedidos de entrevistas e visitas à fazenda foram negados.
22. Lucas Vettorazzo, "Propaganda de campanha, projeto de igreja na BA teve exageros de Crivella", op. cit.; Gerson Camarotti, "Pecados trabalhistas na fazenda do pastor", *O Globo*, 7 nov. 2004; Dayse Costa, "Trabalhadores criticam Nova Canaã", *A Tarde*, 19 nov. 2003; "Principal projeto social de Crivella, Nova Canaã não entrega o que promete", TV Folha, 24 dez. 2016.
23. *Conexão Repórter*, do SBT, entrevista a Roberto Cabrini, 26 abr. 2015.
24. FGV-CPDOC, verbete Marcelo Crivella.
25. Francisco Luiz Noel, "Lula ganha 'absolvição'", *Jornal do Brasil*, 6 set. 1998.
26. Relato do ex-pastor da Universal Ronaldo Didini, ao autor em 10 fev. 2016.
27. Paulo Peixoto, "Senador José Alencar abandona o PMDB e negocia ingresso no PL", *Folha de S.Paulo*, 29 set. 2001.
28. "Leia íntegra da carta de Lula para acalmar o mercado financeiro", *Folha de S.Paulo*, 24 jun. 2002.
29. José Alencar morreu de câncer, aos 79 anos, em 29 de março de 2011.
30. Chico Santos e Fernanda da Escóssia, "Bispos da Universal decidem apoiar Lula", *Folha de S.Paulo*, 8 out. 2002.

31. Lucas Vettorazzo, "Propaganda de campanha, projeto de igreja na BA teve exageros de Crivella", op. cit.

32. Murilo Fiuza de Melo, "Bispo Rodrigues é afastado da Igreja Universal", *Folha de S. Paulo*, 20 fev. 2004; e Felipe Werneck, "Ex-deputado esteve envolvido em outros escândalos", *O Estado de S. Paulo*, 6 dez. 2013.

33. "CPI dos Sanguessugas: Evangélicos receberam 58% da propina", Congresso em Foco, 13 ago. 2006; e "MPF/SP denuncia entidade ligada à Igreja Universal por fraudes em licitações de ambulâncias", página oficial do MPF-SP, 8 set. 2010, disponível em: <http://www.mpf.mp.br/sp/sala-de-imprensa/noticias-sp/08-09-10-sanguessugas-mpf-sp-denuncia-entidade-ligada-a-igreja-universal-por-fraudes-em-licitacoes-de-ambulancias>.

34. "Wanderval diz que ex-bispo Rodrigues o 'enlameou'", Congresso em Foco, 13 dez. 2005.

35. "Câmara absolve o deputado Wanderval Santos", Agência Estado, 22 mar. 2006.

36. FGV-CPDOC, verbete Partido Republicano Brasileiro.

37. "Alencar muda de partido para continuar vice de Lula", *Tribuna do Paraná*, 30 set. 2005.

38. Lançado pela editora Thomas Nelson Brasil, o livro *Plano de poder: Deus, os cristãos e a política* foi escrito em parceria com o jornalista Carlos Oliveira, então diretor do jornal *Hoje em Dia*, da Igreja Universal, em Minas Gerais.

39. Tatiana Farah, "Macedo prega que evangélicos tomem o poder", *O Globo*, 21 set. 2008.

40. Edir Macedo e Carlos Oliveira, *Plano de poder: Deus, os cristãos e a política*. São Paulo: Thomas Nelson Brasil, 2008, p. 8.

41. Ibid., p. 12.

42. Ibid., p. 104.

43. Bernardo Mello e Thiago Prado, "Bolsonaro atende a pedido de evangélicos e afrouxará obrigações fiscais de igrejas", op. cit.; e Bernardo Mello, "OAB: Isenção fiscal para igreja deve ser monitorada por Fisco", op. cit.; "Bancada evangélica troca voto a favor da reforma por isenção fiscal", *Folha de S.Paulo*, 11 abr. 1995.

44. "Dilma é vítima de mentiras espalhadas pela internet", Blog de Edir Macedo, disponível em: <blogs.universal.org/bispomacedo>, 28 set. 2010; e José Orenstein, "Bispo Edir Macedo diz que Dilma é vítima de mentiras na internet", *O Estado de S. Paulo*, 29 set. 2010.

45. "Evangélicos, Edir Macedo, pró-Dilma, e Malafaia, serrista, discutem pela web", UOL, 21 out. 2010.

46. Fernanda da Escóssia, Gerson Camarotti, Catarina Alencastro, Luiza Damé e Chico de Gois, "Marcelo Crivella é o novo ministro da Pesca do governo Dilma", *O Globo*, 29 fev. 2012.

47. Felipe Amorim, "Justiça determina bloqueio de bens de Crivella e investigados no valor de até R$ 3,1 milhões", UOL, 16 jul. 2018; Luísa Martins e Isadora Peron, "Justiça bloqueia bens de Crivella em ação sobre Ministério da Pesca", *Valor Econômico*, 16 jul. 2018; e Cristina Índio do Brasil, "TRF-1 desbloqueia bens do prefeito do Rio, Marcelo Crivella", Agência Brasil, 30 ago. 2018.

48. Ministério do Planejamento — Secretaria de Orçamento Federal, Orçamentos da União, exercício financeiro de 2015. Disponível em: <www.orcamentofederal.gov.br/orcamentos-anuais/orcamento-2015-2/ploa/volume_i_ploa_2015>.

49. João Valadares e Eduardo Militão, "Pastor escolhido por Dilma para ministério foi flagrado com quase R$ 1 milhão na bagagem", *Estado de Minas*, 25 dez. 2014.

50. Paulo Peixoto, "Em Minas, PF liberou políticos com malas de dinheiro", *Folha de S.*

*Paulo*, 14 jul. 2005; e Izabelle Torres, "O ministro do Esporte e o delegado camarada", *IstoÉ*, 23 nov. 2015.

51. Eduardo Cunha está preso no Paraná desde 2016. Foi condenado a quinze anos e quatro meses, e teve a pena reduzida depois para catorze anos e seis meses. Renato Souza, "Justiça autoriza transferência de Eduardo Cunha para o Rio de Janeiro", *Correio Braziliense*, 23 maio 2019.

52. Ricardo Senra, "PP e PRB anunciam apoio oficial a impeachment e enfraquecem base de Dilma", BBC Brasil, 12 abr. 2016.

53. Tiago Chagas, "Bispo da Igreja Universal, presidente do PRB diz que pedido de impeachment de Dilma é 'genuíno'", Gospel Mais, 28 dez. 2015.

54. "Tudo sobre Marcos Pereira", *Época*, 1 ago. 2017.

55. David Friedlander e Andreza Matais, "Delação da Odebrecht cita R$ 7 mi a ministro do PRB", *O Estado de S. Paulo*, 18 fev. 2017; e Edson Sardinha, "Investigado na Lava Jato, ministro Marcos Pereira entrega cargo a Temer", Congresso em Foco, 3 jan. 2018.

56. Hugo Marques, "Propina delivery: Ministro de Temer recebeu dinheiro em casa", *Veja*, 19 maio 2017; e Felipe Bächtold, "Delação da JBS atinge ao menos seis ministros de Temer", *Folha de S.Paulo*, 28 maio 2017.

57. Andreza Matais, "'Fui pedir doação à campanha do Crivella a governador', diz ministro", *O Estado de S. Paulo*, 18 fev. 2017.

58. A defesa de Marcos Pereira alegou que o julgamento deveria ocorrer na Justiça Eleitoral, enquanto a Procuradoria-Geral da República defendeu o encaminhamento do processo à Justiça Federal. "PGR defende que investigação contra Marcos Pereira permaneça na Justiça comum", site da Procuradoria-Geral da República em São Paulo, 13 jun. 2019. Disponível em: <http://www.mpf.mp.br/pgr/noticias-pgr/pgr-defende-que-investigacao-contra-marcos-pereira-permaneca-na-justica-comum>.

59. Até 30 de agosto de 2019 não havia sentença. Informações fornecidas pela assessoria de comunicação do Ministério Público Federal do DF.

60. "Todos os governadores eleitos desde 1998, no Rio, foram presos", *Veja*, 29 nov. 2018.

61. María Martín e Felipe Betim, "Crivella × Freixo: dois Brasis na disputa pela prefeitura do Rio", *El País* (Brasil), 10 out. 2016.

62. Alba Valéria Mendonça, Pedro Figueiredo e Pedro Neville, "Riotur estima 6 milhões de foliões no carnaval, com 1,5 milhão de turistas", *O Globo*, 11 jan. 2018.

63. "Crivella oferece facilidades para igrejas e fiéis em encontro com pastores no Rio", G1 e Bom Dia Rio, 6 jul. 2018; Bruno Abbud, "Quem é Marcia, a faz-tudo do prefeito Crivella", *Época*, 12 jul. 2018; e Constança Rezende, "Após reunião com pastores, partido acusa Crivella de improbidade administrativa", *O Estado de S. Paulo*, 6 jul. 2018.

64. Júlia Barbon e Lucas Vettorazzo, "Sem 'Márcia' de Crivella, paciente do Rio fica 8 meses na fila por consulta", *Folha de S.Paulo*, 17 dez. 2018.

65. A ação está em andamento no Tribunal de Justiça do Rio, sem sentença até 2 de setembro de 2019. Processo nº 0162110-11.2018.8.19.0001.

66. Bruno Abbud, "Quem é Márcia, a faz-tudo do prefeito Crivella", op. cit.; Júlia Barbon e Lucas Vettorazzo, "Sem 'Márcia' de Crivella, paciente do Rio fica 8 meses na fila por consulta", op. cit.; e Constança Rezende, "Após reunião com pastores, partido acusa Crivella de improbidade administrativa", op. cit.

67. Bruno Abbud, "Quem é Márcia, a faz-tudo do prefeito Crivella", op. cit.

68. Gabriel Barreira, Eliane Maria, Helter Duarte, Pedro Figueiredo e Ricardo Abreu, "Câmara do Rio abre processo de impeachment contra o prefeito Marcelo Crivella", G1, 2 abr. 2019.

69. Eliane Maria e Nathalia Castro, "Relatório final da 'CPI da Márcia' afirma não ter encontrado provas contra Crivella", G1 e Bom Dia Rio, 13 jun. 2019.

70. Eduardo Bresciani e Luiz Ernesto Magalhães, "Acusado de receber R$ 450 mil da Fetranspor, ex-tesoureiro de Crivella é discreto, mas influente", O Globo, 24 nov. 2017.

71. Ibid.

72. Ibid.; e Italo Nogueira e Raphael Gomide, "Tesoureiro do senador Crivella é primo católico do bispo Macedo", Folha de S.Paulo, 21 ago. 2008.

73. Italo Nogueira e Raphael Gomide, "Tesoureiro do senador Crivella é primo católico do bispo Macedo", op. cit.

74. Tribunal Regional Federal da 3ª Região — Habeas Corpus número 0038794-85.2011.4.03.0000/SP, 12 set. 2012. Disponível em: <http://web.trf3.jus.br/acordaos/Acordao/BuscarDocumentoGedpro/2279490>.

75. Eduardo Bresciani e Luiz Ernesto Magalhães, "Acusado de receber R$ 450 mil da Fetranspor, ex-tesoureiro de Crivella é discreto, mas influente", op. cit.

76. João Pedroso de Campos, "Cabral: Crivella recebeu US$ 1,5 milhão de Eike para apoiar Paes em 2008", Veja, 5 abr. 2019; e "Cabral diz que comprou apoio de Crivella para Paes em 2008", G1, 5 abr. 2019.

77. Luiz Ernesto Magalhães, "Crivella: 'As escolas de samba deveriam me retratar como um herói este ano'", Extra, 14 jan. 2019.

78. Felipe Rebouças, "Crivella faz piada e diz que ciclovia Tim Maia devia se chamar Vasco da Gama: 'Caindo muito'", O Dia, 28 maio 2019; e Bruno Marinho, "Depois de gafe, Crivella assina cessão de terreno para Vasco construir CT", O Globo, 30 maio 2019.

79. "Crivella brinca sobre chuvas no Rio e diz que lançará 'balsa família'", Último Segundo, iG, 22 fev. 2018.

80. Mara Bergamaschi, "Crivella diz em vídeo que foi forçado pela Universal a entrar na política", O Globo, 21 out. 2016; Italo Nogueira, "Em vídeo, Crivella disse que entrou na política por ordem de sua igreja", Folha de S.Paulo, 22 out. 2016.

81. Mara Bergamaschi, "Crivella diz em vídeo que foi forçado pela Universal a entrar na política", op. cit.

82. Ricardo Feltrin, "Eleição deve pôr fim a 'guerra' entre Igreja Universal e apóstolo Valdemiro", UOL TV e Famosos, 30 set. 2016.

83. "Nova secretária de Cultura toma posse e coloca a inclusão como tema central", portal da Prefeitura Municipal do Rio de Janeiro, 1 jan. 2017.

84. Mara Bergamaschi, "Crivella diz em vídeo que foi forçado pela Universal a entrar na política", op. cit.

85. Patrícia Figueiredo, "Bolsonaro mente ao dizer que Haddad criou 'kit gay'", Agência Pública, 13 out. 2018.

86. Fernando Haddad, "Vivi na pele o que aprendi nos livros", op. cit.; Artur Rodrigues, "Atritos de Haddad e Edir Macedo vêm da época da liberação de Templo de Salomão", Folha de S.Paulo, 16 out. 2018; Rogério Pagnan e Eduardo Geraque, "Universal burlou licença de templo,

diz parecer", *Folha de S.Paulo*, 30 jul. 2014; Evandro Spinelli e Rogério Pagnan, "Enquanto aprovava edifícios, diretor adquiriu 106 imóveis", op. cit.; "Templo de Salomão: Prefeitura quer 3.500 moradias para regularizar igreja", *Veja São Paulo*, 5 dez. 2016; e "Mais um capítulo da novela 'O Templo de Salomão contra a Zeis'; final feliz?", labcidade (FAU-USP), 27 out. 2016.

87. Felipe Frazão, "MEC autoriza funcionamento de faculdade de partido ligado à Universal", *O Estado de S. Paulo*, 11 nov. 2018.

88. Artur Rodrigues, "Atritos de Haddad e Edir Macedo vêm da época da liberação de Templo", op. cit.

89. Gustavo Schmitt, "Alckmin é chamado de presidente em evento evangélico com Marcos Pereira (PRB)", *O Globo*, 13 jul. 2018.

90. "Edir Macedo, líder da Igreja Universal, declara apoio a Bolsonaro", *Zero Hora*, 30 set. 2018.

91. Jussara Soares, "Ausente de debate, Bolsonaro grava entrevista para TV", *O Globo*, 4 out. 2018.

92. "TSE ouvirá jornalistas da Record em ação do PT contra Bolsonaro", *Poder 360*, 3 maio 2019; Nelson de Sá, "Record oferece tratamento diferenciado, mas Bolsonaro não retribui, ainda", *Folha de S.Paulo*, 16 out. 2018; e Anna Virginia Balloussier, "Universal usou sua máquina para exaltar Bolsonaro e atacar Haddad", *Folha de S.Paulo*, 1 nov. 2018.

93. "Bolsonaro e Bebianno trocaram áudios sobre Globo, Carlos e laranjas", UOL, 19 fev. 2019.

94. Sérgio Roxo, "Haddad é condenado por chamar Edir Macedo de 'charlatão'", *O Globo*, 13 dez. 2018. Até meados de outubro de 2019, não havia decisão, segundo a assessoria do ex-prefeito.

95. "Bolsonaro quer acabar com taxa para igrejas e descomplicar prestação de contas", Guiame, 8 ago. 2019.

96. Julia Lindner e Daniel Weterman, "Bolsonaro descarta possibilidade de estabelecer taxas para as igrejas", Estadão Conteúdo, 7 ago. 2019; Ricardo Della Coletta, "Em almoço com Bolsonaro, evangélicos defendem pacote tributário próprio para igrejas", *Folha de S.Paulo*, 8 ago. 2019; e Julia Lindner, "Bolsonaro se reúne com bancada evangélica para falar de tributação das igrejas", *O Estado de S. Paulo*, 14 maio 2019.

97. Leandro Prazeres, "Gasto federal com publicidade cresce, e Record supera Globo", *Folha de S.Paulo*, 15 abr. 2019.

98. Ibid.

99. "Bolsonaro contesta reportagem sobre publicidade", *Folha de S.Paulo*, 16 abr. 2019.

100. Daniel Castro, "Após resistir a pressão política, Record afasta Paulo Henrique Amorim da TV", Notícias da TV, UOL, 24 jun. 2019.

101. "Morre o jornalista Paulo Henrique Amorim", *El País* (Brasil), 11 jul. 2019.

102. Anaïs Fernandes, "CNN licencia marca para grupo de mídia e terá canal no Brasil", *Folha de S.Paulo*, 15 jan. 2019.

103. Bárbara Sacchitiello, "Tavolaro deixa Record e Guerreiro assume como VP de Jornalismo", Meio e Mensagem, 14 jan. 2019.

104. Daniel Castro, "Fox News de Bolsonaro ou TV de Edir Macedo? O que esperar da CNN Brasil", Notícias da TV, UOL, 16 jan. 2019.

105. Maurício Stycer, "CNN Brasil não será de esquerda nem de direita, promete Douglas Tavolaro", *Folha de S.Paulo*, 21 jan. 2019.

106. Daniel Castro, "Fox News de Bolsonaro ou TV de Edir Macedo? O que esperar da CNN Brasil", op. cit.

107. Anaïs Fernandes, "CNN licencia marca para grupo de mídia e terá canal no Brasil", op. cit.; e Daniel Castro, "Fox News de Bolsonaro ou TV de Edir Macedo? O que esperar da CNN Brasil", op. cit.

108. Julio Wiziack, Thais Arbex e Fábio Pupo, "Bolsonaro recebeu empresários fora da agenda para discutir FGTS", *Folha de S.Paulo*, 19 jul. 2019.

109. "Filiado ao PRB, Flávio Rocha financiou obra do bispo Edir", *Folha de S.Paulo*, 29 mar. 2018; "Pré-estreia de *Nada a perder 2* reúne famosos em São Paulo", Pleno News, 14 ago. 2019; e Vanessa Lampert e Janaína Medeiros, "Toda a verdade sobre *Nada a perder*", *Folha Universal*, 13 maio 2018.

110. Nelson de Sá e Julio Wiziack, "Dúvida no ar", *Folha de S.Paulo*, 22 set. 2019; Daniel Castro e Gabriel Perline, "Após perder Reinaldo Gottino, Record declara guerra ao dono da CNN Brasil", Notícias da TV, UOL, 20 set. 2019; e Geraldo Samor, "A vingança do bispo: Por que a Record está atacando a MRV", Brazil Journal, 2 out. 2019.

111. Daniel Castro e Gabriel Perline, "Após perder Reinaldo Gottino, Record declara guerra ao dono da CNN Brasil", op. cit; Geraldo Samor, "A vingança do bispo", op. cit; e Paulo Carvalho, "Dono da CNN responde a Record após série de ataques", RD1, Terra, 2 out. 2019.

112. Paula Soprana, "Diretrizes da CNN não se aplicam a países que licenciam marca", *Folha de S.Paulo*, 16 jan. 2019.

113. Marta Szpacenkopf, "Embaixada em Buenos Aires faz propaganda de filme sobre Edir Macedo", coluna de Lauro Jardim, *O Globo*, 8 out. 2019.

114. Gilberto Nascimento, "A crise na Universal", *Carta Capital*, 18 mar. 2009; Daniel Castro, "Fé rasgada", *Folha de S.Paulo*, 17 mar. 2009.

115. Blog do Drauzio Varella, UOL, 16 abr. 2019, acesso em: 6 jul. 2019.

116. Gilberto Nascimento, "A crise na Universal", op. cit.

117. Entrevista do ex-pastor da Universal Ronaldo Didini ao autor, em 10 fev. 2016. Comentários sobre a diabetes e a cirurgia no pâncreas de Macedo também foram feitos nas redes sociais pelo ex-bispo da Universal Alfredo Paulo.

118. "Edir Macedo se pronuncia sobre sua suposta doença em seu blog pessoal", Portal Padom, 20 mar. 2009, disponível em: <www.portalpadom.com.br/noticiasgospel>.

119. "Médica afirma que Edir Macedo não sofre de câncer no intestino", Blog do Paulo Lopes, 20 mar. 2012: "Bispo Edir Macedo afirma estar muito bem de saúde", Blog do Paulo Lopes, 18 mar. 2012; Renato Cavallera, "Igreja Universal acusa Valdemiro Santiago de espalhar mentiras sobre a saúde de Edir Macedo, mas informações são contraditórias", Gospel Mais, 20 mar. 2012; Leiliane Roberta Lopes, "IURD nega que Edir Macedo tenha problemas de saúde e acusa Valdemiro Santiago de espalhar mentiras", Gospel Prime, 20 mar. 2012.

120. "O apóstolo milionário", *Domingo Espetacular*, TV Record, 18 mar. 2012; e "Apóstolo Valdemiro Santiago ataca a Rede Record e jornalista Marcelo Resende", YouTube, 23 mar. 2012.

121. *Programa do Porchat*, de Fábio Porchat, TV Record, 29 nov. 2016.

122. Thiago Prado, Eduardo Gonçalves e Eduardo F. Filho, "O escolhido", *Veja*, 13 out. 2017.

123. Site da Câmara Municipal de São Paulo.

124. Daniel Castro, "Edir Macedo escala bispo dedo-duro para colocar a Record no eixo", Notícias da TV, UOL, 4 fev. 2015; Cristina Padiglione, "Edir Macedo prestigia novo vice-presidente de

jornalismo da Record", Zapping, UOL, 30 abr. 2019; e Greicehelen Santana, "Record TV lança transmissão HD em Israel com cerimônia festiva em Tel Aviv", Observatório da Televisão, UOL, 4 jun. 2019.

125. Daniel Castro e Rui Dantas, "Igreja Universal corta 120 milhões de verba de TV e ameaça emissoras", op. cit.

126. *Programa do Porchat*, de Fábio Porchat, TV Record, 29 nov. 2016.

127. O curso de especialização de Renato Cardoso é certificado pelo National Marriage Center de Nova York, segundo currículo apresentado em seus livros.

128. O *Programa do Porchat*, de Fábio Porchat, foi exibido pela última vez na Record, em 21 dez. 2018, após o humorista abreviar o contrato com a emissora.

129. João Batista Jr., "Edir Macedo e família se mudam para a cobertura do Templo de Salomão", *Veja São Paulo*, 2 ago. 2014.

130. Os livros *Casamento blindado*, *Namoro blindado* e *A mulher V* foram lançados pela editora Thomas Nelson Brasil, e *Melhor que comprar sapatos* pela editora Unipro.

131. "Godllywood: Perguntas e respostas", 21 maio 2019, disponível em: <www.godllywood.com.br/movimento-godllywood-perguntas-e-respostas>.

132. Godllywood Brasil, disponível em: <www.godllywood.com.br>, acesso em: 1 jan. 2019 e 2 set. 2019.

133. "Ela esperou", Blog de Cristiane Cardoso, site da Universal, 12 nov. 2009.

134. "IntelliMen — Manifesto", disponível em: <sites.universal.org/intellimen/manifesto>.

135. Thiago Prado, Eduardo Gonçalves e Eduardo F. Filho, "O escolhido", op. cit.

136. "Record demite bispo Honorilton Gonçalves", Gospel Prime, 3 jul. 2013.

137. Daniel Castro, "Ex-mandachuva da Record perde poder na igreja e cai na dança na África", Notícias da TV, UOL, 17 out. 2017. O RecNov, abreviação de Record Novelas, foi arrendado em 2016 para a produtora Casablanca.

138. Declarações de Edir Macedo, em conversa com o sobrinho Marcelo Crivella, segundo relato do ex-pastor da Universal Ronaldo Didini ao autor, em 6 jul. 2019.

139. Douglas Tavolaro, *O bispo*, op. cit., p. 265.

140. Edir Macedo, *Nada a perder*, op. cit., v. 3, p. 238.

141. Paulo Sérgio Marqueiro e Heloísa Vilela, "Lucro certo no reino da Igreja Universal" e "Se quisesse ganhar dinheiro, seria político", op. cit.; Leonildo Silveira Campos, *Teatro, templo e mercado*, op. cit.

142. J. A. Dias Lopes, "O dinheiro é um bem", op. cit.

# Referências bibliográficas

LIVROS, TESES E ARTIGOS

BAZANINI, Roberto. *Globo e Universal — tudo a ver: A disputa mercadológica pelo controle do imaginário popular, ofensiva e contraofensiva retórica*. São Paulo: PUC-SP, 1998. Tese (Doutorado em Comunicação e Semiótica).

_____. "A filosofia não é filosofismo". *Comunicação & Inovação*, São Caetano do Sul, v. 1, n. 2, pp. 21-9, 2001.

BEZERRA, Ester. *A dama da fé: Os segredos da mulher que transformou a vida de Edir Macedo*. São Paulo: Planeta, 2015.

BRITTOS, Valério Cruz. *Capitalismo contemporâneo, mercado brasileiro de televisão por assinatura e expansão transnacional*. Salvador: UFBA, 2001. Tese (Doutorado em Comunicação).

CAMPOS, Leonildo Silveira. *Teatro, templo e mercado: Organização e marketing de um empreendimento neopentecostal*. Petrópolis: Vozes, 1997.

_____. "Os políticos de Cristo: Uma análise do comportamento político de protestantes históricos e pentecostais no Brasil". In: BURITY, Joanildo A.; MACHADO, Maria das Dores Campos (Orgs.). *Os votos de Deus: Evangélicos, política e eleições no Brasil*. Recife: Fundação Joaquim Nabuco; Massangana, 2005. pp. 29-87.

_____. "Cultura, liderança e recrutamento em organizações religiosas: O caso da

Igreja Universal do Reino de Deus". *Organizações em Contexto*, São Paulo, v. 2, n. 3, pp. 102-38, 2006.

CARDOSO, Tom; ROCKMANN, Roberto. *O Marechal da Vitória: Uma história de rádio, TV e futebol*. São Paulo: A Girafa, 2005.

CARVALHO, A. A. A. de (Tuta). *Ninguém faz sucesso sozinho*. São Paulo: Escrituras, 2009.

CONDE, Emilio. *História das Assembleias de Deus no Brasil*. Rio de Janeiro: Casa Publicadora das Assembleias de Deus, 1960.

CUNHA, Magali do Nascimento. "O conceito de religiosidade midiática como atualização do conceito de igreja eletrônica em tempos de cultura 'gospel'". In: XXV Congresso Brasileiro de Ciências da Comunicação, Salvador, 1-5 set. 2002. Disponível em: <intercom.org.br/papers/nacionais/2002/Congresso2002_Anais/2002_NP1cunha.pdf>. Acesso em: 5 out. 2019.

FÁBIO, Caio. *Confissões do pastor*. Rio de Janeiro: Record, 1997.

FERNANDES, Rubem Cesar et al. *Novo nascimento: Os evangélicos em casa, na igreja e na política*. Rio de Janeiro: Mauad, 1998.

FERRARI, Odêmio Antonio. *Bispo S/A: A Igreja Universal do Reino de Deus e o exercício do poder*. Embu das Artes: Ave-Maria, 2009.

FRESTON, Paul. *Protestantismo e política no Brasil: Da Constituinte ao impeachment*. Campinas: IFCH-Unicamp, 1993. Tese (Doutorado em Ciências Sociais).

_____. "Uma breve história do pentecostalismo brasileiro: A Assembleia de Deus". *Religião e Sociedade*, Rio de Janeiro, v. 16, n. 3, pp. 104-29, 1994.

_____. "A Igreja Universal do Reino de Deus na Europa". *Lusotopie*, Paris, v. 1, n. 2, pp. 387-403, 1999.

GOMES, Dias. *Decadência, ou O procurador de Jesus Cristo*. São Paulo: Bertrand Brasil, 1995.

INSTITUTO ESTADUAL DO PATRIMÔNIO CULTURAL; SECRETARIA DE ESTADO DE CULTURA. "Inventário das fazendas do Vale do Paraíba fluminense". Rio de Janeiro, 2010.

JORGE, Fernando. *As lutas, a glória e o martírio de Santos Dumont*. Rio de Janeiro: HarperCollins Brasil, 2018.

JUSTINO, Mário. *Nos bastidores do Reino: A vida secreta na Igreja Universal do Reino de Deus*. São Paulo: Geração, 1995.

LACERDA, Fábio. *Pentecostalismo, eleições e representação política no Brasil contemporâneo*. São Paulo: FFLCH-USP, 2017. Tese (Doutorado em Ciência Política).

LIMA, Diana Nogueira de Oliveira. "'Trabalho', 'mudança de vida' e 'prosperidade' entre fiéis da Igreja Universal do Reino de Deus". *Religião e Sociedade*, Rio de Janeiro, v. 27, n. 1, pp. 132-55, jul. 2007.

LOBATO, Elvira. *Instinto de repórter*. São Paulo: Publifolha, 2005.

LOPREATO, Christina Roquette. *O espírito da revolta: A greve geral anarquista de 1917*. São Paulo: Annablume; Fapesp, 2000.

MACEDO, Edir. *Nos passos de Jesus*. Rio de Janeiro: Unipro, 1994.

_____. *Orixás, caboclos e guias: Deuses ou demônios?* Rio de Janeiro: Unipro, 2001.

_____. *Plano de poder: Deus, os cristãos e política*. Com Carlos Oliveira. Rio de Janeiro: Thomas Nelson Brasil, 2008.

_____. *Nada a perder: Momentos de convicção que mudaram a minha vida*. São Paulo: Planeta, 2012. v. 1.

_____. *Nada a perder: Meus desafios diante do impossível*. São Paulo: Planeta, 2013. v. 2.

_____. *Nada a perder: Do coreto ao Templo de Salomão: A fé que transforma*. São Paulo: Planeta, 2014. v. 3.

_____. *A libertação da teologia*. Rio de Janeiro: Universal Produções, [s.d.].

MACHADO, Maria das Dores Campos. *Política e religião: A participação dos evangélicos nas eleições*. Rio de Janeiro: Editora FGV, 2006.

MAGNANI, José Guilherme C. "Doença mental e cura na umbanda". *Teoria & Pesquisa*, São Carlos, v. 1, n. 40-1, pp. 5-23, jan.-jul. 2002.

MARANGONI, Gilberto. "Anos 1980, década perdida ou ganha?". *Desafios do Desenvolvimento — Ipea*, Brasília, v. 9, n. 72, 15 jun. 2012.

MARIANO, Ricardo. *Neopentecostais: Sociologia do novo pentecostalismo no Brasil*. 5. ed. São Paulo: Loyola, 1999.

_____; GERARDI, Dirceu André. "Eleições presidenciais na América Latina em 2018 e ativismo político de evangélicos conservadores". *Revista USP*, São Paulo, n. 120, pp. 61-76, jan.-mar. 2019.

MATOS, Alderi Souza de. "O movimento pentecostal: Reflexões a propósito do seu primeiro centenário". *Fides Reformata*, São Paulo, v. 11, n. 2, pp. 23-50, 2006.

_____. "Breve história do protestantismo no Brasil". *Vox Faifae: Revista de Teologia da Faculdade FASSEB*, Goiânia, v. 3, n. 1, 2011.

OUALALOU, Lamia. "Los evangélicos y el hermano Bolsonaro". *Nueva Sociedad*, Buenos Aires, n. 280, pp. 68-77, mar.-abr. 2019.

PEDDE, Valdir; SANTOS, Everton Rodrigo. "A inserção dos pentecostais na política: Uma ameaça à democracia?". *História Unisinos*, São Leopoldo, v. 13, n. 3, pp. 284-96, set.-dez. 2009.

PRANDI, Reginaldo. "O Brasil com axé: Candomblé e umbanda no mercado religioso". *Estudos Avançados*, São Paulo, v. 18, n. 52, pp. 223-38, set.-dez. 2004.

RIBEIRO, Lidice Meyer Pinto. "O protestantismo brasileiro: Objeto em estudo". *Revista USP*, São Paulo, n. 73, pp. 117-29, mar.-maio 2007.

ROSA, Gustavo; MARTINS, José. *Igreja Universal do Reino de Deus: Tentáculos de um polvo monstruoso para a tomada do poder*. Lisboa: Hugin, 1996.

SAND, Shlomo. *A invenção do povo judeu*. São Paulo: Benvirá, 2008.

SILVA, Arlindo. *A fantástica história de Silvio Santos*. São Paulo: Seoman, 2017.

SOUZA, Jaquelini de. *A Primeira Igreja Protestante do Brasil: Igreja Reformada Potiguara (1625-1692)*. São Paulo: Ed. Mackenzie, 2013.

SILVA, Manuel. "A Brazilian Church Comes to New York". *Pneuma*, Springfield, v. 13, n. 1, pp. 161-5, 1991.

SWATOWISKI, Claudia Wolff. "Igreja Universal em Portugal: Tentativas de superação de um estigma". *Intratextos*, Rio de Janeiro, n. 1 (especial), pp. 169-92, 2010.

TAVOLARO, Douglas. *O bispo: A história revelada de Edir Macedo*. Com reportagem de Christina Lemos. São Paulo: Larousse do Brasil, 2007.

TERRA, Carlos; TERRA, Marion. *Lucas Terra: Traído pela obediência*. 10. ed. Salvador: Empresa Gráfica da Bahia, 2017.

TOPEL, Marta Francisca. "A inusitada incorporação do judaísmo em vertentes cristãs brasileiras: Algumas reflexões". *Revista Brasileira de História das Religiões*, Maringá, v. 4, n. 10, pp. 34-50, maio 2011.

TORRES, Raimunda Célia. *A trajetória da assistência na Igreja Universal do Reino de Deus (IURD): Configurações e significados — Um olhar sobre a Associação Beneficente Cristã (ABC) do Rio de Janeiro*. Juiz de Fora: UFJF, 2007. Tese (Doutorado em Ciência da Religião).

TRAJANO, José. *Procurando Mônica: O maior caso de amor de Rio das Flores*. São Paulo: Paralela, 2014.

VALERIU, Grigore. *Deus é justo: A história real do homem que venceu na Justiça a Igreja Universal*. São Paulo: Ideia & Ação, 2009.

JORNAIS E REVISTAS

*A Tarde*
*Brasil de Fato*

*Brasil Econômico*
*Carta Capital*
*Catolicismo*
*Correio Braziliense*
*Correio da Bahia*
*Correio da Manhã* (Portugal)
*Diário de Notícias* (Portugal)
*Diário do Grande ABC*
*El País* (Brasil)
*Época*
*Estado de Minas*
*Exame*
*Extra*
*Feira Hoje*
*Folha da Tarde*
*Folha de S.Paulo*
*Folha Universal*
*Forbes*
*IstoÉ*
*IstoÉ Dinheiro*
*IstoÉ Gente*
*Jornal da Tarde*
*Jornal de Notícias* (Portugal)
*Jornal do Brasil*
*Le Monde Diplomatique*
*O Dia*
*O Estado de S. Paulo*
*O Globo*
*O País* (Angola)
*piauí*
*Público* (Portugal)
*Qual Imóvel*
*Serafina*
*Superinteressante*
*Tribuna do Paraná*

*Valor Econômico*
*Veja*
*Veja SP*
*Zero Hora*

SITES

A Gazeta Online <agazeta.com.br>
Academia Brasileira de Letras <academia.org.br>
Acervo Estadão <acervo.estadao.com.br>
Agência Brasil <agenciabrasil.ebc.com.br>
Agência Estado <es.estadaoconteudo.com.br/midia>
Agência Folha <folhapress.folha.com.br>
Agência Lusa (Portugal) <lusa.pt>
Agência Pública <apublica.org>
Agência Senado <www12.senado.leg.br/noticias>
Assembleia Legislativa de São Paulo <al.sp.gov.br>
Associação Brasileira de Televisão por Assinatura <abta.org.br>
Associação Brasileira Interdisciplinar de aids <abiaids.org.br>
BBC Brasil <bbc.com/portuguese>
Blog de Edir Macedo <blogs.universal.org/bispomacedo>
Blog de Reinaldo Azevedo <veja.abril.com.br/blog/reinaldo>
Blog Descobrindo a América <raphaelgomide.blogspot.com>
Blog de Drauzio Varella <drauziovarella.uol.com.br>
Blog do Pannunzio <pannunzio.com.br>
Blog de Paulo Lopes <paulopes.com.br>
Blog O Grande Diálogo <ograndedialogo.blogspot.com>
Blog Paulistices <sao-paulo.estadao.com.br/blogs/edison-veiga>
Brasil de Fato <brasildefato.com.br>
Brazil Journal <braziljournal.com>
Câmara dos Deputados <camara.leg.br>
Câmara Municipal de São Paulo <saopaulo.sp.leg.br>
Câmara Municipal do Rio de Janeiro <camara.rj.gov.br>
Carta Maior <cartamaior.com.br>

Centro Apologético Cristão de Pesquisas <cacp.org.br>
Cine Pop <cinepop.com.br>
Conferência Nacional dos Bispos do Brasil <cnbb.org.br>
Congresso em Foco <congressoemfoco.uol.com.br>
Consultor Jurídico <conjur.com.br>
CPDOC-FGV <cpdoc.fgv.br>
Deutsche Welle <dw.com/pt-br/notícias/s-7111>
Diário do Centro do Mundo <diariodocentrodomundo.com.br>
Dicionário Cravo Albin de Música Popular Brasileira <dicionariompb.com.br>
Ecodebate <ecodebate.com.br>
Editora Cleófas <cleofas.com.br>
Estadão Conteúdo <es.estadaoconteudo.com.br/midia>
Folha Online <folha.uol.com.br>
Fórum <revistaforum.com.br>
G1 <g1.globo.com>
Godllywood <godllywood.com/br>
Gospel Mais <gospelmais.com.br>
Gospel Prime <gospelprime.com.br>
Guiame <guiame.com.br>
IBGE <ibge.gov.br>
iG <ig.com.br>
Igreja Cristã Nova Vida <icnvja.com.br>
Igreja de Nova Vida <novavida.com.br>
Igreja Evangélica Congregacional do Brasil <iecb.org.br>
Igreja Internacional da Graça de Deus <ongrace.com/portal>
Igreja Nacional do Senhor Jesus Cristo <insejec.com.br>
Igreja Universal do Reino de Deus <universal.org>
Igreja Universal em Portugal <igrejauniversal.pt>
IHU On-Line <ihu.unisinos.br>
Infoescola <infoescola.com>
IURD TV <igrejauniversal.pt/iurdtv>
JM Notícia <jmnoticia.com.br>
Jornal Online do Mercado Imobiliário da Flórida <jomiflorida.com>
Jusbrasil <jusbrasil.com.br>
Justificando <justificando.com>

labcidade (FAU-USP) <labcidade.fau.usp.br>
Máquina do Esporte <maquinadoesporte.uol.com.br>
Marcelo Crivella <marcelocrivella.com.br>
Megacurioso <megacurioso.com.br>
Meio & Mensagem <meioemensagem.com.br>
Memória Globo <memoriaglobo.globo.com>
Memória Roda Viva <rodaviva.fapesp.br>
Metrópoles <metropoles.com>
Miami-Dade Property Appraiser <miamidade.gov/Apps/PA/propertysearch>
Ministério do Planejamento, Secretaria de Orçamento Federal, Orçamentos da União <orcamentofederal.gov.br/orcamentos-anuais>
Nexo Jornal <nexojornal.com.br>
Notícias Cristãs <noticiascristas.com>
Notícias da TV <noticiasdatv.uol.com.br>
O Estado <oestadoce.com.br>
O Povo Online <opovo.com.br>
Observador On Time (Portugal) <observador.pt>
Pleno News <pleno.news>
Poder 360 <poder360.com.br>
Portal Disparada <portaldisparada.com.br>
Portal Imprensa <portalimprensa.com.br>
Portal Padom <portalpadom.com.br>
Prefeitura Municipal do Rio de Janeiro <rio.rj.gov.br>
Procuradoria da República em São Paulo <mpf.mp.br/sp>
Projeto Nordeste <fazendacanaa.wordpress.com/projeto-nordeste>
Projeto Nova Canaã <projetonovacanaa.com.br>
R7 <r7.com>
Record TV <recordtv.r7.com>
Rede Aleluia <redealeluia.com.br>
Renovação Carismática Católica <rccbrasil.org.br>
Reuters <br.reuters.com>
Santuário Nacional de Aparecida <a12.com/santuario>
Sapo <sapo.pt>
Saúde Business <saudebusiness.com>

Sistema Integrado de Administração Financeira para Estados e Municípios (Siafem) <portal.fazenda.sp.gov.br/servicos/siafem>
Sol (Portugal) <sol.sapo.pt>
Superior Tribunal de Justiça <stj.jus.br>
Supremo Tribunal Federal <stf.jus.br>
Terra <terra.com.br>
Tribunal Regional Federal da 3ª Região <trf3.jus.br>
Tudo sobre TV <tudosobretv.com.br/historytv/tv80.htm>
Tudo sobre Xanxerê <tudosobrexanxere.com.br>
TV Folha <www1.folha.uol.com.br/tv/>
Ultimato Online <ultimato.com.br>
Último Segundo <ultimosegundo.ig.com.br>
UOL <uol.com.br>
Veritatis Splendor <veritatis.com.br>
Viagem na Itália <viagemitalia.com>
YouTube <youtube.com>

## VÍDEOS E FILMES

*Conexão Repórter*, SBT, entrevista a Roberto Cabrini, 27 abr. 2015. Partes 1 e 2. Disponível em: <youtu.be/Sfc6CBJNILM>; <youtu.be/BbZsrWNxbWg>.

"Empresas secretas do bispo Macedo e cúpula da IURD". Partes 1-4. Canal do ex-bispo Alfredo Paulo no YouTube. Disponível em: <youtu.be/lcsdA81ylQI>; <youtu.be/mPuJnsT6Hmo>; <youtu.be/r8HPIkgsK1M>; <youtu.be/D5FqLQsq1rE>.

*Linha Direta*, TV Globo, 30 nov. 2006. Disponível em: <youtu.be/5DQPcM_ingw>.

*Mission Congo*. Direção: Lara Zizic e David Turner. Nova York: C-Colony Productions, 2013.

*Nada a perder: Contra tudo. Por todos.* Direção: Alexandre Avancini. Roteiro: Stephen P. Lindsey e Emílio Boechat. São Paulo: Paris Filmes, 2018.

*Nada a perder 2: Não se pode esconder a verdade.* Direção: Alexandre Avancini. Roteiro: Stephen P. Lindsey e Emílio Boechat. São Paulo: Paris Filmes, 2019.

*O Segredo dos Deuses*, TVI (Portugal), Série de reportagens em dezesseis episódios. 2017-8. Disponível em: <tvi24.iol.pt/pesquisa/lar+iurd>.

"Revolta de um pai — Caso Lucas Terra — 01". Disponível em: <youtu.be/_fdmxwXw5tg>.

# Créditos das imagens

p. 1: Luciana Whitaker/ Pulsar Imagens

p. 2 (acima): Acervo Museu da História Regional em Rio das Flores

p. 2 (abaixo): Arquivo Nacional

p. 3 (acima): Carlos Ivan/ Agência O Globo

p. 3 (abaixo): Silvio Ricardo Ribeiro/ Estadão Conteúdo

p. 4: Corretor Carvalho/ Wikimedia Commons/ CC BY-SA 3.0

p. 5 (acima): Fernando Rabelo/ Folhapress

p. 5 (abaixo): Bel Pedrosa/ Folhapress

p. 6 (acima): Johannes Beck (dw.com/portugues)

p. 6 (abaixo): Alexandre Rotenberg/ Alamy/ Fotoarena

p. 7 (acima): Graham Salter/ Bridgeman Images/ Fotoarena

p. 7 (abaixo): Rafael Andrade/ Folhapress

p. 8: Miguel Schincariol/ AFP/ Getty Images

ESTA OBRA FOI COMPOSTA EM MINION E IMPRESSA EM OFSETE
PELA LIS GRÁFICA SOBRE PAPEL PÓLEN SOFT DA SUZANO S.A.
PARA A EDITORA SCHWARCZ EM NOVEMBRO DE 2019

A marca FSC® é a garantia de que a madeira utilizada na fabricação do papel deste livro provém de florestas que foram gerenciadas de maneira ambientalmente correta, socialmente justa e economicamente viável, além de outras fontes de origem controlada.